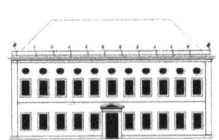

D O C U M E N T O S

IMPRENSA DA UNIVERSIDADE DE COIMBRA
COIMBRA UNIVERSITY PRESS

EDIÇÃO
Imprensa da Universidade de Coimbra
Email: imprensa@uc.pt
URL: http//www.uc.pt/imprensa_uc
Vendas online: http://livrariadaimprensa.uc.pt

COORDENAÇÃO EDITORIAL
Imprensa da Universidade de Coimbra

CONCEÇÃO GRÁFICA
António Barros

IMAGEM DA CAPA
Rosto de *Paesi novamente retrovati...* de Amerigo Vespucci.
Vicenza, 1507

INFOGRAFIA
Mickael Silva

PRINT BY
CreateSpace

ISBN
978-989-26-1215-7

ISBN DIGITAL
978-989-26-1216-4

DOI
http://dx.doi.org/10.14195/978-989-26-1216-4

DEPÓSITO LEGAL
413645/16

© AGOSTO 2016, IMPRENSA DA UNIVERSIDADE DE COIMBRA

BIBLIOTECA GERAL DA
UNIVERSIDADE DE COIMBRA

LIVROS QUINHENTISTAS DA COLEÇÃO VISCONDE DA TRINDADE

Maria da Graça Pericão

IMPRENSA DA UNIVERSIDADE DE COIMBRA

À memória do Visconde da Trindade
Alberto Navarro.
Não o conheci, mas ensinou-me
a amar os livros antigos.

...cette odeur de vieille bibliothèque
qui vaut tous les parfums du monde
Antoine de Saint-Éxupéry

SUMÁRIO

Lista de abreviaturas 9
Palavras prévias 11
Nota técnica 19
Bibliografia consultada 23
Índice de Livros quinhentistas impressos em Portugal 27
Índice de Livros quinhentistas impressos no estrangeiro 243
Índice de autores principais e secundários 381
Índice de obras anónimas 386
Índice de títulos 386
Índice de lugares de impressão 392
Índice de impressores, editores e livreiros 393
Índice cronológico 396
Índice de marcas de posse e autógrafos 399
Índice de encadernadores 402

LISTA DE ABREVIATURAS

a. C. – antes de Cristo
BGUC – Biblioteca Geral da Universidade de Coimbra
BM – British Museum
BNP – Biblioteca Nacional de Portugal
BNRJ – Biblioteca Nacional do Rio de Janeiro
BPADE – Biblioteca Pública e Arquivo Distrital de Évora
BPMP – Biblioteca Pública Municipal do Porto
BPPD – Biblioteca Pública de Ponta Delgada
ca. – circa
cm. – centímetros
coment. – comentador
compil. – compilador
d.C – depois de Cristo
desd. – desdobrável
ed. lit. – editor literário
f. – folha/s
grav. – gravador, gravura
il. – ilustração, ilustrado
O. C. – Ordem dos Carmelitas Calçados
O. Cist. – Ordem de Cister
O. E. S. A. – Ordem dos Eremitas de Santo Agostinho
O. P. – Ordem dos Pregadores (S. Domingos)
O. S. B. – Ordem de São Bento
p. – página/s
r. – reto
reimpr. – reimpressão
reprod. – reprodução

S. J. – Companhia de Jesus
S. l. – sem lugar
s.d. – sem data
S. n. – sem nome
Supl. – suplemento
trad. – tradutor
v. – verso
vol. – volume

PALAVRAS PRÉVIAS

No fundo antigo da Livraria Visconde da Trindade, o conjunto das obras quinhentistas portuguesas e estrangeiras, ou seja, aquelas obras, tanto de autores nacionais como de estrangeiros, saídas dos prelos portugueses e europeus, constitui uma das coleções mais raras e valiosas. Excetuando, talvez, a coleção de incunábulos, ela era, sem dúvida alguma, a "menina dos olhos" de Alberto Navarro. E, tanto quanto se julga, será o mais valioso conjunto quinhentista alguma vez reunido por um particular, exceção feita, naturalmente, à coleção de livros antigos de El Rei D. Manuel II, hoje no Palácio de Vila Viçosa.

O Visconde da Trindade dedicou, com efeito, grande parte dos seus ócios e dos seus bens à pesquisa e à aquisição de determinadas espécies para completar algumas coleções temáticas que lhe interessavam particularmente. É ele próprio que o afirma no seu ensaio "Como se organiza uma biblioteca privada", que constitui o estudo introdutório do vol. II dos "Manuscritos & Livros valiosos" de J. A. Telles da Silva [1], quando subscreve o que Jorge Peixoto afirmara a propósito de uma boa biblioteca na qual "deve imperar um princípio director constante: o das colecções"[2]. No entanto, o Visconde

---

[1] Cfr.: Silva, J. A. Telles da – *Manuscritos e livros valiosos; com um ensaio bio-bibliográfico "Como se organiza uma biblioteca privada" por Alberto Navarro (Visconde da Trindade)*. Lisboa: Ed. do A., 1971-1972.

[2] Cfr. "Técnica Bibliográfica", 2, p. 19.

da Trindade não se limitava a colecionar com carácter sistemático as obras respeitantes a um determinado tema: ele estudava-as prévia e cuidadosamente como o comprovam os seus catálogos mimeografados anotados com observações acerca dos autores, de alterações do texto verificadas nas sucessivas edições nacionais e estrangeiras de uma mesma obra, com comparação de exemplares e cotejo de descrições bibliográficas, anotando as variantes, contactando bibliógrafos, inclusivamente no estrangeiro. Em Portugal os seus interlocutores são sobretudo Jorge Peixoto e Frei Francisco Leite de Faria, além do Professor Doutor Manuel Lopes de Almeida com quem irá trocar assídua correspondência, sobretudo a partir do momento em que, por sua sugestão, decide legar em testamento a sua preciosa Livraria – como gostava de a denominar – à Biblioteca Geral da Universidade de Coimbra. Se os contactos que manteve com Jorge Peixoto e Leite de Faria vão no sentido da pesquisa de elementos para avaliar a raridade de determinada espécie, o número de exemplares conhecidos ou as variantes de algumas edições, com o Professor Lopes de Almeida a correspondência adquire outros cambiantes. Ela revela-nos o frequentador assíduo dos antiquários-livreiros de Lisboa e do estrangeiro e, sobretudo, dos leilões de grandes bibliotecas privadas portuguesas que, ainda com alguma frequência, ocorriam nessa época. Refere amiúde as circunstâncias que o levam a conseguir obter determinada raridade ou o desejo ardente da aquisição futura de uma outra ou mesmo a possibilidade de se poderem comprar cimélios pouco vulgares para enriquecer a Biblioteca Nacional ou ainda a preocupação ou o receio de que algumas obras nacionais venham a sair para o estrangeiro. Chega a contactar Salazar exatamente para evitar que tal aconteça com uma obra de João de Barros à venda na Livraria Rosenthal, tendo acabado por adquiri-la ele próprio, dado o silêncio do Presidente do Conselho....[3]

---

[3] Trata-se da "Ropica pnefma", descrita sob o nº 16.

Na mesma linha de cumplicidade com Lopes de Almeida são testemunhas as cartas enviadas no decorrer do leilão da biblioteca do Professor Doutor Sousa da Câmara, a que assistiu, e de que dão conta as anotações feitas, espécie a espécie, no respetivo catálogo, posteriormente encadernado com cópia dessas mesmas cartas. Este leilão, que decorreu entre abril e maio de 1966 contou, por conseguinte, com a presença permanente de Alberto Navarro que, na ocasião, teve oportunidade de apreciar os novos abencerragens da "bibliomania", os "ignorantes endinheirados" – como ele próprio lhes chama... – enfim, pessoas com muitos meios financeiros e poucos ou nenhuns conhecimentos bibliográficos, que começavam então a investir no livro, pois este, tal como afirma Jorge Peixoto no prefácio ao mesmo catálogo, "é valor de troca, que não corre o risco nos vais e vens da fortuna, de descer de cotação... de se tornar puro papel sem procura, vítima da inflação. Mantém-se sólido, sempre com tendência para subir, o que gera a natural cobiça..."

Cabe aqui um parêntese para realçar o papel desempenhado por Jorge Peixoto na generosa decisão do Visconde da Trindade de legar por testamento a sua valiosa Livraria à Universidade onde frequentara o curso de Direito. Se Lopes de Almeida, seu colega na Assembleia Nacional, como Diretor da Biblioteca, lhe sugerira o destino a dar aos seus livros, a competência e dedicação de Jorge Peixoto, sobejamente demonstradas no trabalho desenvolvido nesta Biblioteca e nos numerosíssimos artigos disseminados em publicações nacionais e estrangeiras dessa área, garantiam um tratamento técnico seguro e especializado desse rico espólio.

O século XVI foi, sem sombra de dúvidas, aquele que mereceu a Alberto Navarro um particular cuidado já que – como muitos outros – o considerava o século de ouro da tipografia; esse gosto iria ser traduzido na aquisição de verdadeiras joias bibliográficas de que há apenas alguns (poucos) exemplares conhecidos ou, mais raramente, apenas um volume completo, em impecável estado de conservação – o seu! É que a busca do exemplar ideal, porventura com a encadernação primitiva, levava-o a uma incessante procura revelada, em última análise, pela aquisição de um segundo exemplar, mais perfeito do que o primeiro... Esta exigência impunha, como se disse, um permanente contacto com os antiquários-livreiros e os leilões de núcleos bibliográficos especiais que tinham, por vezes, levado séculos a reunir e que, com grande mágoa, via dispersar irremediavelmente. Só quem assistiu a esse desmembramento, como lhe aconteceu por diversas vezes, pode calcular a desilusão e o quase desespero de não poder adquirir o exemplar ambicionado quando este atingia preços absurdos. Todas estas diligências e cuidados eram confidenciados nas referidas cartas a Lopes de Almeida, mesclados com momentos de verdadeira e partilhada exaltação quando, finalmente, conseguia ter nas mãos o tal cimélio tão longamente esperado. A partir de certa altura, as suas aquisições tinham em vista a existência, ou não, da obra na Biblioteca à qual destinava a sua coleção, numa sensata atitude de evitar repetições desnecessárias. Embora alguns anos antes, ao adquirir um numeroso espólio, tenha dito que aquele "era o seu canto do cisne", em 1971, meses antes de falecer, viria a comprar a Telles da Sylva uma série de livros, justamente para completar a lista de obras de André de Resende, publicadas em Portugal e no estrangeiro.

Da análise desta coleção, pode identificar-se o perfil de obras que orientaram Alberto Navarro nas suas aquisições, e que, no fundo, nos revelam as preferências por determinados temas e autores. Estão neste caso, no que respeita às obras quinhentistas saídas dos prelos portugueses, as de carácter religioso - afinal um dos temas mais comuns nesta época - como hagiografias, obras de devoção e liturgia, manuais de ascética e relatos de missionação (onde naturalmente a Companhia de Jesus ocupa um lugar cimeiro, com as cartas descrevendo a obra de evangelização levada a cabo em terras distantes), mas também, e ainda dentro da mesma temática, as regras de diversas Ordens religiosas, Bulas e ainda alguns documentos que já antecipam as malhas apertadas que a Inquisição nascente fazia prever, consubstanciadas nos índices de livros proibidos; mas outros temas o atraíam, como os de carácter histórico de que são testemunho as crónicas dos reis, os textos legislativos (não só sob forma de "Ordenações", mas também as leis extravagantes), as obras de poesia, as gramáticas, as ortografias, etc. No que toca ao acervo quinhentista publicado além-fronteiras, é notória a preferência pelos autores portugueses dados à luz nos grandes centros impressórios europeus, como Bolonha, Paris, Lovaina, Veneza, etc., tais como Francisco Álvares, Henrique Caiado, Aquiles Estaço, Diogo de Meneses, Diogo Pacheco, Paulo Orósio, Pedro Hispano, mas sobretudo os "proscritos" como Damião de Góis, de que se registam seis obras publicadas em Veneza, Lovaina e Paris. O beneplácito papal era uma condição sem a qual, qualquer nação que, como a nossa, percorresse o Mundo à procura de Novos Mundos (tendo em vista, não só a difusão da Fé cristã, mas também o alargamento do território, até então confinado a esta estreita faixa litoral), não encontraria aceitação dessas conquistas por parte das demais nações; nesta linha de pensamento, as "orações obedienciais" foram o meio encontrado para, em letra de forma, se concretizar uma cerrada movimentação diplomática junto da Santa Sé para obter essa aprovação; neste acervo são numerosas (e raras, algumas exemplares únicos), as "orationes" que se dirigiram aos Sumos Pontífices da época, para que tal confirmação se ratificasse; este é, talvez o núcleo mais valioso, a par com as quatro peças que referem os movimentos – alguns deles militares - que tiveram lugar pelos anos 80 do século XVI, após o desastre de Alcácer Quibir e que preludiavam o advento da dominação do território português pela vizinha Espanha.

******

A finalizar estas breves palavras, seja-me permitida uma pequena nota pessoal.

Há cerca de quarenta anos, para concluir o Curso de Bibliotecário-
-Arquivista, iniciei o estágio obrigatório de bibliotecária na Biblioteca Geral poucos meses após o falecimento de Alberto Navarro. O primeiro trabalho que me foi distribuído – nunca o esquecerei – foi o inventário preliminar de toda aquela coleção bibliográfica, que levei a cabo com duas colegas, sob supervisão do Dr. Jorge Peixoto que tinha sido nosso Professor nesse mesmo curso. Cedo me apercebi que o conjunto das cerca de 5000 espécies de que se compõe a Livraria compreendia uma grande variedade de temas e de textos que refletiam o interesse e o gosto do seu possuidor. Mas do conjunto destacava-se sobremaneira aquele que abrangia as obras dos séculos XVI a XVIII, naturalmente a parte mais valiosa da coleção. Ao longo da leitura dos catálogos mimeografados onde o Visconde tece minuciosas considerações acerca dos livros que possui, fui adquirindo o gosto por este fundo mais antigo, do qual agora se divulga o conjunto das obras quinhentistas. Sem dúvida alguma, este é um núcleo bibliográfico ímpar, reunido em sistemático trabalho de pesquisa por parte de quem, tendo alguns meios de fortuna ao dispor, descobriu a sabedoria e o prazer de juntar organicamente uma coleção harmoniosa que congrega o que de melhor se publicou naquela época. A personalidade que transparece nessas aquisições, e que se entrevê igualmente nos estudos que lhes dedicou[4], foi-me desvendando um mundo totalmente desconhecido pelo qual fiquei cativada. É que esta área do estudo do livro antigo pode revelar-se não apenas fascinante se não mesmo viciante! Que o digam os bibliófilos ou simples colecionadores – hoje cada vez menos, infelizmente, entre nós...

Foi já na qualidade de bibliotecária responsável pela área de Reservados da Biblioteca Geral da Universidade, da qual faz parte

---

[4] Cfr.: "Ensaios bio-bibliográficos".

a Livraria Visconde da Trindade (embora instalada em sala própria com o seu nome), que tive a feliz oportunidade, na já distante década de oitenta, de vir a conhecer um outro colecionador justamente reputado no reduzido grupo de amantes das raridades bibliográficas; ele conhecera Alberto Navarro e, exatamente por esse facto, deslocou-se a Coimbra para "visitar" essa coleção; o Dr. José Mindlin e sua Mulher Guita, relataram, então, alguns encontros havidos com o Visconde da Trindade e, como acontece quando se fala de livros, a conversa fluiu deliciosa e espontaneamente... Surgiu, então, o convite para uma deslocação ao Brasil a fim de conhecer e estudar o núcleo mais antigo da sua coleção – o dos incunábulos e dos livros do século XVI. Estive em sua casa por três vezes e nas duas primeiras, mais demoradamente, pude dedicar-me a esse estudo. Nessa ocasião, tive também o privilégio de visitar em Bragança Paulista outro célebre colecionador e respeitado bibliógrafo, Ruben Borba de Moraes, que mais tarde viria a vender parte da sua biblioteca a José Mindlin.

Aquando do seu falecimento aos 94 anos, a sua Biblioteca foi doada à Universidade de São Paulo e para a albergar à medida foi erguido um soberbo edifício projetado por um jovem arquiteto, seu neto...

Quem vacila acerca das virtudes da natureza humana, incluindo da sua capacidade de dádiva, deveria atentar nestes exemplos protagonizados por Homens de tão elevada craveira intelectual, colecionadores desvelados de obras raras que as foram reunindo ao longo de toda uma vida, talvez com algum sacrifício, para as virem a partilhar benevolentemente, com os seus concidadãos, afinal com todos nós!

E, por vezes, porque todos se conheceram e se reconheceram na sua paixão comum dos belos livros imagino-os... a conversar – Alberto Navarro, Lopes de Almeida, Jorge Peixoto, Leite de Faria, José Mindlin... –, empolgados como todos aqueles que falam das coisas de que se gosta e às quais se dedica o melhor saber, generosidade e entusiasmo.

Condicionada, no melhor sentido do termo, por estas afortunadas circunstâncias da minha carreira profissional enquanto bibliotecária e aposentada há cerca de sete anos, também eu, na minha modéstia, não esqueci nem aqueles esplêndidos exemplares nem estes seus dedicados descobridores...

Daí a razão deste estudo.

Coimbra, Páscoa de 2016

Maria da Graça Pericão

NOTA TÉCNICA

Dada a raridade do acervo bibliográfico presente, do qual pretende dar-se uma ideia bem rigorosa e concreta ao investigador sem que ele tenha que recorrer à consulta do próprio exemplar, houve necessidade de utilizar uma descrição bibliográfica extremamente minuciosa e precisa. Deste modo, procedeu-se a uma transcrição quase paleográfica da página de título de cada uma das obras; ela inclui cortes de linha, ʃʃ, caldeirões, camarões, descrição de vinhetas e de todos os outros detalhes que enriquecem as portadas dos livros do século XVI; as gravuras que ocorrem nesta página são igualmente descritas com todo o pormenor, assim como os enquadramentos, tarjas decorativas, etc.

Uma vez que algumas destas portadas são omissas no que respeita a dados relativos ao pé de imprensa – lugar, editor e data, havendo necessidade de os obter noutro lugar na própria obra ou em bibliografias – estes elementos são referidos logo após a descrição, correndo-se, embora, o risco de os repetir, caso eles já constem da página de rosto. A colação, ou seja, a indicação das características materiais do livro (número de volumes, paginação, ilustração, formato e material acompanhante) é dada em seguida, inserindo-se entre parênteses retos as sequências de páginas ou folhas inumeradas, procedimento comum recomendado pelas normas internacionais de catalogação.

Segue-se o estudo da obra: raridade, número de exemplares conhecidos (sempre que foi possível apurar este elemento e todas as vezes que a raridade do exemplar o justifique); se o conteúdo da obra o merecer, podem ocorrer algumas considerações acerca dele, ou isoladamente, ou relacionando-o com outras obras ou edições descritas no conjunto. Trata-se, com efeito, de uma coleção extremamente rara de obras quinhentistas, que versam temas tão variados como as obras de clássicos de múltiplas tendências, obras de carácter religioso, legislativo, obras de carácter histórico (como crónicas), que engloba igualmente uma preciosa coleção das primeiras edições de livros famosos. De salientar que no conjunto das obras impressas no estrangeiro, o Visconde da Trindade privilegiou claramente as edições de autores portugueses publicados lá fora, tais como Henrique Caiado, Francisco Álvares, Aquiles Estaço, Diogo Pacheco, André de Resende, mas sobretudo Damião de Góis e Paulo Orósio.

De imediato é feita a descrição da obra no seu aspeto gráfico: formato, edição e sucessão das diversas peças e número de páginas ou folhas que ocupam; o aspeto tipográfico destas partes foi objeto de cuidadosa análise; no caso de a obra incluir ilustrações, é feita uma descrição pormenorizada das mesmas no que respeita à temática e às técnicas utilizadas; fornecem-se elementos que se consideram de extrema importância, sobretudo se se pensar no fabrico manual do livro, prática corrente no século em que as obras foram produzidas; assim, não é raro encontrarem-se exemplares da mesma edição que apresentam alterações de grafia ou outras mais substanciais que constituem variantes a considerar quando se pretendem comparar exemplares. A presença ou ausência de elementos como título corrente, taxa, glosas marginais, licenças, etc., é também assinalada.

Posteriormente indica-se a bibliografia consultada que se apresenta por ordem cronológica; o critério adotado na sua seleção é discutível e a sua localização no estudo bibliográfico também poderia ser diferente.

Na última parte da descrição são fornecidos elementos referentes aos sucessivos possuidores do exemplar, caso tenha sido possível apurá-los; para tal contribuem os super-libros, os ex-libris, as assinaturas ou pertences, carimbos ou notas manuscritas; a sua indicação permite estabelecer uma espécie de história do percurso que o exemplar fez até chegar à Livraria do Visconde da Trindade. Este elemento faz parte integrante da descrição do exemplar e explica sobremaneira o seu estado de conservação atual; e se considerarmos que algumas destas obras figuraram numa biblioteca como a de Vítor Ávila Peres ou a dos Condes de Azevedo-Samodães, por exemplo, poderá avaliar-se o interesse que esta indicação expressa.

O estado de conservação do exemplar, sua apresentação e as notas manuscritas que eventualmente contenha, foram também cuidadosamente analisados. Finalmente descreve-se com todo o rigor a encadernação: o material, a cor, a técnica e a decoração, não esquecendo os elementos acessórios como as caixas de proteção onde frequentemente se encontram inseridos estes cimélios. Foi igualmente referida a proveniência do exemplar e a data em que foi adquirido pelo seu possuidor, sempre que se conseguiram apurar esses elementos; deste modo poderá ter-se uma ideia de como a biblioteca foi crescendo e o seu acervo foi sendo enriquecido por aquisições contínuas de sucessivas edições, que o Visconde procurava nos mais diversos livreiros e alfarrabistas com quem mantinha contactos permanentes.

Foram estabelecidos os usuais índices que têm como objetivo facilitar a pesquisa de elementos que consideramos úteis; assim, foram elaborados os índices de autores principais e secundários, de obras anónimas, de títulos, de lugares de impressão, de impressores, editores e livreiros, cronológico, de marcas de posse e autógrafos e de encadernadores, já que o estado de conservação dos exemplares e a sua apresentação final também faziam parte das preocupações deste colecionador, recorrendo, inclusivamente, a reputadas oficinas portuguesas e estrangeiras para a confeção de encadernações de elevado preço. Estes índices têm como finalidade facilitar o acesso ao livro e podem contribuir para um melhor conhecimento das espécies.

BIBLIOGRAFIA CONSULTADA

- ACADEMIA DAS CIÊNCIAS DE LISBOA – *Bibliografia Geral Portuguesa*. – Lisboa: Imprensa Nacional, 1941-1983.
- ACADEMIA DAS CIÊNCIAS DE LISBOA – *Memórias de Litteratura Portugueza*. – Lisboa: Academia Real das Ciências, 185-?-1869.
- ALMEIDA, Fortunato de – *História da Igreja em Portugal*. – Porto: Portucalense Editora, 1967-1971.
- *ANGLO-AMERICAN CATALOGUING RULES*. – 2nd. ed., 1988 rev. – Chicago: American Library Association, 1987.
- ANNINGER, Anne – *Spanish and Portuguese 16th century books*. – Cambridge (Massachussets): The Harvard College Library, 1985.
- ANSELMO, António Joaquim – *Bibliografia das obras impressas em Portugal no século XVI*. – Lisboa: Biblioteca Nacional, 1977. Reimpr.
- ARANHA, Pedro Venceslau de Brito – *A imprensa em Portugal nos séculos XV e XVI: as Ordenações d'El Rei D. Manuel*. – Lisboa: Imprensa Nacional, 1898.
- *ARQUIVO de Bibliografia Portuguesa* – Coimbra: Atlântida, 1955-1974.
- AZEVEDO, Maria Antonieta Soares de – *O prior do Crato, Filipe II de Espanha e o trono de Portugal. Algumas notas bibliográficas (Século XVI)*. – Coimbra: Biblioteca Geral da Universidade, 1974.
- BLUTEAU, Rafael – *Vocabulário português e latino*. – Lisboa: Collegio das Artes da Companhia de Jesu, 1712-1728.
- BRASIL. Biblioteca Nacional – *Quinhentistas portugueses da Biblioteca Nacional*. Rio de Janeiro: BN, 1989.
- BRUNET, Jacques-Charles – *Manuel du libraire et de l'amateur de livres*. – Copenhague: Rosenkilde et Bagger, 1966-68. Reprod. fac-similada.
- *CATÁLOGO da importante e copiosa Bibliotheca dos Marquezes de Castelo Melhor...* – Lisboa: Typ. Editora de Mattos Moreira, 1878.
- *CATÁLOGO... livraria... do Conde do Ameal*. – Porto: s. n., 1924.
- *CATÁLOGO da preciosa e riquissima livraria que foi do distinto bibliófilo Dr. Luiz Monteverde da Cunha Lobo... redigido por José dos Santos*. – Porto: Typ. da Emp. Litteraria e Typographica, 1912.
- *CATÁLOGO das obras impressas no século XV e XVI: colecção do Banco de Portugal*. – Lisboa: Banco de Portugal. 2000.

- CATÁLOGO dos livros classicos e raros que compõem a Bibliotheca de Antonio Moreira Cabral... – Porto: Typographia Peninsular, 1908-1909.
- CATALOGUE de la Bibliothèque de M. Fernando Palha. – Lisbonne: Imprimerie Libanio da Silva, 1896.
- DESLANDES, Venâncio – Documentos para a história da typografia portugueza nos séculos XVI e XVII. – Lisboa: Imprensa Nacional, 1888.
- ESPANHA. Biblioteca Nacional – Catalogo colectivo de obras impresas en los siglos XVI al XVIII existentes en las bibliotecas españolas: siglo XVI. – Madrid: Biblioteca Nacional, 1972-1984. Edición provisional.
- FARIA, Francisco Leite de – A valiosa biblioteca de D. Manuel II. – Lisboa: BN, 1982.
- FARIA, Francisco Leite de – Estudos bibliográficos sobre Damião de Góis e a sua época. Lisboa: Secretaria de Estado da Cultura, 1977.
- FARIA, Francisco Leite de – Livros impressos em Portugal no século XVI existentes na Biblioteca Nacional do Rio de Janeiro. – Coimbra: BGUC, 1979.
- FARIA, Francisco Leite de – Uma relação de Rui de Pina sobre o Congo escrita em 1492. – Lisboa: Centro de Estudos Históricos Ultramarinos, 1966.
- FARIA, Maria Isabel; PERICÃO, Maria da Graça – Dicionário do Livro: da escrita ao livro electrónico. – Coimbra: Almedina, 2008.
- FARIA, Maria Isabel; PERICÃO, Maria da Graça – Edições quinhentistas de Damião de Góis e André de Resende. – Coimbra: Biblioteca Geral da Universidade, 1974.
- FARINHA, Bento José de Sousa – Summario da Bibliotheca Lusitana de Barbosa. – Lisboa: António Gomes, 1786-1787.
- FIGANIÈRE, Jorge César de – Bibliographia historica portugueza, ou catalogo methodico dos auctores portuguezes, e de alguns estrangeiros... em Portugal. – Lisboa: Typographia do Panorama, 1850.
- FONSECA, Martinho da – Aditamentos ao Diccionário Bibliográfico Português de Inocêncio Francisco da Silva. – Coimbra: Imprensa da Universidade, 1927.
- FRANÇA. Biblioteca Nacional – Catalogue général des livres imprimés de la Bibliothèque Nationale: Auteurs. – Paris: BN, 1897-1981.
- GONÇALVES, Alfredo Machado – Tipografia portuguesa: livros impressos no século XVI existentes na Biblioteca Pública e Arquivo Distrital de Ponta Delgada. – Ponta Delgada: Biblioteca Pública e Arquivo Distrital, 1968.
- GRÃ BRETANHA. British Museum – General catalog of printed books. – London: British Museum, 1965-1972.
- GRÃ BRETANHA. British Museum – Short-title Catalogue of books printed in Italy and of Italian books printed in other countries from 1465 to 1600 now in the British Museum. – London: British Museum, 1958.
- GRÃ BRETANHA. British Museum – Short-title Catalogue of books printed in the Netherlands and Belgium and of Dutch and Flemish books printed in other countries from 1470 to 1600. – London: British Museum, 1965.
- GUIMARÃES, A. J. Gonçalves – Chronica do principe Dom João, rei que foi destes reinos segundo do nome... – Nova ed. – Coimbra: Imprensa da Universidade, 1905.

- GUSMÃO, Armando de – *Livros impressos no século XVI existentes na Biblioteca Pública e Arquivo Distrital de Évora. I – Tipografia portuguesa*. – Évora: Junta Distrital, 1962.

- *INDICE ultimo de los libros prohibidos y mandados expurgar para todos los reynos y senhorios del catolico Rey de las Españas*.... – Madrid: Antonio de Sancha, 1790.

- LAVOURA, Maria Emília Bailio – *Obras de tipografia quinhentista portuguesa na Biblioteca Nacional de Paris*. – Lisboa: BN, 1983.

- LE BLANC, Charles – *Manuel de l'amateur d'estampes contenant un dictionnaire des graveurs de toutes les nations dans lequel sont décrites les estampes rares...* – Amsterdam: O. W. Hissink, 1970.

- LICEU NORMAL DE D. JOÃO III. Coimbra – *Catálogo da Biblioteca*. – Coimbra: Liceu Normal de D. João III, 1969.

- MACHADO, Diogo Barbosa – *Bibliotheca Lusitana*... – Coimbra: Atlântida, 1965--1967. – Reprod. fac-similada.

- MANUEL II, Rei de Portugal – *Livros antigos portugueses: 1489-1600 da Biblioteca de Sua Magestade Fidelíssima*. – Londres: Maggs Bros, 1929-1935.

- MATOS, Ricardo Pinto de – *Manual bibliographico portuguez de livros raros, clássicos e curiosos...* – Porto: Livraria Portuense, 1970.

- NAVARRO, Alberto – *Ensaios bio-bibliográficos*. – Lisboa: Ed. do A., 1961-1965.

- NORTON, F. J. – *A descriptive catalogue of printing in Spain and Portugal: 1501--1520*. – Cambridge: University, 1978.

- PALAU Y DULCET, Antonio – *Manual del librero hispano americano: bibliografía general española e hispano-americana...* – 2ª ed. corregida y aumentada por el autor. – Barcelona: Librería Anticuaria de A. Palau, 1948-1977.

- PASTORELLO, Ester – *Tipografi, editori, librai a Venezia nel secolo XVI*. – Firenze: Leo S. Olschki, 1924.

- PORTO. Biblioteca Pública Municipal – *Tipografia portuguesa do séc. XVI nas colecções da Biblioteca Pública Municipal do Porto = Portuguese printing in the 16th century: The Porto Municipal Public Library collection*; coord. José Francisco Meirinhos, Jorge Costa, Júlio Costa. – Porto: B.P.M., 2006.

- PORTUGAL. Biblioteca Nacional – *Catálogo dos impressos de tipografia portuguesa do século XVI: a colecção da Biblioteca Nacional*. – Lisboa: BN, 1990.

- REMÉDIOS, Joaquim Mendes dos – *Os judeus em Portugal*. – Coimbra: F. França Amado, 1895.

- RENOUARD, Philippe – *Les marques typographiques parisiennes des XVe et XVIe siècles*. – Paris: Librairie Ancienne Honoré Champion, 1928.

- RUAS, João – *Biblioteca de D. Manuel II: impressos dos séculos XV e XVI*. – Caxias: Casa de Massarelos, 2002.

- ROQUE, Mário da Costa – "Meditaçã da inocentíssima morte y paixã de Nosso Señor em estilo metrificado, por Fr. António de Portalegre: considerações bibliográficas", sep. de "Antiqualhas". – Lisboa: ed. do A., 1952.

- SALVÁ Y MALLEN, Pedro – *Catalogo de la Biblioteca de Salvà*. – Valencia: Imprenta de Ferrer de Orga, 1872.

- SANTA CASA DA MISERICÓRDIA. Lisboa – *Catálogo das obras impressas dos séculos XV e XVI: a colecção da Santa Casa da Misericórdia de Lisboa*. – Lisboa: SCML, 1992.

- SANTOS, José dos – *Catálogo da importante e preciosíssima livraria que pertenceu aos notáveis escritores e bibliófilos Condes de Azevedo e de Samodães ...* – Porto: Tip. da Empresa Literária e Tipográfica, 1921-1922.

- SILVA, Inocêncio Francisco da [et al.] – *Diccionario bibliographico portuguez: estudos applicaveis a Portugal e ao Brasil*. – Lisboa: Imprensa Nacional, 1858--1924.

- SILVA, J. A. Telles da – *Manuscritos e livros valiosos; com um ensaio bio-bibliográfico "Como se organiza uma biblioteca privada" por Alberto Navarro (Visconde da Trindade)*. – Lisboa: Ed. do A., 1971-1972.

- SILVESTRE, L. C. – *Marques typographiques ou recueil de monogrammes, chiffres, enseignes, emblèmes, devises... des libraires et imprimeurs qui ont exercé en France depuis... 1470 jusqu'à la fin du seizième siècle*. – Bruxelles: Culture et Civilization, 1966.

- SIMÕES, Maria Alzira Proença – *Catálogo dos impressos de tipografia portuguesa do século XVI: a colecção da Biblioteca Nacional*. – Lisboa: B.N. 1990.

- SOARES, Ernesto – *História da gravura artística em Portugal: os artistas e as suas obras*. – Nova ed. – Lisboa: Livraria Sam Carlos, 1971.

- THOMAS, Henry – *Short-title catalogue of portuguese books printed before 1601 now in the British Museum*. – London: B. M., 1940.

- TRINDADE, Luís Carlos Rebelo – *Catálogo da livraria do falecido ... José Maria Nepomuceno...* – Lisboa: Francisco Arthur da Silva, 1897.

- UNIVERSIDADE DE COIMBRA. Biblioteca Geral – *Catálogo da Biblioteca do Real Colégio de São Pedro de Coimbra*. – Coimbra: BGUC, 1977-1978.

- UNIVERSIDADE DE COIMBRA. Biblioteca Geral – *Catálogo dos Reservados da Biblioteca Geral da Universidade de Coimbra*. – Coimbra: BGUC, 1970.

- VASCONCELOS, Joaquim de – *Goesiana d) as variantes das crónicas*. – Porto: Typographia Occidental, 1881.

- VINDEL, Francisco – *El arte tipográfico en España durante el siglo XV*. – Madrid: Dirección General de Relaciones Culturales, 1945-1951.

- VITERBO, Francisco de Sousa – *Estudos sobre Damião de Gois*, 2ª série. – Coimbra: Imprensa da Universidade, 1900.

- VITERBO, Francisco de Sousa – *A literatura espanhola em Portugal*. – Coimbra: Coimbra Editora, 1928.

- VITERBO, Francisco de Sousa – *O movimento tipográfico em Portugal no século XVI: apontamentos para a sua história*. – Coimbra: Imprensa da Universidade, 1924.

LIVROS QUINHENTISTAS IMPRESSOS EM PORTUGAL

1 - AFONSO, Diogo, 15--

[Gravura em madeira representando a Rainha Santa Isabel em traje de peregrina, com o bordão na mão e a coroa de espinhos na cabeça, tendo depostos a seus pés o cetro e a coroa real; por baixo a legenda:"Cruz & ſpinea Domini mei ſceptrum et corona mea"; segue-se o título:] Vida & milagres da glorioſa Raynha ſancta / Yſabel, molher do catholico Rey Dõ Dinis ſexto de / Portugal. Com ho Compromiſſo da Cõfraria do / ſeu nome, & graças a ella concedidas. / M.D.LX.
[Coimbra: João de Barreira], 1560. [4], 75, [1] p.; 4º (20 cm).
V.T.18-10-14
Obra muito rara, embora o exemplar que se descreve não esteja completo, faltando as páginas 57 a 65; foi intensa a correspondência havida entre o Visconde da Trindade e o Diretor da Biblioteca Nacional do Rio de Janeiro, Celso Ferreira da Cunha, de que resultou o envio da reprodução em fotografia das páginas em falta, uma vez que o único exemplar completo conhecido é o daquela biblioteca nacional brasileira. No verso da página de título pode ver-se a "tavoada" ou sumário e junto ao pé a licença da Inquisição, muito abreviada, subscrita por Martinho de Ledesma; na página seguinte figura a dedicatória à Rainha D. Catarina, ao tempo regente do reino, subscrita pelos mordomos da Confraria da Rainha Santa Isabel, justificando a redação da sua biografia e relato dos seus milagres por instância da

abadessa do referido Mosteiro, e cujos documentos se encontravam no cartório de Santa Clara em Coimbra; a esta dedicatória segue-se, impresso em caracteres góticos, uma recomendação dos referidos mordomos ao leitor, incitando-o a ler frequentemente esta biografia e a pedir mercês à Santa; na p. 1 começa o texto propriamente dito, dividido em 30 capítulos, rematando com o relato de muitos milagres[5], após o que pode ver-se o Compromisso dos confrades e os Estatutos[6]; a seguir vêm as Indulgências concedidas à Rainha Santa, cuja "bula de perdões" é subscrita pelo Arcebispo-Bispo Conde, cuja assinatura fac-similada consta no final; na p. seguinte figura a lista das indulgências concedidas pelos diferentes Papas ao longo dos tempos; a última peça é muito curiosa, pois relata vários milagres que se terão operado após a impressão da presente obra; remata com a expressão "Laus Deo" e na última f. (inumerada) vem, disposto em "cul de lampe", o cólofon.

BIBLIOGRAFIA: B. Machado, 1, p. 628; Inoc., 2, p. 84[7]; Anselmo, 156.

Exemplar em bom estado de conservação, com discretos sinais de manuseamento. Notas manuscritas a lápis, recentes, na guarda inicial.

Encadernação em pergaminho, de ataca, faltando um par de atacas, encontrando-se o miolo do livro destacado da encadernação; a proteção do exemplar é feita através de uma caixa em cartão em forma de livro, revestida a couro castanho marmoreado, ornamentada com filete dourado e o super-libros do Visconde da Trindade gravado a meio; lombada de 7 nervos com rótulos.

Proveniência: foi adquirido pelo Visconde da Trindade nos Reservados da Livraria Coelho em 21-2-1958.

---

[5] Aqui interrompe-se o texto do exemplar que se descreve.
[6] Estas peças faltam no exemplar, que retoma o texto na p. 66.
[7] Refere erradamente como impressor João Álvares.

Crux & spina domini mei Sceptrum & corona mea.

Vida & milagres da gloriosa Raynha sancta
Ysabel, molher do catholico Rey dõ Dinis sexto de
Portugal. Com ho compromisso da cõfraria do
seu nome, & graças a ella concedidas.
M. D. LX.

2 - ALBUQUERQUE, Afonso de, 1500-1580

Commentarios / do grande Afonso /dalboqverqve, capitam geral / qve foy das Indias Orientaes, / em tempo do muito poderoſo Rey Dom / Manuel, o primeiro deſte nome./ Nouamente emendados & acreſcentados pelo meſmo auctor, / conforme às informações mais certas que agora teue. / Vão repartidos em quatro partes ſegundo o tempo dos / aconteſcimentos de ſeus trabalhos. / [brasão de armas da família Albuquerque] Em Lisboa / Com licença impreſso por Ioão de Barreira impreſſor del Rey / noſso ſenhor. Anno de 1576. / Com privilegio real.

Lisboa: João de Barreira, 1576. [4], 578 p.; folio (28 cm).

V. T. 18-10-13

São conhecidos exemplares, segundo Anselmo[8] na Biblioteca Nacional, no Arquivo Nacional, na Biblioteca da Ajuda, em Mafra e na Biblioteca da Universidade de Bonn; acrescem a este número os exemplares existentes em Harvard (Fernando Palha), em Vila Viçosa (D. Manuel II), fundo da Biblioteca do Liceu Normal de D. João III (em depósito na BGUC)[9] e dois exemplares na Biblioteca da Universidade de S. Paulo (Brasil)[10].

2ª edição: a primeira fora também impressa por João de Barreira em 1557. Desta 2ª edição há duas tiragens e, segundo o Catálogo de Fernando Palha, foi a mesma forma tipográfica que serviu para as duas impressões; a composição do texto terá sido idêntica e por isso a edição será uma única, mas há exemplares aos quais foi posto um novo título e se acrescenta somente a página dos sumários; esta variante deu origem a que Inocêncio

---

[8] Cfr.: ob. cit., 222.

[9] Cfr.: ob. cit.,18.

[10] Pertenceram à Biblioteca particular de Guita e José Mindlin, cuja coleção estudámos e apresentam dois exemplares com variantes.

julgasse que Pedro José da Fonseca copiara mal o título da obra, pois este tinha descrito a variante e Inocêncio vira apenas um exemplar da outra tiragem; aliás, esta tiragem é mais rara porque contém acrescentos à primeira, facto explicitado, tanto no título como na dedicatória. O verso da p. de título apresenta a nota da revisão do livro por Dom Afonso de Castelo Branco e ao fundo da mesma página pode ver-se a indicação do lugar onde se vende a obra: "em casa de Antonio de Aguiar liureiro à porta do ferro"[11], seguindo-se a assinatura fac-similada de António Leitão Coutinho (é justamente na omissão da palavra "liureiro" que consiste a diferença na variante referida); na p. seguinte frente pode ver-se o sumário do que está contido nas 4 partes em que se divide a obra e no verso a dedicatória do filho do autor, Brás de Albuquerque ao rei D. Sebastião, justificando a edição da obra por ele levada a cabo; na folha seguinte começa o texto, dividido em 4 partes, como referido, e estas por sua vez subdivididas em capítulos. Título impresso em caracteres redondos e itálicos de vários corpos, texto isento de glosas ornamentado com iniciais capitais de vários corpos e desenhos. Título corrente mudando consoante as partes.

BIBLIOGRAFIA: B. Machado, 1, p. 26; Inoc., 1, 7; Brunet, 1, col. 144; Palha, 4136; Anselmo, 222; Az.-Sam., 60; D. Manuel II, 155; BPADE, 35; BGUC, 218; BNRJ, p. 11; BNP, 5; BPMP,1.

Pertenceu a J (?) C. Parada segundo nota manuscrita. Exemplar em relativo bom estado de conservação, embora com algumas folhas espelhadas sem ofender o texto; ligeiramente manchado

---

[11] Há exemplares que omitem a palavra "liureiro", como acontece com o da Biblioteca Nacional de Portugal.

de humidade e com discretos picos de traça. O papel apresenta alguma acidez.

Encadernação em pergaminho, de ataca com botões, executada com um manuscrito raspado, de grande formato, onde ainda podem distinguir-se notas de música e linhas do texto acompanhante, possivelmente fragmento de um livro de coro; lombada gravada a ouro com 5 nervos falsos e rótulo vermelho; corte espargido vermelho; faltam os botões da ataca, uma das quais está lacerada; fitilho de seda branca.

Proveniência: foi adquirido pelo Visconde da Trindade em 25-3-1954.

3 - ALEGAÇÕES DE DIREITO

[Inserido em portada de estilo arquitetónico, ladeado por cariátides, uma figura feminina à esquerda e uma masculina à direita, pode ler-se o título:] Iesvs. / Allegações/ de Direito, qve se/ offereceram ao muito alto, & /muito poderoſo Rei Dom / Henriqve noſſo/ señor na cauſa da ſocceſſaõ/ deſtes Reinos por parte da / Senhora Dona Catherina/ ſua sobrinha filha do Iffan/te Dom Duarte ſeu irmão a 22. de Outubro de / M.D.LXXIX./ [pequena vinheta] Impreſſas com licença. Anno/ 1580.

[Almeirim: António Ribeiro e Francisco Correia], 1580. [6], 128, [2]f.; folio (30 cm).

V. T. 18-10-5

Raro: há cerca de dezassete exemplares conhecidos. Afonso de Lucena e outros juristas são alguns dos responsáveis por estas alegações, sendo considerado como autor delas em algumas bibliografias. Anterrosto com as armas dos Duques de Bragança ocupando toda a página, tendo no pé a legenda: "Non poteris alterivs gentis hominem regem facere. Devter. Cap.17"; verso desta página em branco; o verso da p. de rosto apresenta as licenças da Inquisição e do Ordinário, rematadas por dois cabeções; na f. [3] figura uma legenda, estando o verso da mesma p. em branco; na frente e verso da f. [4], pode ver-se uma espécie de preâmbulo e na frente da f. [5] uma árvore genealógica da descendência de D. Manuel I e D. Maria; o verso desta p. está em branco; na f. seguinte frente, a tábua das cinco principais questões na pretensão à sucessão, estando o verso em branco; finalmente, começa o texto que decorre até à frente da f. 128, cujo verso está em branco, redigido em português e latim, dividido em 4 partes. Título e texto impressos em caracteres redondos de vários corpos; as assinaturas das licenças e a legenda da f. [3] estão impressas em itálico; iniciais capitais de dois corpos ornamentadas com motivos alegóricos; vinhetas em forma de cabeção decoram o texto. Título corrente. Erros de foliação sem afetar a contagem.

BIBLIOGRAFIA: Az.-Sam., 1855; Anselmo, 987; D. Manuel II, 167; BPADE, 36; BGUC, 230; BNRJ, p. 11; BNP, 6; BPMP, 2.

O exemplar encontra-se em bom estado, apresentando algumas manchas castanhas e pequenas roturas nos cantos inferiores das folhas e alguns picos de traça; pequenas manchas de humidade. Notas manuscritas, na p. 120, ilegíveis, pois foram posteriormente riscadas, numa tentativa para as apagar.
Encadernação moderna imitando o antigo, em pele castanha escura, com lombada de 4 nervos e fechos de metal; super-libros do Visconde da Trindade gravado a ferros secos em ambas as pastas.
Proveniência: foi adquirido pelo Visconde da Trindade no leilão da Livraria Sousa da Câmara em 21-4-1966.

Ho Preste Joam das indias.

Verdadera informaçam das terras do Preste
Joam/segundo vio z escreueo ho padre Francisco Aluarez capellã del Rey nosso senhor. Agora nonamẽte impresso por mandado do dito senhor em casa de Luis Rodriguez liureiro de sua alteza.

4 - ÁLVARES, Francisco, 1470-1540

Ho Preste Joam das Índias [gravura em madeira impressa a vermelho e preto representando a entrada de D. Rodrigo de Lima, embaixador português na corte da Abissínia, precedido por dois soldados a pé e seguido por um cavaleiro com armadura empunhando o estandarte das quinas; por baixo da gravura, o restante título:] Verdadera informaçam das terras do Preſte/ Joam ſegundo vio ε eſcreueo ho padre Franciſco Aluarez capellã del Rey noſſo/ ſenhor. Agora nouame[n]te impreſſo por mandado do dito ſenhor em caſa de Luis/ Rodriguez liureiro de ſua Alteza.

[Lisboa]: Luís Rodrigues, [1540]. [2], 136 [i. é 128], [6]f.; folio (28 cm).

V. T. 18-10-4

Edição bastante rara da Relação do jesuíta Francisco Álvares que acompanhou a embaixada enviada por D. Manuel I à Abissínia e aí viveu de 1520 a 1527; esta obra foi posteriormente traduzida em várias línguas; na Livraria Visconde da Trindade existe a tradução espanhola de Tomas de Padilla, impressa em Anvers por Johannes Steelsius em 1557 adiante descrita (n° 121). Anselmo[12] indica a existência de oito exemplares; D. Manuel II[13], porém, aponta mais sete. Impressão primorosa desta obra, para a qual terá havido por parte do impressor, Luís Rodrigues, o maior apuro; esta afirmação é sustentada pelo próprio impressor no prólogo onde se afirma ter havido o cuidado de, como ele próprio diz, ir "a Paris buscar estampas, caratules de letras officiaes ε outras cousas convenientes a impressam has quaes nom sam de menos primor ε calidade que has de Italia França e Alemanha onde mais esta arte florece".

---

[12] Cfr.: ob. cit., 1015.
[13] Cfr.: ob. cit., 42.

O verso da p. de rosto está em branco; na f. seguinte, frente e verso pode ver-se o mencionado prólogo do impressor, rematando em "cul de lampe"; na f. 1, ao alto, começa o texto da Relação que compreende 141 capítulos e termina na frente da f. 121 (aliàs 113); ao alto do verso da mesma folha principia como que uma 2ª parte, encimada pelos dizeres: "In nomine dñi amen" na qual se relata o "caminho que fez da terra do Preste Joam pera Portugual" rematando com o usual "Deo gratias"; as f. finais [1-5] inserem a "tavoada" rematando no verso da última f. com um duplo "cul de lampe" e o registo final da imprensa; a frente da última f. (verso em branco) apresenta ao centro a marca tipográfica do impressor Luís Rodrigues. Título impresso a vermelho e preto em caracteres góticos de dois corpos; texto impresso a uma só medida em caracteres góticos de grande perfeição tipográfica, ornamentado com iniciais capitais de belíssimo desenho de fantasia (algumas de desenho zoomórfico) de vários alfabetos; caldeirões e camarões no início dos capítulos e título corrente. Numerosos erros no título corrente e na foliação afetando o número total de folhas (128 e não 136). Ausência de reclamos.

BIBLIOGRAFIA: Az.-Sam., 109; Anselmo, 1015; D. Manuel II, 42; BPADE, 56; BM, p. 1; BPPD, 6; BNRJ, p. 11; BNP, 12.

Exemplar em ótimo estado de conservação, ligeiramente restaurado no pé da f. 1; papel de boa qualidade, um pouco amarelecido. Encadernação inglesa de F. Bedford em "chagrin" castanho com filete duplo dourado e no centro das pastas um motivo ornamental também a dourado; lombada de 5 nervos e seixas ornadas com linha dupla; corte dourado.

Proveniência: foi adquirido pelo Visconde da Trindade na Maggs Bros em Londres em 21-12-1970.

5 - ÁLVARES, Manuel, 1526-1583

Emmanvelis / Alvari e Socie-/tate Iesv / De institvtione/ grammatica libri tres. / [gravura em madeira representando o emblema da Companhia de Jesus inscrito num quadrado] Olyssippone/ Excudebat Ioannes Barrerius / Typographus Regius. / M.D.LXXIII./ Cum priuilegio./
Lisboa: João de Barreira, 1573. [4], 148, [1]f.; 8º (16 cm).
V. T. 18-7-3

Obra da mais extrema raridade, pois todas as obras de referência que a citam não referem esta edição de 1573, mas a de 1572 que é a 1ª, como o próprio Barbosa Machado[14] e Anselmo[15] referem.

No verso da p. de rosto podem ver-se as licenças, datadas de 1 e 5 de Janeiro de 1573; nas 2 p. seguintes, o privilégio real assinado pelo Cardeal-Infante, com data de 14 de Setembro de 1567; nas 2 p. seguintes figura o prefácio, na frente da p. [7], duas poesias do autor e no verso, uma espécie de advertência do autor ao leitor; o texto começa na f. 1 e decorre até final (f. 148 v.), rematando com a palavra "finis"; na frente da p. seguinte (inum.) figura a errata, estando o verso em branco. Título em caracteres redondos de vários corpos, exceto a data que está impressa em itálico; texto em caracteres redondos e itálicos (por vezes também apresenta caracteres gregos), esmaltado com letras iniciais de desenho de fantasia de vários corpos. Notas marginais. Erros de foliação sem afetar a contagem final. Ausência de taxa.

---

[14] Cfr.: ob. cit., 3, p. 171.
[15] Cfr.: ob. cit, 213.

BIBLIOGRAFIA referindo a ed. de 1572: B. Machado, 3, p. 171; Anselmo, 213; D. Manuel II, 137; BPPD, 7; BNRJ, p. 11; BNP, 14-15.

Exemplar em bom estado de conservação, apenas ligeiramente manchado de humidade; aparado à cabeça, apresentando restauro na última f.; no verso da p. de rosto houve a tentativa de apagar umas iniciais inscritas num carimbo, de que resultou uma ligeira rotura do papel; apresenta algumas notas manuscritas nas margens, à guisa de acrescentos e comentários, redigidas em latim, escritas em letra e tinta da época, algumas das quais cortadas quando o livro foi aparado.

Encadernação do século XVIII em pele castanha marmoreada, com duplo filete gravado a ferros secos; lombada de 5 nervos gravada a ouro com título inscrito a dourado sobre rótulo; corte carminado.

6 - ANTÓNIO, de Portalegre, 15--1593

¶ Meditaçã da / i[n]noce[n]tiſſima mor/te ε payxã de Noſ/ſo ſeñor em eſtilo / metrificado./ ¶ Nouamente compoſta.

[Coimbra: João de Barreira e João Álvares, 1547]. [138]f. ; 4º (21 cm).

V. T. 18-8-31

Obra muitíssimo rara: além deste, apenas se conhece a existência de outro exemplar na Biblioteca Pública do Porto, aliás o único referido por Anselmo e um fragmento com 4 folhas do apêndice final no British Museum.

Sem autor descriminado, a obra é, contudo, atribuída quase sem reservas a Frei António de Portalegre; o exemplar da Biblioteca Municipal do Porto traz a assinatura autógrafa do impressor João Álvares e no final das erratas, na última f. e, logo após o cólofon, está a seguinte frase, igualmente escrita por ele: "Autor

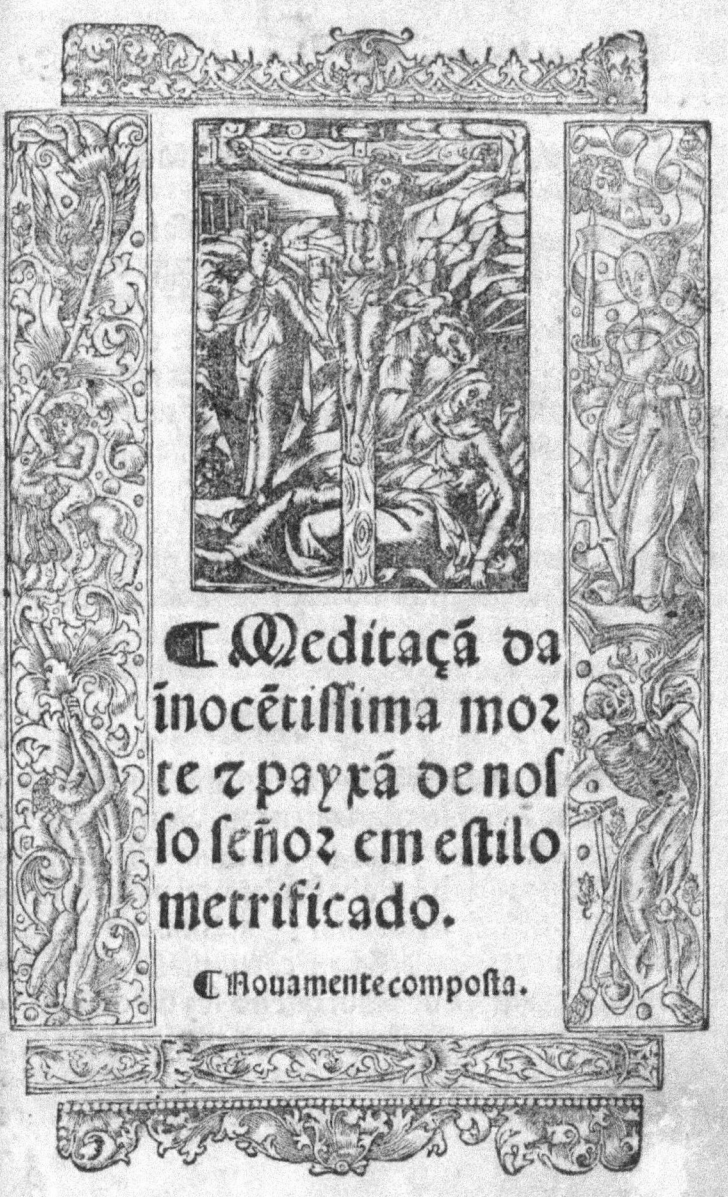

¶ Meditaçã da
inocẽtissima mor
te ⁊ payxã de nos
so señor em estilo
metrificado.

¶ Nouamente composta.

ho Padre Frey Antonio Tauares". Há quem sustente que podia ter sucedido que o frade se chamasse António Tavares e adotasse ou lhe atribuíssem ou fosse seu nome de religião, como diz Barbosa Machado, António de Portalegre, por ter nascido naquela cidade; desta forma, a observação do impressor João Álvares pode ter o seu fundamento, embora o autor fosse mais conhecido pelo nome da cidade onde nasceu – Portalegre[16]. Considera-se esta edição de 1547 como sendo a 1ª, pois há dúvidas quanto à afirmação de Barbosa Machado de que teria havido uma edição datada de 1541[17].

No verso da p. de rosto começa o prólogo que termina no verso da f. [3]; na f. [4] inicia-se o texto com novo título que declara ter a obra sido composta por um " pobre frade de ſam Franciſco da prouincia da Piedade"; este texto está dividido em capítulos irregulares até findar no verso da folha que deveria ser a 129; segue-se depois um "auiso ſpiritual" na p. seguinte redigido em prosa e que remata na frente da f. [131]; no verso desta acha-se a aprovação, logo seguida do cólofon; há depois uma p. em branco, cujo verso está ocupado por uma gravura que adiante se descreve; na p. seguinte vem uma advertência que declara que o bispo de Leiria D. Fr. Brás de Barros ordenou a impressão das composições poéticas que se seguem: trovas, um romance espiritual e três vilancetes; o verso da última destas folhas apresenta as erratas, precedidas por uma curiosa recomendação. A composição tipográfica, adornada com letras iniciais de desenho de fantasia abertas em madeira, foi executada com belos caracteres góticos (de corpo maior na linha das rubricas dos parágrafos e das demais peças insertas no volume).

---

[16] Cfr.: Roque, Mário da Costa – "Meditaçã da inocentissima morte y paixã de Nosso Señor em estilo metrificado, por Fr. António de Portalegre: considerações bibliográficas", sep. de "Antiqualhas", Lisboa: ed. do A., 1952, p. 65-99.

[17] Cfr.: ob. cit., 1, p. 360.

O frontispício está guarnecido com tarjas alegóricas gravadas em madeira, mas de traço bastante fino, tendo na parte superior um pequeno quadro representando Cristo crucificado e logo abaixo o título; na f. [132] v. pode ver-se uma gravura em madeira em forma de portada que ocupa toda a página e representa a Virgem com o Menino e as palavras "Bracharæ insignia". Paginação inumerada. Ausência de título corrente e de reclamos.

BIBLIOGRAFIA: B. Machado, 1, p. 360; Inoc., 1, 1307, 8, p. 287; Az.-Sam., 2530; Anselmo, 249; BM, p. 2; BPMP, 16.

O exemplar pertenceu a António de Sande, segundo nota manuscrita na f. [132] v.; um outro pertence figurava na última p., mas desapareceu quando a página foi espelhada. Exemplar em razoável estado de conservação, embora com algumas folhas espelhadas, ofendendo o texto e outras traçadas e espelhadas no pé, embora não ofendendo a mancha impressa; a folha [133] está ligeiramente rasgada no pé; leves manchas de humidade em algumas páginas; papel de espessura variável, com defeitos de fabrico.

Encadernação recente, de belíssima qualidade, imitação "Padeloup" em carneira bege com as pastas habilmente ornamentadas com ferros dourados e pintadas a azul, branco e preto, rodeando o título, tanto na pasta superior como na pasta inferior e lombada; esta tem 7 nervos e está profusamente ornamentada; guardas de seda natural do tom da carneira e seixas gravadas a ouro; este volume encontra-se protegido por uma caixa vermelha em forma de livro, com lombada em carneira vermelha, na qual está inscrito o autor e o título a dourado.

Proveniência: foi adquirido pelo Visconde da Trindade nos Reservados da Livraria Coelho em 21-2-1958.

7 - AZPILCUETA, Martín de, 1492-1586

Capitulo veynte y/ ocho de las addiciones del Manual / de Cõfeſſores, del doctor Mar-/tin de Azpilcueta navarro,/ añadido por el miſmo/ autor./ Com ſu tabla,/ Impreſſo en Euora/ en caſa de Andres de Burgos./ Com licencia dos ſeñores / Inquiſidores. 1571

Évora: André de Burgos, 1571. 86, [16]f.; 4°(20 cm).

V. T. 18-8-26

Há oito exemplares conhecidos, além deste. No verso da p. de rosto figura a aprovação e na frente da p. seguinte começa o texto que remata na f. 86 com a palavra "Finis; no verso começa a "tabla" que ocupa o restante volume até final, estando a última p. em branco. Título em caracteres góticos e redondos; texto em caracteres redondos de vários corpos, estando as primeiras linhas da aprovação e do texto impressas em caracteres góticos; notas marginais em itálico; iniciais capitais de desenho de fantasia de vários corpos; ausência de reclamos e de taxa.

BIBLIOGRAFIA: Palha, 48; Az.-Sam., 263; Anselmo, 403; D. Manuel II, 131; Palau, 21375; BM, p. 3; BPADE, 107; BGUC, 361; BNP, 42; BPMP, 28.

Pertenceu à "Livª do Convº", segundo nota manuscrita na p. de rosto. Exemplar incompleto e em mau estado de conservação: faltam as f. 43-46, posteriormente substituídas por outras manuscritas a letra e tinta da época. Muito manchado de humidade ofendendo o texto; lacerado em algumas páginas e com a encadernação separada do volume.

Encadernação executada a partir de um pergaminho manuscrito em ambas as faces; vestígios de atacas igualmente de pergaminho.

8 - AZPILCUETA, Martín de, 1492-1586

Comentario / reſolutorio de onzenas, ſobre ho capitulo / primeiro da queſtã. iij. da. Xiiij. cauſa, / cõpoſto por ho Doctor Martim / de Azpilcueta navarro / [vinheta] Dirigido iuntamente cõ outros quatro ſobre ho principio do cap. / final de uſuris. E ho capitulo final De ſymonia. E ho / capitulo Non in inferenda. xxiiij. quæst. iij E ho / cap. final. Xiiij. quæst. final. / Ao muy alto & muy poderoſo Senhor Dom Carlos, / Principe de Caſtela, & de outros muytos & / muyto grandes reynos / noſſo senhor./ Para mayor declaraçam do que tem tratado em ſeu / Manual de Confeſſores./ Impreſſo em Coimbra, nos paços del Rey / por Ioam de Barreyra impreſſor / da Vniuerſidade. / 1560.

Coimbra: João de Barreira, 1560. 168 p. ; 4º (19 cm).

V. T. 18-8-25 (2)

No verso da p. de rosto e na p. seguinte, o privilégio apostólico de Paulo III e a aprovação, seguindo-se a dedicatória ao Príncipe de Castela, D. Carlos; o texto começa na p. 7 e decorre até final do volume rematado pelo cólofon. Título e texto compostos em caracteres redondos de vários corpos; iniciais capitais de vários corpos de fantasia de desenho um pouco grosseiro. Glosas marginais em latim. Erros de paginação sem afetar a contagem. Ausência de licenças e de taxa.

BIBLIOGRAFIA: Anselmo, 153; D. Manuel II, 96; Palau, 21424; BPADE, 114; BPPD, 13; BGUC, 362; BNP, 46; BPMP, 29.

Exemplar muito aparado à cabeça, margens e pé, cortando algumas notas marginais; ligeiramente manchado de humidade.

Encadernado com o Manual de confessores & penitentes" e o "Reportorio geral e mui copioso do Manual de Confessores", obras do mesmo autor, com as quais costuma correr; encadernação executada em pele castanha marmoreada com o ex-libris do Visconde da Trindade colado no verso da pasta superior; corte rosado.

9 - AZPILCUETA, Martín de, 1492-1586

¶ Commento/ en romance a ma/nera de repeticion latina y ſchloaſtica de juri/ſtas, ſobre el capitulo Quando de cõſecratione / diſt. prima. Cõpueſto por el doctor Martin de / Azpilcueta navarro, cathredatico [sic] de Prima e[n] / Canones dla vniuerſidad de Coimbra, en el exer/cicio de todas letras muy ſublimada. En el qual / de rayz ſe trata de la oracion, horas canonicas y / otros officios diuinos, y quando, como y porq[ue] / ſe han de dezir en el choro v [sic] fuera del. A vna cõ el auiso de las faltas, q[ue] en ellos ſe haze[n], y las cau/ſas de que naſcen, y con q[ue] perecen. / Ne me vilem putens ob amictum vulgare[m], introspice, quod acre tego, auru[m]. / [minúscula vinheta] Conimbricæ [minúscula vinheta] Nonas octo. M.D.XLV.

Coimbra: [João de Barreira], 1545. [12], 600 [i.é 588], [44] p.; 4° (20 cm).

V. T. 18-8-23

Segundo o Rei D. Manuel II[18] trata-se da obra mais curiosa que Azpilcueta publicou em Portugal, em vista das notícias que nos dá acerca de Coimbra e da Universidade onde lecionou; além disso, acrescenta que este livro foi, que se saiba, o primeiro que João de Barreira produziu sem parceria em Coimbra, onde já estava associado com João Álvares. Anselmo[19] refere a existência de seis exemplares, mas a este número podem adicionar-se mais dois da coleção de D. Manuel II, (em Vila Viçosa), o de F. Palha (hoje em Harvard, USA), o do British Museum, o do Liceu José Falcão de Coimbra (depositado na BGUC)[20] e três exemplares na BGUC, além do que descrevemos.

No verso da p. de rosto começa a dedicatória ao leitor (8 p.), rematando com as "faltas", ou seja, as erratas; o texto, dividido em

---

[18] Cfr.: ob. cit., 60.
[19] Cfr.: ob. cit., 120.
[20] Cfr.: ob. cit., 46. Pertenceu ao Mosteiro de Santa Cruz.

20 capítulos, começa na p. 1 e remata na p. 600 com a frase "Gloria Deo"; as 2 p. seguintes (inum.) contêm uma epístola e as últimas 42 p. (igualmente inumeradas), a "tabla o reportorio", que remata com o "Laus Deo". Título impresso em caracteres redondos de vários corpos, a vermelho e preto, inserido numa artística portada que remata à cabeça com um frontão de forma triangular, tendo lateralmente duas colunas e no sopé, ao centro, a esfera armilar; texto composto em caracteres redondos, com os títulos dos capítulos impressos em caracteres góticos, assim como as glosas marginais; iniciais capitais de vários corpos de desenho de fantasia, algumas historiadas, ornamentam o texto. Ausência de licenças. Reclamos apenas no final dos cadernos, os quais apresentam numeração errada, assim como a paginação.

BIBLIOGRAFIA: Az.-Sam., 262; Anselmo, 120; D. Manuel II, 60; Palau, 21388; BPADE, 111; BM, p. 2; BGUC, 36; BNP, 48; BPMP, 30.

Pertence ilegível na folha de rosto, junto ao festo. Exemplar em razoável estado de conservação, com a f. de rosto espelhada ofendendo o título e sinais de manuseamento nas primeiras folhas; manchado de humidade.

Encadernação em pergaminho manuscrito cujo texto foi rasurado, com atacas em pele, super-libros do V. T. a dourado em ambas as pastas e o autor e título manuscritos a preto na lombada; assinada por Frederico de Almeida de Lisboa.

10 - AZPILCUETA, Martín de, 1492-1586

Manval de / confeſſores & penitentes, / que clara & breuemente contem a vniuerſal / deciſam de quaſi todas as duuidas q[ue] em / as confiſsões ſoem occorrer dos pec-/cados, abſoluições, reſtituyções, /cenſuras, & irregularidades. / [minúscula vinheta decorativa] Compoſto por ho muyto reſoluto, & celebre Doutor Martim de Azpilcueta / navarro cathedratico jubilado de Prima em Canones, na Vniuerſidade / de Coymbra. Pola ordem de hu[m] pequeno, que fez hu[m] Padre / portugues, da Prouincia da Piedade/ Acrecentado agora por ho meſmo Doutor, cõ as determinações de / muytas duuidas, que deſpoys da outra reformação lhe forã mandadas. / Hu[m]a das quaes vay ſinalada com este ſinal de estrella *. As outras em cinco/ comentarios, de uſuras, cambios, symonia mental. / Defenſam do proximo, de furto notauel, / & irregularidade. / Com ſeu reportorio copioſiſſimo. / Com privilegio apostolico / Real de Portugal, Caſtela & Aragão. / Impreſſo em Coimbra por Ioam de Barreyra. / Impreſſor da vniuerſidade. / M.D.LX./ Vendeſe a cruzado, em papel.

Coimbra: João de Barreira, 1560. [18], 750, [2] p.; 4º (19 cm).

V.T.18-8-25 (1)

Trata-se da 3ª edição desta obra publicada em português. Das 18 p. preliminares inumeradas constam as seguintes peças: no verso da p. de rosto, o índice dos capítulos e nas 5 p. seguintes os privilégios reais de Portugal, Espanha e Aragão, tal como mencionado no título, datados de 1554 a 1556; seguem-se 2 p. de licenças, a dedicatória à princesa D. Joana e uma outra ao leitor, no fim da qual vem um "auiso"; no verso desta p. figura o "prologo introductorio"; na p. seguinte, p. 1, inicia-se o texto, dividido em 27 capítulos, cada um deles precedido pelo respetivo sumário e rematado pela expressão "Laus Deo"; na p. seguinte (v. em branco) figura o cólofon. Título e texto impressos em caracteres redondos e itálicos de vários corpos; a dedicatória à princesa está impressa em caracteres góticos; iniciais capitais de vários corpos de desenho de fantasia ornamentam o texto; numerosas glosas marginais redigidas em latim; o título corrente varia consoante os títulos dos capítulos.

BIBLIOGRAFIA: Anselmo, 153; D. Manuel II, 96; Palau, 21283; BPPD, 14; BM, p. 3; BPADE, 114; BGUC, 370; BNP, 53; BPMP, 32.

Pertenceu a "Fr. Gaspar da Pampilhosa leigo", segundo nota manuscrita na guarda inicial. O exemplar está muito aparado à cabeça, margens e pé, cortando por vezes as notas marginais e os reclamos; ligeiras manchas de humidade. Notas manuscritas da época à guisa de acrescentos ao texto.

Encadernado com o "Reportorio geral e mui copioso do Manual de Confessores" e o "Comentario resolutorio de onzenas", obras do mesmo autor, com as quais costuma correr; encadernação executada em pele castanha marmoreada com o ex-libris do Visconde da Trindade colado no verso da pasta superior; corte rosado.

11 - AZPILCUETA, Martín de, 1492-1586

Reportorio geral & muy / copioſo do Manual de Confeſſores. E dos / cinco come[n]tarios pera ſua decraraçam compoſtos. / Em ho qual C, ſignifica capitulo. n. numero. Co/ment. comentario. p. pagina. & M. ſignifi-/ca mortal, ou mortalmente. Porem nam / ſe alega pagina do Manual, nem ca-/pitulo dos comentarios, pera / mays craridade & breuidade. / [segue-se um "Aviso"] Impreſso em Coymbra por Ioam de Barreyra / 1560.

Coimbra: João de Barreira, 1560. [74]p.; 4º (19 cm).

V.T. 18-8-25 (3)

No verso da p. de rosto começa o texto, que, tal como o título refere, é uma espécie de índice relativo ao "Manual de Confessores" e ao "Comentário resolutório de onzenas" que remata na p. [74] frente, com o cólofon, estando o verso em branco. Título em caracteres redondos e itálicos de vários corpos e texto disposto a duas colunas impresso em caracteres redondos. Sem título corrente; paginação inumerada.

BIBLIOGRAFIA: Anselmo, 153; D. Manuel II, 96; BPPD, 17; BPADE, 114; BGUC, 376; BNP, 62; BPMP, 35.

Exemplar em bom estado de conservação, bastante aparado à cabeça, nas margens exteriores e no pé. Encadernado com o "Manual de Confessores & penitentes" e o "Comentario resolutorio de onzenas", obras do mesmo autor, com as quais costuma correr, em encadernação executada em pele castanha marmoreada com o ex-libris do Visconde da Trindade colado no verso da pasta superior; corte rosado.

12 - BARREIROS, Gaspar, --1574

Censvras de / Gaspar Barreiros sobre qva-/tro liuros intitulados em M. Portio Catam De originibus, em Beroſo Chaldæo, em Mane-/thon Ægyptio, & em Q. Fabio / Pictor romano. / [gravura em madeira com a esfera armilar] Em Coimbra / ¶ Per Ioam Aluares, impreſſor da Vniuerſidade. / Anno de M.D.LXI. / Impreſſo à ſua cuſta.
Coimbra: João Álvares, 1561. [56]f. 4°; (20 cm).
V. T. !8-8-24 (2)
Correm outros exemplares com uma gravura da página de rosto diferente: apresentam o escudo de armas reais portuguesas encimado por grifo, enquanto que o que se descreve apresenta a esfera armilar.
Verso da p. de rosto em branco; as 3 folhas seguintes estão preenchidas com a dedicatória a Frei Marcos de Betânia, mais conhecido sob o nome de Frei Marcos de Lisboa, que mais tarde viria a ser bispo do Porto; o texto começa na p. seguinte rematando com a palavra "Finis" e o cólofon; segue-se uma p. totalmente em branco. Título e texto impressos em caracteres redondos e itáli-

cos de vários corpos, ornamentado com grandes letras iniciais de desenho de fantasia. Erros de numeração dos cadernos. Paginação inumerada; ausência de licenças e de taxa.

BIBLIOGRAFIA: Az.-Sam., 321; Anselmo, 81; D. Manuel II, 310; BPPD, 19; BPADE, 127; BGUC, 408; BNP, 68; BPMP, 41.

Exemplar em bom estado de conservação, com algumas folhas espelhadas não ofendendo o texto. Ligeiramente manchado de humidade. Notas manuscritas a letra e tinta da época, em latim. Este folheto costuma andar encadernado com a "Corografia de alguns lugares" do mesmo autor, tal como acontece com o exemplar que se descreve que compreende ainda outras obras de Gaspar Barreiros que nem sempre estão dispostas pela mesma ordem em todos os exemplares.

Encadernação em pergaminho, com lombada de 5 nervos ornamentada a dourado, com rótulos castanhos; discretos picos de traça no verso da pasta superior.

Proveniência: foi adquirido pelo Visconde da Trindade em 2-1-1964.

13 - BARREIROS, Gaspar, --1574

Chorographia de algvns lv- /gares que ſtam em hum caminho, que fez Gaſpar Barrei-/ros ó [sic] anno de M. D.XXXXVJ; começãdo na cidade de Ba-/dajoz em Caſtella, te á de Milam em Italia, cõ al-/gu[m]as outras obras, cujo catalogo vai ſcripto / com os nomes dos dictos lugares, na folha ſeguinte. / [brasão do Cardeal-Infante D. Henrique] ¶ Impreſſo em Coimbra por Ioã Aluarez impreſſor dª / Vniuerſidade, & por mandado do doctor Lopo de Bar-/ros do deſembargo d'El Rey nosso ſenhor,

& cone-/go na Se d'Euora. M.D.LXI. ¶ Vendenʃe à [sic] dous toʃtões em papel.

Coimbra: João Álvares, 1561. [12], 247, [1]f. ; 4º (20 cm).

V. T. 18-8-24 (1)

O autor, Gaspar Barreiros, sobrinho de João de Barros, compôs esta obra a pedido de seu tio, que queria saber mais informações acerca de algumas terras por onde caminhara Gaspar Barreiros, para a composição da geografia que pensava publicar; mais tarde o autor professou na ordem de S. Francisco, tendo tomado o nome de Francisco da Madre de Deus. No verso da p. de rosto vem uma lista das obras que se seguem no final do volume; nas 2 p. seguintes, o "Catalogo dos lugares principais..." e a errata; na f.[3-4], a dedicatória do Dr. Lopo de Barros ao Cardeal-Infante e no verso da f. [4], começa uma outra dedicatória do autor ao mesmo Cardeal-Infante, que termina na f. [9]; na f. [10], a dedicatória ao leitor e no verso da p. [12] a aprovação; na f. 1 começa o texto, descrevendo a cidade de Badajoz rematando com a expressão "Laus Deo" na f. 247 verso; na p. seguinte (inum.) pode ver-se o cólofon, estando o v. em branco. Título impresso em caracteres redondos de vários corpos e texto em caracteres redondos e itálicos, enriquecido com letras iniciais de desenho de fantasia de vários corpos; glosas marginais em latim. Erros de foliação sem afetar a contagem final. Ausência de licenças e de taxa.

BIBLIOGRAFIA: Az.-Sam., 321; Anselmo, 80; D. Manuel II, 310; Palau, 24654; BPPD, 21; BM, p. 3; BPADE, 128; BGUC, 409; BNRJ, p. 14; BNP, 70; BPMP, 42.

Exemplar truncado, pois a f. 89 foi substituída por uma outra manuscrita, coincidindo o texto com o impresso, embora com variantes de grafia em algumas palavras, facto verificado pelo cotejo com o exemplar dos Reservados da BGUC. Manchas de humidade; espelhado em algumas folhas, não ofendendo o texto. Encadernado com outras obras do mesmo autor em encadernação de pergaminho com lombada de 5 nervos decorada a ouro, com rótulo castanho; discretos picos de traça no verso da pasta superior. Proveniência: foi adquirido pelo Visconde da Trindade em 2-1-1964.

14 - BARREIROS, Gaspar, --1574

Commentari-/vs de Ophyra regione apvd divi-/nam ſcripturam cõmemorata, vnde Salomoni Iudæo-/rum regi inclyto, ingens, auri, argenti, gemmarum,/ eboris, aliarumq[ue]; rerum apportabatur. / Gaſpare Varrerio luſitano autore./ [escudo de armas reais portuguesas encimado por grifo] Conimbricæ. / ¶ Per Ioannem Aluaru[m] typographum regiu[m]. / Cum facultate Ordinarij & Inquiſitoris. / M.D.LXI.

Coimbra: João Álvares, 1561. [28]f.; 4º (20 cm).

V. T. 18-8-24 (3)

Verso da p. de rosto em branco; esta obra possui duas dedicatórias, a primeira das quais é dirigida a D. João III, datada de 1550 e a segunda a D. Sebastião, indicando a data de 1560, dado que o rei entretanto falecera em 1557; no verso da p. [6] começa o texto, rematando na f. [28] com a frase "Laus Deo". Título composto em caracteres redondos de vários corpos, exceto a palavra "Conimbricæ" impressa em itálico; texto impresso em caracteres redondos e itálicos ornamentado com iniciais capitais de desenho de fantasia de vários corpos. Paginação inumerada; a numeração de cadernos é continuada das "Censuras" do mesmo autor. Ausência de título corrente, de licenças, de taxa e de foliação ou paginação.

BIBLIOGRAFIA: Az.-Sam., 321; Anselmo, 82; D. Manuel II, 310; BPPD, 20; BPADE, 129; BGUC, 410; BNP, 69; BPMP, 43.

Exemplar em bom estado de conservação, ligeiramente manchado de humidade.

Este folheto corre geralmente encadernado em conjunto com outras obras do mesmo autor, o que se verifica igualmente no exemplar que se descreve, sendo de assinalar que nem sempre ocorre a mesma ordem na sucessão dos textos. Encadernação em pergaminho com lombada de 5 nervos, ornada a ouro, com rótulos castanhos; discretos picos de traça no verso da pasta superior.

Proveniência: foi adquirido pelo Visconde da Trindade em 2-1-1964.

15 - BARROS, João de, 1522-1553

[brasão de armas do Infante D. Henrique, futuro Cardeal-rei] / Eſpelho de caſados / em o q[ua]l ſe diſputa copioſam[en]te q[ue] excele[n]te p[ro]ueito/ ſo ε neceſareo ſeja o caſam[en]to ε ſe mete[m] muitas / se[n]teças. enxe[n]plos. auiſos. ε doctrinas. ε duuidas neceſarias p[er]a os caſados. ε finalmente / os req[ui]ſitos q[ue] hade ter o caſame[n]to p[er]a ſerem / p[er]feiçã ε a ſeruiço de Deos. Nouame[n]te co[m]poſto / pelo doctor Joã de Barros cidadaõ da / + cidade do Porto.+/+

[Porto: Vasco Dias Tanco de Frejenal, 1540]. [4], 74 [i.é 72]f. 4° (22 cm).)

V. T. 18-10-21

Este Tratado do Dr. João de Barros é extremamente raro; só há notícia deste exemplar que pertenceu à Livraria dos Condes de Azevedo e de Samodães e posteriormente à de Ávila Peres e do

Espelho de Casados

E mo ql se disputa copiosamēte q̃ ercelēte p̃ueito
so z necesareo seja o casamto z se metē muitas
Sētēças. Enrēplos. Auisos. z doctrinas. z du
uidas necesarias pa os casados. z finalmente
os Req̃sitos q̃ hade ter o casamēto pa serem
pfeiçã z a seruiço de deos. Nouamēte cōposto
pelo Doctor Joã de Barros Cidadaõ da
✠ Cidade do Porto ✠
✠

que se encontra na Biblioteca Nacional de Portugal; Inocêncio[21] também afirma não ter visto nenhum exemplar. O impressor da obra é Vasco Dias Tanco de Frejenal, que alguns autores dizem ser de origem espanhola e outros afirmam ter nascido em Portugal; o que é certo, porém, é que era um impressor itinerante que exerceu a sua atividade no Porto entre 1540 e 1541. No verso da p. de rosto e grande parte da f. seguinte ocorre o "Prohemio" no qual a obra é dedicada ao Infante D. Henrique, futuro Cardeal-Rei; nas restantes folhas preliminares vem a introdução que remata com o índice e títulos das quatro partes em que a obra se divide; em seguida começa o texto que decorre da f. 1 à f. 71; na f. 71, numerada por lapso 74, figuram 6 oitavas do licenciado João Mendes, médico e amigo de João de Barros, nas quais louva a obra e o autor; segue-se o cólofon. O título está impresso em caracteres góticos, como de resto toda a obra, e segue-se ao brasão do Infante D. Henrique, enquadrado por filetes e vinhetas; a impressão do texto, por vezes pouco nítida, é embelezada com letras iniciais de vários corpos de desenho de fantasia; no início do texto surge uma curiosa gravura em madeira, representando a expulsão de Adão e Eva do Paraíso, subscrita pela legenda "mvlier decepit me", enquadrada por outra legenda em latim; no início da segunda parte, uma outra gravura, igualmente em madeira, representa a criação da mulher a partir da costela de Adão, também rodeada por uma legenda latina; no início das 3ª e 4ª partes não há gravuras; no sistema de pontuação ocorrem somente os pontos finais e os dois pontos. Ausência de reclamos; erros e falta de uniformidade no título corrente. Erros de foliação, alguns deles sem afetar a contagem, mas na última folha a numeração está errada, pelo que não são 74, mas 72 folhas. Sem licenças nem taxa.

---

[21] Cfr.: ob. cit., 3, 488.

BIBLIOGRAFIA: Anselmo, 1072; Az.-Sam., 339; BNP, 76.

Este exemplar, aliás como o outro conhecido que está na Biblioteca Nacional, não está completo: a frente e verso de toda a f. 18 estão reproduzidos à pena, com bastante perfeição; no mais pode considerar-se um belo exemplar e foi por ele que foi feita a reimpressão que Tito de Noronha e Moreira Cabral levaram a efeito no Porto, em 1874[22]. Pertenceu, como acima foi referido, à Livraria de Azevedo-Samodães, da qual transitou para a de Ávila Peres, encontrando-se o ex-libris da primeira na p. de rosto e o da segunda colado no verso da pasta superior. Apenas espelhada a f. 32 no verso, ofendendo o texto; a f. 52 junto ao pé está ligeiramente rasgada; manchas de humidade e tinta em várias folhas; papel de diferentes espessuras. Na f. 65 está manuscrita uma palavra emendando o texto impresso; alguns sublinhados ao texto; nas f. 35 e 45 há frases riscadas, de tal modo que a tinta ferrogálica corroeu o papel, corrosão que alastrou às folhas adjacentes; trata-se de uma censura feita por um leitor, pois as frases riscadas referem a lenda da "papisa Joana".

Encadernação em pele castanha com dourados na lombada de 5 nervos, filete duplo nas pastas e seixas ornamentadas; corte carminado; o exemplar encontra-se protegido por uma caixa em forma de livro forrada a pele verde e com o título gravado a ouro.

Proveniência: foi adquirido pelo Visconde da Trindade nos Reservados da Livraria Coelho em 21-2-1958.

---

[22] Cfr.: Catálogo Azevedo-Samodães, 339.

16 - BARROS, João de, 1496-1570

[Inserido em portada de estilo arquitetónico pode ler-se o título impresso a vermelho em caracteres góticos:] Ropica pnef=/ma de Joã / de Bar=/ros:. /+

[Lisboa: Germão Galhardo, 1532]. [98] f.; 4°(19 cm).

V. T. 18-7-33

1ª edição. Obra muito rara: apenas são conhecidos mais três exemplares além deste, dos quais somente um, que pertenceu a Fernando Palha e que hoje se encontra na Houghton Library anexa à Universidade de Harvard, USA, se encontra completo[23]; ao exemplar que está no British Museum falta o 1° fólio e ao da casa Palmela faltam o 1° e últimos fólios. A raridade desta obra provém do facto de ter sido proibida pela Inquisição, fazendo parte do "Catalogo de livros prohibidos" de D. Jorge de Almeida, Inquisidor Geral, publicado em 1581. Na obra, composta em forma de diálogo, falam o Tempo, a Vontade, o Entendimento e a Razão. Verso da p. de rosto em branco; nas 5 primeiras páginas pode ver-se a dedicatória do autor a Duarte de Resende, seu parente e amigo e nas 4 p. seguintes a "Introduçam e argumento da obra"; o texto começa em seguida e vai até final, rematando na frente da f. 98 com o usual "Laus Deo" e o cólofon; o verso desta última p. está em branco. Na composição tipográfica destaca-se o rosto, impresso a vermelho e preto e o texto composto em caracteres góticos de três ou quatro corpos: os de corpo maior nas epígrafes das peças acima referidas, os imediatamente inferiores no texto e os de corpo menor nas glosas marginais; três letras iniciais de desenho de fantasia esmaltam o texto. Paginação inumerada. Sem reclamos nem título corrente. Ausência de licenças e de taxa.

---

[23] Cfr.: ob. cit., 384.

BIBLIOGRAFIA: B. Machado, 2, 608; Inoc., 3, 479, 10, 188; Palha, 384; Anselmo, 596; BM, p. 3; BNRJ, p. 15.

Este exemplar está incompleto, pois falta-lhe a p. de rosto substituída por uma reprodução fotozincográfica, aliás muito perfeita. Pertenceu ao bibliófilo Vieira Pinto, cujo ex-libris figura em várias páginas; as 13 primeiras folhas encontram-se espelhadas e coladas junto ao festo, assim como outras, inclusivamente a f. final, espelhada no canto superior e no pé sem ofender o texto; a f. onde começa o texto está rasgada, ofendendo-o; alguns sinais de manuseamento e manchas de humidade um pouco por todo o exemplar; muito aparado à cabeça e no pé. Papel de diferente espessura ao longo do volume, por vezes bastante encorpado. Algumas notas manuscritas em letra do século XVI, de uma das quais, no verso da última folha, apenas pode decifrar-se o seguinte: "...euora/ depoiſ que uym deſa tera/ ningua ouuj... / Diguo eu Tomas Galuão que he uerdade".

Belíssima encadernação em "chagrin" castanha escura com lombada de 5 nervos e título gravado a ferros secos; seixas douradas.

Proveniência: foi adquirido pelo Visconde da Trindade nos Reservados da Livraria Coelho em 21-2-1958.

17 - BERMUDES, João, --1570

*Eſta he hu[m]a breue re/lação da embaixada q[ue] o Patri/archa dõ Ioão Bermudez trou/xe do Emperador da Ethiopia, chamado / vulgarmente Preſte Ioão, ao chriſtianiſsi/mo, & zelador da fee de Chriſto Rey de / Portugal dom Ioão o terceiro deſte no-/me: dirigida ao muy alto & poderoſo, de / feliciſsima eſperança, Rey tãbem de Por-/tugal dom Sebaſtião o primeiro deſte no/me. Em a qual tãbem conta a morte de / dom Chriſtouão da Gama: & dos ſuceſſos / que acontecerão aos portugueſes que fo-/rão em ſua companhia. / ¶

Em Lixboa en caſa de Fran-/ciſco Correa Impreſſor do Cardal [sic] / Iffante. / Anno de / 1565. / *

Lisboa: Francisco Correia, 1565. 80 f.; 4° (19 cm).

V. T. 18-8-28

Obra da maior raridade: apenas quatro ou cinco exemplares conhecidos. Segundo D. Manuel II [24] é certamente uma das obras mais raras e curiosas que foram estampadas em Portugal no século XVI; afirma ainda que em meados do século XIX existiam em Portugal dois exemplares: um no Arquivo Nacional da Torre do Tombo, donde desaparecera há muitos anos e um do Visconde de Juromenha que, segundo o Rei, estaria na posse da Maggs Bros; além destes dois, há a acrescentar o do Rei, hoje em Vila Viçosa, o do British Museum e este da Livraria do Visconde da Trindade que pertenceu à Livraria de Chadenat e foi adquirido na Livraria de George Heilbrun em 1957; por outro lado, é de assinalar que Anselmo, que não viu qualquer exemplar, se baseou na descrição de Salvà e Figanière; Inocêncio[25] chega mesmo a dizer que seria curioso averiguar quais as causas provenientes do desaparecimento quase total deste livro. O título está enquadrado por uma portada ornada com figuras, flores e frutos, estando a data inserida no pé da folha; no verso da p. de rosto, a carta do autor ao Rei é rematada pela aprovação do P. F. Manuel da Veiga; o texto, dividido em 58 capítulos, começa na p. seguinte e decorre até final, estando o verso da folha 80 em branco. O título foi impresso em caracteres redondos de vários corpos, a carta ao Rei em itálico e o texto em caracteres redondos, exceto os títulos dos capítulos que estão impressos em itálico; caldeirões nos títulos dos capítulos; uma inicial capital letra S de grande formato e desenho de fantasia ornamenta o texto e uma outra de menor corpo inicia a carta do autor ao

---

[24] Cfr.: ob. cit., 107.
[25] Cfr.: ob. cit., 3, 494.

Rei. Erros na numeração de cadernos e de foliação não afetando a contagem. Sem taxa.

BIBLIOGRAFIA: Anselmo, 476; D. Manuel II, 107; BM, p. 4; BNP, 81.

Exemplar em impecável estado de conservação, de impressão muito nítida; aparado.

Belíssima encadernação em marroquim vermelho com triplo filete dourado nas pastas e cinco nervos na lombada; guardas mistas de marroquim azul e seda "moirée" também azul com seixas ornamentadas a ouro; encontra-se inserida numa caixa vermelha assinada Lortic Fils.

Proveniência: foi adquirido na Livraria de George Heilbrun em 20-11-1957, tendo pertencido anteriormente, segundo notas do Visconde da Trindade, à Livraria Chadenat.

18 - BRAGA. Arquidiocese. Concílio Provincial, 4, 1566

* Concilivm * / provinciale braccaren. IIII. / Pontificatus sãctiſſ. D. N. Pij V anno et regni / vero potentiſſ. pijſsimiq[ue]; regis noſtri Sebaſtiani / huius nõis primi anno. 10. præſidente illuſtriſſ. ac / reuere[n]diſſ. in Chriſto patre fratre Bartholomæo / à Martyribus Archiep[iscop]o & Dño Braccaren. huius / p[ro]uinciæ Metropolitano & hiſpaniaru[m] Primate. / Cõſidentib' reuere[n]diſſ. in Chriſto patrib' Ro/derico Pinario Portugallen. Ioanne / Soarez Conimbricen. Arganilli / Comite. Antonio Pinario Mi/randen. cu[m] p[ro]uincialib' / Epiſcopis. / [Brasão de armas do Arcebispo de Braga rodeado pela legenda: "Nolite conformari hvic secvlo"] Braccaræ. / ¶ Apud Antoniu[m] â Maris Typographum Reue/re[n]diſſ. D. Archiepi Hiſpaniaru[m] Primatis. / Anno. 1567 / ¶ Taxado em papel à cincoenta re[n]s. [sic]

Braga: António de Mariz, 1567. [16], 128, [8]f.; 8° (15 cm).

V. T. 18-7-2

Obra rara. Anselmo[26] refere a existência de oito exemplares: na Biblioteca Nacional, na Biblioteca Pública de Évora, na Universidade de Coimbra e em Braga, além dos pertencentes a bibliotecas privadas como a de Gubian, Castelo Melhor, Pereira da Costa e Azevedo-Samodães (incompleto)[27]; a estes há que acrescentar o exemplar do British Museum, o de El Rei D. Manuel II, (hoje em Vila Viçosa) e este que se descreve. A data da impressão que vem estampada na página de rosto – 1567 – não é a da saída do livro a lume, pois que a provisão do Arcebispo primaz D. Frei Bartolomeu dos Mártires, publicada em anexo ao livro nas últimas páginas inumeradas, apresenta a data de 3 de Setembro de 1571.

No verso da página de rosto pode ver-se a dedicatória ao Bispo D. Frei Bartolomeu dos Mártires (3 p.); segue-se o "Index" impresso a 2 colunas (25 p.), rematado com a "Erratula" (v. em branco); depois de uma f. totalmente em branco, começa o texto na f. 1, rematando na p. 128 com a frase "Finis Decretorum"; o v. desta página está em branco; nas p. inum. finais há uma provisão em latim de D. Frei Bartolomeu dos Mártires sobre a publicação dos decretos, datada de 3 de Setembro de 1571, acima referida, rematando com a assinatura fac-similada "O Arcebispo primas"; nesta provisão, o prelado ordena a execução do resolvido no 4° Concílio bracarense; logo após a assinatura seguem-se as "Annotationes" aos decretos do Concílio (13 p.) rematando com a palavra "Finis". Na composição tipográfica da p. de rosto foram utilizados caracteres redondos de vários corpos e no texto caracteres redondos, estando a primeira palavra de cada capítulo impressa num corpo ligeiramente maior; as iniciais capitais, umas apresentam desenho de fantasia, de vários

---

[26] Cfr.: ob. cit., 848.
[27] Cfr.: ob. cit., 831.

corpos, outras não têm ornamentação especial. Erros de numeração dos cadernos e de foliação, sem afetar a contagem.

BIBLIOGRAFIA: Inoc., 2, 382; Az.-Sam., 831; Anselmo, 848; D. Manuel II, 342; BPADE, 270; BM, p. 4; BGUC, 1551; BNP, 95; BPMP, 50.

Obra em bom estado de conservação, embora manchada de humidade ofendendo um pouco o texto. Pertenceu a "Arcediago de Ver"(?), segundo nota manuscrita a letra e tinta da época no pé da folha de rosto; há um outro pertence manuscrito na mesma página em que parece ler-se "Do Coll° do Porto".
Encadernação da época, em pele gravada a ferros secos nas pastas e ferros dourados na lombada de 4 nervos, onde está inscrito o título, igualmente a dourado; corte vermelho.
Proveniência: foi adquirido pelo Visconde da Trindade em 20-4-1962.

19 - BRANDÃO, Luís Pereira, fl. 1540-?

Elegiada / de Luys Pereira. / ¶ Dirigida ao se-/reniſsimo Senhor Cardeal Alberto, Archi/duque de Auſtria, & Gouernador / dos reynos de Portugal. / [marca tipográfica do impressor Manuel de Lira: uma figura humana coroada de louros e tocando rabeca com a legenda "Non vi sed ingenio et arte"] Impreſſa por Manoel de Lyra. Anno 1588. / A requerimento de Franciſco de Miranda./ Com licença & priuilegio real.
[Lisboa]: Manuel de Lira, 1588. 286 [i. é 284]f.; 8° (14 cm).
V. T. 18-7-5
Trata-se, segundo Inocêncio[28], de um poema "tido geralmente e sem injustiça, como a mais inferior das nossas antigas epopeas";

---

[28] Cfr.: ob. cit., 5, 698.

Brunet [29] diz que voltou a ser publicada com o título "Jornada de Africa" em Lisboa, 1785; Anselmo[30] refere a existência de um exemplar na Biblioteca Nacional de Portugal; a estes acrescente-se o exemplar de Salvà, o da Biblioteca de F. Palha (hoje em Harvard), o de D. Manuel II [31], o do British Museum e o que se descreve.

1ª edição. Verso da p. de rosto em branco; na f. [2] podem ver-se as licenças e no verso um soneto e uma oitava de Pedro de Andrade Caminha; na f. seguinte, um epigrama de Jerónimo Corte Real e no verso um soneto de Francisco de Andrade; na p. seguinte um novo soneto, da autoria de Diogo Bernardes [32] e no verso as erratas; o texto começa na f. 1 e remata na f. 286 (i. é 284) com o "Lavs Deo" e consta de 18 cantos em oitavas. Título em caracteres redondos de vários corpos e uma frase apenas em itálico; as poesias das páginas preliminares estão impressas, umas em caracteres redondos e outras em itálico; o texto propriamente dito está composto em caracteres redondos, ornamentado com diversas iniciais capitais de desenho de fantasia um pouco grosseiro; tarjas e vinhetas ornamentam o início e final de cada um dos 18 cantos do poema. Erros de foliação afetando a contagem. Sem taxa.

BIBLIOGRAFIA: Anselmo, 748; D. Manuel II, 202; BNP, 97; BPMP, 54.

A f. de rosto encontra-se totalmente espelhada no verso; picos de traça; aparado à cabeça cortando o título corrente; muito manchado de humidade atingindo o texto.

---

[29] Cfr.: ob. cit., 4, col. 494.
[30] Cfr.: ob. cit., 748.
[31] Cfr.: ob. cit., apresenta diferenças em relação a este; deve tratar-se provavelmente de uma 2ª impressão feita apressadamente nos prelos da mesma oficina no mesmo ano.
[32] Palau Cfr.: ob. cit., 218668 refere erradamente Diogo Bermudes.

Encadernação antiga, embora não da época, em pele castanha escura, com lombada de 4 nervos e título na lombada; corte rosado.
Proveniência: foi adquirido pelo Visconde da Trindade em 31--12-1971.

20 - BRITO, Bernardo de, O. Cist., 1569-1617

* Geographia * / antiga de Lvsy-/tania. / Composta por Frey Bernardo de Bri-/to chronista geral, e religioso da / Ordem de S. Bernardo, Profeſſo no Real Mo-/ſteyro de Alcobaça. / [escudo de armas reais portuguesas encimado por viseira e grifo no timbre e rodeado de paquifes] [pequena mãozinha] Em Alcobaça. [pequena mãozinha] + Impreſſa com licença da Sancta, & Géral Inquiſição: + Por Antonio Aluarez Impreſſor de liuros. / Anno 1597.
Alcobaça: António Álvares, 1597. 8 f.; folio (28 cm).
V. T. 11-10-1(2)
No verso da página de título pode ver-se o prólogo dirigido aos leitores; o texto, disposto a duas colunas, impresso em caracteres redondos e ornamentado com iniciais capitais, está dividido em quatro capítulos que descrevem o modo como foi povoada a antiga Lusitânia. Glosas marginais.

BIBLIOGRAFIA: Anselmo, 41; D. Manuel II, 253A; Gusmão, 152; BNP, 100; BPMP, 55.

O exemplar apresenta algumas manchas de humidade junto ao festo e sublinhados em algumas passagens.
Encadernação em carneira marmoreada com o super-libros do Visconde da Trindade, lombada de 5 nervos com rótulos vermelhos e pretos; corte vermelho; encadernado com a primeira parte da "Monarchia Lusytana" do mesmo autor.

21- BRITO, Bernardo de, Ordem Cist., 1569-1617

[Inserido em cartela ao alto da página de título, pode ler-se:] * Monarchia * / * Lvsytana * / [fora da cartela segue o título:] Composta por Frey Bernardo de Brito, Chronista geral & Religioſo / da Ordem de S. Bernardo, professo no Real Mosteiro de Alcobaça. / * Parte* primeira */* Que contem * as hiſtorias de Portugal * deſde a cria/ *ção do mundo * te o nacimento de noſſo Sñor */* Iesv Christo * [grande gravura em cobre a meio da página, tendo como motivo central a imagem de S. Bernardo e de cada um dos lados dois escudos, o primeiro dos quais é o de Portugal; por baixo, numa cartela lê-se: "Bernardvs doctor inclitvs"] Dirigido ao catholico Rei Dõ Philippe * / II do nome Rei de Espanha Emperador do / Novo Mvndo / Impreſſa no inſigne Moſteiro de Alcobaca [sic] por / mandado do Rmo Padre Geral Frey Francisco de / S. Clara com licenca [sic]& priuilegio Real / Anno de 1597

Alcobaça: Mosteiro de Alcobaça [Alexandre de Siqueira e António Álvares], 1597. [1], 8, [6], 416 [i. é 414] f.; folio (28 cm).

V. T. 11-10-1(1)

A 1ª parte da obra, a única publicada no século XVI, foi impressa sob a orientação de Frei Bernardo de Brito; é constituída por um conjunto de 8 volumes, com vários outros autores a continuar a obra que pretende fazer a História de Portugal desde o princípio do mundo. Este primeiro volume está dividido em 4 livros; o verso da página de rosto está em branco; na página seguinte podem ver-se as licenças e no verso a dedicatória ao Rei (2 p.); no verso desta p. há o resto das licenças, na f. 3 o prólogo dirigido aos leitores rematado por um epigrama de Frei Diogo de Brito no fim do qual continuam as licenças até final da f. 7; na f. 8 vem a lista dos "authores alegados" nesta primeira parte da obra, rematando com uma declaração do autor em que afirma nada ter escrito contra a Fé; seguem-se 2 p. contendo um carmen heróico em honra do autor; nas 7 f. seguintes, a preceder o texto, está o index e a taboada; o texto vai da f. 1 até ao final rematando com o cólofon. Texto em caracteres redondos, disposto a duas colunas ornamentado com iniciais capitais de vários corpos de desenho de fantasia. Glosas marginais. Da f. 205 à f. 209 a obra está paginada, pelo que não são 416 mas 414 folhas no total. Título corrente.

BIBLIOGRAFIA: B. Machado, 1, p. 526; Anselmo, 1066; D. Manuel II, 253; Gusmão, 153; BNP, 101.

Exemplar com a página de rosto espelhada. Notas manuscritas junto ao pé da folha de rosto, provavelmente pertences, ilegíveis.

Encadernação em carneira marmoreada com o super-libros do Visconde da Trindade, lombada de 5 nervos com rótulos vermelhos e pretos; corte vermelho; encadernado com a "Geografia antiga de Lusytania" do mesmo autor.

22 - CAMÕES, Luís de, 1524?-1580

[Enquadrado em portada de estilo arquitetónico gravada em madeira, com frontão triangular e na base uma carranca rodeada de paquifes e outros ornamentos, pode ler-se o título:] Os / Lvsiadas / de Lvis / de Camões / ¶ Polo original antigo / agora nouamente / impreſſos. / Em Lisboa, / com licença do Sancto / Offifio [sic] & priuile-/gio real / Por Manoel de Lyra.1597./A cuſta de Eſteuão Lopez mer/cador de liuros.

Lisboa: Manuel de Lira: à custa de Estêvão Lopes, 1597. [2], 186 f.; 4º (19 cm).

V.T.18-7-19

Obra rara. 5ª edição. Brunet [33] assegura que esta raríssima edição foi copiada da 1ª, o que aliás é confirmado pelo próprio título onde

---

[33] Cfr.: ob. cit.,1, col. 1516.

se refere "polo original antigo"; no entanto, cotejando esta edição com a de 1572, encontram-se muitas diferenças, algumas justificadas pela própria evolução da língua ou por variantes de grafia; há também alterações na pontuação e noutros sinais, mas há muitas outras notavelmente mais evidentes, como as que modificam a contagem das sílabas, alteração dos tempos dos verbos, substituição de palavras sem alterar a contagem das sílabas, supressão de artigos, substantivos, conjunções, alterando ou não o número de sílabas, modificando a ordem das palavras; contudo, as alterações mais profundas derivam dos cortes da censura sobretudo nos passos do texto que referem possíveis ofensas à moral [34] e à religião [35]; estas alterações redundaram na substituição total de alguns versos e, em casos extremos, na de estâncias inteiras; há ainda a referir, na descrição da batalha de Aljubarrota (canto IV), a traição de alguns membros da família de D. Nuno Álvares Pereira, bandeados com os castelhanos, que nesta 5ª edição, embora não deixe de ser mencionada foi, contudo, muito atenuada pela censura. As duas f. preliminares inumeradas contêm, no verso da p. de rosto, as licenças que se estendem até à frente da f. seguinte, no verso da qual vem o privilégio real; na p. seguinte começa o texto que vai até final. Texto composto em caracteres itálicos a 3 oitavas por página; as estâncias do canto I até à estrofe 49 estão por numerar e passam então a ser numeradas[36]; iniciais capitais ornamentadas de desenho de fantasia no início do alvará e dos cantos, exceto no início do canto X. Título corrente, tendo no lado esquerdo "Os Lvsiadas de L. de Ca."[37] e no direito "Canto..."; o título corrente

---

[34] Na descrição dos atributos físicos da deusa Vénus e no episódio da Ilha dos Amores.

[35] Sobretudo nas insinuações feitas pelo épico quanto à venalidade do clero e às tentativas de compra da conversão dos povos recém-descobertos através da oferta de presentes valiosos...

[36] No canto IX as estâncias 92 a 94, (erradamente numerada 64) estão na f. 160, seguindo-se no verso desta folha as estâncias 89 a 91, facto visível igualmente no exemplar da BNP.

[37] Abreviatura já utilizada por António Gonçalves na edição de 1572.

por vezes apresenta erros, pois o número do canto indicado não corresponde ao texto; outras vezes a grafia do título corrente varia (na p. 101, por ex. está escrito "seisto" e em outras "sexto"; também se verificam erros na numeração das estrofes, como no canto III onde se repete o número da estrofe 137, o que vai alterar o número final de estrofes deste canto (143 e não 142). Erros nos reclamos e numerosos erros de foliação, não afetando a contagem final. Sem taxa.

BIBLIOGRAFIA: Anselmo, 770; D. Manuel II, 251; BM, p. 5; BPPD, 30; BPADE, 160; BGUC, 559; BNP, 119.

Exemplar completo em relativo bom estado de conservação, embora com as duas primeiras folhas restauradas no pé e margens ofendendo o texto; cantos inferiores danificados; muito aparado à cabeça e com irregularidades no corte do pé de algumas folhas. Notas manuscritas na folha de rosto ao alto e em outras folhas; é curioso notar que as primeiras notas manuscritas são para emendar outras. Encadernação que tinha sido feita e depois foi corrigida, o que é provado pelo espelhamento junto ao festo das f. 82, 87 e 88; algumas estrofes estão sublinhadas e assinaladas à margem.

Encadernação em pele castanha clara, tendo a meio o super-libros do V. T. gravado a ouro, em ambas as pastas; ausência de nervos na lombada; corte carminado; uma caixa de cartão protege o exemplar.

Proveniência: foi adquirido pelo Visconde da Trindade nos Reservados da Livraria Coelho em 28-5-1959.

23 - CAMPOS, Manuel de, fl. 1588

Relaçam/ do solenne / recebimento que ſe fez em Lisboa ás / ſantas reliquias q[ue] ſe leuáram á igreja / de S. Roque da Companhia de / Iesv aos. 25. de Ianeiro de / 1588. / Pello licenciado Manoel

de Campos / [Monograma da Companhia de Jesus, tendo na parte superior a legenda : "Devs / In nomine tvo" e na inferior: "Salvvum me fac"] / ¶ Impreſſo em Lisboa per Antonio / Ribeiro. 1588.
Lisboa: António Ribeiro, 1588. [4], 192 f.; 8º (15 cm).
V. T. 18-7-11

Obra estimada e rara; além deste exemplar são conhecidos mais doze, três dos quais fora do país: em Harvard (Biblioteca F. Palha), na Biblioteca da Hispanic Society of America e no British Museum. No verso da p. de rosto, as licenças e a relação dos jubileus que se ganham na casa de S. Roque da Companhia de Jesus; na p. seguinte, uma espécie de prólogo ao leitor e nas 5 p. seguintes a tábua das coisas que se contêm neste livro; o texto começa na p. 1 e remata no final com uma série de páginas nas quais se inscrevem numerosas poesias de diversos metros e línguas, algumas das quais não mencionam o nome do autor. Texto em caracteres redondos e itálicos de vários corpos; esmaltam o texto algumas iniciais capitais de desenho de fantasia; o tipo empregado na foliação das f. 97 a 104 é diferente do utilizado no restante texto. Erro na numeração do caderno P4, por lapso numerado A4.

BIBLIOGRAFIA: Az.-Sam., 558; Anselmo, 981; D. Manuel II, 205; BM, p. 5; BPPD, 32; BPADE, 162; BNP, 122; BPMP, 66.

Exemplar em impecável estado de conservação, executado em papel ligeiramente amarelecido. Aparado. Notas manuscritas à margem, com tinta e letra da época, em português, cortadas quando a obra foi aparada.
Encadernação francesa em "chagrin" vermelho com triplo filete dourado nas pastas, onde figura a meio o super-libros do V. T.; lombada de 5 nervos com dourados; corte igualmente dourado e seixas trabalhadas igualmente a ouro; saída das oficinas de Lortic Fils.
Proveniência: foi adquirido pelo Visconde da Trindade em 15-11-1958.

24 - CASTANHEDA, Fernão Lopes de, 1500-1559

Vol. 1 [38]

[Gravura em madeira representando o escudo de armas reais portuguesas encimado por elmo, coroa e dragão alado, rodeado de paquifes] Ho livro primeiro / dos dez da hiſtoria do deſcobri- / mento & conquiſta da India pelos Portugueſes. Agora emme[n]dado & acrecentado. E neſtes dez liuros ſe conte[m] todas as milagroſas façanhas que / os Portugueſes fizerão em Ethiopia, Arabia, Perſia, e nas Indias, dentro / do Ganges & fora dele, & na China & nas Ilhas de Maluco, do tempo q[ue] / Dom Vaſco da Gama Conde da Vidigueira & Almirante do Mar Indico / deſcobrio as Indias, ate a morte de Dom Ioão de Caſtro que la foy Gouer/nador & Viſorey. Em que ſe contem eſpaço de cinquoenta annos, / Com priuilegio real. [Coimbra: João de Barreira, 1554]. [4], [202 [i. é 186]p.; folio (29 cm).

V. T. 18-9-2/7

A primeira edição desta obra foi impressa por João de Barreira e João Álvares em 1551; foram igualmente impressos pelos mesmos impressores os livros II, III, IV e V, enquanto os seguintes volumes até ao vol. VIII foram impressos somente por João de Barreira. Acrescente-se ainda que a obra, segundo Brunet, foi objeto de uma tradução para francês por Nicolas de Grouchy, impressa em Paris por Michel Vascosan em 1553[39] e em Anvers por Martin Nucio em 1554 em versão castelhana. Conjunto difícil de reunir, embora o exemplar que descrevemos tenha em falta o vol. VIII.

---

[38] Descrevem-se os volumes um a um, dado que as características tipográficas são distintas, uma vez que pertencem a edições diferentes.

[39] Cfr.: ob. cit., 1, col. 1621.

No verso da p. de rosto o privilégio real concedido por D. João III a Fernão Lopes de Castanheda, (que é pela primeira vez mencionado como autor) que lhe foi concedido pelo prazo de 10 anos; da sua leitura ficamos a saber que o autor levou vinte anos a elaborar a obra; da p. [3-4] decorre o prólogo do autor dirigido ao mesmo monarca; o texto vai da p. I (inumerada) à p. ccji, rematando com o cólofon. Título impresso em caracteres maiúsculos redondos de dois corpos e itálicos; o privilégio e o prólogo estão compostos em caracteres redondos dispostos a uma só medida, enquanto o texto que está disposto a duas colunas e dividido em 96 capítulos, foi impresso em caracteres góticos, tal como o título corrente; numerosas iniciais capitais de diversos corpos e desenho de fantasia iniciam os capítulos, precedidos por caldeirões. Ausência de reclamos e de licenças. Numeração romana com ocorrência de erros afetando a contagem.

BIBLIOGRAFIA: Anselmo, 130; BM, p. 13; BPADE, 191; BNP, 146; BPMP, 74.

Exemplar em bom estado de conservação, com boa margem, embora apresentando alguns restauros junto ao festo e no pé das primeiras folhas, não ofendendo o texto. A p. de rosto está espelhada, assim como algumas outras, incluindo uma f. lacerada (177); manchas de humidade ofendendo o texto.

Vol. 2

[Em portada de estilo arquitetónico gravada em madeira, igual à que se encontra nos volumes seguintes, exceto no oitavo, pode ler-se o título:] Histo- / ria do liuro ſe/gundo do deſcobrime[n]to & / conquiſta da India pelos / Portugueſes. /

[minúscula vinheta] Feyta per Fernão Lopez de / Castanheda. / Com priuilegio real.
[Coimbra: João de Barreira e João Álvares, 1552]. [4], 239, [3]p.: il.; folio (29 cm).

No verso da p. de rosto pode ver-se o privilégio; na p. seguinte, frente e verso, o prólogo do autor e nas 4 p. seguintes a "Tauoada" rematada por uma advertência relativa aos erros que ocorrem no texto; este começa na p. 1, estando dividido em 124 capítulos, rematando na p. 239 com o cólofon; no verso pode ver-se a marca tipográfica com o grifo e a divisa "Salvs vitæ"; o privilégio, igual ao do verso da p. de rosto, ocorre na p. seguinte e no verso, ocupando quase toda a página o escudo de armas reais portuguesas encimado por viseira, coroa e grifo e rodeado de paquifes. Título impresso em caracteres maiúsculos, redondos e itálicos de vários corpos; o privilégio inicial, a tabuada e o texto a duas colunas estão compostos em caracteres redondos ornamentados com iniciais capitais de diverso desenho e corpo; o pequeno resumo que antecede cada um dos capítulos está impresso em itálico. No início do texto há um conjunto de tarjas, mais ou menos ajustadas, que enquadram duas pequenas gravuras em madeira versando temas navais; de resto, ocorrem diversas gravuras por todo o texto, algumas das quais se repetem, versando o mesmo assunto. Título corrente. Ausência de reclamos. Numerosos erros de numeração sem afetar a contagem.

BIBLIOGRAFIA: Anselmo, 290; D. Manuel II, 72; BM, p. 13; BPADE, 190; BNP, 146.

Exemplar em bom estado de conservação, com o papel ligeiramente acidificado em algumas páginas; observam-se algumas manchas de tinta e pequenas notas manuscritas, ilegíveis; pequenos restauros em algumas páginas.

Vol. 3

[Em portada igual à do segundo volume, encontra-se transcrito o título:] Ho ter-/ceiro liuro da / hiſtoria do deſcobrimento & con/ quiſta da India, polos Portugue-/ſes feito por Fernão Lopez de / Caſtanheda. / Com priuilegio real./ Em Coimbra./ M.D.LII.
Coimbra: [João de Barreira e João Álvares], 1552. [4], 303 [i. é 311], [5]p.; folio (29cm).
No verso da p. de rosto pode ver-se o privilégio e na p. seguinte frente e verso o prólogo; o texto começa na f. 1(inum.) e decorre até final, dividido em 155 capítulos; no verso da f. 303 (isto é 311) começa a "tavoada" ou sumário que se prolonga nas páginas seguintes até final. Título e prólogo impressos em caracteres redondos, privilégio em itálico e texto composto a duas colunas em caracteres redondos; iniciais capitais de diferente corpo e desenho. Título corrente. Sem reclamos. Numerosos erros de foliação, o último dos quais afetando a contagem.

BIBLIOGRAFIA: Anselmo, 291; D. Manuel II, 72; Palha, 4160; BM, p. 13; BPADE, 196; BPMP, 74.

Exemplar com sinais de traça, apresentando numerosas folhas espelhadas não ofendendo o texto; nas últimas folhas há extensas manchas amareladas atingindo o texto, estando muito aparado à cabeça nessas mesmas folhas, cortando o título corrente. Pequenas notas manuscritas, guilhotinadas quando o livro foi aparado. Sinal vermelho.

Vol. 4/5

[Em portada idêntica à do vol. III, encontra-se o título:] Os liuros / quarto & quĩ /to da hiſtoria / do deſcobrimento & cõquiſta / da India pelos portu-/gueſes. / Com priuilegio real. / M.D.LIII.

[Coimbra: João de Barreira e João Álvares], 1553. [8], 210, [2]p.; folio (29 cm).

No verso da página de rosto começa a "tavoada" ou sumário impresso a duas colunas que ocupa as 2 p. seguintes; nas p. [5-6] ocorre o prólogo, a que se seguem 2 p. contendo algumas poesias; o texto começa na p. 1 (inum.) e decorre até à f. 210, rematando com o cólofon; na f. final (verso em branco) ocorre o privilégio concedido pelo rei ao autor. Título impresso em caracteres redondos, itálicos e góticos de vários corpos; a "tavoada" está composta em tipos redondos, o prólogo em caracteres góticos e as poesias em itálicos; o texto, dividido em 89 capítulos, foi impresso em caracteres góticos, disposto a duas colunas com caldeirões no início dos capítulos, e está esmaltado com iniciais capitais ornamentadas. Sem reclamos. Título corrente. Numerosos erros de numeração não afetando a contagem.

BIBLIOGRAFIA: Anselmo, 297; D. Manuel II, 72; BPADE, 192; Palha, 4160; BM, p. 13; BNP, 146; BPMP, 74.

Nota manuscrita no verso da última folha: "Fernão Lopez". Ligeiros sinais de manuseamento e de humidade; alguns restauros; folhas não aparadas com irregularidades no corte. Sinal vermelho.

Vol. 6

[Em portada idêntica à dos vol. II-V, encontra-se o título:] Ho ſex-/ to liuro da / hiſtoria do deſcobri-/mento & conqui/ ſta da India. / polos / portugueſes. Feyto por / Fernão Lopez de / Caſtanheda. / Impreſſo em Coymbra. / Com priuilegio real. / MDLIIII

Coimbra: [João de Barreira], 1554. [2], 198 p.; folio (29 cm).

Este volume, ao contrário dos precedentes, não apresenta "tavoada", nem prólogo, nem dedicatória; verso da p. de título em branco; o texto começa na p. 1 e decorre até à p. 198, rematando com o cólofon. Título em caracteres maiúsculos redondos e itálicos de vários corpos; texto dividido em 133 capítulos, impresso a duas colunas em caracteres góticos, assim como o resumo que precede os capítulos; caldeirões no início dos mesmos; iniciais capitais ornamentadas de diverso corpo e desenho de fantasia. Sem reclamos. Erros de numeração sem afetar a contagem.

BIBLIOGRAFIA: Anselmo, 131; Palha, 4160; D. Manuel II, 72; BM, p. 13; BPADE, 195; BNP, 146; BPMP, 74.

Exemplar muito aparado à cabeça na p. de rosto, chegando a atingir a portada. Pequenos restauros não ofendendo o texto. Falta a última f. que deveria estar em branco. Ligeiramente manchado de humidade. Irregularidades no corte. Sinal vermelho.

Vol. 7

[Em portada idêntica à dos vol. II-VI, encontra-se o título:] Ho / seitimo / liuro da hiſto/ ria do deſcobrimento & com-/quiſta da India pelos / portugueſes. Feyto por Fernã Lopez de / Castanheda. / Com priuilegio real. / 1554.

[Coimbra: João de Barreira], 1554. [4], 166 [i. é 172]p.; folio, (29 cm).

Sem lugar nem impressor expressos, contudo pelo exame dos caracteres empregados, semelhantes aos do vol. VI, este volume saiu, com toda a probabilidade, da mesma oficina de João de Barreira. No verso da p. de rosto pode ver-se o privilégio real e nas 2 p. seguintes o prólogo; o texto começa na p. 1 e decorre até à p. 166 (isto é, à p. 172), rematando com a palavra "Finis". Título impresso em caracteres maiúsculos redondos, itálicos e góticos de vários corpos; o prólogo está impresso em caracteres redondos e o privilégio apresenta-se em tipo gótico, assim como o texto, disposto a duas colunas, ornamentado com iniciais capitais de desenho de fantasia; ausência de caldeirões no início dos capítulos. Numerosos erros de numeração afetando a contagem.

BIBLIOGRAFIA: Anselmo, 132; D. Manuel II, 295; Palha, 4160; BM, p. 13; BPADE, 194; BNP, 146; BPMP, 74.

Exemplar com ligeiros picos de traça e alguns restauros. Irregularidades no corte das folhas.

A encadernação, recente, é igual em todos os volumes, em marroquim castanho claro com profusos motivos dispostos em diagonal e gravados a ouro em ambas as pastas, no centro das quais pode ver-se o super-libros do Visconde da Trindade; lombada de 5 nervos igualmente ornamentada a ouro com o nome do autor, título e data inscritos; sinal vermelho e corte da mesma cor; uma caixa de cartão protege o conjunto.

Proveniência: foi adquirido pelo Visconde da Trindade no leilão da Livraria do Dr. Motta Gomes em 25-9-1955, em conjunto com outras obras.

25 - CASTELO BRANCO, Vasco Mousinho de Quevedo e, ca. 1570--ca.1630

Discvrso sobre / a vida, e morte, de / Santa Isabel Rainha de / Portugal, & outras varias Rimas. / Por Vaſco Mouſinho de Caſtelbranco. / Dirigido ao excellentiſsimo Senhor Duque, Dom / Aluaro de Lancaſtre. / [gravura em madeira representando o brasão de armas de D. Álvaro de Lencastre, Duque de Aveiro] Impreſſo com licença do Sancto Officio. E del Rey / Em Lisboa / Por Manoel de Lyra. Anno. De 1596. / Acusta de Eſteuão Lopez mercador de liuros.

Lisboa: Manuel de Lira: à custa de Estêvão Lopes, 1596. [4], 138 [i. é 139], [3]f.; 4º (19 cm).

V. T. 18-7-21

Obra rara: Inocêncio sabia da existência de três exemplares nas mãos de Figanière, Pereira Caldas e do Conselheiro Aguilar[40], enquanto o catálogo de Azevedo-Samodães descreve o exemplar daquela livraria[41]; Anselmo, por seu lado, cita os exemplares da Biblioteca Nacional, Biblioteca da Ajuda e Mafra[42]; tanto o exemplar descrito por Pinto de Matos[43] como o referido no catálogo da Livraria de Azevedo-Samodães e por Inocêncio, têm a data de 1597 no rosto, o que nos coloca perante a probabilidade de duas edições seguidas, uma em cada ano.

O verso da p. de rosto está em branco; segue-se uma p. de licenças (v. em branco) e duas com a dedicatória do autor a D. Álvaro de Lencastre e uma outra p. em que o autor se dirige ao leitor justificando as erratas que se seguem; o v. desta p. está em branco; a f. seguinte é a folha 1 onde começa o texto, constituído por um poema em oitavas, dividido em 6 cantos e redigido em português até à f. 59 (v. em branco); o restante texto é constituído por rimas em várias espécies métricas, redigidas em português e castelhano, assim distribuídas: da f. 60 à 92, várias rimas, das quais uma boa parte em castelhano, 51 sonetos, alguns tercetos e uma égloga; da f. 93 à f. 109 vêm 50 "emblemas" e do verso da f. 109 à f. 138, 27

---

[40] Cfr.: ob. cit., 7, 34 e 20, p. 2.
[41] Cfr.: ob. cit., 2031.
[42] Cfr.: ob. cit., 768.
[43] Cfr.: ob. cit., p. 386.

glosas e romances, fechando a meio da última f. com a expressão "Laus Deo"; segue-se a "tavoada" ou sumário que ocupa as 3 últimas folhas. Título impresso em caracteres redondos e itálicos de vários corpos; excetuando as f. preliminares, os títulos das diversas peças que constituem o texto e a "tavoada", impressos em caracteres redondos, tudo o mais está composto em itálico; iniciais capitais ornamentadas de desenho de fantasia; cabeções ornamentais. Erros de foliação afetando a contagem. Título corrente. Ausência de taxa.

BIBLIOGRAFIA: Inoc., 7, 410; Az.-Sam., 2031; Anselmo, 768; BNP, 148; BPMP, 75.

Este exemplar pertenceu a A. Campos, segundo assinatura colocada no pé da 2ª f. prelim. inum. escrita a vermelho. Em bom estado de conservação, embora espelhado no canto inferior direito das 3 primeiras folhas; ligeiros picos de traça; discretas manchas de humidade à cabeça; folhas de diferente espessura com defeitos de fabrico; irregularidades no corte da goteira. Magnífica encadernação "gruel" em "chagrin" castanho com belos ornamentos dourados nas pastas, seixas e lombada de 5 nervos, com o super-libros do Visconde da Trindade; corte dourado.

Proveniência: foi adquirido pelo Visconde da Trindade no leilão da Livraria do Dr. Motta Gomes em 25-9-1955, em conjunto com outras obras.

26 - CASTILHO, António de, ca. 1525-1593

Comentario / do cerco de Goa / e Chavl, no anno / de M.D.LXX./ Visorey Dom Lvis / de Ataide: scripto por Antonio de / Castilho, guarda môr da torre / do Tombo, por mandado / del Rei noſſo / ſenhor / [minúscula vinheta] Em Lixboa. / M.D.LXXIII. / Impreſſo em caſa de Antonio Gonſaluez. / Com licença da Meſa Geral / do Sancto Officio. / Com preuilegio real.

Lisboa: António Gonçalves, 1573. 48 f.; 8º (14 cm).

V. T. 18-7-13

1ª edição. A obra narra uma das maiores façanhas dos portugueses na Índia e mostra o valor do grande Vice-Rei que foi D. Luís de Ataíde. Há cerca de cinco exemplares conhecidos, além do que se descreve: na Biblioteca da Ajuda, na Biblioteca Nacional, na Biblioteca Palha (hoje em Harvard, E.U.A.), em Vila Viçosa e em Évora (incompleto). Verso da p. de rosto em branco; o texto, dividido em 2 livros, começa na f. seguinte (f. 2) e remata na f. 48 v. com a palavra "Fin". A impressão, executada em caracteres itálicos ou grifos, foi enriquecida com iniciais capitais de desenho de fantasia. Erros de foliação em duas folhas. Título corrente. Ausência de taxa.

BIBLIOGRAFIA: Palha, 4146; Anselmo, 701; D. Manuel II, 141; BPADE, 197; BNP, 149.

Pertenceu à Livraria de Vitor de Ávila Peres, cujo ex-libris possui, mas não consta do catálogo do seu leilão; anteriormente pertencera à Livraria Pública da Companhia de Jesus de Coimbra, segundo nota manuscrita da época à cabeça da p. de rosto. Pequenos sublinhados e notas escritos a lápis. Grande parte das folhas encontra-se espelhada junto ao festo, devido a picos de traça; ligeiramente manchado de humidade; aparado à cabeça, margens e pé. Devido aos erros de foliação impressos, encontram-se deslocadas na encadernação as f. 34 e 36.

Encadernação em "chagrin" vermelho escuro com filetes e super-libros do Visconde da Trindade em ambas as pastas; lombada de 4 nervos.

Proveniência: foi adquirido pelo Visconde da Trindade nos Reservados da Livraria Coelho em 21-2-1958.

27 - CÍCERO, 106-43 a.C.

[Brasão de armas da família Resende inserido num retângulo rematado por linha dupla; segue-se o título:] ¶ Marco Tulio Cicerom de Amicicia / paradoxas et ſonho de Scipião. Tira/do em lingoage[m] portugueſa p[or] Duar=/te de Reſe[n]de caualeyro fidalguo da caſſa [sic] del rey noſſo ſenhor.
[Coimbra: Germão Galhardo, 1531]. [42]f.; 4° (19 cm).
V.T. 18-8-8

Obra muito rara: segundo Anselmo[44], Inocêncio só menciona um exemplar na Livraria de Joaquim Pereira da Costa, mas existem, além do que se descreve, exemplares na Biblioteca Palha (Harvard, E.U.A.) e em Vila Viçosa está o exemplar que pertenceu a D. Manuel II. No verso da página de rosto e na seguinte pode ler-se uma carta de Duarte de Resende, o tradutor, dirigida a Garcia de Resende, a quem o autor dedica a obra; no verso começa a vida de Marco Túlio Cícero, que se prolonga pelas 4 p. seguintes, começando o texto propriamente dito na p. seguinte e prosseguindo nas 75 p. até final, estando o verso da última p. em branco; o texto, dividido em 3 partes, remata com o cólofon. Impressão feita com belos caracteres góticos sobre papel de linho; iniciais capitais de desenho de fantasia e de diversos corpos disseminados por todo o texto. Paginação inumerada. Sem título corrente e sem reclamos. Glosas marginais impressas igualmente em gótico.

BIBLIOGRAFIA: B. Machado, 1, p. 742; Inoc., 2, 395; Palha, 371; Anselmo, 595; D. Manuel II, 28.

As duas primeiras folhas do exemplar estão espelhadas junto à margem exterior. Muito aparado à cabeça, chegando a atingir a

---

[44] Cfr.: ob. cit., 595.

primitiva foliação manuscrita. O exemplar está mal encadernado, pelo que apresenta notas manuscritas explicativas do facto, de várias épocas e punhos, o que viria provocar manchas castanhas da tinta ferrogálica utilizada nas páginas adjacentes.

Encadernação em pele castanha com filete dourado e lombada igualmente ornamentada a ouro.

Proveniência: foi adquirido pelo Visconde da Trindade nos Reservados da Livraria Coelho em 21-2-1958.

28 - COLECTÓRIO DE DIVERSAS LETRAS APOSTÓLICAS...

Collectorio/ de diversas letras / apostolicas, provisões / reaes, e ovtros papeis, em qve / se contém a inſtituyção, & primeiro progreſſo do Sancto / Officio em Portugal, & varios Priuilegios que os / Summos Pontifices, & Reys deſtes reynos / lhe concederão. / Diuidido em ſete titolos, como ſe moſtra na folha primeira da tauoa./ [grande gravura oval aberta a buril em chapa de cobre, representando o brasão do Inquisidor Geral com a legenda em volta *"Don Antonivs*Matos* de Noronha* Episcopvs * Elvensis * Inqvisitor * Gñalis*"] Impreſſo em Lisboa nas caſas da Sancta Inquiſição, per man-/dado do iluſtriſsimo & reuerendiſsimo senhor Biſpo d'Eluas Inquiſidor Géral: /Anno Dñi 596.

Lisboa: Casas da Inquisição, 1596. [6], 137 f.; folio (29 cm).

V.T. 15-10-7

Obra muito rara; Conhecidos apenas quatro exemplares: o de D. Manuel II, hoje em Vila Viçosa, o da Biblioteca Pública de Évora, o da Biblioteca Nacional e o que se descreve; Inocêncio[45] diz ter visto desta edição o exemplar que pertenceu à Livraria Gubian e que em 1868 foi arrematado pela Biblioteca Nacional; no leilão

---

[45] Cfr.: ob. cit.,9, p. 79.

Peres (em 1939)[46] foi vendido e arrolado para não sair para o estrangeiro; também Joaquim Mendes dos Remédios na sua obra "Os judeus em Portugal" [47] se refere ao Colectório e na p. 135 da citada obra, igualmente em nota, diz que, tanto esta como a 2ª edição (que também existe na Livraria Visconde da Trindade) são "muito raras, especialmente a 1ª que é, por assim dizer, quase desconhecida"; reproduz, em seguida, entre as p. 154-155 da referida obra o frontispício da 1ª edição; é justamente este o exemplar que se descreve e que viria a pertencer ao Visconde da Trindade, facilmente identificável pelos pequenos defeitos e marcas de restauros que a p. de rosto apresenta. O verso da p. de rosto está em branco; das folhas inumeradas preliminares constam: na 2ª f., a dedicatória do Secretário do Conselho Geral da Inquisição a D. António de Matos de Noronha, Bispo de Elvas e Inquisidor Geral; nas 8 f. seguintes ocorre a "Tauoa dos titolos deste liuro" e na f. 1 começa o texto que decorre até final, dividido em 7 títulos. Título em caracteres redondos e itálicos de vários corpos; composição tipográfica do texto em caracteres redondos ornamentada com iniciais capitais de desenho de fantasia e de vários corpos (gravuras em madeira); no final de muitos diplomas (bulas, breves, alvarás, provisões, etc.) que compõem o Colectório, repete-se uma vinheta formada pela parte superior e inferior duma portada (por vezes apenas uma dessas partes) com datas entre 1579 e 1595; segundo Anselmo[48], esta vinheta foi muito usada por António Ribeiro e Francisco Correia, o que coloca algumas hipóteses de terem sido eles os autores da impressão, vagamente indicada como tendo sido levada a cabo nas "Casas da Inquisição". Alguns erros de foliação sem afetar a contagem, embora aparentemente surjam discrepâncias na foliação da obra, sobretudo a partir da f. 108, onde a numeração passa a ser alterada por uma outra,

---

[46] Cfr.: ob.cit, 1864.
[47] Cfr.: ob. cit., p. 18 (nota).
[48] Cfr.: ob. cit.,9, p. 79.

posteriormente colada por cima da primitiva; isto deve-se ao facto de, correndo já a impressão de toda a obra, ter havido necessidade de incluir ainda entre as f. 105 e 106, já impressas, algumas bulas e um breve que foram ocupar 6 f. e meia de texto e para incluir estas folhas houve que avançar a numeração das que estavam já impressas e deviam ficar depois daquelas, razão por que o alvará se encontra a f. 114, folha que de facto teve primeiramente o nº 108 que agora está coberto por um pequeno retângulo de papel sobre o qual foi impressa a nova numeração; outro tanto sucedeu com as f. 112-119 (numeração atual), sob a qual se podem ler os números primitivos 106-113; em virtude deste acrescentamento, ficou o caderno Ggg com 8 folhas, estando a última em branco (entre as f. 111 e 112, primitivamente 106), enquanto os demais cadernos têm apenas 2, pois trata-se de uma obra de formato in folio, embora pequeno.

BIBLIOGRAFIA: Anselmo, sup. 9; D. Manuel II, 249; BPADE, 253; BNP, 178.

Exemplar espelhado em várias páginas: na p. de rosto e seguinte, da f. 50-72 e f.124-137 ofendendo o texto junto ao pé e espelhado à cabeça também atingindo o texto. Picos de traça ofendendo o texto. Manchado de humidade. Papel de diferentes espessuras. Vários sublinhados ao texto a tinta da época e notas manuscritas, umas em latim, outras em português, de diferentes punhos; entre as f. 122-123 existem 2 folhas, a primeira das quais inteiramente manuscrita a letra e tinta da época, de 3 punhos, onde em alguns lugares a tinta ferrogálica corroeu o papel; trata-se do "Treslado do assento q[ue] se tomou sobre os priuilegios dos Familiares do Santo Officio"; a 2ª f. está totalmente em branco.

Encadernação moderna imitando o antigo, em pele castanha trabalhada a ferros secos, com dourados na lombada e o super-libros do Visconde da Trindade a dourado em ambas as pastas.

Proveniência: foi adquirido pelo Visconde da Trindade em 22-1-1957.

29 - COMPANHIA DE JESUS

Algvns ca=/pitvlos tirados das car/ tas que vieram eſte anno de 1588. Dos Padres da / Companhia de Iesv que andam nas partes da /India, China, Iapão, & Reino de Angola, im-/preſſos pera ſe poderem com mais facilidade / comunicar a muitas peſſoas que os / pedem. / Collegidos por o Padre Amador Rebello da meſma / Companhia, Procurador Geral das prouincias / da India, et Brasil, etc. / (:+:) / [Monograma da Companhia de Jesus] Em Lisboa, [minúscula vinheta] / Impreſſos com licença do Conſelho geral [minúscula vinheta] / da ſancta Inquiſição, & do Ordinario. / Per Antonio Ribeyro. / 1588.

Lisboa: António Ribeiro, 1588. 64 f.; 8º (14 cm).

V. T. 18-7-12

Única edição conhecida desta interessante e valiosa compilação para a história das missões jesuíticas portuguesas no Oriente e África durante os primeiros anos do último quartel do século XVI, feita pelo padre Amador Rebelo da mesma Companhia. Obra rara: apenas são conhecidos quatro exemplares no país, incluindo este: na Biblioteca Nacional, na Biblioteca Pública Municipal do Porto e um em Vila Viçosa (D. Manuel II); no estrangeiro há notícia de mais nove exemplares.

O texto decorre do verso da p. de rosto até final, dividido em 5 partes, que tantos são os lugares de origem da correspondência enviada pelos jesuítas: Índia, China, Japão, Angola e Congo; o verso da última p. está totalmente ocupado por 4 vinhetas, a principal das quais é o emblema da Companhia. Título impresso em caracteres redondos e itálicos de vários corpos e texto em caracteres redondos, ornamentado com uma inicial capital de desenho de fantasia e alguns camarões; cabeções nas p. 25v. e 30. Sem licenças nem taxa.

BIBLIOGRAFIA: B. Machado, 1, p. 123; Inoc., 1, 274; Az.-Sam., 2629; Anselmo, 977; D. Manuel II, 203; BM, p. 11; BNRJ, p. 60; BNP, 130; BPMP, 90.

Pertenceu a D. M. Borges, segundo nota manuscrita a tinta na p. de rosto; esta encontra-se espelhada à cabeça ofendendo o título; a p. seguinte apresenta picos de traça no mesmo lugar, mas não está restaurada; manchas escuras no papel em algumas folhas; muito aparado, sobretudo na goteira e pé, atingindo algumas glosas marginais e reclamos.

Encadernação em "chagrin" vermelho com triplo filete gravado nas pastas, sendo o do meio dourado e os outros dois a ponta seca; super-libros do Visconde da Trindade em ambas as pastas, gravado a ouro; lombada de 4 nervos; etiqueta da Livraria Moraes.

30 - COMPANHIA DE JESUS

Cartas / * do Iapam * / nas qvaes se trata da chegada a quellas partes dos fidalgos ia-/pões que ca vierão, da muita chriſtandade que / ſe fez no tempo da perſeguição do tyrano, das guerras que ouue, & de como Quambacudono / ſe acabou de fazer ſenhor abſoluto dos 66. / reynos que há no Iapão, & de outras / couſas tocantes ás partes da India, & ao grão Mogor. / [gravura quadrada em madeira representando o monograma da Companhia de Jesus] Com licença da meſa géral da Sãcta In-/quiſiſſão, & de ſua Mageſtade, & / do Ordinario. / Em Lisboa / Em caſa de Simão Lopez. 1593.

Lisboa: Simão Lopes, 1593. [3], 4-64 f.; 8º (14 cm).

V. T. 18-7-35

Muito raro: apenas referido um exemplar por Inocêncio[49] na Biblioteca Nacional; há notícia de um outro que pertenceu a Figanière e que, segundo tudo leva a crer, será o exemplar que se descreve. Verso da p. de rosto em branco; as f. [2-3] contêm as licenças e no verso da f. [3] começa o texto com a "Carta annva do Iapam, escrita por o padre Luis Froes"; o texto termina na f. 64, cujo verso está em branco; na f.

---

[49] Cfr.: ob. cit., 1, 213.

27 v. há uma gravura em madeira a toda a página que representa uma cruz. Título impresso em caracteres redondos de vários corpos, texto em caracteres redondos enriquecido com iniciais capitais de desenho de fantasia; uma vinheta decorativa em "cul de lampe" remata as licenças. Erro de foliação sem afetar a contagem. Ausência de taxa.

BIBLIOGRAFIA: Inoc., 1, 213; Anselmo, 793; BNP 131.

Exemplar em bom estado de conservação, apenas espelhado na f. de rosto e na f. 27.

Encadernação em pele castanha com lombada de 4 nervos, apresentando nas pastas a dourado o super-libros do Visconde da Trindade.

Proveniência: foi adquirido pelo Visconde da Trindade na Maggs Bros em Londres em 21-12-1970.

31 - COMPANHIA DE JESUS

Iesvs./ Cartas qve os / padres e irmãos / da Companhia de Ieſus eſcreue-/ rão dos reynos de Iapão & China / aos da meſma Companhia da In/dia, & Europa, desdo [sic] anno / de 1549. atè o de /1580./ Primeiro [-segundo] tomo. / Nellas ſe conta o principio, ſoceſso, & bondade da chriſ-/tandade daquellas partes, & varios coſtumes, & falſos ritos da gentilidade./ ¶ Impreſſas por mandado do Reuerendiſsimo em Chriſto Padre Dom Theo-/tonio de Bragança Arcebiſpo d'Euora. / [escudo aberto em madeira ostentando as armas do arcebispo] ¶ Impreſſas com licença & approuação dos SS. Inquiſidores / & do Ordinario. / Em Euora por Manoel de Lyra. Anno de M.D.XCVIII. [**]

Évora: Manuel de Lira, 1598. 2 vol.: [2], 481, 267 f.; folio (28 cm).

V. T. 18-9-17/18

Raro: há cerca de vinte exemplares conhecidos, mas de uma versão diferente, já que a disposição do texto na p. de rosto não corresponde ao exemplar da BNP, assim como também não corresponde com a descrição feita por Anselmo. É esta a coleção mais extensa desta espécie de relatos impressa em Portugal; compreende ao todo, como indica Inocêncio[50] "duzentas e seis cartas, muitas delas extensíssimas e abundantes em descrições e notícias do país"; são, por isso, - diz ainda aquele ilustre bibliógrafo, e pelo estilo mais notáveis as dos padres Luís Fróis, Gaspar Coelho, Gaspar Vilela, Luís de Almeida, Lourenço Mexia, etc.; há também umas cinco de S. Francisco Xavier; são estas cartas, por certo, as relações mais verídicas e interessantes acerca do governo, polícia, carácter, usos e costumes civis e militares e geografia do Japão do século XVI, e sobretudo essenciais para a história das missões que pregaram nesses reinos. As duas f. preliminares inumeradas compreendem o frontispício, tendo no verso as licenças e nas duas folhas seguintes a dedicatória; na f. 1 começa o texto dividido em 4 livros com as cartas escritas entre o ano de 1549 e o de 1580; o segundo volume não apresenta rosto próprio e por isso não indica o lugar, editor e data que decerto são os mesmos do volume anterior, pois é em tudo conforme, mesmo até no próprio papel e na disposição tipográfica; esta 2ª parte está dividida em 2 livros que compreendem as cartas escritas entre 1581 e 1589; tanto na 1ª como na 2ª partes a impressão é primorosa, a duas colunas, feita com excelentes e muito nítidos caracteres redondos, embelezada com iniciais abertas em madeira de vários corpos e em alguns pontos do texto ocorrem também, como documentação, diversos trechos ou frases em caracteres nipónicos, os quais trazem, pela parte superior, a tradução em português. Erros de foliação, sem afetar a contagem. Título corrente. Ausência de taxa.

BIBLIOGRAFIA: Az.-Sam., 613; Anselmo, 774; D. Manuel II, 263; BM, p.10; BPPD, 35; BPADE, 179; BGUC, 593; BNP, 132; BPMP, 91.

---

[50] Cfr.: ob. cit., 2, 214.

Nota manuscrita na p. de rosto junto ao pé, provavelmente um pertence: "O Dor Francisco de Solis(?)". Exemplar em bom estado de conservação; o volume I está completo, mas ao segundo volume faltam as duas últimas folhas (266 e 267), substituídas por duas outras de fabrico muito mais recente; porém, comparando este exemplar com o dos Reservados da Biblioteca Geral da Universidade de Coimbra, nota-se que o texto e grafia são idênticos, incluindo a gravura final; neste volume falta igualmente a última f. que deveria estar em branco. Tanto um como outro volume apresentam manchas de humidade ofendendo o texto, ligeiramente traçadas e posteriormente espelhadas; irregularidades no corte do pé e aparos à cabeça; papel de diferentes espessuras com defeitos de fabrico.

Encadernação meio-amador com os cantos e lombada em pergaminho e rótulo preto com o título a dourado.

Proveniência: foi adquirido pelo Visconde da Trindade na Livraria Coelho em 20-1-1962.

32 - CÓNEGOS REGRANTES DE SANTO AGOSTINHO

Cronica da fundaçam do moeſtey/ro de ſam Vicente dos conegos / regrantes: da hordem do au=/relio doctor ſcto Auguſti=/nho: e[m] a cidade de /Lixboa.

[Coimbra: Mosteiro de Santa Cruz, 1538]. [24]f.; 4° (19 cm).

V. T. 18-8-11

Exemplar raro: Anselmo[51] regista a existência de um exemplar na Biblioteca Pública de Évora e outro que pertenceu a Martinho da Fonseca e Inocêncio[52] refere dois exemplares na mão de particulares. Obra publicada anónima; trata-se de uma versão livre do "Indiculum

---

[51] Cfr.: ob. cit., 454.
[52] Cfr.: ob. cit., 2, 447.

fundationis Monasterii S. Vicenti" atribuído a Fernando Perez ou Pires que exerceu o lugar de primeiro regedor das Justiças e assistiu com D. Afonso Henriques à conquista de Lisboa em 1147. No verso da p. de rosto há uma dedicatória do impressor ao leitor (3 p.), começando o texto logo a seguir, rematando com o cólofon na f. 23 v.; na página seguinte pode ver-se uma gravura em madeira representando o "Agnus Dei" ladeado por elementos fitomórficos. Título e texto impressos em belos caracteres góticos enriquecido por várias iniciais de desenho de fantasia de diferentes corpos; o título é rodeado por tarjas ornamentais. Paginação inumerada. Ausência de título corrente, de taxas e licenças.

BIBLIOGRAFIA: Inoc., 2, p. 447; Anselmo, 454; Palha, 2467; BPADE, 312.

Exemplar em bom estado, embora muito aparado à cabeça, chegando mesmo a atingir o texto; papel muito amarelecido. Foliação manuscrita a letra e tinta da época. No final do texto impresso seguem-se 8 folhas manuscritas a letra e tinta da época que constituem o "Treslado fundationis Monasterij Beati Vicentij Ulixbonensij..." que, como refere Anselmo, terá servido de base a esta versão. A título de curiosidade transcrevem-se estas duas notas manuscritas que se seguem ao texto das 8 folhas referidas: "Achouſe de huma mto ãtiga, no p[ri]ncipio do liuro das ethimologias de Stº Iſidoro, q[ue] eſta na liuraria de Sã Vte"; a segunda nota, em letra mais recente, refere: "Certifico eu D. Marcos da Cruz que este he o treslado do proprio, q[ue] andaua neste Cartorio (donde eu tirei outro q[ue] tenho, quando uim pera este mosteiro) que desapareceo delle sem tegora se saber quem delle o leuou. D. Marcos da Cruz".

Belíssima encadernação em "chagrin" verde, profusamente ornamentada a dourado nas pastas e lombada, seixas douradas e guardas de seda natural verde; corte rosado; protege o volume uma caixa-estojo, de exposição, em forma de livro, também revestida a pele verde, em cuja lombada se repetem os motivos das pastas do volume atrás citados, enquadrando o título da obra; pastas enfeitadas com filete dourado triplo; esta caixa encontra-se forrada interiormente com veludo verde.

Proveniência: foi adquirido pelo Visconde da Trindade nos Reservados da Livraria Coelho em 21-2-1958.

33 - CÓNEGOS REGRANTES DE SANTO AGOSTINHO

[Portada de estilo arquitetónico que apresenta como elemento central uma cruz envolvida por anjos, podendo ler-se na cartela inferior o título:] * Livro das / Constitvicoensecos [sic] / tumes q[ue] ſe guardã em os Moeſteyros da Cõgre / gacam de ſancta Cruz de Coimbra, dos Ca-/nonicos regulares da Ordem de noſſo / Padre ſancto Auguſtinho.

[Coimbra: Mosteiro de Santa Cruz, 1544]. LXVII f.; 4° (22 cm).

V.T. 18-8-16

Anselmo apenas refere a existência de um exemplar na Biblioteca Nacional, mas Leite de Faria assinala a existência de um outro na Biblioteca Nacional do Rio de Janeiro[53], provavelmente o mesmo que pertenceu a João António Marques, de Lisboa, referido por Anselmo, que extraiu a notícia de uns apontamentos manuscritos da Biblioteca Nacional, completados com informações de Inocêncio e Viterbo. Trata-se da 4ª edição, se é que existe a 1ª edição de 1532. No verso da p. de título, a plena página, pode ver-se uma gravura em madeira de traço fino representando os frades crúzios reunidos em capítulo, ouvindo o Prior, certamente a ler o Livro das Constituições; a encimar o pórtico que remata a gravura, figura uma inscrição em latim; esta gravura é igual à da edição de 1534, apenas com a diferença

---

[53] Cfr.: ob. cit., p. 45.

de lhe faltar a coroa do remate; refira-se que logo no "Prohemio" (f. II) há uma referência à "Ordem dos Hieronimos" de que Frei Brás de Barros era irmão e à sua missão de reformação do Mosteiro de Santa Cruz que iniciara, segundo o mesmo texto, alguns anos antes, precisamente em 1527[54]; na f. III começa a 1ª parte das 3 em que se divide a obra: a primeira trata da clausura, silêncio e ofícios, a segunda das cerimónias e a terceira das visitações e das culpas e penitências; o texto vai da f. III até final, estando no verso da última folha, disposta em "cul de lampe" a subscrição final na qual consta o lugar, a indicação da impressão do "presente liuro per os canonicos regulares do Moesteyro de Sancta Cruz da cidade de Coimbra", em 1544, e da "reformação do dito Moesteyro, anno XVIII", ou seja, da data em que Frei Brás de Barros veio para o cenóbio crúzio – 1527, vão mais ou menos 18 anos. Título e texto impressos em caracteres redondos de vários corpos, ornamentado com iniciais capitais de fino traço, de vários corpos, historiadas. Glosas marginais em latim. Erros na numeração de alguns cadernos, faltando reclamos em algumas páginas. Sem licenças nem taxa.

BIBLIOGRAFIA: B. Machado, 1, p. 544; Inoc., 13, p. 307; Anselmo, 456; BNRJ, p. 45.

Exemplar limpo, em magnífico estado de conservação, apenas com uma pequena mancha de humidade junto ao festo.

Encadernação em pergaminho com motivo central nas pastas gravado a ferros secos; lombada isenta de nervos com o título impresso a negro, com alguns pequenos picos de traça.

Proveniência: foi adquirido pelo Visconde da Trindade nos Reservados da Livraria Coelho em 28-5-1959.

---

[54] Esta missão fora-lhe cometida pelo Provincial da mesma Ordem, António de Lisboa, a requerimento do Rei D. João III.

LIVRO DAS
CONSTITVIÇOENS E COS
tumes q̃ se guardã em os Moesteyros da cõgre
gacam de sancta Cruz de coimbra, dos Ca
nonicos regulares da ordem de nosso
Padre sancto Augustinho.

34 - CONIMBRICENSES

Commentarii / Collegii Co-/nimbricensis / Societatis / Iesv, / in tres libros De Anima, Ariſtotelis Stagiritæ. / [monograma da Companhia de Jesus rodeado por figuras e folhagem e circundado pela legenda "Nomen Domini tvrris fortissima"] Conimbricæ / typis et expenſis Antonij à Mariz Vniuerſitatis Typographi. / Anno Domini, M.D.XCVIII. / Cvm privilegio regis et facvltate svperiorvm.
Coimbra: António de Mariz, 1598. [4], 558, [2], 28 p.; folio. (28 cm).
V. T. 18-10-15

Trata-se do comentário ao "De Anima" de Aristóteles; esta obra fazia parte dos textos didáticos do Colégio das Artes, à data já sob a orientação da Companhia de Jesus e revela bem a influência da doutrina aristotélica em Portugal. Nesta edição, a obra de Aristóteles é comentada capítulo por capítulo, principiando pela exposição da questão, a sua refutação e finalmente a solução respetiva. Obra muito rara: segundo Anselmo[55] há exemplares conhecidos na Biblioteca Nacional de Portugal, na Biblioteca Pública Municipal do Porto, na Biblioteca da Marinha e na BGUC (em duplicado); pelo cotejo que foi feito, pôde comprovar-se que um destes últimos está encadernado de modo diferente do outro, assim como acontece com o exemplar da Livraria do Visconde da Trindade. Verso do rosto em branco. Das páginas preliminares constam: uma p. de licenças no verso da qual vem o privilégio real concedido à Companhia de Jesus; o texto começa na p. seguinte e vai até à p. 558, seguindo-se 2 p. em branco, após o que vem o índice disposto a 2 colunas (19 p.), terminando com a expressão "Laus Deo"; no verso da última p. estão as erratas e finalmente 6 p. com o índice dos capítulos. Título e texto escritos em latim e compostos em caracteres redondos de vários corpos; o texto

---

[55] Cfr.: ob. cit., 916.

de Aristóteles está impresso em caracteres itálicos, rodeado pelos comentários, redigidos igualmente em latim; iniciais capitais de diversos corpos ornamentadas de desenho de fantasia (gravura em madeira); cabeções decorativos. Notas marginais. Muitos erros de foliação sem afetar a contagem final.

BIBLIOGRAFIA: Anselmo, 916; BPADE, 261; BGUC, 729; BNP, 195; BPMP, 107.

Exemplar com pertences manuscritos na f. de rosto: "Ad usum fratris Francisci a Plagis", pertence este que está riscado e mais abaixo "Fr. Isidorus à Sancta Anna". Rasgado e traçado em algumas folhas ofendendo por vezes o texto; manchas de humidade à cabeça junto ao festo em todo o exemplar; aparado à cabeça. Folhas de diferente espessura.

Bela encadernação antiga, possivelmente do século XVII, em pele preta, ornamentada nas pastas e lombada com ferros dourados; corte carminado.

Proveniência: foi adquirido pelo Visconde da Trindade em 22-4-1962.

35 - CORTE REAL, Jerónimo, 1530-1590

Felicissima / victoria concedi-/da del cielo al ſeñor don Iuan d'Au / ſtria, en el golfo de Lepanto de la /poderoſa armada othoma-/na. En el año de nueſtra / ſaluacion de / 1572. / Compueſta por Hieronymo Corte Real, / cauallero portugues. / (*) / Impreſſa con licencia y approbacion. / 1578. / Con Priuilegio Real. Tassado a [valor da taxa em branco].
[Lisboa: António Ribeiro], 1578. [8], 217, [1]f.: il; 4° (18 cm).
V. T. 18-7-16

Obra rara, denominada vulgarmente "Austríada", por ter sido composta e dedicada a D. João de Áustria. Há cerca de dezoito exemplares conhecidos. O verso da p. de rosto é totalmente preenchido pelo brasão de armas do autor; das p. preliminares inumeradas consta 1 p. com as licenças, o prólogo ao rei D. Filipe e a carta deste ao autor, agradecendo a dedicatória; nas p. seguintes figuram 5 sonetos redigidos em castelhano, português e italiano de autoria variada: Fernando Henriques, Francisco de Moura, Pedro de Andrade Caminha, André Falcão e Jerónimo de Franco Conestaggio; nas p. 13-24 figura um carmen latino de Luis Franci e na última p. inumerada com o verso em branco há um outro soneto de Diogo Bernardes; da p. 1 à p. 216 v. decorre o texto, composto em verso solto e dividido em 15 cantos; na f. 217 figuram 6 oitavas em português dedicadas a D. João de Áustria e na p. seguinte (v. em branco) pode ver-se a marca tipográfica de António Ribeiro seguida pelo pé de imprensa. Título impresso em caracteres redondos e itálicos de vários corpos, inscrito em uma oval rodeada por motivos variados como carrancas, flores, frutos e paquifes; a composição tipográfica das páginas preliminares é em caracteres redondos e itálicos e o texto em caracteres itálicos, excetuando o pequeno resumo que encabeça cada um dos 15 cantos; o texto foi enriquecido com belas gravuras em madeira alusivas ao assunto tratado em cada canto[56], iniciando-se estes com uma capital historiada; uma vinheta em "cul de lampe" remata o carmen latino e uma outra surge após a palavra "Fin" do texto. Erro no título corrente nas p. 15 e 16 ("primero" por "segundo"). A taxa figura no pé da f. de rosto, estando o número em branco.

BIBLIOGRAFIA: B. Machado, 2, p. 456; Inoc., 3, p. 136; Palha, 786; Anselmo, 938; D. Manuel II, 160; BPADE, 293; Palau, 63002; BM, p. 7; BPPD, 51; BNRJ, p. 28; BNP, 199; BPMP, 109.

---

[56] Apenas a primeira destas gravuras é assinada no canto inferior direito com as iniciais H. P. M.

Exemplar ligeiramente manchado de humidade; o desenho da portada está realçado a tinta castanha; alguns sublinhados ao longo do texto; na p. 122 uma palavra manuscrita substitui outra impressa; alguns vincos do papel provocaram defeitos de impressão.

Encadernação em percalina bege, com lombada de 5 nervos em pergaminho, na qual se encontra gravado o título a ouro; pequeno motivo dourado a ornamentar as pastas; corte dourado.

Proveniência: foi adquirido pelo Visconde da Trindade nos Reservados da Livraria Coelho em 21-2-1958.

36 - CORTE REAL, Jerónimo, 1530-1590

Navfragio / e lastimoso svcesso / da perdiçam de Ma- / noel de Souſa de Sepulueda, & Dona Lia-/nor de Sá ſua molher & filhos, vindo da In-/dia para eſte reyno na nao chamada o ga-/lião grande S. Ioão que ſe perdeo no cabo / de Boa Eſperança, na terra do Natal. / E a perigrinação que tiuerão rodeando terras de ca-/fres mais de 300. legoas tè ſua morte. / Compoſto em verſo heroico, et octaua ri=/ma por Jeronimo Corte Real. / Dirigido ao excelentiſsimo Principe D. Theodoſio Duque de Bragança, & Barcellos, Marques de Vi/la Uiçoſa, Conde de Ourem, señor das villas dAr/rayollos, & Portel. Summa felicidade. / Com licença da ſancta Inquiſição, et do Ordinario, et de ſua Mageſtade. / Na oficina de Simão Lopez. / Com priuilegio real por dez anos. / M. D. XCIIII.

[Lisboa]: Simão Lopes, 1594. [4], 206 f.; 8º (18 cm).

V. T. 18-7-27

1ª edição, publicada postumamente, por diligência de António de Sousa, genro do autor. Obra rara: há cerca de onze exemplares conhecidos, pois além dos seis citados por Anselmo [57] há que

---

[57] Cfr.: ob. cit., 803.

contar com o de El Rei D. Manuel II, o do British Museum, os dois que pertenceram à Biblioteca de José Mindlin [58] e este que se descreve. Verso da página de rosto em branco; na f. [2] podem ver-se as licenças e no verso o privilégio; na f. [3] frente figura o prólogo ao leitor e no verso e f. [4] frente a dedicatória de António de Sousa, genro do autor e editor literário da obra, ao Duque D. Teodósio; no verso desta folha pode ler-se um soneto de Estevão Ribeiro dirigido a António de Sousa; na f. seguinte, que é a f. 1, começa o texto que segue até à frente da f. 206; está dividido em 17 cantos, cada um deles encimado por uma espécie de argumento ou título próprio. Impressão muito cuidada e nítida; título impresso a vermelho e preto, em caracteres redondos e itálicos de vários corpos; texto impresso em caracteres redondos e itálicos, esmaltado com iniciais capitais ornamentadas de vários corpos e desenho de fantasia. Erros de foliação sem afetar a contagem. Ausência de taxa.

BIBLIOGRAFIA: B. Machado, 2, p. 456; Inoc., 3, p. 262; Brunet, 2, col. 310; Palha, 787; Az.-Sam., 916; Anselmo, 803; D. Manuel II, 234; Palau, 63004; BM, p. 7; BNRJ, p. 28; BNP, 200; BPMP, 110.

Exemplar incompleto, pois falta a última folha, ou seja, a f. 206, substituída por uma outra inteiramente manuscrita a letra e tinta da época; dá a ideia, contudo, que o texto foi copiado "ipsis litteris", pois até os tipos (caracteres redondos e itálicos) foram empregados de acordo, por certo, com o que deveria estar impresso nessa página; não houve, no entanto, possibilidade de cotejar este texto com um exemplar completo; há, no entanto, um pormenor que escapou ao copista e que pode verificar-se com a descrição feita no catálogo de Azevedo-Samodães [59]: no final, a seguir à palavra "Finis", deveria

---

[58] Hoje na Universidade de São Paulo, Brasil.
[59] Cfr.: ob. cit., 916.

constar a frase "Laus Deo, eisq[ue] Virgini Mariæ". Folhas espelhadas, algumas ofendendo o texto, entre elas a página de rosto; picos de traça, manchas de humidade e algumas de tinta na f. 105, atingindo o texto; aparado à cabeça e no pé; folhas de diferente espessura com defeitos de fabrico; há ainda alguns sublinhados ao texto.

Encadernação da época em pele preta, com o super-libros do Visconde da Trindade gravado a ouro nas pastas; lombada de 4 nervos, com dourados; exemplar mal encadernado, pois as 4 folhas preliminares estão deslocadas.

Proveniência: foi adquirido pelo Visconde da Trindade no leilão da Livraria do Dr. Motta Gomes em 25-9-1955, em conjunto com outras obras.

37 - CORTE REAL, Jerónimo, 1530-1590

Svcesso do segu[n]do cer-/co de Div: estando Dõ / Joham Mazcarenhas / por capitam da for-/taleza. Año de 1546.
[Lisboa: António Gonçalves, 1574]. [16], 516 [i. é 506]p.; 4° (20 cm).
V. T. 18-8-30
1ª edição desta obra rara: segundo Anselmo[60] há exemplares na Biblioteca Nacional, no Arquivo Nacional, em Évora e na Universidade de Coimbra; contudo, sabe-se da existência de mais exemplares, além destes: na Biblioteca Palha, hoje em Harvard, E.U.A.[61], na Biblioteca da Hispanic Society of America, um no British Museum e também o exemplar que pertenceu a D. Manuel II, e ainda o da Biblioteca Pública de Ponta Delgada, além do que se descreve. O nome do autor não vem expresso no título, mas apenas nas poesias contidas nas p. preliminares que lhe são dedicadas e na informação da censura.

---

[60] Cfr.: ob. cit., 703.
[61] Cfr.: ob. cit., 788.

Das p. preliminares constam, além da p. de rosto que apresenta o verso em branco, a p. de licenças, tendo no verso o alvará, a "tavoada" ou sumário, disposto a duas colunas; segue-se uma série de poesias, sonetos e epigramas de vários autores como Luís Álvares Pereira, Jorge de Meneses, Francisco de Andrade, Pedro de Andrade Caminha, António Ferreira, Pedro Landim e Diogo Bernardes; segue-se, da p. 1 à p. 3 uma carta ao leitor e o prólogo dirigido ao Rei D. Sebastião; finalmente o poema começa na p. 5 e termina na p. 516 (isto é 506), dividido em 21 cantos em versos hendecassílabos soltos ou livres, rematando com a expressão "Laus Deo" e o registo tipográfico. Belíssimo frontispício ocupando toda a página, aberto a buril, de traço fino; é considerado por Ernesto Soares[62] como a primeira gravura portuguesa; constituído por dois quadriláteros formando moldura com ornamentação de atributos guerreiros, no interno apresenta-se uma cartela à maneira de peanha sobre a qual se vê, de pé e em corpo inteiro, empunhando a lança na mão direita e na mão esquerda segurando o escudo com uma cabeça de medusa, a figura marcial de Palas segundo uns, de Minerva no dizer de outros, tendo em seu redor vários troféus bélicos; a cartela contém os dizeres acima transcritos; por baixo está inscrito o nome do gravador "Ieroni. Luis me f.". Título em capitais inserido na cartela que se encontra a meio da gravura; texto de impressão nítida em caracteres redondos e itálicos de vários corpos; iniciais capitais ornamentadas de desenho de fantasia. Numerosos erros de paginação não afetando a contagem, mas a partir da p. 320 ocorrem erros que alteram a contagem final das páginas. Título corrente. Ausência de taxa.

BIBLIOGRAFIA: B. Machado, 2, p. 456; Inoc., 3, p. 134; Palha, 788; Az.-Sam., 917; Anselmo, 703; D. Manuel II, 147; BPADE, 294; BM, p. 7; BGUC, 800; BNRJ, p. 28; BNP, 201; BPMP, 111.

---

[62] Cfr.: ob. cit., 1276.

Exemplar completo, em bom estado de conservação, apenas com a folha de rosto espelhada na margem exterior, cabeça e pé, sem afetar a portada; a f. 208 está igualmente espelhada ofendendo o texto e algumas folhas levemente laceradas: 79, 125, 167, 235 junto ao festo, todas elas sem afetar o texto. Pequenos picos de traça; manchas de humidade e tinta ofendem o texto em algumas folhas. Papel de diferente espessura com defeitos de fabrico. Irregularidades no corte da margem inferior de algumas folhas. Nota manuscrita a lápis no verso da guarda inicial, da autoria do livreiro Coelho, enaltecendo o exemplar que lhe pertencera.

Encadernação em pele verde escura trabalhada a ferros secos, com lombada de 4 nervos, guarnecida com ferros dourados, protegida por uma caixa de cartão.

Proveniência: foi adquirido pelo Visconde da Trindade nos Reservados da Livraria Coelho em 28-5-1959.

38 - CRISTO, Francisco de, O.E.S.A., --1587

[Gravura em madeira representando a Virgem Maria com o Menino ao colo, rodeada por chamas ao gosto flamengo, tendo a rodeá-la por três lados a seguinte frase: "Qvi non diligit manet in morte qvi manet in charitate in Deo manet"; logo abaixo pode ler-se o título:] Incitamentvm amo/ris erga Deum, authore viro quodam reli/giofo ex eorum numero, qui institutum / Eremitarum D. A. Auguftini fequuntur: quiq; in Collegio Conim. Virgini Mariæ de Gratia dicato verfãtur.

[Coimbra: Francisco Correia, 1550]. [10], 163 [i. é 167]f.; 8° (15 cm).

V. T. 18-7-9

Obra rara: apenas citada por Anselmo, no "Short-title Catalogue of portuguese books printed before 1601 now in the British Museum", em Alzira Simões (BNP), nos catálogos das Bibliotecas do Porto, de Évora e da BGUC e em Viterbo. Nas 18 p. preliminares figura uma Epístola ao Rei D. João III e um prefácio; o texto começa na f. 1 e remata na f. 160 com a expressão "Laus Deo", começando no verso o índice que ocupa as 7 p. finais, servindo de fecho o pé de imprensa. A composição tipográfica é em caracteres itálicos, exceto o prefácio que foi composto em caracteres redondos; iniciais capitais de desenho de fantasia de vários corpos esmaltam o texto. Erros de foliação afetando a contagem. Ausência de licenças e de taxa.

BIBLIOGRAFIA: Anselmo, 466; BM, p. 10; BPADE, 310; BGUC, 829; BNP, 210; BPMP, 120.

Exemplar em ótimo estado de conservação. A rematar o índice e imediatamente antes do pé de imprensa figura uma nota manuscrita; as 15 primeiras folhas são ligeiramente maiores que as restantes, dir-se-ia que proviriam de um outro exemplar, não apresentando corte rosado como o restante volume.

Encadernação em pergaminho com o super-libros do Visconde da Trindade gravado a ouro em ambas as pastas.

Proveniência: foi adquirido pelo Visconde da Trindade em 31--12-1971.

39 - CRÓNICA DO CONDESTABRE DE PORTUGAL...

Coronica do / Condeʃtabre / de Purtugall / Nuno Aluarez Pereyra: principiador da / caʃa q[ue] agora he do Duque de Bragãça / ʃem mudar da antiguidade de ʃuas pa-/lauras nem ʃtillo. E deste Condesta-/bre procedem agora o Empera-/dor * em todolos reynos de /x[rist]ãos de Europa ou os / reys ou as raynhas / delles ou ambos. / (minúscula vinheta com 3 cruzes dispostas em triângulo)

[Lisboa: Germão Galhardo, 1526]. LXVI, [4] f.; folio (28 cm).

V. T. 18-10-19

Obra rara: apenas conhecidos, além deste, mais cinco exemplares, a saber: dois na Biblioteca Nacional, um dos quais impresso em pergaminho, um na BGUC, um outro em Harvard, tendo pertencido a Fernando Palha e um último na Real Biblioteca do Escorial. 1ª edição; a 2ª é de 1554, impressa igualmente por Germão Galhardo. No verso da página de rosto uma gravura em madeira ocupa toda a página e representa, inserido num pórtico, a figura de D. Nuno Álvares Pereira vestindo armadura e segurando a espada com ambas as mãos, repousando o elmo ao seu lado direito; na f. 2 começa o texto sem indicação de capítulo e prolonga-se até à f. 66 frente, rematando com as invocações "Deo gratias. Memento mei. Mater Dei"; a meio segue-se o cólofon; o verso desta f. está em branco, seguindo-se 6 páginas e meia contendo a "tavoada", encontrando-se a última p. em branco. O título tem impressas em enormes caracteres góticos as 5 primeiras palavras e em caracteres menores o restante; texto dividido em 80 capítulos impresso a 2 colunas em caracteres góticos, com caldeirões no início dos capítulos; grandes iniciais capitais de diferente corpo e desenho de fantasia no início dos capítulos. Foliação romana. Ausência de reclamos.

BIBLIOGRAFIA: Inoc., 2, p. 443; Palha, 2852; Anselmo, 576; BGUC, 834; BNRJ, p. 28; BNP, 212.

O exemplar encontra-se em relativo bom estado de conservação; a folha de rosto está muito manchada de humidade, espelhada grosseiramente junto ao festo, margem exterior e pé, propagando-se algumas destas manchas às páginas adjacentes; pequenos restauros à cabeça, ofendendo, por vezes, a foliação. Aparado à cabeça. Sinais evidentes de manuseamento.

Encadernação recente, meio-amador, em cartão castanho marmoreado e lombada de percalina com falso rótulo com o título inscrito a dourado.

Proveniência: foi adquirido pelo Visconde da Trindade nos Reservados da Livraria Coelho em 28-5-1959.

40 - CRUZ, Gaspar da, O.P., --1570

[Escudo de armas reais portuguesas encimado por coroa] Tractado em que ſe / cõtam muito por eſte[n]ſo as couſas / da China, cõ ſuas particulari-/dades, ε aſſi do reyno dormuz / cõpoſto por el. R. padre frey / Gaſpar da Cruz da Orde[m] de ſam Domingos. / Dirigido ao muito poderoſo Rey dom / Sebaſtiam noſſo ſeñor. / Impreſſo com licença, 1569.

[Évora: André de Burgos, 1569]. [88]f.; 4º (19 cm).

V. T. 18-7-20

1ª edição de um tratado muito raro e valioso sobre os factos e sucessos que descreve e também muito interessante para o estudo dos usos e costumes dos naturais da China e de Ormuz no século XVI. Há cerca de onze exemplares conhecidos; para além dos três citados por Anselmo, contam-se ainda dois no British Museum, um que pertenceu a D. Manuel II, um na Biblioteca Nacional do Rio de Janeiro, outro na BGUC, um outro que pertenceu à livraria de José Maria Nepomuceno[63], o da Biblioteca de Ponta Delgada e o que descrevemos e que deve ser o que pertenceu à Livraria Ameal. Verso da p. de rosto com o prólogo do impressor André de Burgos e nas 5 p. seguintes o prólogo do autor, seguindo-se um "auiso aos lectores", começando em seguida o texto, dividido em 29 capítulos, num total de 67 páginas, rematando com o cólofon,

---

[63] Cfr.: ob. cit., 579.

no qual é indicada a data de 1570 e não 1569 como consta da p. de título; verso da última p. em branco. Título rodeado por filetes decorativos de desenho um pouco grosseiro; na composição tipográfica, em que se destacam pequenas letras iniciais de desenho de fantasia, empregaram-se caracteres góticos de dois corpos; os de corpo maior na primeira linha do título, na epígrafe dos capítulos e na subscrição tipográfica final e os de corpo menor no texto. Sem reclamos e sem licenças.

BIBLIOGRAFIA: B. Machado, 3, p. 128; Inoc., 3, p. 128 e 9, p. 413; Anselmo, 399; D. Manuel II, 121; BM, p. 7; BPPD, 55; BGUC, 848; BNRJ, p. 28; BNP, 214.

Exemplar em bom estado de conservação, embora espelhado na folha de rosto junto ao festo e em algumas outras páginas; bastante aparado à cabeça, cortando um pertence e nas margens atingindo algumas notas manuscritas. Pequenas manchas de tinta. Notas manuscritas de vários punhos à margem do texto, cortadas quando o exemplar foi aparado.

Encadernação em pele castanha com filete dourado triplo nas pastas, seixas trabalhadas a dourado e lombada de 5 nervos com dois rótulos pretos.

Proveniência: foi adquirido pelo Visconde da Trindade nos Reservados da Livraria Coelho em 21-2-1958.

41 - ESCH, Nicolaus van, 1507-1578

¶ Exercicios / ſp[rit]uais & diuinos, compoſtos/ per Nicolao Eſchio. Treſla / dados de latim em roman/ce portugues, por hu[m] frade / menor da Prouincia da Pie/dade. / ¶ Contem como a alma po/de ſer vnida & trãſforma/da per amor em Deos. / ¶ Viſtos &

aprouados por / mandado do Cardeal Iffan/te Inquiſidor mor neſtes / reynos. / 1554.

[Évora: André de Burgos], 1555. CXVI f.; 8° (14 cm).

V. T. 18-7-8

Exemplar muito raro: são conhecidos apenas oito exemplares: três na Biblioteca Nacional, dois em Évora, um em Harvard (Biblioteca de Fernando Palha), um em Vila Viçosa (de D. Manuel II) e o que se descreve. O nome do tradutor não está expresso na p. de rosto, mas trata-se da 1ª edição de uma tradução atribuída a frei Cristóvão de Abrantes, segundo Pinto de Matos e Barbosa Machado[64]; esta informação foi colhida em Manuel de Monforte na sua "Chronica da Prouincia da Piedade", livro III, cap. IV; a 2ª edição saiu da mesma oficina no ano seguinte. Verso da p. de rosto em branco; na p. seguinte, a aprovação de frei Luís de Baeza e no verso começa a "Taboada" que se estende pelas 2 p. seguintes, vindo depois uma lista dos "Erros"; o "Prologo do interprete" e o "Prologo de frei Lourenço Surio precedem o texto que começa na f. XII, dividido em três "vias", cada uma delas com vários exercícios; remata na f. CXVJ frente com o cólofon, estando o verso em branco. Título enquadrado por uma portada ornada de cariátides (estes mesmos elementos laterais iriam figurar na obra de Pedro Margalho "Mistérios da Missa" impressa por Martim de Burgos em 1585, obra raríssima que também existe na Livraria do Visconde da Trindade[65]), tendo na parte superior um frontão no qual figuram aos cantos o escudo de armas reais portuguesas; título impresso em caracteres redondos, assim como o texto, esmaltado com iniciais capitais no prólogo e início dos capítulos; caldeirões e camarões ao longo do texto. Erro no título corrente da p. 26: "Quarto exercício" por "Terceiro exercício".

---

[64] Cfr.: ob. cit., p.1 e 1, p. 555 respetivamente.

[65] Cfr.: nº 67 do presente catálogo.

A foliação impressa somente aparece a partir da f. IX. Ausência de reclamos e de taxa.

BIBLIOGRAFIA: Inoc., 2, 244; Palha, 94; Anselmo, 385; D. Manuel II, 297; BPADE, 376; BNP, 239; BPMP, 129.

No pé da p. de rosto deve ter estado manuscrito um pertence que foi cortado, tendo a folha sido restaurada posteriormente; manchas de humidade em quase todo o volume junto ao pé, não atingindo, contudo, o texto; corte aparado. Papel de diferentes espessuras.

Encadernação da época em pergaminho, com atacas, título manuscrito na lombada e vestígios de notas manuscritas no contraforte desta no lado interior.

Proveniência: foi adquirido pelo Visconde da Trindade nos Reservados da Livraria Coelho em 21-2-1958.

42 - FERREIRA, António, 1528-1569

Poemas / lvsitanos / do Dovtor Antonio Ferreira. / dedicados por sev filho Miguel Leite Ferreira, ao Principe D. / Philippe noſſo ſenhor. / [marca do impressor Pedro Craesbeeck: um girassol inscrito numa oval rodeada de paquifes com a legenda: "Trahit sua quemque voluptas"] Em Lisboa. / Impreſſo com licença, por Pedro Crasbeeck. / M.D.XCVIII. / Com priuilegio. A cuſta de Eſteuão Lopez liureiro.

Lisboa: Pedro Craesbeeck: à custa de Estevão Lopes, livreiro, 1598. [8], 240 f.; 4° (20 cm).

V. T. 18-7-25

1ª edição desta obra rara, editada pelo filho do autor, Miguel Leite Ferreira. No verso da p. de rosto, a licença do Santo Ofício e da Mesa do Paço; das páginas preliminares constam a dedicatória ao Príncipe D. Filipe assinada por Miguel Leite Ferreira e o alvará régio que ocupa a p. seguinte; vêm depois 3 composições dedicadas ao autor, feitas por Francisco de Moura, Jerónimo Corte Real e Francisco de Sá de Meneses; segue-se no verso a errata que remata com uma nota; a "taboada" de 8 p. está dividida em diversas partes: dos sonetos, das odas [sic], das elegias, das éclogas, das cartas; na f. 1 começa o texto rematado no verso da f. 240 por uma expressão de louvor a Deus redigida em latim; de assinalar que este conjunto de poemas inclui a tragédia "Castro" que decorre a partir do verso da f. 205 até à f. 235, no verso da qual estão várias elegias de Diogo Bernardes dirigidas a Pero de Andrade Caminha por ocasião da morte do amigo comum, e a resposta de Pero de Andrade. De salientar que a disposição das páginas inumeradas que neste exemplar se encontram no início, e cuja ordenação descrevemos, noutros exemplares podem ter sido colocadas no final, como acontece com a "Taboada", o que teria mais lógica, tanto mais que esta remata com a palavra "Fim"; isto significa que o exemplar que se descreve deve estar mal encadernado. Título impresso em caracteres redondos e itálicos de vários corpos e texto composto em caracteres redondos nos sonetos e itálicos nas demais composições; esmaltam o texto iniciais capitais ornamentadas. Erros na numeração das folhas sem afetar a contagem. Ausência de taxa.

BIBLIOGRAFIA: B. Machado, 1, p. 268; Inoc., 1, 686; Brunet, 2, col. 1234; Palha, 790; Az.-Sam., 1198; Anselmo, 517; D. Manuel II, 260; BM, p. 8; BPPD, 66; BGUC, 1020; BNRJ, p. 37; BNP, 261; BPMP, 137.

Este exemplar é particularmente importante porque, tanto quanto foi dado averiguar, terá pertencido ao uso do filho do poeta, facto atestado por uma extensa nota manuscrita no verso da guarda inicial onde pode ler-se: "Pelas notas à margem de alguns sonetos parece q[ue] este livro pertenceu ao uso do Filho do nosso Poeta. Achei este livro em lamentável estado na Provincia do Minho; tive o vagar de o preparar folha por folha, e dar-lhe goma p^a o papel tomar alguma consistência, como se conhece no angulo de algumas folhas no anno de 1812"; segue-se, com letra diferente: "E das mãos do meu Amigo Jer° Jose Rois, em troca, passou as minhas em Janeiro de 1814 J.F.B."; várias outras notas manuscritas, anexas às composições levam à mesma conclusão; assim: na f. 12 pode ler-se: "este soneto fes meu Pai embarcaõdo no tejo vindo p^a o porto a minha mai q[ue] morava en monte sinai"; nos sonetos seguintes está, manuscrita também, a nota "a mesma"; outras notas semelhantes ocorrem à margem de algumas poesias; no início do soneto I está escrito: "a morte de m^a Pimentel sua p^a mulher"; outras notas relativas à mesma pessoa estão colocadas nas poesias seguintes; tudo leva a crer que estas notas serão do punho de Miguel Leite Ferreira, o editor da obra ou de outro irmão. Este exemplar pertenceu igualmente a frei Ambrósio da Paixão, cujo nome surje na p. de rosto e no v. da p. 240; há ainda um outro pertence na mesma p.: "He de Jose Ferreira Borges", o mesmo que subscreve uma das notas no v. da guarda inicial, acima referidas, repetindo-se o mesmo pertence na p. de rosto sob forma de carimbo com as iniciais J: F. Borges. Há diferenças entre este exemplar e o descrito por outras bibliografias, como é referido acima, o que deve ter ocorrido por engano do encadernador. Exemplar em precário estado de conservação, sobretudo nas 3 primeiras folhas, incluindo a p. de rosto, que está espelhada, denunciando bastante manuseio; as restantes folhas encontram-se bem conservadas, estando restaurada apenas a p. 97; algumas manchas violáceas acusam a presença de fungos e outras de tinta atingem a mancha tipográfica; vestígios de traça nas páginas finais.

Encadernação do século XIX, em pele castanha com filete dourado e lombada de 5 nervos ornamentada a ouro.

Proveniência: foi adquirido pelo Visconde da Trindade nos Reservados da Livraria Coelho em 21-2-1958.

43 - GÓIS, Damião de, 1502-1574

Chroni/ca do felicissimo Rei Dom Ema-/nvel, composta per Damiam de / Goes, dividida em qvatro partes, / das quaes eſta he ha primeira. / [gravura em madeira formada por um retângulo de linha dupla contendo o escudo de armas reais portuguesas encimado por coroa, sustentado por dois anjos, um de cada lado, o da esquerda segurando a cruz de Cristo e o da direita a esfera armilar] ¶ Foi viſta, & approuada per ho R.P.F. Emanuel da Veiga Examinador dos liuros. / ¶ Em Lisboa em caſa de Françiſco Correa, impreſſor do ſereniſsi-/mo Cardeal Infante, ahos XVIJ dias do mês de Iulho de 1566. / ¶ Eſta taxada eſta primeira parte no regno em papel a duzentos, & çinquoenta reaes, & fora delle / ſegundo ha diſtançia dos lugares onde ſe vender, & has outras tres partes pelo meſmo / modo naquilo em que forem taxadas / Com priuilegio real.

Lisboa: Francisco Correia, 1566-1567. 4 vol.: Vol. I: [4], 107, [1]f.; Vol. II: [4], 75, [1]f.; Vol. III: [4], 138 f.; Vol. IV: [4], 114 f.; folio (30 cm).

V. T. 18-9-21

Segunda impressão da 1ª edição; da primeira impressão apenas existe um exemplar que se encontra na Biblioteca de Vila Viçosa e que pertenceu a D. Pedro V, não tendo sido objeto da censura [66]. No entanto, no exemplar que se descreve, apesar de ser sem dúvida alguma da 2ª impressão, e ao cotejá-lo com o que é descrito pelo Visconde de Azevedo no seu "Elencho das variantes e diferenças notáveis que se encontram na primeira parte da Chronica d'el Rei D. Manoel escripta por Damião de Gois e duas vezes impressa no anno de 1566", podem verificar-se algumas diferenças; com efeito, o Visconde de Azevedo refere as variantes coligidas pelo

---

[66] Cfr.: D. Manuel II, ob. cit., 115. Para melhor esclarecimento desta censura ver igualmente a "Crítica contemporânea da Crónica de D. Manuel de Damião de Góis" in "Arquivo Historico portugues", 9, 1914, p. 345-378.

seu amigo Dr. João Luís Monteverde da Cunha Lobo (que foi o primeiro a descobrir esta raridade bibliográfica) mas, num exame mais atento, verifica-se que nem todas coincidem com o exemplar que se descreve (e com os exemplares existentes na BGUC que também se analisaram), havendo muitas diferenças de grafia e de pontuação, pelo que permanece a dúvida quanto à possibilidade da existência de uma 3ª impressão. A obra está dividida em 4 partes, cada uma delas com folha de rosto própria e com paginação independente, figurando a data de 1566 nas duas primeiras partes e a de 1567 nas partes 3ª e 4ª; a gravura da folha de rosto, comum a todas elas, é igual à que seria utilizada pelo mesmo impressor na "Crónica do príncipe D. João", impressa igualmente em 1567 e a seguir descrita; das p. preliminares inumeradas consta o Alvará régio no verso da p. de título e a "tavoada dos capítulos", começando logo o texto que vai até final, rematado pelo cólofon; nas outras 3 partes da obra sucedem-se as mesmas peças antes do texto, excetuando a presença de errata nas partes 2ª e 4ª, ausentes da 1ª parte; outra diferença é que a assinatura fac-similada de frei Manuel da Veiga, Examinador dos Livros e que subscreve o texto no final, não figura na 3ª parte e é substituída na 4ª parte pela de frei Francisco Foreiro; outra diferença curiosa é a taxa, que é de 250 reais em todas as partes, exceto na 2ª parte que é de 150 reais, talvez porque o número de folhas é menor. No ponto de vista tipográfico, a composição é idêntica nas quatro partes da obra, em caracteres redondos e itálicos de vários corpos, com o texto disposto a 2 colunas ornamentado com iniciais capitais de desenho de fantasia de vários corpos no início dos capítulos, algumas delas historiadas. Em todos os exemplares há erros de foliação sem afetar a contagem; com título corrente.

BIBLIOGRAFIA: B. Machado, 1, p. 607; Inoc., 2, 23; Brunet, 2, col. 1643; Palha, 2828; Az.-Sam., 1397; Anselmo, 491; D. Manuel II,

115; BPADE, 441; BPPD, 68-69-70-71; BM, p. 9; BGUC, 1143; Faria e Pericão, 10; BNRJ, p. 38-39; BNP, 292.

Assinatura autógrafa de Damião de Góis na p. de rosto das 4 partes, como acontece em todos os exemplares conhecidos. Bom estado de conservação do exemplar, um pouco manchado de humidade, apresentando alguma fragilidade atestada por pequenas lacerações sem, contudo, afetar o texto; ligeiro restauro numa f. da 4ª parte.

As quatro partes da obra encontram-se encadernadas juntas numa belíssima encadernação recente, em inteira de marroquim castanho com dourados na lombada de 5 nervos, pastas e seixas e com a data gravada de cada um dos lados do super-libros do Visconde da Trindade aposto em ambas as pastas; esta encadernação está protegida por uma caixa de cartão.

Proveniência: foi adquirido pelo Visconde da Trindade na Livraria Coelho em 25-3-1954.

44 - GÓIS, Damião de, 1502-1574

Chroni/ca do Principe Dom Ioam, Rei / qve foi destes regnos segvndo do / nome, em qve svmmariamente se trattam / has couſas ſustançiaes que nelles acontecerão do dia de ſeu na-/ſçimento atte ho em que El Rei Dom Afonſo ſeu pai faleçeo. Compoſta de nouo per Damiam de / Goes, dirigida aho muito magnanimo, & poderoſo Rei Dom Ioam terçeiro do nome / [gravura em madeira representando o escudo de armas reais portuguesas ladeado por dois anjos sustentando um a esfera armilar e o outro a cruz de Cristo] ¶ Foi viſta, & approuada per ho R. P. F. Manuel da Veiga examinador dos liuros. / ¶ Em Lisboa em caſa de Françisco Correa, impreſſor do Sereniſsi /mo Cardeal Infante, ahos xj dias do mês de Abril de 1567. / ¶ Eſta

taxada eſta chronica no regno a duzentos reaes em papel, & fora / delle ſegundo ha diſtançia dos lugares. / ¶ Com priuilegio real.
Lisboa: Francisco Correia, 1567. [4], 100 f.; 4º (28 cm).
V. T. 18-10-20
Obra muito rara. 1ª edição. São conhecidos cerca de dez exemplares. A página de rosto está impressa em caracteres redondos de vários corpos; a gravura que aparece nesta página já tinha sido utilizada pelo mesmo impressor na "Chronica do felicissimo Rei Dom Emanvel", anteriormente descrita; texto a duas colunas composto em caracteres redondos de vários corpos, com letras iniciais historiadas também de vários corpos; caldeirões no título dos capítulos.

Consultando Joaquim de Vasconcelos[67] e A. J. Gonçalves Guimarães[68] que referem os exemplares da Biblioteca Nacional de Portugal e da Biblioteca Pública Municipal do Porto, ambos da 1ª edição, e cotejando-os com o exemplar dos Reservados da Biblioteca Geral da Universidade de Coimbra, igualmente da 1ª edição, verificam-se diferenças de grafia e de disposição de linhas que revelam tratar-se de três impressões diferentes. Reportando-nos agora ao exemplar que se descreve, verifica-se que, apesar de apresentar os cadernos completos e de não haver saltos de foliação (a não ser erros de numeração das páginas, mas com texto seguido, como por exemplo 42 por 44, 43 por 45, 44 por 46, mas recuperando a partir da f. 47 inclusive, erros que aliás não se verificam totalmente no exemplar da BGUC, pois aqui só está trocada a f. 45 por 46), tem grandes lacunas de texto; por exemplo, no capítulo 17, p. 17 v. salta 22 linhas; na f. 19 r. omite todo o texto da coluna 1 e linha e meia da coluna 2, de tal modo que da f. 19 à f. 22 v., coluna 1, nem sequer as colunas coincidem nos dois exemplares; a meio da f. 22, coluna 2 começa o capítulo XVIII que no exemplar dos Reservados da BGUC

---

[67] "Goesiana d) As variantes das chrónicas", p. 78.
[68] "Chronica do Principe dom Ioam".

começa na f. 22 v., coluna 1; para compensar a lacuna de 22 linhas atrás referida, há na f. 22 v., coluna 2, o início do capítulo XIX que se repete na f. 23, coluna 1, e que apresenta grafias diferentes; porém, acontece que a repetição da f. 23, coluna 1, coincide "ipsis litteris" (até com pequenos defeitos de impressão) com o exemplar dos Reservados, coincidência esta que se prolonga por toda a f. 23 v., colunas 1 e 2, mas que na f. 24 já não se verifica, por haver no texto um novo hiato de 20 linhas; o texto coincide de novo na f. 25, colunas 1 e 2 e esta coincidência conserva-se até final nos dois exemplares, como todos os pormenores de impressão. Título corrente.

BIBLIOGRAFIA: B. Machado, 1, p. 607; Inoc., 2, 24; Palha, 2826; Anselmo, 492; D. Manuel II, 116; BPADE, 441; BPPD, 72; BM, p. 9; BGUC, 1141; Faria e Pericão, 11; BNRJ, p. 39; BNP, 293; BPMP, 152.

O exemplar apresenta uma nota manuscrita na f. 77 v.; a página de rosto encontra-se totalmente espelhada, atingindo o título e cortando em parte a assinatura autógrafa de Damião de Góis que todos os exemplares apresentam; estão igualmente espelhadas as 4 primeiras f. inum. e as f. 3-15, 17-42 e 86-100; os cantos superiores do volume foram afetados pela humidade. Sinais de traça. Papel de diferente espessura.

Encadernação inteira em carneira marmoreada de cor natural, com lombada de 4 nervos com rótulos a preto e dourado.

Proveniência: foi adquirido pelo Visconde da Trindade na Livraria Coelho em 11-11-1959.

45 - GÓIS, Damião de, 1502-1574

Damiani / Gois eqvitis lvsi-/tani. Vrbis lo-/vaniensis ob-/sidio. / */ Olisipone apvd /Lodouicum Rhoto-/rigium typogra-/phum. M.D.XLVI.

Lisboa: Luís Rodrigues, 1546. [24]f.; 4° (21 cm).

V. T. 18-8-5

A propósito da raridade deste opúsculo, diz Brunet[69]: "édition originale et fort rare de cet opuscule que se rapporte à un événement dont Goes avait été le témoin et la victime"[70]; Anselmo[71] fala da existência de quatro exemplares, um na Biblioteca Nacional, outro na Biblioteca da Ajuda, um terceiro na Biblioteca Estense em Modena e um quarto em Dublin, no Trinity College; há ainda que acrescentar a este número, além do exemplar que se descreve, outros três: um na Biblioteca Pública de Ponta Delgada, outro no British Museum e um terceiro na Biblioteca Nacional do Rio de Janeiro. Verso da p. de rosto em branco; o texto começa na p. seguinte e decorre até à f. [23]v. onde começa uma errata a meio da página que vai até meio da p. seguinte, rematando com o cólofon; no verso desta, a conhecida marca tipográfica de Luís Rodrigues, representando um grifo com a legenda "Salus vitæ". Título impresso em caracteres redondos de vários corpos inserido no espelho de uma portada ornada com figuras, duas delas aladas com pés de cabra; na cartela inferior, ao centro, pode ver-se o escudo de armas reais portuguesas encimado por coroa e ladeado por figuras masculinas; texto impresso em itálico, ornamentado com uma inicial capital de desenho de fantasia gravada em madeira. Ausência de reclamos e de título corrente. Sem licenças nem taxa.

BIBLIOGRAFIA: B. Machado, 1, p. 607; Inoc., A, p. 105; Anselmo, 1049; BPPD, 73; BM, p. 9; Faria e Pericão, 8; BNRJ, p. 39; BNP, 295; BPMP, 153.

---

[69] Cfr.: ob. cit., 2, col. 1643.
[70] Ver também Sousa Viterbo – Damião de Gois e o cerco de Louvain" in "Estudos sobre Damião de Gois", 2ª série, Coimbra: Imprensa da Universidade, 1900, p. 39 e seg.
[71] Cfr.: ob. cit., 1049.

Exemplar em muito bom estado de conservação, apenas com as últimas folhas ligeiramente acidificadas. Paginação manuscrita a lápis.

Encadernação em pele castanha com filete duplo nas pastas e fitilho vermelho; lombada de 4 nervos com o título a dourado inscrito sobre rótulo azul.

Proveniência: foi adquirido pelo Visconde da Trindade em 11--8-1955.

46 - HENDRIK, de Herp, O.F.M., 1410-1478

[gravura em madeira representando a Anunciação, tendo inscrito no filactério a frase do anjo "Ave gratia plena" impressa às avessas] Eſpelho de perfeyçam / em lingua portugues./

[Coimbra: Mosteiro de Santa Cruz, 1533]. [3], CLXXXX [i. é 194] f.; 4º (22 cm).

V. T. 18-8-2

Obra rara: segundo Pinto de Matos[72] esta obra teria sido proibida pela Inquisição e por isso é hoje de grande raridade; Inocêncio[73] acrescenta que ela consta do índice expurgatório de 1790[74]. Há cerca de dez exemplares conhecidos. Trata-se da segunda obra impressa pelos Cónegos Regrantes de Santa Cruz de Coimbra e é a tradução feita por Frei Brás de Barros do original de Hendrik de Herp, também chamado Henricus de Herp, provincial da Ordem dos Frades Menores. No verso da p. de rosto pode ver-se a Epístola proemial do frade jerónimo Brás de Barros a D. João III, que ocupa 5 p. (e na qual é mencionado o nome do autor), atribuindo esta tradução

---

[72] Cfr.: ob. cit., p. 59.
[73] Cfr.: ob. cit., 1, 338.
[74] Cfr.: ob. cit, p. 124, onde consta: "Espejo de perfeccion" por outro nombre "Theologia mystica"" en toda lengua.

aos cónegos agostinhos; o texto, dividido em 4 capítulos, começa na p. 1 e remata no final na f. CLXXXX [i. é 194] com o cólofon, tendo no verso uma gravura em madeira com o cordeiro pascal rodeado pela legenda "Ecce agnus Dei ecce qvi tollit peccata mvndi". Composição tipográfica do título e texto em caracteres semigóticos, ornamentada com iniciais capitais de fantasia de diferentes corpos. Sem licenças nem taxa. Reclamos apenas do verso da folha para a frente da folha seguinte.

BIBLIOGRAFIA: B. Machado, 1, p. 544; Inoc., 1, 338; Palha, 1, 55; Anselmo, 446; D. Manuel II, 31; BPADE, 486; BM, p. 10; BNRJ, p. 41; BNP, 309.

Pertences manuscritos: "João Martins", "Mel de Lima Frco de Mello". Falta a primeira folha do primeiro caderno. Exemplar com muitas manchas de manuseamento, sobretudo nas primeiras páginas; apresenta alguns picos de traça e está espelhado em algumas páginas, não ofendendo o texto: algumas folhas estão trocadas de lugar, devido a encadernação deficiente.

Encadernação em pergaminho com sinais de música manuscrita; lombada guarnecida com ferros dourados e rótulo vermelho com o título inscrito a dourado.

Proveniência: foi adquirido pelo Visconde da Trindade nos Reservados da Livraria Coelho em 21-2-1958.

47 - HISTÓRIA DA VIDA E MARTÍRIO DO GLORIOSO SANTO TOMÁS...

Historea / da vida e martyrio / do glorioſo ſancto Thomas Arcebiſpo, ſe-/nhor de Cantuaria, Primas de Inglater/ra, Legado perpetuo da ſancta ſee A-/poſtolica, treladada nouamen/te de latim em

lingoage[m] / portugues. / Derigida ao illuſtriſsimo & muy excele[n]te Prin-/cipe ſenhor dõ He[n]rique Cardeal / da ſancta eggreja de Roma do titulo / dos ſanctos quatro coroados If-/fante de Portugal. Legado / de latere em os reynos / & ſenhorios de / Portugal. / M.D.LIIII.
 [Coimbra: João Álvares], 1554. [8], CCCI [i. é 303], [20]p.; 4° (19 cm).
 V. T. 18-8-4

 Raro. Anselmo[75] refere a existência de dois exemplares na Biblioteca Nacional; pode acrescentar-se a este número ainda mais cinco: o de S. M. El Rei D. Manuel II, o de Fernando Palha (hoje em Harvard, E. U. A.), um na Biblioteca Pública de Évora, o da Biblioteca Nacional do Rio de Janeiro e o que agora se descreve. Trata-se da tradução do original latino feita por Diogo Afonso, secretário do Cardeal-Infante; a primeira versão datava de há quarenta anos antes e tinha sido ordenada pelo arcebispo de Toledo, D. Francisco Jimenez.

 No verso da p. de rosto pode ver-se o alvará do Cardeal-Infante concedido a Diogo Afonso e nas 2 p. seguintes o "Argvmento da obra"; seguem-se 4 p. com o "Prologo do autor da hiſtorea"; o texto começa na p. I e remata na p. CCCJ [i. é 303] com um extenso cólofon; o verso desta p. está em branco; as últimas [20] p. contêm a "tavoada" ou sumário, impressa a 2 colunas. Título em caracteres redondos de vários corpos, inserido numa portada encimada por um frontão cujo motivo central é o escudo de armas reais portuguesas e na base, ao centro, a esfera armilar; o alvará está impresso em caracteres itálicos e o argumento e prólogo em caracteres redondos; o texto, ornamentado com iniciais capitais de vários corpos e de diferente desenho, foi composto em caracteres góticos, exceto a primeira frase do início do livro e as glosas marginais, compostas em caracteres redondos, assim como a "tavoada". Erros de paginação afetando a contagem final. Glosas marginais. Ausência de reclamos, de licenças expressas e de taxa.

---

[75] Cfr.: ob. cit., 60.

BIBLIOGRAFIA: Palha, 2610; Anselmo, 60; D. Manuel II, 298; BPADE, 488; BNRJ, p. 41; BNP, 314; BPMP, 163.

O exemplar pertenceu a Aníbal Fernandes Tomás, cujo ex-libris figura no verso da pasta superior. Apresenta algumas manchas de humidade sobretudo nas primeiras folhas onde há também marcas de manuseamento; sinais de traça nas folhas, por vezes ofendendo o texto e na lombada. Muito aparado.

Encadernação em pele castanha e verde marmoreada, com filete dourado nas pastas, lombada de 4 nervos com o título inscrito a dourado sobre rótulo vermelho; super-libros do Visconde da Trindade gravado a ouro em ambas as pastas.

Proveniência: foi adquirido pelo Visconde da Trindade nos Reservados da Livraria Coelho em 28-5-1959.

48 - IGREJA CATÓLICA. Liturgia e ritual. Calendário

Calendairo / romano perpetuo, com as mais couſas, q[ue] na / volta deſta folha ſe verão. / Dirigido ao illuſtriſs. & reuere[n]diſ. ſeñor dõ Miguel / de Caſtro Metropolitano Arcebiſpo de Lisboa, &c. / [Brasão de armas do arcebispo de Lisboa com a legenda em volta: "D. Michaelis a Castro Archiepiscopi Olysipponensis" rodeado de paquifes e inserido num retângulo com filete triplo] Ve[n]de[n]ſe na rua noua em caſa de Ioam Lopez liurei-/ro do ſenhor Arcebiſpo. [Lisboa: António Ribeiro, 1588]. [12], 489, [3]f.; 8° (12 cm).

V. T. 18-7-15

1ª edição desta obra rara. No verso da p. de rosto vem de novo o título, desta vez mais extenso, onde o autor é mencionado pela primeira vez, seguido por duas gravurinhas em madeira representando S. João Batista e S. Francisco de Assis, e por baixo o nome do autor, "feito por frey Ioam Baptista o feo" rematando pelo pé de imprensa;

as 12 p. preliminares inumeradas compreendem as licenças, a dedicatória do autor ao bispo D. Miguel de Castro, a dedicatória ao leitor, a errata e o "Repertorio de tudo o que conthem em toda esta obra"; na f. 1 começa o prólogo e na f. 6 o texto propriamente dito, que decorre até à frente da p. 489, a meio da qual começa o "Kalendarivm sanctorum" que ocupa as 3 últimas folhas inumeradas, rematando com o "Laus Deo". Título composto em caracteres redondos e itálicos de vários corpos e texto em caracteres redondos e itálicos. Glosas marginais. Sem taxa.

BIBLIOGRAFIA: Az.-Sam., 1178; Anselmo, 978; D. Manuel II, 204; BPPD, 18; BM, p. 12; BPADE, 122; BGUC, 390; BNP, 326; BPMP, 168.

Este exemplar pertenceu ao "Sr. Miguel Gomes Soares – 3036", segundo nota manuscrita no verso da pasta superior. Exemplar em relativo bom estado de conservação, manchado de humidade junto ao pé, ofendendo o texto; aparado. Na p. de rosto está manuscrita à cabeça a data de 1626; notas manuscritas a letra e tinta da época ao longo do texto, umas em português, outras em latim.

Encadernação da época em pele castanha escura, ornamentada a ferros secos, guarnecida com fechos de metal e lombada de 3 nervos, com a data gravada a ouro; super-libros do V. T. a dourado na pasta superior; corte azulado.

Proveniência: foi adquirido pelo Visconde da Trindade em 31--12-1971.

49 - IGREJA CATÓLICA. Liturgia e ritual. Ritual

[Brasão de armas do Cardeal-Infante D. Henrique] *Ceremonial e Or*/dinario da Missa, e de /como se ham de administrar os / ſacramentos da ſancta Madre Igreja, com / declaração da virtude

& vſo deles, & doctrina / que de cada hum ſe fara ao pouo certos / dias do anno, com outras couſas / neceſſarias pera os curas, & mais ſacerdotes. / Feito per mandado do ſereniſsimo Principe, et Cardeal Iffante / Dom Enrique, Arcebiſpo de Liſboa, etc. /*/ Impreſſo em Lisboa em caſa de Franciſco Correa, impreſſor do dito senhor, aos ſeis de Mayo. 1568./ Com priuilegio real. / ¶ Taxado a [valor da taxa em branco] reis em papel.

Lisboa: Francisco Correia, 1568. [4], 105, [1]f.; 4º (20 cm).

V.T.18-7-34

Obra bastante rara: Inocêncio[76] afirma não lhe ter sido possível ver nenhum exemplar e que não existia esta obra na Biblioteca Nacional, o que não é exato, visto haver dois exemplares referenciados por Alzira Simões, um deles com variantes[77]; Anselmo, por seu lado, cita apenas um exemplar na Biblioteca de Évora[78]; há, contudo, notícia de outros exemplares, entre os quais o que pertenceu à Biblioteca de Azevedo-Samodães e o que está em Vila Viçosa (D. Manuel II), além do que se descreve. Como é referido no prólogo, o Cardeal D. Henrique, ao tempo Arcebispo de Lisboa, mandou fazer e imprimir pelo seu capelão, António Nabo, este Cerimonial e Ordinário da Missa; trata-se, portanto, da versão oficial, autêntica e obrigatória do texto litúrgico e a forma recomendada para os prelados administrarem os sacramentos. 1ª edição e, segundo parece, a única, como refere o catálogo de Azevedo-Samodães, que também afirma que os exemplares são bastante raros[79]. Sem indicação de autoria, embora se declare o nome de António Nabo no alvará para a impressão, na 2ª f. preliminar inumerada, 3ª linha. Na página de rosto, logo abaixo do escudo de armas do Cardeal D.

---

[76] Cfr.: ob. cit.,1, 1151.
[77] Cfr.: ob cit., 353/354.
[78] Cfr.: ob cit., 496.
[79] Cfr.: ob. cit., 2188.

Henrique vem o título; seguem-se nas páginas seguintes inumeradas as licenças e o alvará régio, o prólogo e o "Repertorio"; o texto começa na f. 1 e decorre até à f. 105 verso, e está dividido em várias partes ou capítulos; na última f. (inumerada) vem um texto não citado no catálogo de Azevedo-Samodães (que apenas refere uma folha inumerada final em branco); este texto contém uma tábua dedicada aos "dias em que os priores, vigairos & curas das igrejas são obrigados a fazer a doctrina dos sacramentos e em cada hum anno", uma espécie de advertência para que os clérigos devam esclarecer os fiéis acerca da administração dos sacramentos; este texto é rematado pelo cólofon. Folha de rosto em caracteres redondos e itálicos de composição tipográfica esmerada, a vermelho e negro, assim como todo o volume, estando o título rodeado por um filete duplo; texto composto em caracteres redondos de impressão muito perfeita, esmaltado com iniciais capitais de caprichoso desenho de fantasia, algumas historiadas, gravadas em madeira.

BIBLIOGRAFIA: B. Machado, 1, p. 337; Inoc., 1, 1151 e 8, p. 259; Az.-Sam., 2188; Anselmo, 496; D. Manuel II, 347; BPADE, 766; BNP, 353-354.

Pertenceu à Livraria de José Maria Nepomuceno, cujo ex-libris apresenta e posteriormente a outro possuidor. Exemplar em bom estado de conservação, apenas ligeiramente lacerado junto ao pé da f. 7, ofendendo um pouco o texto; picos de traça não atingindo o texto; papel de diferente espessura.

Encadernação da época em pele castanha escura deteriorada pela traça, mas posteriormente restaurada, com o super-libros do Visconde da Trindade gravado em ambas as pastas. Ex-libris da Livraria de José Maria Nepomuceno à qual pertenceu; corte vermelho.

Proveniência: foi adquirido pelo Visconde da Trindade em 20--4-1962, tendo pertencido anteriormente à Livraria do Engenheiro Salema Garção.

50 - IGREJA CATÓLICA. Papa, 1592-1605 (CLEMENTE VIII)

Bvlla da cea.
[Coimbra: António de Mariz, 1597]. [8] p.; folio (29 cm).

V. T. 18-9-13

Raríssima: único exemplar conhecido: Anselmo menciona--a[80] dizendo que transcreve a notícia do catálogo Monteverde, único que a cita[81]. Este bibliófilo adquiriu esta obra ao livreiro Pereira da Silva e foi incluída no respetivo catálogo quando aquela livraria o vendeu em 1912, tendo sido comprada pela livraria Coelho e é este mesmo exemplar que se encontra hoje na Livraria Visconde da Trindade, adquirido em 1958. Sem página de rosto especial, o início do texto segue-se ao título acima transcrito, impressos, um e outro em caracteres redondos de vários corpos, iniciando o texto uma letra C ornamentada de desenho de fantasia. Paginação inumerada. Título corrente. Ausência de licenças e de taxa.

BIBLIOGRAFIA: Anselmo, 912; Ensaios bio-bibliográficos, 1, p. 89.

Exemplar em bom estado de conservação, embora manchado de humidade ofendendo o texto. Bela encadernação recente em pele branca com filete e seixas douradas e com o super-libros do V. T., da autoria de Frederico de Almeida, de Lisboa.

Proveniência: foi adquirido pelo Visconde da Trindade nos Reservados da Livraria Coelho em 1958.

---

[80] Cfr.: ob. cit., 912.
[81] Cfr.: ob. cit., Catálogo... Dr. Luís Monteverde da Cunha Lobo, 743.

51 - IGREJA CATÓLICA. Papa, 1592-1605 (CLEMENTE VIII)

Bvlla do San-/ tissimo Padre, e se-/nhor noſſo Cleme[n]te Papa octauo, / lida no dia da Cea do Senhor, / anno de 1595. / [Brasão de armas do arcebispo de Lisboa com a legenda em volta: "D. Michaelis a Castro Archiepiscopi Olysipponensis" rodeado de paquifes e inserido num retângulo com filete triplo] Impreſſa com licença do Sancto Officio, et / Ordinario. / Em Lisboa em caſa de Simão Lopez merca-/dor de liuros na Rua Noua, anno 1596./ [pequena vinheta] E ahi ſe vendem [pequena vinheta].

Lisboa: Simão Lopes, 1596. [20] p.; 4º (19 cm).

V. T. 18-7-30

Obra muito rara: Anselmo[82] apenas conhecia o exemplar da Biblioteca de Évora. Na Livraria do Visconde da Trindade existe também a edição do ano seguinte, igualmente impressa em Lisboa pelo mesmo impressor[83]. No verso da p. de rosto vêm as aprovações e as licenças da Inquisição e do Ordinário e na f. seguinte começa o texto que se prolonga por 16 p. Título e texto impressos em caracteres redondos e itálicos de vários corpos; iniciais capitais ornamentadas de desenho de fantasia um pouco grosseiro. Notas marginais. Título corrente. Paginação inumerada. Sem taxa.

BIBLIOGRAFIA: Anselmo, 814; BPADE, 245; BNP, 379.

Exemplar em excelente estado de conservação, embora com a f. [5] espelhada, ofendendo o texto; papel de diferente espessura com defeitos de fabrico.

Encadernação em pele branca com filetes e seixas dourados, lombada de 5 nervos e o super-libros do Visconde da Trindade gravado nas pastas; assinada por Frederico de Almeida, de Lisboa.

---

[82] Cfr.: ob. cit., 814.
[83] Cfr. nº seguinte.

BVLLA DO SANTISSIMO PADRE, E SEnhor nosso Cleméte Papa Octauo, Lida no dia da Cea do Senhor, Anno de 1595.

Impressa com Licença do Sancto Officio, & Ordinario.

Em Lisboa em casa de Simão Lopez Mercador de liuros na rua noua, Anno 1596.

E ahi se vendem.

52 - IGREJA CATÓLICA. Papa, 1592-1605 (CLEMENTE VIII)

Bvla / do Sanctissimo Padre, / & ſenhor noſſo Clemente Papa / octauo, lida no dia da Cea / do Senhor, anno de/ 1597. / [duas gravuras ovais em madeira, representando a da esquerda São Pedro e a da direita São Paulo] Impreſſa com licença do ſancto Officio et Ordinario. / Em Lisboa em caſa de Simão Lopez mer-/cador de liuros na rua noua, anno 1597. / E ahi ſe vendem.

Lisboa: Simão Lopes, 1597. [20] p.; 4º (20 cm).

V. T. 18-7-31

Obra muitíssimo rara, não citada por nenhuma obra de referência, nem por Anselmo; segundo o Visconde da Trindade[84], será mesmo o único exemplar existente desta edição; nesta Livraria do Visconde da Trindade existe igualmente a edição do ano anterior, também impressa em Lisboa pelo mesmo impressor[85]. No verso da p. de rosto vêm as licenças, iniciando-se o texto na f. seguinte, ocupando 14 p. e rematando com o "imprimatur"; o exemplar que descrevemos apresenta no final e em duplicado, uma espécie de índice, não só dos "Casus reservati in Bulla Cenæ", mas também outras referências aos casos reservados aos bispos de Coimbra e impedimentos, impresso provavelmente em data posterior, dada a perfeição do tipo e a diferente qualidade do papel. Título composto em caracteres redondos e itálicos de vários corpos e texto em caracteres redondos, excetuando as glosas marginais impressas em itálico; inicial capital letra A ornamentada de desenho de fantasia. Título corrente. Paginação inumerada. Ausência de taxa.

Exemplar muito deteriorado pela humidade, traçado e posteriormente espelhado, sobretudo no pé e margem exterior, quase sempre sem ofender o texto; muito aparado à cabeça, atingindo a palavra

---

[84] Cfr.: "Ensaios bio-bibliográficos", 1, p. 59-94.
[85] Cfr. nº anterior.

"Bvla" na p. de rosto. Nota manuscrita a tinta preta, provavelmente uma cota, no canto superior direito da mesma página.

Encadernação em pele branca com filetes e seixas dourados, lombada de 5 nervos e o super-libros do Visconde da Trindade gravado a dourado em ambas as pastas; é da autoria de Frederico de Almeida, de Lisboa.

53 - INÁCIO DE LOYOLA, Santo, 1491-1556

Exercitia / spiritvalia. / [gravurinha quadrada em madeira na qual está inscrito o emblema da Companhia de Jesus] Conimbricæ. / M. D. LIII.
Coimbra: [João de Barreira], 1553. 238, [2]p; 16º (10 cm).
V. T. 18-7-1
Obra rara: Anselmo[86] refere apenas a existência de quatro exemplares na Biblioteca Nacional e um na Universidade de Coimbra; há que acrescentar a este número o da Biblioteca de S. M. El Rei D. Manuel II, um outro na Biblioteca Nacional do Rio de Janeiro e o que agora se descreve. Que se saiba, este é o primeiro livro que se imprime em Portugal para os padres da Companhia de Jesus fundada havia poucos anos pelo autor da obra; a 1ª edição e esta 2ª foram as únicas impressas em vida de Santo Inácio. Verso da p. de rosto em branco; da p. 3 à p. 9 transcreve-se um documento do Papa Paulo III no qual é referida a obra até então desenvolvida pela Companhia de Jesus de que o autor foi fundador; nas p. 10 e 11 figuram as licenças e na p. 12 pode ver-se uma dedicatória ao leitor datada de 1548; na p. 15 figuram as "Annotationes"" aos exercícios espirituais e na p. 34 começa o texto que decorre até final (p. 238) rematando com o "Laus Deo"; na p. seguinte (inum.) e

---

[86] Cfr.: ob. cit.,123.

com o verso em branco pode ver-se o cólofon. Título em caracteres redondos e itálicos; texto em caracteres redondos, ornamentado com iniciais capitais, umas de curioso desenho de fantasia e outras sem qualquer ornato. Ausência de título corrente e de taxa.

BIBLIOGRAFIA: Anselmo, 4123; D. Manuel II, 78; Palau, 291085; BGUC, 1278; BNRJ, p. 41; BNP, 380.

Exemplar em perfeito estado de conservação.
Encadernação em pergaminho com rótulo vermelho e título gravado a ouro; corte vermelho.

54 - INDEX LIBRORUM PROHIBITORUM...

* Index * / Librorvm prohi- /bitorvm, cvm regvlis / confectis per patres a Tridenti/na Synodo delectos, / auctorita-/te Sanctiss. D. N. P. IIII, Pont / Max. Comprobatus. / Impreſſus Olyſsipone de mandato se/reniſsimi Cardinalis Henrici, Infantis / Portugalliæ, Archiepiſcopi Vlix-/bonenſis, Legati à latere: apud / Franciſcum Correm eiusde[m] / Principis ac Domini / Typographum. / * / Cum priuilegio regio. / Anno 1564 / menſe Octobre. / *
Lisboa: Francisco Correia, 1564. 44 f.; 4º (20 cm).
V. T. 18-7-23
Obra rara: há nove exemplares conhecidos, além do que se descreve: dois na Biblioteca Nacional, um na Biblioteca da Ajuda, um na BGUC, dois na Biblioteca Pública de Évora, um em Vila Viçosa, um em Harvard, E.U.A. (Fernando Palha) e um na Hispanic Society of America. Em todos os exemplares citados aparece o "Index" encadernado com o "Rol" que é a versão portuguesa, exceto o último que compreende apenas o "Index"; na Livraria do Visconde da Trindade as duas partes estão encadernadas separadamente, sendo por isso

tratadas como obras independentes[87]. Esta é a versão latina, mais tarde traduzida para português por mandado do Cardeal-Infante D. Henrique, como de resto a primeira versão. Segundo Barbosa Machado[88] foi Francisco Foreiro o autor do "Index" impresso em Roma em 1564 e no mesmo ano dado a lume em Lisboa; aliás, o Catálogo da Biblioteca de F. Palha expressa a mesma opinião[89]; El Rei D. Manuel II escreve que no seu exemplar havia diversas emendas e correções escritas pelo punho de André de Resende e diz que essa importante descoberta o leva a supor que mestre André foi encarregado pelo Cardeal D. Henrique de rever o rol de 1564, se é que não foi mesmo ele próprio o tradutor das Regras.

No verso da p. de rosto pode ver-se o alvará ou privilégio régio concedido por D. Sebastião ao impressor; nas f. 3-5 figura uma bula de Pio IV onde se refere ter sido encomendado ao Concílio de Trento um rol de todos os livros para lançar fora as heresias "deste nosso tempo"; segue-se o prefácio, as "Regulæ indicis" e finalmente começa o texto que vai até final contendo o "!ndex librorum prohibitorum". De notar que esta lista de livros é muito mais extensa que a da versão portuguesa. Página de rosto enquadrada por uma portada ornamentada com figuras humanas e elementos fitomórficos, inserida na qual se encontra o título impresso em caracteres redondos e itálicos, tal como o texto que está esmaltado por iniciais capitais de desenho de fantasia.

BIBLIOGRAFIA: B. Machado, 2, p. 139; Inoc., 3, 99; Palha, 4453; Anselmo, 474; D. Manuel II, 323; BPADE, 491; BGUC, 1283; BNP, 382; BPMP, 188.

Exemplar em bom estado de conservação, apresentando evidentes sinais de manuseamento. Muito aparado na p. de rosto, atingindo

---

[87] Cfr.: a versão portuguesa descrita sob o nº 109.
[88] Cfr.: ob. cit., 2, p. 139.
[89] Cfr.: ob. cit., 4453.

a gravura; alguns cantos encontram-se espelhados; manchado de humidade não ofendendo o texto.

Encadernação inteira em pele ornamentada guarnecida com ferros secos nas pastas e na lombada de 4 nervos; esta encadernação é igual à do "Rol dos livros qve neste reyno se prohibem" com o qual a maioria dos exemplares está encadernada e que se descreve no nº 109.

Proveniência: foi adquirido pelo Visconde da Trindade em 31-12-1971.

55 - INDEX LIBRORUM PROHIBITORUM...

Index / librorvm pro/hibitorvm, cvm regv-/lis confectis, per patres à Triden/tino Synodo delectos / avctoritate Pii IIII. primvm / editus, poſtea vero a Syxto V. auctus: /et nvnc demvm S. D. N. Clementis P.P.VIII. / iuſſu recognitus, & publicatus. / Instrvctione adiecta. / De exequendæ prohibitionis, deque ſincerè eme[n]/dandi, & imprimendi libros ratione. / Impressus de mandato ill/luſtriſs. et reuerendiſſ. Domini D. Antonij / de Matos de Norogna Epiſcopi Hel-/uenſis, Inquiſitoris generalis/ Luſitaniæ, etc. / Olisipone. / Apud Petrum Crasbeeck. / Anno M.D.XCVII. / Expenſis Chriſtophori Ortegæ Bibliopolæ.

Lisboa: Pedro Craesbeeck: expensis Christophori Ortegæ bibliopolæ, 1597. [27], 73 f.; 4º (20 cm).

V. T. 18-7-22

Raro. Acerca da raridade dos índices expurgatórios diz-nos Carolina Michäelis nas suas "Notas Vicentinas"[90] que "os originais (quinhentistas) são pouco menos raros que os livros neles registados como dignos de destruição". Anselmo[91] cita como exemplares conhecidos desta edição os três existentes na Biblioteca Nacional, Biblioteca da Ajuda, Academia das Ciências e Universidade de

---

[90] Cfr.: ob. cit., p. 27.
[91] Cfr.: ob. cit., 515.

Coimbra (não refere o número, mas na BGUC existem três); no entanto, o Rei D. Manuel II nos seus catálogos[92] cita ainda mais um no Museu Britânico, outro na Biblioteca da Hispanic Society of America e um último em Harvard (fundo Fernando Palha). É a primeira obra que se conhece saída dos prelos de Pedro Craesbeeck.

Verso da p. de rosto em branco; das f. preliminares inumeradas constam: a ordenação de D. António de Matos de Noronha, bispo de Elvas escrita em português, a que se seguem os decretos dos Papas Clemente VIII e Pio IIII ocupando um total de 11 p.; no final do último, vem o "Præfatio in indicem librorvm prohibitorvm" e em seguida as "Regulæ" e outras partes menores, preenchendo as 27 p. preliminares inumeradas; o texto propriamente dito ocupa as 73 f. numeradas e remata com o usual "Finis" no verso da p. 73. Bela impressão; todas as páginas, exceto a do rosto, são emolduradas com cercaduras impressas formadas por pequenas vinhetas ornamentais simetricamente dispostas; minúscula vinheta decorativa no verso da última folha preliminar inumerada. Título e texto em caracteres redondos e itálicos de vários corpos; iniciais capitais de desenho de fantasia; ausência de título corrente. Erros de foliação sem afetar a contagem. Sem taxa.

BIBLIOGRAFIA: Inoc., 3, 101; Palha, 4454; Az.-Sam., 1608; Anselmo, 515; D. Manuel II, 254; BGUC, 1282; BM, p. 6; BNP, 384; BPMP, 189.

Nota manuscrita ao alto da f. de rosto que parece ser uma cota; no verso da f. 73 apresenta a assinatura autógrafa de Fr^{co} Pereira, Qualificador e Revisor Geral da Inquisição que rubricou todos os exemplares. A última folha do exemplar está espelhada no canto inferior da margem externa ofendendo o texto; papel ligeiramente

---

[92] Cfr.: ob. cit., 254.

lacerado no canto inferior da f. 47; muito manchado de humidade atingindo o texto; papel de diferente espessura com defeitos de fabrico.

Bela encadernação recente imitando o antigo, executada em "chagrin" vermelho gravada com ferros dourados nas pastas, seixas e lombada e com o super-libros do Visconde da Trindade em ambas as pastas; é da autoria de Frederico de Almeida de Lisboa.

Proveniência: foi adquirido pelo Visconde da Trindade em 26--9-1958.

56 - LEÃO, Duarte Nunes de, ca1530-1608

Dvardi Nonii / Leonis ivrisconsvlti / Lvsitani censuræ in libel-/lvm de Regvm Portvgaliæ/ origine, qvi fratris Iosephi / Teixeræ nomine cirvm-/fertvr. / Item de vera regum Portugaliæ Ge-/nealogia liber. / Ad serenissimvm Principem Albertvm /Archidvcem Austriæ, S. R. E. / Cardinalem. [minúscula vinheta] Olisipone, / Ex officina Antonij Riparij / Typographi Regij. / Anno MDLXXXV.

Lisboa: António Ribeiro, 1585. [4], 64, 59 f.; 4º (23 cm).

V. T. 18-8-9

Anselmo[93] refere a existência de doze exemplares conhecidos; a este número há que acrescentar mais onze, a saber: cinco na Biblioteca Nacional do Rio de Janeiro[94], um no British Museum, um outro em Vila Viçosa, um na Biblioteca Nacional de Paris e outro na Biblioteca Pública de Ponta Delgada, além do exemplar da BGUC e do que se descreve.

A obra divide-se fundamentalmente em duas partes, com folhas de rosto independentes e foliação própria: a 1ª parte, cujo título é acima descrito, ocupa as primeiras 64 folhas e a 2ª parte com o

---

[93] Cfr.: ob. cit., 968.
[94] Cfr.: Leite de Faria, ob. cit., p. 43.

título "... De vera Regum Portugaliæ Genealogia liber", seria cinco anos mais tarde traduzida para castelhano e dedicada ao Príncipe D. Filipe de Castela para sua instrução; esta edição em castelhano, impressa em Lisboa por António Álvares, existe igualmente nesta Livraria do Visconde da Trindade e é descrita em seguida. No verso da folha de rosto podem ver-se as licenças, a dedicatória do autor ao Arquiduque de Áustria, seguindo-se 2 f. em que o autor adverte o leitor, iniciando-se o texto em seguida, rematando na frente da f. 64 com uma vinheta, tendo como motivo central a data – 1585; o verso desta f. está em branco; na p. seguinte, com rosto próprio e numeração de cadernos e foliação também independentes, começa a 2ª parte já referida, rematando no final com uma vinheta em "cul de lampe" (o verso desta f. está em branco). Título impresso em caracteres redondos e itálicos de vários corpos e texto composto nos mesmos caracteres, ornamentado com iniciais capitais de vários corpos, algumas das quais historiadas. Ausência de glosas ou notas marginais. Sem taxa.

BIBLIOGRAFIA: B. Machado, 1, p. 718; Anselmo, 968; D. Manuel II, 186; BPADE, 778-779; BGUC, 1370; BM, p. 15; BPPD, 116, 118; BNRJ, p. 43; BNP, 405; BPMP, 204.

Pertenceu a "A. da C. Vieira de Meirelles", segundo nota manuscrita sobre a pasta superior da encadernação. Exemplar em bom estado de conservação, embora um pouco manchado de humidade à cabeça nas folhas iniciais, que apresentam igualmente sinais de manuseamento; papel muito encorpado, por vezes com defeitos de fabrico; largas margens, sobretudo no pé e margem exterior; aparado à cabeça; notas manuscritas no verso da pasta relativas à raridade e bibliografia.
Encadernação da época em pergaminho, de ataca, com o título manuscrito na lombada em duas épocas e por dois diferentes pu-

nhos; etiqueta colada na mesma lombada com o nº 735; das atacas restam apenas vestígios.

Proveniência: foi adquirido pelo Visconde da Trindade no leilão da Livraria do Dr. Motta Gomes em 25-9-1955, em conjunto com outras obras.

57 - LEÃO, Duarte Nunes de, ca1530-1608

Genealogia / verdadera de los / Reyes de Portvgal / com ſus elogios y ſummario deſus [sic] vidas. / Por el licenciado Duarte Nuñes de / Leon del Deſembargo / de ſu Majeſtad. / Para el Serenissimo Principe / de las Eſpañas Don Philippe / nvestro Señor. / En Lisboa. / Por Antonio Alvarez. / Anno MDXC.

Lisboa: António Álvares, 1590. [4], 96 f.; 8º (15 cm).

V. T. 18-7-4

Raro: Anselmo[95] refere a existência de exemplares na Biblioteca Nacional, Arquivo Nacional, Biblioteca Pública Municipal do Porto, Évora e Mafra; acrescente-se a este número o exemplar do British Museum, o da Biblioteca Nacional do Rio de Janeiro[96], o da Biblioteca Nacional de Paris e o que se descreve, além do que pertenceu a S. M. el Rei D. Manuel II, hoje em Vila Viçosa. Segundo Barbosa Machado[97], esta obra escrita em castelhano foi composta para instrução do Príncipe D. Filipe de Castela, ao qual foi dedicada; a primeira edição, redigida em latim, também existe na Livraria Visconde da Trindade e é descrita no número anterior. 1ª edição. Verso da página de rosto em branco; segue-se 1 p. de licenças e no verso o privilégio; nas f. seguintes decorre a dedicatória do autor a D. Filipe; o texto começa

---

[95] Cfr.: ob. cit., 968.
[96] Cfr.: Leite de Faria, ob. cit, p. 44.
[97] Cfr.: ob. cit., 1, p. 718.

na f. 1 e vai até à f. 96 verso, rematando com o "Laus Deo". Título em caracteres redondos de vários corpos; nas p. preliminares, parte das licenças e a dedicatória estão impressas em caracteres itálicos; o texto foi composto em caracteres redondos, ornamentado com iniciais capitais de desenho de fantasia; as licenças e o privilégio estão redigidos em português e a dedicatória e texto em castelhano.

BIBLIOGRAFIA: B. Machado, 1, p. 718; Inoc., 2, 385; Anselmo, 15 e 39; D. Manuel II, 216; BPADE, 780; Palau, 196759; BM, p. 15; BNRJ, p. 44; BNP, 408; BPMP, 205.

Pertenceu sucessivamente a "Sebastião Freire Pimenta", "Araújo", "Fr. Hieronymus a Gloria", segundo notas manuscritas; outros apontamentos manuscritos, alguns ilegíveis, em castelhano, de vários punhos e épocas, foram cortados quando o livro foi aparado à cabeça e no pé; todo o exemplar está manchado de humidade ofendendo o texto.

Encadernação da época em pele castanha, deteriorada pelo uso e a traça; lombada de 5 nervos com ornamentação dourada desgastada.

Proveniência: foi adquirido pelo Visconde da Trindade no leilão da Livraria do Dr. Motta Gomes em 25-9-1955, em conjunto com outras obras.

58 - LEÃO, Duarte Nunes de, ca1530-1608

Orthographia / da lingoa / portvgvesa. / Obra vtil, & neceſſaria, aſsi pera bem ſcreuer a lingoa / heſpanhol, como a latina, & quaeſquer outras, / que da latina teem origem. / ¶ Item hum tractado dos pontos das clauſulas. / Pelo licenciado Duarte Nunez do Lião. / [marca tipográfica: gravura em madeira representando um escudete oval, no qual está inscrito um coqueiro e o sol nascente, com as palavras em volta "omnia omnibvs"[98] Em Lisboa, / per Ioão de Barreira impreſſor del Rei N. S. / M.D.LXXVI.

Lisboa: João de Barreira, 1576. [4], 78 f.; 4° (19 cm).

V. T. 18-7-26

Obra rara. 1ª edição. O verso da p. de rosto está em branco; na frente da f. [2] estão as licenças rematadas pela errata; no verso, pode ver-se o privilégio real; as f. [3-4] apresentam a dedicatória do autor a Lourenço da Silva, do Conselho de El Rei; o texto começa na f. 1 e decorre até à f. 78 v. Título em caracteres redondos e itálicos de vários corpos, e texto impresso em caracteres redondos, esmaltado com iniciais capitais de desenho de fantasia, de diferentes corpos e desenhos. Título corrente. Sem glosas marginais.

BIBLIOGRAFIA: B. Machado, 1, p. 718; Inoc., 2, 384; Brunet, 3, col. 896; Palha, 668; Anselmo, 225; Az.-Sam., 2244; D. Manuel II, 154; BPADE, 782; Palau, 196757; BM, p. 15; BPPD, 120; BGUC, 1373; BNRJ, p. 44; BNP, 410; BPMP, 206.

Exemplar em bom estado de conservação, cortado na f. 24 junto ao pé, sem ofender o texto; manchado de humidade atingindo o texto. Nota manuscrita a lápis no verso da guarda iniciai: "Custou 380 r. Porto Agto de 1844"; outras notas manuscritas a lápis, algumas delas emendando o texto impresso; na f. 47 r., linha 21, aparece uma pequena tarja de papel colada emendando uma palavra impressa para "ſapphira", pormenor este que também se verifica no exemplar dos Reservados da Biblioteca Geral da Universidade de Coimbra.

Encadernação da época em pele castanha com fitilho de seda verde e lombada de 5 nervos ornamentada a ouro.

---

[98] Segundo Venâncio Deslandes em "Documentos para a Historia da Typographia Portugueza nos seculos XVI e XVII", p. 33, trata-se da divisa ou emblema do impressor João de Barreira.

Proveniência: foi adquirido pelo Visconde da Trindade no leilão da Livraria do Dr. Motta Gomes em 25-9-1955, em conjunto com outras obras.

59 - LEMOS, Jorge de, 15--1593

Hystoria / dos cercos / qve em tempo de / Antonio Monis Barreto governador que foi dos eſtaos da India, os / Achens, & Iaos puſerão â fortaleza / de Malaca, ſendo Triſtão Vaz / da Veiga capitão della. / ¶ Breuemente compoſta por / Iorge de Lemos / ¶ Impreſſo com licença do ſupremo / Conſelho da ſancta & Geral / Inquiſição. / Em Lisboa / em caſa de Manoel de Lyra. / Anno de M. D. LXXXV.

Lisboa: Manuel de Lira, 1585. [8], 64 f.; 4º (28 cm).

V. T. 18-9-14

Livro muito interessante e que constitui um repositório da maior importância para a história dos sucessos mais notáveis obrados pelas armas portuguesas no Oriente. Raro: há seis exemplares conhecidos: na Biblioteca Nacional, na Biblioteca de Fernando Palha (Harvard, E.U.A.), no British Museum, na Biblioteca Nacional de França, na Hispanic Society of America e o que se descreve.

O verso da p. de rosto está em branco; as 2 f. preliminares inumeradas inserem as seguintes peças: 1 p. de licenças e 3 p. com o prólogo ao leitor rematado com as erratas; seguem-se 4 p. com poesias, 2 sonetos em português de Diogo Bernardes, 3 epigramas em latim, o primeiro de Fr. Emanuel Perestrelo e os 2 restantes de Miguel de Lacerda; segue-se 1 p. em branco e no verso começa a dedicatória ao Príncipe Cardeal Arquiduque de Áustria, datada e subscrita no fim; vem depois a marca do impressor Manuel de Lira; o texto decorre da f. 1 à f. 64, dividido em 3 partes, que por sua vez são subdivididas em capítulos. Título impresso em caracteres redondos de vários corpos, impressão em caracteres redondos, maiores no texto propriamente dito e menores nas epígrafes dos capítulos; tem a embelezá-lo elegantes letras iniciais de desenho de fantasia de diferentes corpos.

BIBLIOGRAFIA: B. Machado, 1, p. 743; Inoc., 4, 2104; Palha, 4159; Anselmo, 741; Az.-Sam., 1746; D. Manuel II, 181; BM, p. 11; BNRJ, p. 43; BNP, 413.

Este exemplar é o que pertenceu à Livraria de Azevedo-Samodães, cujo ex-libris se encontra estampado na f. 1; todo o exemplar está espelhado em formato de folio; muito manchado de humidade, apresenta mesmo algumas manchas violáceas atingindo, por vezes, o texto; na p. de rosto encontra-se manuscrita a tinta a inicial H.

Encadernação em "chagrin" cor de vinho com filete duplo nas pastas, lombada de 5 nervos e o super-libros do V. da T. inscrito a dourado nas duas pastas; seixas ornamentadas a ouro; assinada por Frederico de Almeida, de Lisboa.

Proveniência: foi adquirido pelo Visconde da Trindade nos Reservados da Livraria Coelho em 21-2-1958.

60 - LI, Andrés de, fl. 14--

[Inserido em portada semelhante à da 1ª edição de "Os Lusíadas", pode ler-se o título:] Reportorio dos / tempos, em lingoajem portugues / cõ as eſtrelas dos ſignos, e cõ as cõ=/dições do q[ue] for naſcido neſte ſigno. E / o crecer, e mingoar do dia, e da noy=/te. E das quatro compreiſoes, e ſuas / cõdições. E a declinaçã do ſol cõ ſeu / regime[n]to. E o regimento da eſtrela /do Norte: cõ outras muytas couſas / acrece[n]tadas de nouo. ſ. cinco tauoa=/das . A. j. pera ſaber do circulo ſolar./ A. ij pera ſaber o aureo numero. A/iij. pera ſaber a Epacta, ou concurre[n]/te. A. iiij da chaue da mão. A.V.

pera / ſaber em q[ue] dia, e em q[ue] mes ſe celebra / a Paſcoa em cada hu[m] anno. E aſſi /meſmo acrecentado nas tauoas dos /annos, ate o anno de mil e ſeyſcetos /annos, que em outros nenhu[n]s ſe não / acharam. / ¶ Com priuilegio real. / [após a cartela inferior] ¶ Foy impreſſo em Lixboa. Anno de 1563.

Lisboa: [viúva de Germão Galhardo], 1563. [72] f.: il.; 8º (21 cm).

V. T. 18-8-18

O autor do primitivo "Reportorio de los tempos" foi Andrés de Li, que o mandou imprimir em Saragoça na oficina de Paulo Hurus em 1492; assim o noticia Vindel[99], que reproduz o cólofon; o exemplar de que se serviu pertencia ao bibliófilo espanhol Jose Maria Huaste; outras edições se lhe seguiriam, entre as quais uma de 1495, igualmente impressa em Saragoça, na mesma oficina e que serviu de base à tradução de Valentim Fernandes; este, contudo, não se limitou a traduzir o texto original, mas adaptou-o e modificou-o, de modo a que as suas tábuas pudessem servir aos navegadores portugueses; daí que frequentemente a obra lhe seja atribuída nos catálogos. Estes "reportórios dos tempos", espécie de calendário astronómico, contendo igualmente informações relativas, não só aos trabalhos agrícolas a executar nos diferentes meses do ano, mas também aos signos do Zodíaco e outros assuntos, conheceram grande voga na época dos Descobrimentos e deles foram sendo feitas sucessivas edições, das quais existem na Livraria Visconde da Trindade esta de 1563 e a de 1573, tendo ambas pertencido sucessivamente a Aníbal Fernandes Tomás e posteriormente a Vitor de Ávila Peres. O próprio Alberto Navarro (Visconde da Trindade) fez um estudo profundo destas edições[100]. Obra extremamente rara: tal como acontece com a edição de 1573, descrita em seguida, apenas era conhecido o exemplar da Biblioteca Nacional referido

---

[99] Cfr. :"Arte Tipografico en España", 48.
[100] Cfr.: "Ensaios bio-bibliográficos", 1, p. 1-57.

por Anselmo[101], entretanto desaparecido, a partir do qual fora feita uma reprodução fotozincográfica por Joaquim Bensaúde[102]. Foi exatamente a partir desta reprodução que Anselmo fez a sua descrição[103] e é nela que D. Manuel II se baseia para fazer o cotejo com a edição de 1518 existente na sua coleção, hoje em Vila Viçosa[104]; atualmente apenas se sabe da existência deste exemplar que se descreve que pertenceu sucessivamente a Aníbal Fernandes Tomás e posteriormente a Vitor de Ávila Peres. No verso da página de rosto figura o prólogo em que se declara que o tradutor da obra do castelhano para português foi Valentim Fernandes alemão; na p. seguinte, um outro prólogo feito por Andrés de Li, o autor, e no verso começa o reportório que remata na f. [72] com o cólofon, no final do qual surge o nome do impressor, a viúva de Germão Galhardo. O rosto está, tal como referido, inserido numa portada idêntica à da 1ª edição de "Os Lusíadas", com a cabeça do pelicano voltada para a esquerda do leitor. Título e texto impressos em caracteres góticos, ornamentado com iniciais capitais de vários corpos e de diversos desenhos de fantasia; caldeirões no início dos capítulos; o texto é profusamente ilustrado com gravuras de madeira de traço um pouco grosseiro, alusivas aos diferentes meses do ano e respetivos trabalhos agrícolas, aos signos do Zodíaco, às diversas partes do corpo sobre as quais esses signos exercem a sua influência e outros mais. Ausência de título corrente e de reclamos. Paginação inexistente.

BIBLIOGRAFIA: Inoc., 7, 77; Anselmo, 679; Ensaios bio-bibliográficos, 1, p. 26.

---

[101] Cfr.: ob. cit., 679.
[102] Publicada na "Histoire de la Science nautique portugaise", 7.
[103] Cfr.: ob. cit., 679.
[104] Cfr.: ob. cit., 364.

O exemplar pertenceu a Aníbal Fernandes Tomás e posteriormente a Vitor de Ávila Peres (em cujo catálogo não consta), como referido; os seus ex-libris encontram-se colados no verso da pasta superior, a par com o do Visconde da Trindade. Exemplar um pouco cansado, apresentando sinais de manuseamento e manchado de humidade, sobretudo à cabeça e no pé. A folha de rosto encontra-se espelhada à cabeça, margem exterior e pé. Discretos picos de traça junto ao festo. Notas manuscritas e sublinhados da época no texto.

Encadernação inteira em carneira vermelha com filete dourado, tendo a meio das pastas o escudo de armas reais portuguesas encimado por viseira e dragão alado, rodeado de paquifes, gravado a ouro, semelhante ao da edição descrita em seguida, exceto na cor; lombada de 5 nervos com rótulo castanho.

Proveniência: foi adquirido pelo Visconde da Trindade nos Reservados da Livraria Coelho em 21-2-1958.

61 - LI, Andrés de, fl. 14--

[Inserido em portada ladeada por tarjas, tendo ao alto um frontão e no pé um embasamento, ambos de estilo arquitetónico, pode ler-se o título:] Reportorio dos / te[m] pos em lingoajem portugues, cõ as / eſtrellas dos ſignos, e com as cõdições / do que for naſcido neſte ſigno. E ho cre=/cer e mingoar do dia e noite. E das qua/tro co[m] preições, e ſuas condições. E a / declinação do ſol cõ ſeu regimento. E / o regimento da eſtrella do Norte, com / outras muitas couſas acrecentadas de / nouo. E aſſi meſmo cinco tauoas acrece[n]/tadas agora de nouo. ſ. A primeira pera / ſaber do circulo ſolar. A ſegu[n] da pera ſa / ber ho aureo numero. A terceira pera ſa/ber a Epacta, ou concorrente. A quarta / da chaue da mão. A quinta pera ſaber / em que dia ſe celebra a Paſcoa em cada / anno. E aſſi meſmo acrecentado ate ho / anno de mil e ſeyſcentos. / Foy impreſſo em Enora [sic] en caſa de An/dre de Burgos caualleiro da caſa / do Cardeal Iffante / 1573

Évora: André de Burgos, 1573. [66]f.: il.; 8° (20 cm).

V. T. 18-8-17

Obra extremamente rara: tal como acontece com a edição de 1563 anteriormente descrita, apenas era conhecido o exemplar da Biblioteca Nacional referido por Anselmo[105], entretanto desaparecido, a partir do qual fora reproduzido um fac-símile por Joaquim Bensaúde, publicado na sua "Histoire de la Science nautique portugaise", vol. 7. Foi exatamente baseado nesta reprodução que Anselmo fez a sua descrição[106] e D. Manuel II se baseou para fazer o cotejo com a edição de 1518 existente na sua coleção, atualmente em Vila Viçosa[107]. Hoje apenas se sabe da existência deste exemplar que pertenceu sucessivamente a Aníbal Fernandes Tomás e posteriormente a Vitor de Ávila Peres. A obra apresenta a data de 1574 no cólofon, daí que algumas bibliografias refiram como data de impressão 1573-1574. No verso da p. de rosto pode ver-se o prólogo dedicado pelo tradutor, Valentim Fernandes, a António Carneiro, secretário do rei D. Manuel I; na f. seguinte, o prólogo de Andrés de Li, o autor, dirigido a D. Pedro Torreiro, no verso do qual se inicia o texto propriamente dito, que se prolonga até à f. 66, rematando com o cólofon. Título ladeado por tarjas justapostas de modo a constituir as partes laterais de uma moldura, de desenho grosseiro; ao alto pode ver-se um frontão triangular e na base um supedâneo, elementos estes utilizados pelo impressor André de Burgos em algumas das obras que se descrevem neste catálogo, nomeadamente na obra de Nicolaus van Esch "Exercicios espirituais

---

[105] Cfr.: ob. cit., 408.
[106] Cfr.: ob. cit., 408.
[107] Cfr.: ob. cit., 20.

e divinos" impressa na mesma oficina em 1555 e nos " Mistérios da Missa" de Pedro Margalho, adiante descrita, impressa por Martim de Burgos[108]; tanto o título como o texto estão compostos em caracteres góticos, exceto as duas primeiras palavras do título, compostas em itálico; iniciais capitais de diversos desenhos e corpos esmaltam o texto, profusamente ilustrado com gravuras de madeira alusivas aos trabalhos agrícolas a executar nos diferentes meses do ano, aos signos do Zodíaco e sua influência sobre os diferentes órgãos do corpo humano sobre os quais atuam e ainda outros assuntos, tal como era de uso nos reportórios dos tempos, muito em moda na época. Caldeirões no início dos capítulos. Ausência de título corrente e reclamos. Paginação inumerada.

BIBLIOGRAFIA: Inoc., 7, 398; Anselmo, 408; D. Manuel II, 20[109]; Ensaios bio-bibliográficos, 1, p. 30.

O exemplar pertenceu sucessivamente a Aníbal Fernandes Tomás e posteriormente a Vitor de Ávila Peres[110], cujos ex-libris se encontram no verso da pasta superior, a par com o do Visconde da Trindade. Exemplar um pouco cansado, apresentando sinais de manuseamento frequente e algumas manchas de humidade. Nota manuscrita junto ao pé da p. de rosto, lavada e ilegível. O canto inferior da p. de rosto está ligeiramente lacerado, estando restaurados os cantos inferiores de algumas folhas.

Encadernação inteira em carneira verde com filete dourado, tendo gravado a ouro a meio das pastas o escudo de armas reais portuguesas encimado por viseira e dragão alado, rodeado de

---

[108] Cfr.: nº 41 e nº 67 do presente catálogo, respetivamente.

[109] Esta edição de1573 é referida por El Rei D. Manuel II quando faz o estudo da edição de 1518, impressa pelo próprio Valentim Fernandes, a única saída da sua oficina.

[110] Em cujo catálogo não está descrita.

paquifes, semelhante ao da edição anteriormente descrita, exceto na cor; lombada de 5 nervos com rótulo vermelho.

Proveniência: foi adquirido pelo Visconde da Trindade nos Reservados da Livraria Coelho em 21-2-1958.

62 - LIBER DE SCHOLASTICA DISCIPLINA...

¶ Liber de ſcholaſtica/ diſciplina autoritatibus ſcripturarum / cum diſtichis interpoſitis cõpoſitus. / Qui itide[m] hortulus ſapie[n]tiæ ſiue po=/marium ſcientie vel roſariu[m] doctri/næ nu[n]cupari poteſt. Habet eniz / varios doctrinæ. ſcientiæ et ſa/pientie flores quod opus: cuz / doctrinale ac disciplinale sit: / Et de officio magistroruz / atq[ue] discipuloruz tractet / studiosis adolescẽtibus/ ac preceptoribus eo[rum] / nõ min[orum] erit iucũdũ / quam vtile / *

[Ulixbone]: Germam Galhardo, [1532]. [66]f.; 4º (20 cm).

V. T. 18-7-32

Obra rara: segundo Anselmo apenas existiria um exemplar na Biblioteca Pública de Évora, o que não é exato; além de dois (e não um) exemplares naquela biblioteca, temos notícia de outros três, a saber: um no British Museum, o que pertenceu a El Rei D. Manuel II e um último na Biblioteca Pública Municipal do Porto, além do que se descreve. Obra anónima: segundo Ribeiro dos Santos[111] o seu autor seria o padre André da Veiga, atribuição que não é referida por nenhum outro bibliógrafo.

No verso da p. de rosto pode ver-se uma gravura em madeira que representa S. Bento enquadrado num portal; na p. seguinte começa o texto, dividido em 5 livros que por sua vez estão subdivididos em capítulos, ocupando todo o volume num total de 65 folhas, rematando no final com o cólofon onde consta pela primeira vez o lugar e data

---

[111] Cfr.: ob. cit., p. 100.

da obra, já que apenas o nome do impressor figura na p. de rosto. Título impresso a vermelho e negro, em caracteres góticos enquadrado por tarjas diferentes entre si, contendo a inferior a inscrição do nome do impressor, "Germam Galhard"; a impressão do texto é em caracteres góticos de dois corpos, com iniciais capitais de desenho de fantasia, também de 2 corpos a abrir os livros e capítulos. Paginação inumerada. Sem reclamos nem taxa; ausência de licenças.

BIBLIOGRAFIA: Anselmo, 598; D. Manuel II, 29; BPADE, 598; BM, p. 8; BNP, 415; BPMP, 210.

O exemplar encontra-se restaurado na totalidade, de forma muito perfeita, pois estava muito deteriorado pela traça; por vezes este restauro atingiu o texto não deixando, no entanto, de poder ler-se com facilidade; apresenta dois tipos de numeração manuscrita: uma mais recente, a lápis, de 1 a 66 e outra da época, a tinta, de 81 a 146, o que leva a pensar que esta obra deve ter estado inicialmente encadernada com outra.

Encadernação recente, executada em pergaminho, de atacas, ao gosto da época, uma das quais está lacerada.

Proveniência: foi adquirido pelo Visconde da Trindade em 5-1-1966.

63 - LISBOA. Arquidiocese

[Em rosto xilográfico em forma de portada arquitetónica, tendo ao alto, a meio, o emblema da Companhia de Jesus rodeado por grinalda, colunas laterais com motivos renascentistas e ao centro o escudo de armas reais portuguesas encimado por ornatos cardinalícios e as armas do Cardeal-Infante D, Afonso, filho de D. Manuel I; na cartela inferior pode ler-se o título ladeado por dois anjos] * Constivicoens do / Arcebispado de Lixboa

[Lisboa: Germão Galhardo, 1537]. [10], LXXXV, [1]f.; folio (29 cm).
V.T.18-10-2

Obra rara: segundo Anselmo[112] há seis exemplares conhecidos; a este número há que acrescentar mais três: um que pertenceu a El Rei D. Manuel II, outro no British Museum e o que se descreve. As 10 folhas preliminares compreendem a "tauoada" (16 p.) e o prólogo (2 p.); o texto, dividido em 32 títulos, remata na última folha com duas declarações acerca das Constituições e o registo dos cadernos da impressão na folha final, o cólofon e a errata, estando o verso da última folha em branco. Impressão primorosamente executada em belos caracteres góticos, embelezada com iniciais capitais de desenho de fantasia abertas em madeira, de diferentes corpos. O título corrente muda consoante os títulos. Notas marginais apenas na "tavoada". Ausência de reclamos.

BIBLIOGRAFIA: B. Machado, 4, p. 10; Inoc. 2, 424; Palha, 328, 332; Az.-Sam., 862; Anselmo, 613; D. Manuel II, 35; BPADE, 279; BM, p. 11; BNRJ, p. 26; BNP, 418; BPMP, 215.

Exemplar a que falta a folha de rosto, substituída por uma reprodução em fac-símile, espelhada no canto inferior direito e à cabeça; estão aparadas algumas folhas igualmente à cabeça, atingindo o título corrente. Manchado de humidade. Algumas notas manuscritas sob forma de cruz assinalam à margem certas passagens do texto; a assinatura autógrafa do Provisor, "o D[or]. Jorge Temudo" remata a errata; no verso da última página há duas notas manuscritas a letra e tinta da época, uma delas é provavelmente a transcrição de um documento real.

Encadernação em pele castanha com um friso gravado a ferros secos, lombada de 5 nervos com dourados e rótulo contendo o título, ligeiramente traçada na pasta inferior; corte rosado.

---

[112] Cfr.: ob. cit., 613.

Proveniência: foi adquirido pelo Visconde da Trindade nos Reservados da Livraria Coelho em 21-2-1958.

64 - LIVRO DA VIDA E MILAGRES DO GLORIOSO... SÃO BERNARDO

[Portada constituída por diversas tarjas ajustadas e numerosas pequenas gravuras representando os apóstolos e cenas da vida de Jesus e da Virgem, estando à cabeça a figura de S. Bernardo perante Deus:] Libro da vida / et milagres do / glorioſo et be[n]a/uenturado ſão / Bernardo nouame[n]te tra/duzido da lingoa frãceſa / em noſſo linguajem por/tugues pelo reuere[n]do pa/dre frey Gõçalo da ſilua / bacharel formado em Pa/ris et prior Dalcobaça.

[Lisboa: Luís Rodrigues, 1544]. [2], CXXIIII, [1]f.; fólio (29 cm).

V.T. 18-9-8

Obra muito rara: Anselmo[113] refere a existência de apenas três exemplares: dois na Biblioteca Nacional e um no Arquivo Nacional; há que acrescentar a este número, além do que se descreve e que perten- ceu à Casa de Azevedo-Samodães, o que se encontra em Évora, o dos Reservados da Biblioteca Geral da Universidade de Coimbra e o do British Museum. Verso da p. de rosto em branco; na p. [1], o prólogo dirigido à Rainha D. Catarina, a expensas de quem foi feita a obra, rematando com o "Laus Deo"; no verso começa o sumário e uma breve explicação sobre os diferentes "livros"; na f. 1 inicia-se o texto dividido em 7 livros, que vai até à frente da f. CXXIIII; no verso pode ver-se a carta executória do autor que se prolonga na frente da p. seguinte, re- matando com o cólofon; no verso desta p. figura a marca tipográfica de Luís Rodrigues. Título com linhas impressas alternadamente a vermelho e negro composto em caracteres góticos; texto igualmente impresso em caracteres góticos a 2 colunas, exceto o prólogo e a carta executória

---

[113] Cfr.: ob. cit., 1044.

dispostos a uma só medida; iniciais capitais de vários corpos e na sua maioria de desenho gótico ornamentam o texto, realçado igualmente por caldeirões e camarões no início dos capítulos. Erros de foliação sem afetar a contagem. Ausência de reclamos.

BIBLIOGRAFIA: B. Machado, 2, p. 403; Inoc. 3, 139; Az.-Sam., 3183; Anselmo, 1044; BPADE, 948; BM, p. 4; Ensaios Bio-bibliográficos, 1, p. 95; BGUC, 2255; BNP, 429.

Exemplar profusamente anotado com notas manuscritas, sobretudo pertences, dos quais se destacam: "Da liuraria das Salzedas", "Frej Domingos da Asumpção", "Fr. Antonius", Frco de Morais"; uma outra nota manuscrita a lápis e datada de 1803 encontra-se registada na guarda final do volume. Exemplar muito manchado devido à tinta das notas manuscritas que esborratou com a humidade e se propagou à folhas adjacentes; manchado de humidade; espelhado em várias folhas; rasgado ofendendo o texto.

Encadernação "grolier" castanha profusamente ornamentada com filetes dourados e frisos a negro e vermelho, guardas de seda natural verde e seixas com filetes dourados; executada por Giulio Giannini de Florença.

Proveniência: foi adquirido pelo Visconde da Trindade nos Reservados da Livraria Coelho em 21-2-1958.

65 - LOCI COMMUNES SENTENTIARUM...

Loci commvnes / sententiarvm / et exemplorvm me-/morabilivm, ex probatissi-/mis quibuſq; ſcriptoribus, tam ethnicis quam ſacris / peruigili lectione deprompti, ac in duos diuiſum / tomos: quorum alter ſententias, alter exem-/pla refert. In tres rurſus partes vterq; di-/uiſus: prima de virtutibus, ſecunda de / vitijs, tertia de reliquis materijs agit:

liberalium artiu[m] ſtudioſis & ca-/tholicæ obſeruationi con-/ſecratis perutilis /lectio. / Colligebat / Andreas eborenſis. / Cum licentia ſanctæ Inquiſitionis. / Conimbricæ. / Apud Ioannem Barrerium. / Anno 1569. Coimbra: João de Barreira, 1569. [8], 330 [i. é 322]f.; 8°(15 cm). V.T. 18-7-7

Obra rara: segundo Anselmo[114], há exemplares conhecidos na Biblioteca Nacional, na Biblioteca da Ajuda, na Academia das Ciências e na Biblioteca Geral da Universidade de Coimbra; no entanto, comparando o exemplar do Visconde da Trindade com o dos Reservados da Biblioteca Geral da Universidade de Coimbra verificam-se diferenças na página de rosto e nas p. preliminares; estas mesmas diferenças encontram-se nos exemplares citados por Anselmo[115], Manuel dos Santos[116] e Leite de Faria[117]. Segundo Barbosa Machado[118], trata-se da 2ª edição mais acrescentada pelo autor, ou melhor, pelo compilador da obra, que foi André Rodrigues "eborense". No verso da p. de rosto, as licenças e a aprovação assinadas por Fr. Manuel da Veiga; as 4 p. seguintes compreendem 2 epístolas latinas do autor dirigidas aos padres do Colégio e Convento de S. Domingos de Lisboa, e as seguintes 10 p. incluem o índice de autores e lugares, ao qual se segue o início do texto até à f. 330 (isto é 322); no verso, a aprovação de Fr. Fernando de Távora e o pé de imprensa. Título impresso em caracteres redondos e itálicos de vários corpos; as licenças, epístolas e os títulos do índice estão compostos em itálico e todo o restante texto em caracteres redondos; as iniciais capitais que esmaltam o texto são de desenho de fantasia. O título corrente acompanha os capítulos. Erros de foliação afetando a contagem. Ausência de taxa.

---

[114] Cfr.: ob. cit., 206.
[115] Cfr.: ob. cit., 206.
[116] Cfr.: ob. cit., 2950.
[117] Cfr.: ob. cit., p. 12.
[118] Cfr.: ob. cit., 1, p. 143.

BIBLIOGRAFIA: B. Machado, 1, p. 143; Anselmo, 206; BPADE, 643; BGUC, 1439; BNRJ, p. 12; BNP, 431; BPMP, 216.

No exemplar que se descreve falta a folha do último caderno que deveria estar em branco; algumas folhas do primeiro caderno encontram-se descosidas; muito aparado à cabeça, chegando a ofender o título corrente; manchas de humidade à cabeça nas folhas iniciais.

Encadernação em pergaminho com o título gravado a ouro na lombada e o super-libros do Visconde da Trindade a dourado em ambas as pastas.

Proveniência: foi adquirido pelo Visconde da Trindade em 31-12-1971.

66 - LOURENÇO JUSTINIANO, Santo, 1381-1455

[Inserido em portada arquitetónica gravada em madeira podem ler-se algumas considerações prévias que contextualizam a produção desta obra; o título é retirado das primeiras linhas do texto, assim como alguns outros dados] Liuro que ſe eſcreue da regra & perfeyçam da conuerſaçam dos monges ho qual liuro foy copilado per ho reuerendo ſenhor Lourenço Juſtiniano primeyro patriarca de Veneza que foy dos primeyros fundadores da Cõgregaçam de ſam Jorge em Alga.

[Coimbra: Mosteiro de Santa Cruz: Germão Galhardo, 1531]. [1], XCIIIJ, [1]f.; folio, (28 cm).

V.T.18-10-7

Obra rara. Anselmo[119] refere a existência de nove exemplares conhecidos, não tendo tido conhecimento de mais seis: o do Liceu

---

[119] Cfr.: ob. cit., 593.

Normal D. João III (em depósito na BGUC)[120], o dos Reservados da mesma Biblioteca Geral da Universidade de Coimbra, o de Fernando Palha (em Harvard, E.U.A.), o de El Rei D. Manuel II, o da Biblioteca Municipal de Santarém e o que se descreve. Como é referido acima, nos dizeres inseridos na portada arquitetónica de ornamentação renascentista, não é referido o título da obra que pode ler-se ao alto do início do texto; é da autoria de São Lourenço Justiniano, e terá sido traduzida pela infanta D. Catarina. O verso da página de rosto está preenchido com uma gravura em madeira contendo treze pequenos quadros, ostentando o que fica ao centro, ligeiramente maior, um Calvário, rodeado pelos outros onde se inserem as figuras dos doze apóstolos; na f. 1 frente inicia-se o prólogo, começando o texto a meio da f. 2 e decorrendo até final rematado pelo cólofon onde podem colher-se os dados relativos à edição; aqui pode ler-se que a obra foi impressa no Mosteiro de Santa Cruz em Coimbra por Germão Galhardo que, segundo se sabe, tinha vindo justamente nesta data ou pouco antes ensinar aos cónegos agostinhos a arte de imprimir, tendo sido esta uma das primeiras obras impressas no cenóbio crúzio; daqui, alguns anos mais tarde, todo o material tipográfico transitaria para S. Vicente de Fora em Lisboa, onde prosseguiria a impressão de obras; finalmente, na frente da última folha, enquadrado por uma portada idêntica à inicial, figura um santo, provavelmente Santo Agostinho, envolvido por um filactério com uma divisa em latim; texto composto em caracteres góticos disposto a 2 colunas, ornamentado com iniciais capitais de desenho muito interessante, de vários corpos. Ausência de reclamos.

BIBLIOGRAFIA: B. Machado, 4, p. 551; Inoc. 2, 333; Palha, 42; Anselmo, 593; D. Manuel II, 27; BPADE, 497; BGUC, 1336; BNRJ, p. 41; BNP, 434; BPMP, 218.

---

[120] Cfr.: ob. cit., 183., não apresenta folha de rosto.

Exemplar em bom estado de conservação, restaurado apenas à cabeça e no pé da folha de rosto e na última folha; ligeiros picos de traça e sinais de manuseamento; muito aparado à cabeça em algumas páginas, chegando a atingir o título corrente; na f. 1, no pé, está manuscrita a data de 1531.

Encadernação da época em pergaminho com filete dourado nas pastas; lombada de 5 nervos com dourados e rótulo castanho.

Proveniência: foi adquirido pelo Visconde da Trindade nos Reservados da Livraria Coelho em 21-2-1958.

67 - MARGALHO, Pedro, 1472-1556

[inserido em portada ladeada por duas cariátides encontra-se o título:] Miſterios / da Miſſa, feitos / por mandado / do muy illuſ-/ tre ſeñor Dom / Ioão de Mello / Arcebiſpo de / Euora, que ſan/ cta gloria aja. / E outras couſas / muyto deuotas / p[er]a todos os fieis / chriſtãos. / 1585.

[Évora: Martim de Burgos], 1585. [79] f.; 16º (28 cm).

V. T. 18-9-20

Obra de excecional raridade: é o único exemplar conhecido. Sem menção de nome de autor, é geralmente atribuída a Pedro Margalho. Anselmo[121] tomou conhecimento da edição a partir de Inocêncio e de alguns apontamentos manuscritos, anónimos, da Biblioteca Nacional. Verso da p. de rosto em branco; na f. Aij e verso pode ver-se a "Tauoada para ſe ſaber tirar o aureo numero"; na f. Aiij, as "quatro temporas de todo anno" e no v. "das feſtas mudaueis" que continua na f. Aiiij; no verso desta começa o calendário e depois inicia-se o texto que vai até à f.. [69]; nas dez f. seguintes são transcritas várias orações; a rematar o texto pode ver-se o cólofon:

---

[121] Cfr.: ob. cit., 3, 1020.

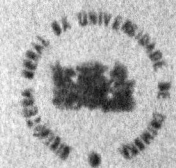

Misterios
da Missa, feitos
por mandado
do muy illus-
tre señor Dom
Ioão de Melio
Arcebispo de
Euora, que san-
cta gloria aja.
E outras cousas
muyto deuotas
pa todos os fieis
Christãos.
1585.

"Impreſſo em Euora por Martim de Burgos a tres de Nouembro de 1585". Título em caracteres góticos e redondos, ladeado por duas figuras femininas em forma de cariátides; estes mesmo elementos constam frequentemente em outras obras saídas dos prelos de André e Martim de Burgos, com as cariátides colocadas ao contrário, por vezes encimadas por frontão e tendo na base um supedâneo; a "Tauoada" e as "festas mudáveis" estão compostas em caracteres redondos, enquanto o restante texto foi impresso em caracteres redondos; bela inicial letra P ornamentada de inspiração zoomórfica no início do capítulo I e uma outra na p. 69, de diferente desenho; uma pequena gravura em madeira de traço um pouco grosseiro representando a Crucifixão encabeça uma das orações finais. Ausência de reclamos e de título corrente; paginação inumerada. Sem licenças nem taxa.

BIBLIOGRAFIA: algumas das bibliografias consultadas citam outras edições: Inoc., 3, 1020; Anselmo, 426.

A este exemplar deve faltar a última folha que deveria estar em branco, pois o último caderno está incompleto. Pertenceu ao bibliófilo Vieira Pinto cujo ex-libris figura na p. de rosto e no verso da penúltima f.; segundo revela Inocêncio[122], pertencera anteriormente à Livraria de Joaquim Pereira da Costa um exemplar solfado em formato de folio, descrição que confere com o exemplar que descrevemos; por outro lado, António Moreira Cabral[123] descreve o seu exemplar como sendo aquele mesmo referido por Inocêncio, de formato 16º e com as folhas solfadas em formato de folio; tudo leva, pois, a crer que se trate do mesmo exemplar, tanto mais que é referido no respetivo catálogo; o Visconde da Trindade adquiriu-o na Livraria Coelho em janeiro de 1962.

---

[122] Cfr.: ob. cit., 3, 1020.
[123] Cfr.: ob. cit., 3986.

O exemplar encontra-se em bom estado de conservação, ligeiramente lacerado na última f. ofendendo o texto; as folhas foram numeradas a lápis; na guarda da pasta posterior está colado um recorte do catálogo de Moreira Cabral relativo à obra.

Magnífica encadernação recente imitando o antigo, executada em pele castanha escura com fechos e cantos de metal ricamente cinzelados e com o super-libros do Visconde da Trindade gravado a ferros secos em ambas as pastas; o volume está resguardado por uma caixa em forma de livro forrada de pele castanha clara com fechos de metal apresentando igualmente o super-libros do V. T.; esta caixa é inteiramente forrada no seu interior a veludo vermelho; encadernação da autoria do artista lisboeta Império Graça.

Proveniência: foi adquirido pelo Visconde da Trindade na Livraria Coelho em 20-1-1962.

68 - MARIA, Infanta de Portugal, 1521-1577

Treslado / do/ testamento da / Iffante / Dona Maria qve / Deos tem./ Aprovado pelo tabaliao pvblico / Ioaõ Roiz Iacome / Lixboa: / Por Ioanes Blauio de Agripina. / Anno de 1577,
Lisboa: João Blávio, 1577. [34] p.; folio (28 cm).

V. T. 18-9-19

Único exemplar conhecido, completo; os exemplares da Biblioteca Nacional e o da Biblioteca Pública de Évora não apresentam frontispício, razão pela qual Anselmo incluiu a obra na lista das "obras sem lugar e tipografia" [124]; Inocêncio refere o mesmo facto[125]: "sem rosto nem indicação do lugar de impressão, sendo todavia provável que saísse dos prelos lisbonenses após a morte da Infanta"; acrescenta, um

---

[124] Cfr.: ob. cit., 1196.
[125] Cfr.: ob. cit., 16, 2877.

pouco adiante, que ambos, testamento e codicilo, são considerados "documentos históricos de certa importância". A obra divide-se fundamentalmente em duas partes: "Treslado do testamento da Iffante" D. Maria (filha de D. Manuel I e da sua terceira mulher D. Leonor de Habsburgo, irmã de Carlos V) que ocupa as 16 primeiras páginas e o "Treslado do codicilho" nas 15 páginas restantes, com rosto próprio e com o verso em branco; na primeira página de texto, logo a seguir ao título, há uma pequena gravura em madeira que representa Deus Padre com Jesus Cristo crucificado, iniciando-se logo em seguida o texto que abre com uma invocação à Santíssima Trindade; abaixo do título do codicilo há uma outra gravura, também em madeira, representando o emblema da Companhia de Jesus; no final do texto, na última página (com o verso em branco), uma pequena gravurinha representa a Virgem Maria com o Menino ao colo. Título composto em caracteres redondos, apresentando o codicilo notas marginais em itálico; duas grandes letras capitais ornamentadas com desenho de fantasia iniciam, tanto o Treslado do testamento, como o codicilo. Sem título corrente. Paginação inumerada. Ausência de licenças.

BIBLIOGRAFIA: Inoc., 16, 2877; Anselmo, 1196; BPADE, 1006; BNP, 480.

O exemplar está completo, ao contrário dos outros dois exemplares conhecidos, como referido acima. Espelhado sem ofender o texto logo no início; pequenas manchas de humidade atingindo a mancha tipográfica; papel de diferente espessura com defeitos de fabrico; conserva os vincos de ter estado dobrado em quatro. Numerosas notas manuscritas de diferentes épocas (algumas muito antigas) comentam o texto.

Esta obra não se encontra encadernada nem brochada, apenas protegida por uma caixa em forma de livro, forrada com pele castanha trabalhada com ferros dourados nas pastas e lombada de 6 nervos; em ambas as pastas pode ver-se o super-libros do Visconde da Trindade.

Proveniência: foi adquirido pelo Visconde da Trindade em 31-12-1971.

TRESLADO
DO
TESTAMENTO DA
IFFANTE
DONA MARIA QVE
DEOS TEM.

APROVADO PELO TABALIAO PVBLICO

IOAÕ ROIZ IACOME

LIXBOA:

Por Ioanes Blauio de Agripina.

Anno de 1577.

69 - MARIZ, Pedro de, ca1550-1615

[Inserido na cartela superior de uma portada gravada a buril pode ler-se o título:] Dialogos / de / varia historia / [na cartela central:] em que sumariamente se referem muy/tas cousas antiguas de Hespanha: e todas as mais no=/taueeis, q[ue] em Portugal acontecerão em suas gloriosas con-/quistas, antes & depois de ser leuantado, a dignidade /real. E outras muytas de outros reynos, dignas de me-/moria. Com os retratos de todos os Reys de Portugal. / Avtor Pedro de Mariz. / [na cartela inferior:] Em / Coimbra / Na Officina de Antonio / de Mariz / Com priuilegio real / MDLXXXXVIII.

Coimbra: António de Mariz, 1598. [11], 388 [i. é 391], [11]f.: il, 19 grav.; 4° (19 cm).

V. T. 18-7-28/29

Obra rara: segundo Inocêncio[126], existem três exemplares; porém, além destes, outros nove podem ser referenciados: os dois da Biblioteca Nacional, o da Biblioteca Nacional do Rio de Janeiro, o de Évora, o de Fernando Palha (Harvard, E. U. A.), o da Biblioteca Pública de Ponta Delgada, o dos Reservados da Biblioteca Geral da Universidade de Coimbra e os dois que descrevemos e que pertenceram ao Visconde da Trindade. Trata-se da 2ª edição, dado que a 1ª saíra em 1594 da mesma oficina; há ainda que referir que alguns exemplares apresentam a data de 1597. Nesta Livraria existe igualmente a edição de 1648. A edição que se descreve saiu sem o capítulo II do "Dialogo III" referente à Rainha Santa (p. 92-99) que teria sido retirado em todos os exemplares e que descrevia a vida da Rainha Santa Isabel; este capítulo fora anunciado no início da obra com o título "Da vida & morte da Rainha Santa Dona Isabel, molher d'elRey Dom Diniz" e teria sido escrito propositadamente para esta edição; tal como

---

[126] Cfr.: ob. cit., 6, 367.

se refere, cobriria exatamente estas páginas em falta em todos os exemplares, mas terá sido retirado pela Censura, segundo consta do catálogo de Fernando Palha[127]; de notar que nesta data (1598) a Rainha Santa ainda não tinha sido canonizada, facto que apenas ocorreria em 1625. O local de impressão que vem assinalado na p. de rosto é Coimbra, mas no cólofon diz: "Em a Ribeira de Sernache dos Alhos, em os Moinhos do Arcebispo". O verso da p. de rosto está em branco e nas 2 p. seguintes estão as licenças, a que se segue a dedicatória do autor ao bispo D. Jorge de Ataíde e um prólogo ao leitor; segue-se a "tavoada" ou sumário, uma p. de erratas, uma carta ao autor e respetiva resposta, ambas redigidas em latim; nesta última o autor adverte que esta edição foi aumentada em relação à anterior (de 1594); o texto, redigido em português, enriquecido com glosas marginais em latim, começa na f. 1 e está dividido em 5 diálogos, por sua vez subdivididos em capítulos; remata na frente da f. 389 (inum.) com a palavra "Fim", seguindo-se 21 f. contendo o index rematado pelo cólofon. O título está impresso em caracteres redondos e itálicos imitando a letra caligráfica, enquadrado por uma portada alegórica gravada a buril sobre chapa de metal; esta gravura é a mesma utilizada na 1ª edição de 1594; quanto ao texto, impresso em redondo e itálico, é ilustrado com 18 gravuras dos Reis de Portugal, desde D. Afonso Henriques a Filipe I e o da Rainha Santa, inseridas em moldura oval inscrita em gravura retangular; Ernesto Soares[128] atribui estas gravuras, embora não assinadas, a Petrus Perret; índice a 2 colunas; iniciais capitais ornamentadas (gravura em madeira); cabeções ornamentais à cabeça dos diálogos. Erros de foliação e de assinatura de cadernos, assim como do título corrente.

---

[127] Cfr.: ob. cit., 2814.
[128] Cfr.: ob. cit., 1478-1479.

BIBLIOGRAFIA: Inoc., 6, 367; Palha, 2814; Anselmo, 915; Palau, 152278; BPADE, 677; BPPD, 102; BGUC, 1529; BNRJ, p. 48; BNP, 483; BPMP, 244.

Há dois exemplares na Livraria Visconde da Trindade, como referido; certamente a aquisição desta obra em duas épocas diferentes deve ter a ver com o facto de, no primeiro exemplar adquirido, o Visconde ter verificado a lacuna do capítulo referente à biografia da Rainha Santa e, como tinha por princípio ter apenas exemplares perfeitos, viria a adquirir um segundo exemplar, pensando colmatar aquela falta; o facto é que em ambos os exemplares se verifica a colagem de uma pequena tira de papel precedendo a gravura com a imagem da Rainha Santa, aureolada, anunciando o capítulo III, tal como se fosse o respetivo reclamo, para não dar a ideia de que no exemplar faltava o capítulo II que deveria relatar a vida de Santa Isabel; no exemplar dos Reservados da BGUC não se verifica essa colagem, mas há uma nota manuscrita a assinalar a falta dessas folhas. O exemplar com a cota V.T. 18-7-28 apresenta diversas notas manuscritas a lápis; o retrato de D. Sebastião está espelhado e outras folhas também apresentam restauros; alguns cantos das páginas estão lacerados, talvez por defeito de fabrico do papel, aparentemente frágil; a encadernação, executada em pele castanha trabalhada a ferros secos com lombada de 5 nervos e super-libros do Visconde da Trindade, é da autoria de Frederico de Almeida de Lisboa.

O exemplar com a cota V.T. 18-7-29 tem a f. de rosto ligeiramente traçada e inteiramente espelhada; encontram-se igualmente espelhadas as gravuras a buril de D. Afonso Henriques, a de D. Sancho e a de D. Duarte; numeração corrigida a tinta da época. Encadernação em pele castanha marmoreada, lombada de 4 nervos com rótulo vermelho, no qual está inscrito o nome do autor e o título a dourado; corte vermelho.

Proveniência: um dos exemplares terá sido adquirido pelo Visconde da Trindade no leilão da Livraria do Dr. Motta Gomes em 25-9-1955, em conjunto com outras obras.

70 - MENDES, Rui, 15--

[Enquadrado por um pórtico ornamentado com duas colunas, tendo na parte inferior uma esfera armilar entre duas esfinges lê--se o título:] ¶ Pratica dariſme/tica nouamente agora cõpoſta pe/ lo lice[n]ciado Ruy Mendez: na qual / ſe decrarã por boa orde[m] e craro eſ/tilo as quatorze eſpecias darte da/riſmetica. &. as ſete dellas por nu=/meros inteyros e as outras ſete/ por números q[ue] brados: e aſſi meſ/mo trinta e cinco regras da dita /arte muito ſotil e breue e crarame[n]/te decraradas cõ muitas outras / pregu[n]tas e couſas neceſſarias e / p[ro]ueytoſas p[er]a qualquer peſſoa q[ue] da /dita pratica ſe quiſer aproueytar. / ¶ Com priuilegio real.
[Lisboa: Germão Galhardo, 1540]. [4], 110 f.; 4° (19 cm).
V. T. 18-9-1

Obra interessante, porque permite avaliar os conhecimentos da época em aritmética, câmbios, metais, suas ligas, etc. Livro raríssimo: Anselmo[129] cita apenas dois exemplares conhecidos: um na Biblioteca Nacional e outro em Évora; Inocêncio[130] também possuía um exemplar que hoje se encontra na Biblioteca Nacional do Rio de Janeiro[131]. As folhas preliminares inumeradas inserem o prólogo dirigido ao Duque D. Teodósio de Bragança e a "tavoada"; o texto começa na p. 1 e segue até à p. 110 (verso em branco). Título e texto em caracteres góticos ornamentado com iniciais capitais de vários corpos. Ausência de título corrente. Foliação em numeração romana com erros sem afetar a contagem. Sem reclamos.

BIBLIOGRAFIA: B. Machado, 3, p. 637; Inoc. 7, 176; Anselmo, 621; BPADE, 732; BNRJ, p. 49; BNP, 497.

---

[129] Cfr.: ob. cit., 621.
[130] Cfr.: ob. cit., 7, p. 176.
[131] Cfr.: Leite de Faria, ob. cit., p. 49.

O exemplar pertenceu a "Diogo Jorge de Seixas 1602" segundo nota manuscrita a letra e tinta da época na f. CX; no verso desta f. apresenta-se um outro pertence escrito com diferente tinta e punho distinto, mas ilegível. Exemplar bastante danificado pela humidade, sobretudo no pé; traçado na p. de rosto e seguinte ofendendo o texto junto ao festo, pelo que foi espelhado; algumas folhas estão laceradas sem ofender o texto; marcas de uso continuado. Muitas frases do texto apresentam sublinhados a tinta da época, assim como numeração árabe ao lado da numeração romana impressa; no final do cólofon está manuscrita a data de 1540; no verso da última f. está manuscrita a letra e tinta da época a seguinte frase, pequeno apêndice à matéria explicada no próprio texto: "quando quiseres tirar de 400000 a dez por cento ou o que quiseres faras como abaixo esta escripto (segue--se uma conta) tiraras as duas cifras do cabo como uez afigurado".

Encadernação da época em pergaminho, de ataca, traçada e com o título manuscrito na lombada; faltam as atacas; o volume está protegido por uma caixa forrada a pele, com o título a dourado, guarnecida com ferros dourados nas pastas e o super-libros do Visconde da Trindade; corte rosado.

Proveniência: foi adquirido pelo Visconde da Trindade nos Reservados da Livraria Coelho em 21-2-1958.

71 - MENESES, Garcia de, --1484

Garsias Menesivs eboren-/ſis præſul, quum Luſitaniæ regis inclyti legatus, & / regiæ claſsis aduerſus Turcas Hydrunte[n] in Apulia pre-/ſidio tenentes, præfectus ad urbem accederet, in te[m]plo / diui Pauli publicè exceptus, apùd Xiſtu[m]. Iiij. Ponti. Max. / & apùd ſacrum Cardinalium ſenatum. huiuſcemodi / orationem habuit. / [escudo de armas reais portuguesas encimado por grifo] Conimbricæ. / Apud Ioãnem Aluarum Typographum Regiu[m]. M.D.LXI.

Coimbra: João Álvares, 1561. [14]f.; 4º (20 cm).

V. T. 18-8-24 (4)

Oração latina recitada perante o Papa e o colégio dos cardeais; foi inicialmente impressa em Roma no ano de 1481, tal como refere Barbosa Machado[132]; este folheto anda geralmente encadernado com a "Corografia de alguns lugares" de Gaspar Barreiros e ainda outras obras do mesmo autor[133]. No verso da p. de rosto pode ver-se a dedicatória de Gaspar Barreiros a Jorge Coelho, começando o texto propriamente dito na f. [5] e rematando na f. [14] com o cólofon, estando o verso em branco. Título em caracteres redondos e itálicos de vários corpos; texto em caracteres redondos com glosas marginais em itálico. Paginação inumerada. Ausência de título corrente, de licenças e de taxa.

BIBLIOGRAFIA: B. Machado, 2, p. 298; Inoc. 3, p.116; Palha, 2321; Az.-Sam., 321; Anselmo, 83; BPADE, 733; Palau, 24654; D. Manuel II, 310; BPPD, 106; BM, p. 3; BGUC, 1593; BNRJ, p. 14; BNP, 498; BPMP, 255.

Exemplar em bom estado de conservação, ligeiramente manchado de humidade; apresenta algumas notas manuscritas à margem, em latim.

Encadernado em pergaminho com as obras atrás referidas; lombada de 5 nervos decorada a ouro com rótulos castanhos.

72 - MIRANDA, Francisco de Sá de, 1481?-1558

As obras/ do celebrado/ lvsitano, /o doutor Frãciſco de Sá de Mirãda. / Collegidas por Manoel de Lyra. / Dirigidas ao muito illuſtre senhor dom Ie-/ronymo de Caſtro, etc. / [brasão de D. Jerónimo

---

[132] Cfr.: ob. cit., 2, p. 298.

[133] Estas obras não estão dispostas pela mesma ordem em todos os exemplares.

de Castro] Impreſsas com licença do ſupremo Conſelho da ſanta / Geral Inquiſição, et Ordinario. / Anno de 1595. / Com priuilegio real por dez anos. / [—]

[Lisboa: Manuel de Lira], 1595. [4], 186 [i. é 184], [3]f.; 4º (19 cm).

V.T. 18-8-29

1ª edição; os exemplares desta edição são de extrema raridade, feitos sobre o original do autor e impressos pelo impressor lisboeta Manuel de Lira que foi também compilador da obra e cujo nome se vê no privilégio e subscreve a dedicatória a D. Jerónimo de Castro. A 2ª folha preliminar inumerada apresenta as licenças e no verso figura o privilégio passado em favor do editor literário e impressor, Manuel de Lira, como referido; segue-se a dedicatória do impressor e no verso pode ler-se um soneto de Jerónimo de Morais e uma outra poesia em latim de Sebastião d'Alfaro, a que se segue um soneto de Manuel de Portugal, tendo no verso a marca do impressor representando Orfeu tocando lira com a divisa usual "sed ingenio et arte"[134]; as 184 f. numeradas de texto compreendem: da f. 1 à f. 162 a obra poética de Sá de Miranda, e da f. 163 à 184 decorre a comédia "Os estrangeiros" que começa com uma dedicatória ao Cardeal-Infante D. Henrique; as 3 últimas f. finais (inumeradas) compreendem a "tavoada" ou sumário, o auto de aprovação das obras e a errata. Título composto em caracteres redondos e itálicos de vários corpos; iniciais capitais ornamentadas de vários corpos enriquecem o texto. Variados erros de numeração afetam a contagem. Título corrente variando de tipo consoante o género de peças que a obra insere. A mancha tipográfica varia de dimensão.

BIBLIOGRAFIA: B. Machado, 2, p. 254; Inoc. 3, p.178; Palha, 796; Az.-Sam., 2932; Anselmo, 764; BPADE, 933; D. Manuel II, 239; BPPD, 154; BM, p. 18; BGUC, 1612; BNRJ, p. 49; BNP, 500; BPMP, 256.

---

[134] Esta marca tipográfica está um pouco truncada, pois a original é mais completa e encontra-se reproduzida na f. 136 v. da obra, ligeiramente modificada.

Pertenceu a "Christovão Soares d'Abreu" segundo nota manuscrita a letra e tinta da época na p. de rosto; numerosas notas manuscritas, algumas das quais riscadas; os erros da foliação impressa estão emendados à mão. Exemplar em bom estado de conservação, embora com marcas de uso, sobretudo nas primeiras folhas; bastante aparado em algumas delas.

Encadernação moderna, feita expressamente para o Visconde da Trindade por Giulio Giannini de Florença, imitando o tipo "canevari" do século XVI; o fundo da pele é verde escuro com enfeites a azul, amarelo e vermelho, com profusos ferros dourados enquadrando o super-libros do Visconde e lombada de 5 nervos onde figura o título e a data; seixas ornamentadas com filete dourado; guardas de seda natural bege; está inserida numa caixa-estojo de cor castanha, com o rótulo na lombada.

Proveniência: foi adquirido pelo Visconde da Trindade nos Reservados da Livraria Coelho em 28-5-1959.

73 - OLIVEIRA, Cristóvão Rodrigues de, 15--

[Inserido em portada arquitetónica semelhante à da 1ª edição de "Os Lusíadas" pode ver-se o título, disposto em "cul de lampe"] Svmmario e[m] / qve brevemente se / contem algvas / covsas (assi ec/clesiasticas / como secv=/lares) qve / ha na ci=/dade de / Lisboa. / +++ /*Com preuilegio real *

[Lisboa: Germão Galhardo, depois de 1554]. [50]f.; 4º (21 cm).

V. T. 18-8-27

Obra extremamente interessante: fornece-nos numerosos dados estatísticos sobre a população das diversas freguesias da capital, nomes de ruas, travessas e becos, mencionando as igrejas, capelas, hospitais e mosteiros, referindo finalmente os diversos ofícios e número de pessoas que os exercem, tanto homens como mulheres. Obra rara, da qual Inocêncio[135] dá conta da existência de apenas um exemplar na Biblioteca Nacional, dois em bibliotecas particulares e um outro na Bibliothèque de Sainte Geneviève (Paris); o que pertenceu ao Rei D. Manuel II, hoje em Vila Viçosa, será certamente um dos indicados por Inocêncio; há que acrescentar a este número mais três: o da Biblioteca de Évora, o de Ponta Delgada e o que se descreve. Segundo Anselmo[136], a data de 1551 que se lê na advertência refere-se apenas à redação da obra; é mais provável que esta tenha sido impressa depois de 1554, porque até esta data a conhecida portada aparece sempre com os ornatos das colunas, que nesta (como na 1ª edição de "Os Lusíadas") já não constam. No verso da p. de rosto há um esclarecimento do autor que refere ter-lhe sido encomendada esta obra no ano de 1551 por D. Fernando, Arcebispo de Lisboa, que o mandou informar sobre os rendimentos do arcebispado, cabido da Sé, igrejas, etc; na p. [2] começa a obra que termina na f. [49]v., figurando na página seguinte as erratas e o cólofon (v. em branco). Título impresso em caracteres redondos de um só corpo, excetuando as palavras "Svmmario e[m]" que estão escritas em gótico e "Com Preuilegio real" impresso em redondo mais pequeno; texto em caracteres redondos enriquecido com iniciais capitais de belo desenho e caldeirões. Sem título corrente e sem reclamos. Isento de licenças e de taxa.

BIBLIOGRAFIA: B. Machado, 1, p. 574; Inoc., 2, 271; Anselmo, 657; D. Manuel II, 85; BPADE, 190; BPPD, 121; BNP, 530.

Exemplar em bom estado de conservação, aparado à cabeça e no corte, atingindo um pouco da gravura da portada. Notas manuscritas da época, em espanhol, sob forma de comentários muito mordazes ao texto.

---

[135] Cfr.: ob. cit., 2, 271.
[136] Cfr.: ob. cit., 657.

Encadernação recente em carneira de cor natural, ornamentada a ferros secos, com lombada de 4 nervos e o título a dourado na mesma; corte vermelho.

Proveniência: foi adquirido pelo Visconde da Trindade nos Reservados da Livraria Coelho em 28-5-1959.

74 - ORDEM DE CRISTO

* A regra & diffinçoões [sic]/ da ordem do meſtrado / de Noſſo ſenhor ihũ xpõ.
[Lisboa: Valentim Fernandes, ca. 1504]. 50 f.; 4° (22cm).
V. T. 18-8-14

Obra valiosa para o estudo das Ordens militares em Portugal, e particularmente para a história da Ordem de Cristo, pois trata-se da Regra e Definições estabelecidas no capítulo celebrado em Tomar no ano de 1503 por D. Manuel I. Exemplar muito raro: Anselmo[137] aponta a existência de dois exemplares na Biblioteca Nacional. e Inocêncio[138] dá conta dos exemplares pertencentes ao Conselheiro Macedo, a Joaquim Pereira da Costa e a Monsenhor Ferreira Gordo; há ainda conhecimento de um exemplar no Museu Britânico e outro que pertenceu a Fernando Palha e que hoje se encontra em Harvard (E.U.A.), como de resto toda a biblioteca desse célebre bibliófilo; no catálogo de Azevedo-Samodães[139], a cuja biblioteca pertenceu o exemplar que se descreve, é ainda referida a espécie de Lord Stuart de Rotsey. Sem lugar de impressão e sem nome de impressor expressos; a obra é, no entanto, geralmente atribuída aos prelos de Valentim Fernandes, não só pela semelhança com alguns dos

---

[137] Cfr.: ob. cit., 552.
[138] Cfr.: ob. cit., 7, 94.
[139] Cfr.: ob. cit., 2657.

elementos tipográficos visíveis na edição do "Marco Polo" de 1502, mas também nos da edição de 1504 desta mesma obra[140] como pode depreender-se da observação das tarjas que enquadram a cruz de Cristo, iniciais capitais e outros elementos; acresce ainda o facto de Valentim Fernandes, em sociedade com João Pedro de Cremona, serem os únicos impressores conhecidos em Lisboa por este tempo; são também desta opinião Anselmo, Inocêncio e Fernando Palha, além de Figanière[141]. Nas f. 2-4 v. decorre o prólogo redigido em latim e o texto, escrito em português e dividido em 60 capítulos, começa na f. 5 e decorre até à f. 50 (v. em branco). O título, inscrito em 3 linhas a preto, está encimado pela cruz da Ordem de Cristo impressa a vermelho, estando todo o conjunto rodeado por uma gravura em madeira ornamentada com desenhos de inspiração fitomórfica e zoomórfica; no verso da p. de rosto figura a mesma cruz de Cristo a vermelho encimando a esfera armilar impressa a negro, tudo enquadrado por uma moldura gravada em madeira formada por uma tarja distinta da primeira, com figuras humanas subindo por uma árvore e outros ornamentos; na parte inferior, do lado esquerdo da tarja, estão representadas metades de dois escudos, dos quais do primeiro se vê uma águia e do segundo as quinas de Portugal; na f. ij começa o texto encimado por 3 linhas a vermelho e uma bela inicial letra I composta por entrelaçados sobre fundo negro; na composição tipográfica salientam-se diversas letras iniciais isentas de ornatos, exceto a que está no princípio do texto e uma outra inserida na p. imediata, ambas abertas em madeira; na f. 14 pode ver-se uma curiosa capital inicial letra I com desenho pouco comum e que foi reproduzida nos catálogos de El Rei D. Manuel II[142]; trata-se de um rosto sorridente (provavelmente o do diabo) entrelaçado na referida

---

[140] Cfr.: D. Manuel II, ob. cit., 10.
[141] Cfr.: ob. cit., 1523.
[142] Cfr.: ob. cit., 1, p. 180.

inicial. Impressão do texto executada em caracteres góticos de uma beleza e nitidez admiráveis; de notar que na pontuação, bastante primitiva, não se notam mais que pontos finais, apresentando o texto numerosas abreviaturas, porém todas de fácil compreensão.

BIBLIOGRAFIA: Inoc., 7, 94; Palha, 2586; Az.-Sam., 2657; Anselmo, 552; BM, p. 11; BNP, 538.

Este exemplar, como referido, pertenceu à Casa de Azevedo--Samodães, cujo ex-libris figura na p. de rosto, logo abaixo da gravura; no verso da pasta superior deve ter existido uma marca de posse que foi arrancada e de que ainda resta um fragmento. Bom estado de conservação, exceto na p. de rosto que está espelhada nas duas margens e ao meio ofendendo o texto; vestígios de traça nas primeiras folhas junto ao festo; a última f. está muito manchada de humidade e colada a uma outra totalmente manuscrita a letra e tinta da época. Papel encorpado com folhas de diferente espessura. Notas manuscritas de diferentes punhos e épocas, em latim e português, algumas das quais cortadas quando o livro foi aparado.

Encadernação em pele castanha escura com o título na pasta superior e lombada de 5 nervos ornamentadas a dourado, assim como as seixas.

Proveniência: foi adquirido pelo Visconde da Trindade nos Reservados da Livraria Coelho em 21-2-1958.

75- ORDEM DE SANTIAGO

[Inscrito em portada arquitetónica semelhante à da 1ª edição de "Os Lusíadas", com o pelicano virado para a esquerda do leitor, pode ler-se o título seguinte:] Reegra [sic] e / ſtatutos: / da ordem de San /tiago.

[Lisboa: Germão Galhardo, 1548]. [4], XXXV [i. é XXXVII], [1], XXXVIII, [4]f.: il.; 4° (20 cm).

V. T. 18-8-12

Esta "Regra" foi incluída na lista dos livros portugueses considerados clássicos, sendo, por isso, duplamente estimada. Trata-se da 4ª edição e não da 3ª, como indica Inocêncio[143]; Anselmo[144] refere a existência de três exemplares na Biblioteca Nacional e um na Biblioteca da Ajuda; D. Manuel II, por seu turno, cita ainda a existência de mais dois exemplares no British Museum, além do seu (Vila Viçosa); a este número podem acrescentar-se: o de Fernando Palha, hoje em Harvard (E.U.A.), o da Biblioteca Nacional do Rio de Janeiro, o que pertenceu à Biblioteca particular de Guita e José Mindlin (hoje na Universidade de S. Paulo, Brasil) e o que se descreve. Verso da p. de rosto e frente da p. seguinte em branco, no verso da qual uma gravura em madeira representa o escudo de armas de D. Jorge, mestre da Ordem de Santiago e filho do rei D. João II; nas 3 p. seguintes pode ver-se o "Prologo do mestre", figurando no verso da última folha uma gravura representando o Santo a cavalo, expulsando os mouros, subscrita com a respetiva inscrição; na f. I começa o prólogo que finda na frente da f. III, começando o texto propriamente dito no verso desta folha, seguindo até à f. XXXIJ v.; na seguinte, o "Sumario d'indulgências e graças", na f. XXXIIIJ, o "Sumario das dispensações da regra" e na f. XXXV a "tavoada" (3 p.); no verso da última f. figura uma gravura inserida numa moldura, representando um barco assente num estrado com rodas e dentro dele o Santo, tendo à popa o pendão da Ordem; segue nova numeração e ao alto da f. j começam os Estatutos que vão até à f. XXXVJ; no verso desta e inserido em moldura, o selo da Ordem; na frente da p. seguinte, e igualmente inserido em moldura, um

---

[143] Cfr.: ob. cit., 7, 99.
[144] Cfr.: ob. cit., 635.

medalhão contém o selo capitular e no verso os salmos referidos no primeiro estatuto que ocupam igualmente parte da frente da f. XXXVIIJ; no verso há uma gravura com a bandeira principal da Ordem e na frente da f. seguinte outra estampa ostenta a bandeira do mestre e do comendador; no verso figura a "tavoada dos estatutos" (2 f. inum.) e na imediata, que é a última, o cólofon e as emendas; o verso desta última folha está em branco.

BIBLIOGRAFIA: Inoc., 7, 99; Palha, 2576; Anselmo, 635; Palau, 256242; D. Manuel II, 63; BNRJ, 63; BNP, 548.

Exemplar em relativo bom estado de conservação, embora com pequenos restauros no pé de algumas folhas, inclusivamente na de rosto; picos de traça junto ao festo. Papel de linho encorpado, um pouco amarelecido pela tinta de impressão e pelo manuseamento. Nota manuscrita na p. de rosto: "O mto Rdo Pe. Luis de Abreu e Sousa Freire convtal. neste Real Convtº de Palmella me fes fauor dar esta Regra e Estatuttos da nossa Ordem aos 25 de março de 1570. Miguel Barbosa da Franca". As gravuras das p. XXXVI v., XXXIX e seguinte estão coloridas à mão com tinta castanha.

Encadernação recente, em pergaminho, imitando o antigo, provida de casas com botões também em pergaminho, faltando um dos botões; título manuscrito em caracteres góticos na lombada, com pequenos desenhos ornamentais de cada lado; corte marmoreado rosa.

Proveniência: foi adquirido pelo Visconde da Trindade na Livraria Antiquaria em 14-12-1970.

76 - ORDEM DE SÃO BENTO

Regra do / glorioso patri-/archa Sam Bento, tirada de / latim em lingoaje[m] portugueſa, por induſtria do / muito R. P. F. Placido

Villalobos Geral / neſta Congregação de Portugal. / [gravura em madeira representando S. Bento, rodeado pela seguinte legenda: "Pois mereceſte naſcer / bento em graça & nome, Bento, / faze a eſte teu conuento/ eſſa benção merecer."] Foy impreſſa em Lisboa, com licença do ſupremo conſelho / da ſancta Inquiſição, por Antonio Ribeiro, á custa / da Congregação de Sam Bento. 1586. (minúscula vinheta).

Lisboa: António Ribeiro: à custa da Congregação de São Bento, 1586. [4], 49, [1]f.; 4º (19 cm).

V. T. 18-8-15

1ª edição desta tradução do original latino feita por Frei João Pinto, monge beneditino. Obra relativamente rara: há cerca de quinze exemplares conhecidos: na Biblioteca Nacional (oito exemplares), Porto, Évora (três exemplares), BGUC, Vila Viçosa (D. Manuel II) e o que se descreve. No verso da p. de rosto, as licenças e um "soneto a regra"; na f. [2-2v.], a dedicatória do tradutor a Frei Plácido de Villalobos, rematando com uma vinheta formada pela parte superior de uma portada, tendo inscrito um versículo extraído do Evangelho de S. João; as 4 p. seguintes contêm a "tavoada" ou sumário, rematada por uma vinheta com a data; o texto propriamente dito começa na f. 1 e estende-se até à f. 49 v. finalizando com a palavra "Finis"; na última f. (inumerada), uma gravura representa S. Plácido, rematando com uma marca tipográfica [145]; no verso, uma portada igual à da 1ª edição de "Os Lusíadas" inserida na qual uma gravura representa a Transfiguração; na parte inferior, repete-se a gravura da f. 4 verso, igualmente com a data de 1586. Título impresso em caracteres redondos e itálicos de vários corpos; texto composto em caracteres redondos, (exceto os títulos dos capítulos que estão impressos em itálico), ornamentado com iniciais capitais

---

[145] Ambos os motivos são iguais aos da edição latina da Regra, impressa pelo mesmo impressor no mesmo ano.

de desenho de fantasia, algumas historiadas. Foliação com erros sem, contudo, afetar a contagem. Glosas marginais.

BIBLIOGRAFIA: Inoc., 7, 60; Az.-Sam., 2655; Anselmo, 972; D. Manuel II, 191; BPADE, 885; BGUC, 2043; BNP, 79; BPMP, 48.

Exemplar limpo, com ligeiros sinais de manuseamento e leves vestígios de humidade.

Encadernação em pele castanha clara, com filete duplo e super--libros gravados a ouro em ambas as pastas; seixas trabalhadas a ferros secos; lombada de 5 nervos com o título inscrito e motivos ornamentais gravados a ouro; corte azulado.

Proveniência: foi adquirido pelo Visconde da Trindade no leilão da Livraria do Dr. Motta Gomes em 25-9-1955, em conjunto com outras obras.

77 - ORDEM DE SÃO BENTO DE AVIS

¶ Regra e eſtatu=/tos da Orde[m] de ſam / Bento da Vijs.
[Lisboa: Germão Galhardo, 1550]. [4], XLVI, [4]f.; 4º (21 cm).
V. T. 18-8-13

Obra extremamente rara: há notícia de apenas um outro exemplar igual na Biblioteca de Viseu; a raridade desta obra é também referida no Catálogo de Azevedo-Samodães[146] quando se descreve a edição de 1516, onde consta que: "D'esta Regra e estatutos da ordem Davis [sic] fez-se depois, em 1550, uma nova edição que pode também classificar-se de verdadeiramente preciosa e é ainda mais rara que a primitiva, pois que a não conhecerem parece que nem por simples informes, todos os nossos bibliógrafos. O único

---

[146] Cfr.: ob. cit., 2658.

exemplar – uma autêntica joia bibliográfica – de que actualmente há notícia está na posse de meu irmão Manuel dos Santos, que o tem à venda na sua sempre bem recheada livraria". O título encontra-se inscrito numa portada semelhante à de "Os Lusíadas", antecedido por uma gravura representando S. Bento, tendo na parte inferior o título impresso em letras góticas; no verso começa o prólogo (3 f.); o texto começa na f. 1 e vai até ao verso da f. XXVI (inumerada); na frente da f. XXVII começam as "Diffinções q[ue] o meſtre fez no cap'lo geral", seguindo-se 36 capítulos, terminando quase a meio do folio XLV; no verso desta f., pode ver-se uma gravura em madeira com o selo, rematando com o cólofon; na f. XLVI começa a "tavoada" que ocupa ainda a p. seguinte e a frente da outra, onde remata com a expressão "Deo gratias"; as 2 p. seguintes estão em branco, seguindo-se no verso da última uma petição ao mestre e a lista dos que a subscreveram; no folio posterior, a resposta do mestre (v. em branco). Na composição tipográfica foram empregues belos caracteres góticos e iniciais capitais de diversos estilos de desenho de fantasia, algumas com elementos zoomórficos estilizados; camarões no início dos capítulos. Foliação romana. Ausência de reclamos e de licenças e taxa.

BIBLIOGRAFIA: referindo apenas a edição de 1516: Az.-Sam., 2658; não citado por qualquer obra de referência.

Exemplar em bom estado de conservação, embora restaurado na f. de rosto junto ao pé e na margem exterior, atingindo a portada; restauros nos cantos de algumas folhas; sinais de manuseamento. Papel encorpado e amarelecido.
Encadernação em pele verde escura gravada a ferros secos com desenho formado por pequenos losangos, rodeando um losango maior ao centro; no meio de cada um desses desenhos foi gravado um motivo dourado; filete igualmente dourado a rodear os planos

da encadernação; seixas ornamentadas a ouro; lombada de 5 nervos com o título e data inscritos; fitilho de seda branca e corte dourado. Proveniência: foi adquirido pelo Visconde da Trindade nos Reservados da Livraria Coelho em 21-2-1958.

78 - ORDEM DOS CARMELITAS

[Ao alto de uma portada de estilo arquitetónico ladeada por duas cariátides, um homem à esquerda e uma mulher à direita, e inserido numa cartela ao alto, pode ler-se:] ¶ Compendio das / Chronicas da Orde[m] de Noſſa / Senhora do Carmo. / 1572 [...] com expoſiçam da Regra da dita Or-/dem, dada no Anno do Senhor de quatroce[n]-/tos, per ſam Ioão carmelita Patriarcha de Hie/ruſalem [...] agora nouame[n]te copilla-/do per Frei Simão Coelho [...] profeſſo da dita Ordem [...] [na cartela inferior pode ler-se o pé de imprensa:] ¶ Per Antonio Gonçaluez / impreſſo com licença, & / authoridade da ſancta In-/quiſição & Ordinario, & / do R. P. M. Frei Ioão Ba-/ptiſta Geral da dita Orde[m].
    [Lisboa]: António Gonçalves, 1572. [20], 220, [1]p.; folio (21 cm).
    V. T. 18-10-6
    De todas as crónicas monásticas, esta é uma das mais raras. Anselmo[147] apenas teve conhecimento de quatro exemplares, a saber: na Biblioteca Nacional, na Biblioteca Pública Municipal do Porto, no Arquivo Nacional e na Biblioteca da Ajuda; acrescente-se a este número mais seis exemplares: o de F. Palha (hoje em Harvard, EUA), o de D. Manuel II, o da Biblioteca de Évora, um outro no British Museum, o da Biblioteca Nacional do Rio de Janeiro e o que se descreve. O verso da p. de rosto está em branco e nas p. [2 e 3] figuram 5 epigramas redigidos em latim; nas f. [4 e 5] v. pode ver-se

---

[147] Cfr.: ob. cit., 695.

uma epístola dedicatória do autor dirigida à Infanta D. Maria; nas 2 f. seguintes há uma lista com o nome dos autores citados e as outras duas contêm a Regra; segue-se o sumário do primeiro livro e na p. 1 inicia-se o texto impresso a duas colunas, que se prolonga até à frente da última página, cujo verso está em branco; na frente da p. seguinte (v. em branco) figuram as armas da Ordem de Nossa Senhora do Carmo. Título em caracteres redondos e itálicos de vários corpos e texto impresso em caracteres redondos, estando impressos em itálico os títulos dos capítulos; iniciais capitais ornamentadas de vários corpos embelezam o texto. Numerosos erros de paginação não afetando a contagem; glosas marginais em ambas as colunas.

BIBLIOGRAFIA: Palha, 2502; Anselmo, 695; Az.-Sam., 787; D. Manuel II, 135; BM, p. 6; BPADE, 252; BNP, 541; BPMP, 278.

No pé da página de rosto pode ler-se um pertence: "Este livro es del Cõvento del glorioso San Alberto de las descalças desta ciudad de Lisboa a 18 de abril de 1597". A folha de rosto e algumas das folhas finais encontram-se espelhadas; bastante manchado de humidade com fungos castanhos e vários picos de traça ofendendo muitas folhas.
 Encadernação antiga em pele castanha marmoreada, lombada de 5 nervos e rótulo vermelho com o título; super-libros do Visconde da Trindade a dourado em ambas as pastas.
 Proveniência: foi adquirido pelo Visconde da Trindade nos Reservados da Livraria Coelho em 28-5-1959.

79 - OSÓRIO, Jerónimo, 1506-1580

De rebvs, / Emmanvelis Regis Lv-/sitaniæ invictissimi virtvte / et avspicio gestis libri /dvodecim. / Auctore Hieronymo Oſorio / Episcopo Sylvensi. / [Brasão do cardeal-Infante D. Henrique rodeado pela legenda: "Henricvs Cardinalis, Infans Portvgalliæ, Legatus a Latere"; aos lados as iniciais A. G. (iniciais do impressor)] Olysippone. / Apud Antonium Gondiſaluu[m] Typographum. / Anno Domini M.D.LXXJ. / Cvm privilegio regio.

Lisboa: António Gonçalves, 1571. 480, [2]p.; folio (28 cm).

V. T. 18-10-22

Obra de extrema importância para a história dos Descobrimentos e conquistas dos portugueses em terras de além-mar durante o reinado de D. Manuel I. 1ª edição. Segundo Brunet[148], trata-se de uma edição rara e procurada; a 2ª edição em latim foi impressa em Colónia pelos herdeiros de Birckmann em 1597; entretanto fora traduzida para francês por Simon Goulard e impressa em 1581 em Paris por François Étienne e reimpressa 6 anos depois por Abel l'Angelier. Segundo Anselmo[149] existem exemplares na Biblioteca Nacional,[150] na Biblioteca da Ajuda, Évora, Biblioteca Geral da Universidade de Coimbra (dois exemplares), Bibliothèque de l'Arsenal em Paris, Berlim, Stuttgart e Hannover; temos conhecimento de outros nas seguintes bibliotecas: D. Manuel II (Vila Viçosa), Ponta Delgada, British Museum, Santarém, Escorial, Rio de Janeiro e Biblioteca Nacional de Madrid, além do que se descreve. No verso da p. de título, ao fundo da página, pode ver--se a licença de Frei Bartolomeu Ferreira datada de 1571; na p. seguinte (p. 3) começa o texto, logo após a dedicatória do autor ao Cardeal-Infante D. Henrique, dividido em 12 livros rematado em "cul de lampe"; na p. 480 e nas 2 páginas finais (inumeradas) figura o privilégio outorgado a António Nabo seguido da errata que termina no verso da mesma folha. Título em caracteres redondos de vários corpos, estando apenas a data impressa em

---

[148] Cfr.: ob. cit., 4, col. 249.
[149] Cfr.: ob. cit., 694.
[150] Três exemplares e não dois, como refere Anselmo.

itálico; texto composto em caracteres redondos, isento de glosas marginais, disposto a uma só medida, ornamentado com iniciais capitais de grande corpo, historiadas, com diferentes tipos de decoração. Título corrente.

BIBLIOGRAFIA: B. Machado, 2, p. 515; Palha, 2840; Az.-Sam., 2292; Anselmo, 694; D. Manuel II, 133; Palau, 206489; BM, p. 15; BGUC 1789; BNP, 560; BPMP, 285.

Pertence manuscrito ilegível, cortado quando o livro foi aparado. Glosas manuscritas de vários punhos, atingidas quando o aparo das folhas foi executado. Um pouco manchado de humidade, apresentando alguns pequenos restauros junto ao festo e junto ao selo branco do Visconde da Trindade na p. de rosto; discretas manchas de manuseamento.

Encadernação em pele castanha marmoreada com lombada gravada a ouro e rótulo vermelho, isenta de nervos; corte amarelo.

Proveniência: foi adquirido pelo Visconde da Trindade no leilão da Livraria do Dr. Motta Gomes em 25-9-1955, em conjunto com outras obras.

80 - OSÓRIO, Jerónimo, 1506-1580

Epistola / Hieronymi Osorii / ad serenissimam / Elisabetam Angliæ Regi-/nam. [minúscula vinheta].

[Lisboa: João Blávio, 1562]. [39]f.; 4º (20 cm).

V. T. 18-7-18

Obra rara: Inocêncio não viu o original latino nem a tradução; Barbosa Machado[151] afirma que esta epístola foi traduzida por Pedro

---

[151] Cfr.: ob. cit., 2, p. 473.

Álvares Landim, mas não refere se essa tradução chegou a ser impressa; Anselmo[152] indica a existência de dois exemplares, um na Biblioteca de Évora e outro na Universidade de Coimbra; podem acrescentar-se a este número mais dois exemplares, o da Biblioteca Nacional e o que se descreve. Verso da p. de rosto em branco; o texto começa na p. seguinte e ocupa todo o folheto rematando na frente da última f. com a palavra "Finis"; no verso pode ver-se o pé de imprensa e as erratas. Título enquadrado por uma portada formada por elementos utilizados em outras obras[153], dispostos horizontalmente; foram empregues no título iniciais capitais de vários corpos, estando o texto impresso em caracteres redondos, esmaltado por uma inicial capital letra E de caprichoso desenho de fantasia; o pé de imprensa foi composto em itálico e as erratas em tipo redondo, mais pequeno que o do texto. Ausência de título corrente, de foliação, de licenças e de taxa. Erros na numeração dos cadernos.

BIBLIOGRAFIA: Anselmo, 345; BPADE, 810; BGUC, 1792; BPADE, 810; BNP, 564.

Ao exemplar falta a última f. que deveria estar em branco. Manchas de humidade ofendendo o texto.

Belíssima encadernação em "chagrin" vermelho profusamente ornamentada a dourado, seixas trabalhadas e lombada de 7 nervos; foi executada nas oficinas da Fundação Ricardo Espírito Santo.

Proveniência: foi adquirido pelo Visconde da Trindade no leilão da Livraria do Dr. Motta Gomes em 25-9-1955, em conjunto com outras obras.

---

[152] Cfr.: ob. cit., 345.
[153] Cfr.: Resende, André de, "In obitum D. Ioannis III", também existente nesta Livraria e adiante descrito (nº 105).

EPISTOLA
HIERONYMI OSORII
AD SERENISSIMAM ELISABETAM AN-
GLIÆ REGI-
NAM.

81 - PINHEIRO, António, Bispo, --1582

* Svmmario da pregação * / funebre, que o doutor Antonio Pinheiro pregador / del Rey. N. S. fez por ſeu mandado: no dia da / traſladação dos oſſos dos muito altos & / muito poderoſos principes el Rey dõ / Manuel ſeu pay, y a Rainha dona Maria ſua mãy de louuada me=/moria, derigido aa muyto / alta & muyto podero=/ſa Rainha dona / Caterina. N. S. / * * * [escudo das armas reais portuguesas encimado por coroa] Viſto pela ſancta Inquiſição. / Impreſſo em Lixbõa em caſa de Germão Galhard, / Imprimidor del Rey. N. S. /1551.

Lisboa: Germão Galhardo, 1551. XXX f.; 4º (19 cm).

V. T. 18-8-7

Raro: segundo Anselmo[154] apenas existem dois exemplares completos, um em Évora e outro na Biblioteca Geral da Universidade de Coimbra; ao exemplar da Biblioteca Nacional faltaria a "Trasladação dos ossos", impressa com paginação especial, tal como acontece com o exemplar que se descreve, o mesmo sucedendo com o exemplar da Biblioteca Geral da Universidade de Coimbra segundo o que se pôde apurar do seu exame direto, devendo-se a um lapso de Anselmo a sua afirmação, pois a Biblioteca Nacional possui o texto da "Trasladação dos ossos" e três exemplares do "Summario"; há ainda a acrescentar a este número a existência de um outro exemplar na Biblioteca Nacional do Rio de Janeiro[155]. No verso da p. de rosto e seguinte pode ver-se a dedicatória à Rainha D. Catarina e na f. IJV. começa uma espécie de introdução ao "Summario" que se estende até à f. XXX, cujo verso está em branco. Título e dedicatória impressos em caracteres redondos, estando o restante texto composto em caracteres góticos,

---

[154] Cfr.: ob. cit., 642.
[155] Cfr.: Leite de Faria, ob. cit., p. 58.

esmaltado com iniciais capitais de dois estilos. Ausência de reclamos e de licenças.

BIBLIOGRAFIA: B. Machado, 1, p. 355; Inoc., 1, 1288; Anselmo, 642; BGUC, 1892; BPADE, 836; BNRJ, p. 58; BNP, 589.

Pertenceu ao "Pe. Manoel Franº de Ciabar [sic], segundo nota manuscrita no verso da f. final e posteriormente a "Sylvestre da Costa Lima", assinatura que se encontra sob a primeira; possui ainda colado no verso da pasta superior o ex-libris de Vitor de Ávila Peres. Notas manuscritas a letra e tinta da época à margem do texto. O exemplar está em relativo bom estado de conservação, apresentando alguns restauros nas folhas finais, ofendendo por vezes o texto, assim como manchas de humidade junto ao festo; algumas folhas estão mal aparadas, de tal modo que a mancha está inclinada.

Encadernação inteira em "chagrin" castanho escuro com dourados nas pastas e seixas, lombada de 5 nervos e fitilho de seda amarela clara; corte rosado.

Proveniência: foi adquirido pelo Visconde da Trindade no leilão da Livraria do Dr. Motta Gomes em 25-9-1955, em conjunto com outras obras.

82 - PORTUGAL. Leis, decretos, etc.

* Artigos das * ſiſas nouamente emen/dados per mandado Delrei noſſo / ſenhor. [vinheta minúscula] [gravura em madeira representando o escudo de armas reais portuguesas encimado por viseira e grifo e rodeado de paquifes] ¶ Foi impreſſo em a mui nobre & ſempre leal cidade de / Lixboa em caſa de Manuel Ioam. / Anno. M.D.LXVI./ * Com privilegio real.

Lisboa: Manuel João, 1566. [2],7, [1], XXXVII, [1]f.; folio (28 cm).

V.T.18-10-11

3ª edição desta obra rara: Anselmo[156] aponta a existência de oito exemplares; acrescente-se a este número os dois exemplares que pertenceram a D. Manuel II (Vila Viçosa), o da Biblioteca Pública de Évora, o da Biblioteca Palha (Harvard), o do British Museum e o que se descreve. No verso da p. de rosto, o privilégio concedido a Duarte Nunes de Leão, Procurador na Corte e Casa da Suplicação, para poder imprimir os Artigos das sisas agora de novo por si emendados, durante o prazo de 20 anos; na frente da p. seguinte, o prólogo, ou melhor, o privilégio de D. Sebastião (verso em branco); o texto começa na f. 1 e estende-se até à frente da f. 37 (v. em branco) rematando com a expressão "Laus Deo" e a taxa; seguem-se [7] f. com o Reportorio e a última f. com os "Erros da impressão" (v. em branco)[157]. Título composto em caracteres maiúsculos, redondos e itálicos; o privilégio e o repertório estão impressos em caracteres redondos e o prólogo e o texto em caracteres góticos; tanto o texto, dividido em 56 capítulos, como o Repertório, estão dispostos a 2 colunas e as restantes peças a uma só medida; grandes iniciais capitais no começo do privilégio, prólogo e texto, este com outras iniciais de menor corpo no início dos capítulos. Taxa no final do texto. Título corrente. Foliação romana.

BIBLIOGRAFIA: Inoc., 1, 1727; Palha, 271; Anselmo, 716; D. Manuel II, 337; BPADE, 94; BM, p. 17; BGUC, 337; BNRJ, p. 13; BNP, 634; BPMP, 312.

Pertenceu a António Jorge da Cruz; apresenta, como quase todos os exemplares, a assinatura autógrafa de Duarte Nunes de Leão no final do texto, logo abaixo da taxa. Notas manuscritas ao longo do

---

[156] Cfr.: ob. cit., 716.
[157] No exemplar da Livraria do Visconde da Trindade, como também acontece com outros exemplares, estas folhas inumeradas encontram-se deslocadas para o início do volume.

texto de vários punhos e uma longa nota manuscrita junto do pé da folha de rosto; foliação manuscrita ao lado da impressa. Exemplar bastante deteriorado pela humidade e com numerosos sinais de manuseamento, restaurado em quase todas as folhas junto às margens.

Encadernação recente, inteira, em pele castanha trabalhada a ferros secos com o super-libros do V. T. gravado a ouro na pasta superior; lombada de 5 nervos com rótulo vermelho; seixas trabalhadas a ferros secos. Executada por Frederico de Almeida de Lisboa.

83 - PORTUGAL. Leis, decretos, etc.

[Inserido em portada arquitetónica pode ler-se o título:] ¶ Capitolos de cortes. / E leys que ſe ſobre al=/gu[n]s delles fezeram. / [numa cartela inferior:] Com priuilegio real

[Lisboa: Germão Galhardo, 1539]. [4], 74 f.; folio (30 cm).

V. T. 18-10-12

Esta obra faz parte da coleção de Capítulos Gerais existentes na Livraria Visconde da Trindade; as outras duas obras desta coleção são os "Capítulos Gerais apresentados a el Rey D. João nosso senhor IIII deste nome..." impressos em Lisboa por Paulo Craesbeeck em 1645 e os "Capítulos das Cortes que se celebrarão em Lisboa aos 16 de março de 1646" impressos nesse mesmo ano. Livro raro e estimado. Anselmo[158] aponta a existência de nove exemplares; a este número há que acrescentar outros nove, incluindo este que se descreve. No verso da p. de rosto começa a "tavoada" ou sumário que ocupa as 5 p. seguintes, figurando no verso da última um elegante pórtico encimado pelas iniciais góticas IHS que ocupa toda a página, tendo a meio a esfera armilar, de cujo pé se desenrola um filactério em que se lê "Spera in Deo et fac bonitatem"; na parte inferior, ao

---

[158] Cfr.: ob. cit., 617.

centro, o escudo de armas reais portuguesas; o texto decorre da f. 1 à f. 74, dividido em duas partes distintas: na 1ª parte que decorre até à f. 54v., os capítulos das cortes; a 2ª parte que começa na f. 55 é precedida por um alvará régio e é constituída por 36 leis que ocupam até ao final da frente da f. 74; no verso, interessantes e curiosos esclarecimentos em que são dadas preciosas indicações acerca de quem escreveu as leis, de quem as mandou escrever e do livreiro que teve o privilégio de as mandar imprimir e de as vender (Afonso Lourenço, livreiro da Rainha); vem depois o registo indicativo do lugar e da data da impressão. O título, inserido num frontispício de estilo arquitetónico, apresenta ao alto as iniciais IHS ladeadas por grinaldas que dois anjos sustentam; a meio das duas colunas que ladeiam a parte central, encontra-se o escudo de armas reais encimado por viseira, coroa e dragão alado, ladeado de folhagem, na base do qual surge o título; na cartela inferior, desenrolada por duas figuras de tipo híbrido, leem-se as palavras "com priuilegio real" [159]. Nas colunas laterais podem ver-se do lado direito as iniciais do gravador " F D e do lado esquerdo 1534, facto pouco usual em gravuras de madeira que geralmente não apresentam qualquer subscrição. Todo o texto é composto em elegantes caracteres góticos, adornado com iniciais capitais de diferentes corpos e desenhos; caldeirões no início das leis e capítulos. Sem reclamos. Numeração de cadernos irregular.

BIBLIOGRAFIA: Palha, 275; Az.-Sam., 580; Anselmo, 617; BPPD, 33; BGUC, 584; BNP, 636; BPMP, 314.

Exemplar em relativo bom estado de conservação. Encontra-se demasiado aparado no pé sobretudo na p. de rosto, atingindo a gravura; manchas de humidade na margem exterior e pé. Restauros

---

[159] Este mesmo frontispício fora utilizado pelo mesmo impressor no ano precedente – 1538 – na obra "Constituiçoens do arcebispado de Braga", também impressas em Lisboa, havendo, contudo, algumas diferenças na parte central da gravura.

junto à cabeça. Anotações manuscritas à margem, de vários punhos; no final do texto (p. 74 v), a assinatura autógrafa de "Alvares" precedida de uma cruz; alguns exemplares, entre eles o que pertence aos Reservados da Biblioteca Geral da Universidade de Coimbra, apresentam a assinatura de "Joham Paez" e outros a de "Alvares", como este.

Encadernação recente, imitando o antigo, em pele castanha escura, tendo ao centro o super-libros do Visconde da Trindade gravado a ferros secos em ambas as pastas; estas estão guarnecidas com 4 brochos de metal e fechos de metal forjados.

Proveniência: foi adquirido pelo Visconde da Trindade nos Reservados da Livraria Coelho em 19-10-1960.

84 - PORTUGAL. Leis, decretos, etc.

[Enquadrado em portada arquitetónica gravada em madeira ladeada por duas figuras, a da esquerda feminina e a da direita masculina, tendo ao centro o escudo de armas reais portuguesas, encimado por viseira, coroa e grifo e rodeado de paquifes, pode ler-se o título:] Ley/ * das armas * / & caualos que ham de ter todas as peſſoas do Reyno / ſegu[n]do ſuas cali-/dades. / * / Dezembro de 1569.

[S. l., s. n. 15--?]. [8] p.; folio (28 cm).

V. T. 18-9-10 (5)

Obra muito rara; é o único exemplar conhecido desta variante, além do que existe na Biblioteca Pública e Arquivo Distrital de Évora. Anselmo [160] refere um exemplar desta lei, mas não sabemos se é igual a este; de resto, terá copiado a sua notícia de alguns apontamentos manuscritos da Biblioteca Nacional de Portugal; sabe-se, pelo mesmo autor, que Moreira Cabral terá possuído um exemplar, mas não vem referido no Catálogo dessa biblioteca. Nos "Livros Antigos

---

[160] Cfr.: ob. cit., 1186.

portugueses"[161] D. Manuel II refere a existência de um exemplar desta mesma obra, mas cotejando os cortes de linha e a grafia verificamos tratar-se de uma outra variante. Verso da p. de rosto em branco; o texto ocupa 6 páginas; título impresso em caracteres redondos e maiúsculas de vários corpos; texto com inicial capital de desenho de fantasia, impresso em caracteres redondos; caldeirões no início dos parágrafos. Paginação inumerada. Ausência de título corrente e de taxa.

BIBLIOGRAFIA: Anselmo, 1186; D. Manuel II, 376; BPADE, 508.

Exemplar em relativo bom estado de conservação, manchado de humidade nas margens e ligeiramente esfoliado nos cantos inferiores; junto ao festo apresenta-se um pouco manchado de castanho.

Encadernação em percalina preta com o título e o super-libros do Visconde da Trindade a dourado na pasta superior; encontra-se inserido com outras leis em caixa em forma de livro revestida a pele gravada a ferros secos com o super-libros do V. T. e fechos de metal.

Proveniência: foi adquirido pelo V. T. em 22-6-1963.

85 - PORTUGAL. Leis, decretos, etc.

Ley das cortesias.
[Lisboa: s. n., 1597]. [12]p.; 4° (26 cm).
V. T. 18-9-10 (1)

Raro: Anselmo não refere esta obra e não há conhecimento de outro exemplar citado por qualquer bibliografia. Sem folha de rosto, o título encontra-se ao alto do texto; segue-se a declaração de Miguel Ferreira Leitão corregedor na cidade de Coimbra estando o espaço da comarca a que se destina em branco; o texto vai desta f. à f. [5] reto,

---

[161] Cfr.: ob. cit., 376.

seguindo-se nas páginas subsequentes as declarações da publicação e pregão da mesma lei, estando a última f. em branco. Título impresso em caracteres maiúsculos de pequeno corpo; texto impresso em caracteres redondos com inicial capital historiada. Paginação inumerada.

BIBLIOGRAFIA: Não citado por qualquer bibliografia conhecida.

Exemplar bastante manchado de humidade, com sinais de manuseamento, espelhado junto ao festo, sem ofender o texto; nota manuscrita ilegível no interior da inicial capital. Foliação manuscrita. No verso da última folha há uma nota manuscrita ao alto: "Leis das cortesias de Castella e Portugual"; na mesma página há vestígios de vincos por ter estado dobrado.

Encadernação em percalina preta com o título e o super-libros do Visconde da Trindade a dourado na pasta superior; encontra-se inserido com outras leis em caixa em forma de livro revestida a pele gravada a ferros secos com o super-libros do V. T. e fechos de metal.

Proveniência: foi adquirido pelo Visconde da Trindade a Telles da Sylva em 15-6-1971.

86 - PORTUGAL. Leis, decretos, etc.

¶ Ley que declara o comprimen=/to que ham de ter as eſpa=/ das. E a pena que auerã / as peſſoas q[ue] doutra / maneyra as trou/uerem. / *

[Lisboa: Germão Galhardo, 1539]. [2] f.; folio (29 cm).

V. T. 18-9-11 (2)

Raro: Anselmo[162] noticia a existência de quatro exemplares, dois na Biblioteca Nacional, um na Biblioteca Geral da Universidade de

---

[162] Cfr. : ob. cit., 618.

Coimbra e outro na Biblioteca Palha (Harvard, E.U.A.); acrescente-
-se a este número o que se descreve, o de El Rei D.
Manuel II e o da Biblioteca Nacional do Rio de Janeiro que pertenceu a Barbosa
Machado[163]. O título está impresso ao alto do texto, composto em
caracteres góticos ligeiramente maiores que os do texto, com inicial
capital de desenho de fantasia; o texto ocupa [3] p., rematando
com o cólofon em "cul de lampe" e duas gravuras retangulares, a
da esquerda representando o escudo de armas reais portuguesas
encimado por coroa e a da direita a esfera armilar; o verso desta
p. está em branco. Ausência de título corrente.

BIBLIOGRAFIA: Anselmo, 618; Palha, 275; D. Manuel II, 354;
BNRJ, p. 42; BPADE 693; BNP, 693.

Exemplar um pouco manchado de humidade junto ao pé. Foliação
manuscrita; nota manuscrita à margem no verso da f. 1, esclarecendo
o texto (não se trata da assinatura autógrafa): "João Pay Chan[er]. Mor
Servintuario em 1539"; o nome do impressor está sublinhado a tinta.

Encadernação em percalina preta com o título e o super-libros
do Visconde da Trindade a dourado na pasta superior; encontra-se
inserido com outras leis em caixa em forma de livro revestida a pele
gravada a ferros secos com o super-libros do V. T. e fechos de metal.

Proveniência: foi adquirido pelo V. T. nos Reservados da Livraria
Coelho em 19-10-1960.

87 - PORTUGAL. Leis, decretos, etc.

[Lei sobre os anos de estudo que devem ter os ministros e letrados].
[Lisboa: Germão Galhardo, 18 de janeiro de 1539]. [2]f.; folio, (30 cm).

---

[163] Cfr. : Leite de Faria, ob. cit., p. 42.

V. T. 18-9-11 (6)

Raro. Anselmo[164] refere a existência de três exemplares desta variante na Biblioteca Nacional, mas a este número pode acrescentar-se o que pertenceu a El Rei D. Manuel II e o que se descreve. Título factício, criado a partir dos elementos contidos no texto. Impressão em caracteres góticos com inicial capital de desenho de fantasia e outras iniciais de menor corpo. Cólofon em "cul de lampe". Ausência de título corrente.

BIBLIOGRAFIA: Anselmo, 616; D. Manuel II, 351; BNP, 654.

Exemplar em bom estado de conservação. Pequena nota manuscrita a lápis na p. de rosto junto ao pé. Ligeiramente lacerado no corte.

Encadernação em percalina preta com o título e o super-libros do Visconde da Trindade a dourado na pasta superior; encontra-se inserido com outras leis em caixa em forma de livro revestida a pele gravada a ferros secos com o super-libros do V. T. e fechos de metal.

Proveniência: foi adquirido pelo Visconde da Trindade nos Reservados da Livraria Coelho em 19-10-1960.

88 - PORTUGAL. Leis, decretos, etc.

¶ Ley ſobre o pam que ſe ve[n]/de fiado. E ſobre o que / ſe empreſta a pagar / em pam.

[Lisboa: Germão Galhardo, 1539]. [2]f.; folio (30 cm).

V. T. 18-9-11(5)

Obra rara: segundo Anselmo[165] existem dois exemplares na Biblioteca Nacional[166]; acresce a este número o exemplar de D.

---

[164] Cfr.: ob. cit., 616.

[165] Cfr.: ob. cit., 619.

[166] Embora na verdade existam cinco exemplares de duas variantes (Cfr.: Alzira Simões, ob. cit. 715-716).

Manuel II (Vila Viçosa), além do que pertenceu a Fernando Palha (hoje em Harvard, E. U. A.), o da Biblioteca Nacional do Rio de Janeiro e o que se descreve. O título encontra-se ao alto do texto que ocupa 3 p., estando o verso da última f. em branco. Título impresso em caracteres góticos de corpo maior que o do texto, o qual remata com o cólofon em "cul de lampe"; inicial capital ornamentada de desenho de fantasia; caldeirões no texto. Ausência de título corrente.

BIBLIOGRAFIA: Inoc., 13, p. 385; Anselmo, 619; Palha, 275; D. Manuel II, 355; BNRJ, p. 42; BNP, 715.

O exemplar que se descreve não apresenta a assinatura autógrafa de João Pais, como os que descreve a bibliografia. O papel está ligeiramente amarelecido e esfoliado junto ao pé.

Encadernação em percalina preta com o título e o super-libros do Visconde da Trindade a dourado na pasta superior; encontra-se inserido com outras leis em caixa em forma de livro revestida a pele gravada a ferros secos com o super-libros do V. T. , guarnecida com fechos de metal.

Proveniência: foi adquirido pelo Visconde da Trindade nos Reservados da Livraria Coelho em 19-10-1960.

89 - PORTUGAL. Leis, decretos, etc.

Ley ſobre os veſtidos de ſeda, & feytios deles. / E das peſſoas que os podem trazer.
[Lisboa: s. n., 1570]. [2] f.; folio (29 cm).
V. T. 18-9-10(6)

Anselmo[167] aponta 3 variantes com diferenças de grafia e de cortes de linha do título; tanto quanto parece, o exemplar que se

---

[167] Cfr.: ob. cit., 1155-1157.

descreve coincide com o que pertence à Biblioteca Nacional, descrito por Alzira Simões[168]. Título impresso em caracteres redondos ao alto do texto, que está composto em caracteres góticos, ocupando as 2 folhas e rematando com a frase que indica a taxa.

BIBLIOGRAFIA: Anselmo, 1156; BPADE, 593; BNP, 723.

Exemplar em bom estado de conservação, embora espelhado junto ao festo; a f. 1 apresenta uma margem um pouco maior do que a seguinte; ligeiras manchas de humidade; nota manuscrita a letra e tinta da época, em latim, à margem do texto na f. 1; vestígios de vincos na última folha.

Encadernação em percalina preta com o título e o super-libros do Visconde da Trindade a dourado na pasta superior; encontra-se inserido com outras leis em caixa em forma de livro revestida a pele gravada a ferros secos com o super-libros do V. T. e fechos de metal.

Proveniência: foi adquirido pelo Visconde da Trindade nos Reservados da Livraria Coelho em 19-10-1960.

90 - PORTUGAL. Leis, decretos, etc.

Ordenaçam / da nova ordem / do juyzo, ſobre o abreuiar das / demandas, & execu-/ções dellas. / [gravura quadrada aberta em madeira representando o escudo de armas reais portuguesas encimado por coroa e ladeado por anjos sustentando a esfera armilar e a cruz de Cristo] * Em Lisboa, * / Em caſa de Franciſco Correa, / Com licença. 1578.

Lisboa: Francisco Correia, 1578. [10]f.; folio (17 cm).

V. T. 18-9-12

---

[168] Cfr.: ob. cit., 723.

Pinto de Matos[169] inclui esta obra sob o nome de Duarte Nunes de Leão. Bastante raro: Anselmo[170] diz haver apenas dois exemplares: um na Biblioteca do Porto e outro na de Évora; acrescente-se a este número o da Biblioteca Nacional, o de Vila Viçosa (D. Manuel II) e o que se descreve. Verso da p. de rosto em branco; o texto começa na p. seguinte e remata na f. 10 v. Título impresso em caracteres redondos de vários corpos e texto em caracteres redondos, ornamentado com uma inicial capital letra D de desenho de fantasia. Ausência de foliação e de título corrente.

BIBLIOGRAFIA: Anselmo, 512; D. Manuel II, 158; BPADE, 790; BNRJ p. 53; BNP, 727; BPMP, 325.

Exemplar com numerosos sinais de uso, aparado, cortando algumas notas manuscritas; a p. de rosto está espelhada, assim como quase todas as outras folhas. Numerosas notas manuscritas à margem, à guisa de acrescentos, de vários punhos e épocas, denotando, assim, o uso por parte de pessoas ligadas de perto à justiça.

Encadernação em pele branca com filete duplo dourado e super-libros do Visconde da Trindade gravado a ouro em ambas as pastas; corte rosado.

91 - PORTUGAL. Leis, decretos, etc.

¶ Ordenaçam pera os eſtudãtes / da uniuerſidade de Coymbra / ſobre os criados. bestas. & tra-/jos. & outras couſas./
[Lisboa: s. n., 1539]. [2]f.; folio (29 cm).

---

[169] Cfr.: ob. cit., p. 340.
[170] Cfr.: ob. cit., 512.

V. T. 18-9-11(3)

Desta obra há duas variantes: a que tem no cólofon a data de "mil e quinentos e XXXIX" e a que apresenta "mil e quinhentos e trinta e noue", segundo Leite de Faria[171]; o exemplar que se descreve pertence à primeira variante que difere do próprio título e também na grafia de algumas palavras; é referida por Inocêncio[172]; na BGUC existe também uma reprodução fotozincográfica desta mesma variante. São conhecidos seis exemplares: dois na Biblioteca Nacional, o de El Rei D. Manuel II, o da Biblioteca Palha (Harvard, E.U.A.) e o da Biblioteca Nacional do Rio de Janeiro, além do que se descreve. O título está colocado ao alto do texto, prolongando-se o texto da lei pelas páginas seguintes, estando o verso da última em branco. Título e texto impressos em caracteres góticos com inicial capital de desenho de fantasia e caldeirões no início dos parágrafos. Sem título corrente.

BIBLIOGRAFIA: Palha, 275; Anselmo, 1090; D. Manuel II, 353; BNRJ, p. 53; BNP, 733.

Exemplar em ótimo estado de conservação, com o papel levemente amarelecido; a assinatura autógrafa de "Ioham Paaez" encontra-se logo após o cólofon.

Encadernação recente em percalina preta com o título e o super-libros do V. T. a dourado na pasta superior; encontra-se inserida em conjunto com outras leis numa caixa em forma de livro revestida a pele negra trabalhada a ferros secos com o super-libros do Visconde da Trindade e guarnecida com fechos de metal.

---

[171] Cfr.: ob. cit., p. 53.
[172] Cfr.: ob. cit., 13, p. 384.

¶ Ordenaçam pera os estudátes da vniuersidade de Coymbra sobre os criados. bestas. τ trajos. τ outras cousas.

Om Joham per graça de deos Rey de Portugal τ dos Algarues daquem τ dalé mar em Africa. Senhor de Guine τ da cõquista: nauegaçã: τ comercio de Ethiopia. Arabia. Persia: τ da India. Faço saber a vos rector: lentes. deputados. conselheyros τ estudantes da vniuersidade d Coymbra: que querẽdo eu dar ordem como os estudantes que ora sam τ ao diãte forem nessa vniuersidade possam melhor aproueytar ho tẽpo que na dita vniuersidade estudarem τ com menos gastos. Ey por bem τ mãdo que do primeyro dia d Outubro que vé deste presente anno em diante toda pessoa de qualquer calidade τ condiçam que seja que per bem de minha ordenaçam da defesa das sedas ha pode trazer nas cousas em ella permitidas: ha não possa trazer nas ditas cousas em quanto na dita vniuersidade estudar sem embargo de per bem da dita ordenaçam ha poder trazer.

¶ Nem poderam os sobreditos: nem outros alguũs estudantes trazer barras nem debruũs de pano em vestido alguũ.

¶ Nem isso mesmo poderá trazer vestido alguũ de pano frisado

¶ Nem poderá trazer barretes doutra feiçam se não redondos.

¶ E assi ey por bem q os pelotes τ aljubetas q ouuerem de trazer sejam de cõprido tres dedos abaixo do giolho ao menos.

92 - PORTUGAL. Leis, decretos, etc.

¶ Ordenaçam ſobre hos caua-/los & armas.
[Lisboa: Luís Rodrigues, 1549]. [4]f.; folio (29 cm).
V. T. 18-9-11(1)

Raro: Anselmo[173] indica apenas a existência de um exemplar na Biblioteca Nacional que não foi localizado, tendo sido adquirido posteriormente um outro pela mesma Biblioteca na Alemanha[174]; o exemplar do Visconde da Trindade que se descreve pertenceu à biblioteca de Rebelo da Silva; há uma outra edição do mesmo ano, mas sem indicação de impressor. O título está colocado ao alto do texto, e ocupa 7 páginas, rematado pelo cólofon, estando o verso da última folha em branco. Título e texto impressos em caracteres góticos. Caldeirões ao longo do texto. Sem título corrente.

BIBLIOGRAFIA: Anselmo, 1053; BNP, 735.

Exemplar em bom estado de conservação, com a f. 1 ligeiramente amarelecida.

Encadernação recente em percalina preta com o título e o super--libros do V. T. a dourado na pasta superior; corte vermelho; encontra-se inserida em conjunto com outras leis numa caixa em forma de livro revestida a pele negra trabalhada a ferros secos com o super-libros do Visconde da Trindade e guarnecida com fechos de metal.

93 - PORTUGAL. Leis, decretos, etc.

¶ Ordenaçam ſobre hos lobos.

---

[173] Cfr.: ob. cit., 1053.
[174] Cfr.: Alzira Simões, ob. cit., 735.

[Lisboa: Luís Rodrigues, 1549]. [2] f.; (29 cm).

V. T. 18-9-11(4)

Raro: são conhecidos três exemplares: um em Vila Viçosa (D. Manuel II), um na Biblioteca Nacional e o que se descreve; foi impresso na oficina de Luís Rodrigues em Lisboa, embora tal facto não seja mencionado, porém este impressor trabalhou sempre em Lisboa; contudo, há diferenças nos cortes de linha (e mesmo na própria grafia) entre o exemplar descrito por Anselmo no nº 56, referido por Alzira Simões, e o que se descreve, que corresponde à grafia do que é descrito por Anselmo no nº1052; existe ainda uma outra edição do mesmo ano, também datada de 7 de agosto (embora algumas bibliografias citem a data de 3 do mesmo mês) mas impressa por João Álvares. Título impresso ao alto do texto, um e outro compostos em caracteres góticos, com inicial capital de desenho de fantasia; caldeirões no texto. Sem título corrente.

BIBLIOGRAFIA: Anselmo,1052; D. Manuel II, 356; BPADE, 793; BNP, 737[175].

Exemplar em bom estado de conservação, ligeiramente manchado nas margens; apresenta vestígios de vincos por ter estado dobrado.

Encadernação recente em percalina preta com o título e o super-libros do V. T. a dourado na pasta superior; corte vermelho; encontra-se inserida em conjunto com outras leis numa caixa em forma de livro revestida a pele negra trabalhada a ferros secos com o super-libros do Visconde da Trindade e guarnecida com fechos de metal.

Proveniência: foi adquirido pelo Visconde da Trindade em 23--6-1966.

---

[175] Estes dois últimos catálogos referem a edição impressa na mesma data por João Álvares.

94 - PORTUGAL. Leis, decretos, etc.

¶ Ordenações / da nova ordem / do ivizo, sobre o / abreuiar das deman-/das, & execuções / dellas. / [Escudo de armas reais portuguesas] Em Lisboa. / ¶ Per Manoel Ioam impreſsor, per prouiſam que para iſſo / tem de S. A. Anno M.D. LXXVIII. / Taxado a rs.
Lisboa: Manuel João, 1578. [20]p.; folio (28 cm).
V. T. 18-9-10 (4)

Na Livraria do Visconde da Trindade existe igualmente a impressão desta lei por Francisco Correia dada ao prelo no mesmo ano com o título "Ordenaçam da nova ordem do juyzo, sobre o abreuiar das demandas, & execuções dellas"[176]. Obra rara: Anselmo[177] refere a existência de exemplares na Biblioteca Nacional de Portugal[178], no Arquivo Nacional e na Sociedade Martins Sarmento em Guimarães, a que podem acrescentar-se, além do que se descreve, o exemplar que pertenceu a Fernando Palha e o que existe na Biblioteca Nacional do Rio de Janeiro. Verso da p. de rosto em branco; o título está composto em caracteres maiúsculos redondos de vários corpos, encimado pelas palavras "Ordem do ivizo" impresso em caracteres redondos, iniciado pela inicial D decorada com desenho de fantasia; o texto ocupa 18 p.; caldeirões no início dos parágrafos. Paginação inumerada. Sem título corrente; número da taxa em branco.

BIBLIOGRAFIA: Palha, 273; Anselmo, 723; BNRJ, p. 53; BNP, 747.

Exemplar em bom estado de conservação, embora um pouco espelhado na página de rosto e seguintes junto ao festo; discretos

---

[176] Cfr.: n° 90.
[177] Cfr.: ob. cit., 723.
[178] Onde existem 3 exemplares, dois dos quais coincidem com o que se descreve, mas que diferem na disposição do texto e no brasão de armas da página de rosto que apresenta elementos diferentes.

picos de traça. Notas manuscritas à margem do texto de vários punhos, cortadas quando o volume foi aparado.

Encadernação recente em percalina preta com o título e o super--libros do V. T. a dourado na pasta superior; corte vermelho; encontra-se inserida em conjunto com outras leis numa caixa em forma de livro revestida a pele negra trabalhada a ferros secos com o super-libros do Visconde da Trindade, guarnecida com fechos de metal.

Proveniência: foi adquirido pelo Visconde da Trindade a Telles da Sylva em 15-6-1971.

95 - PORTUGAL. Leis, decretos, etc.

[Gravura em madeira ocupando toda a página de rosto, tendo como motivo central o escudo de armas reais portuguesas encimado por viseira e coroa, com grifo no timbre, enquadrado por tarjas ornamentais de inspiração renascentista onde avultam vasos, elementos fitomórficos e figuras de animais rodeando esferas armilares; junto ao pé pode ler-se o título:] ¶ O primeiro [-quinto] liuro das Ordenações.

[Évora; Lisboa: Jacob Cromberger, 1521]. 5 vol.: Vol. I: [3], CLX; Vol. II: [2], LXIX, [1]f.; Vol. III: [3], XCVI f.; Vol. IV: [4], LXV, [1], f.; Vol. V: [4, XCVIII f.; folio (29 cm).

V. T. 18-10-3 e 18-10-9/10.

Trata-se da primeira impressão da segunda compilação das Ordenações manuelinas, segundo Alzira Simões[179], englobando os cinco livros. O lugar de impressão referido em cada um dos Livros varia: nos livros I e IV o lugar de impressão é Évora, enquanto nos restantes é referida a cidade de Lisboa, onde Jacob Cromberger também imprimiu, sendo considerada a única obra impressa por aquele

---

[179] Cfr.: ob. cit., 743.

impressor em Portugal, segundo refere D. Manuel II [180]. Obra rara: Anselmo[181] refere a existência de oito exemplares, aos quais El Rei D. Manuel II acrescenta mais três[182], devendo ainda adicionar-se o que pertenceu à Biblioteca particular de Guita e José Mindlin (hoje na Universidade de S. Paulo, Brasil) e os dois exemplares que se descrevem. No verso da p. de rosto pode ver-se o prólogo do Rei D. Manuel I onde se tecem considerações acerca das razões que levaram à publicação da obra; seguem-se 2 f. inumeradas com a "tavoada" impressa a 2 colunas; o texto começa na f. I e remata com o cólofon. Impressão em caracteres góticos de dois corpos, sendo o maior usado nos títulos dos capítulos; excetuando a "tavoada" ou sumário, todo o texto está impresso a uma só medida, dividido em títulos, cada um dos quais iniciado por letras capitais de desenho de fantasia de 2 corpos, sendo a maior colocada no título I de cada um dos livros; caldeirões no início dos parágrafos e a demarcar os títulos. Sem reclamos; erros de foliação sem afetar a contagem. Título corrente alterando consoante o assunto tratado no texto das leis. Este esquema de impressão é sensivelmente o mesmo nos cinco livros das "Ordenações", sendo de assinalar que o Primeiro e o Terceiro Livros apresentam uma portada especial semelhante à acima descrita; os seguintes não têm portada especial, embora apresentem foliação independente.

BIBLIOGRAFIA: Inoc. 6, p. 325 e 17, p. 121; Az.-Sam., 2277; Anselmo, 534; D. Manuel II, 21; BGUC, 1762; BM, p. 17; BNRJ, p. 54-55; BNP, 743; BPMP, 323.

Nesta coleção existem dois exemplares, como referido acima: um que apresenta os cinco livros encadernados em conjunto (V.

---

[180] Cfr.: ob. cit., 21.
[181] Cfr.: ob. cit., 534.
[182] Cfr.: ob. cit., 21.

T. 18-10-3) e outro que contém num volume os Livros I e II e no outro volume os livros III a V (V. T. 18-10-9/10). O primeiro exemplar que pertenceu à Livraria da Casa de Azevedo-Samodães, cujo carimbo figura na f. I do Livro I, apresenta uma reprodução fotozincográfica da p. de rosto que veio substituir uma outra erradamente colocada nesse lugar, conforme se depreende da nota manuscrita pelo punho do Visconde de Azevedo que se transcreve: "O Frontispicio deste primeiro livro das Ordenaçoens que se vê aqui em frente, pertence à edição das mesmas, que se fez no anno de 1565, e não a esta do ano de 1521. Provávelmente ou antes direi que comcerteza foi aqui posto para suprir o próprio que faltava. O Frontispicio do livro terceiro é que é o próprio desta edição, a qual só tem frontespicios no 1º e 3º livros. Porto 13 de janeiro de 1872. Visconde de Azevedo". A esta nota autógrafa segue-se uma outra do Visconde da Trindade: "Aditamento: Quando se realizou o leilão da Biblioteca de Azevedo-Samodães – em 1922 – os organizadores do Catalogo – o livreiro José dos Santos – substituiu o frontespicio (tirando o da edição de 1565) pelo fac-símile que actualmente possui. E assim foi vendido – nº 2277 – ao bibliófilo José Rodrigues Simões tendo-o eu adquirido no leilão dessa biblioteca em Fevereiro de 1957. Lisboa, 13 de Maio de 1958. Visconde da Trindade (Alberto Navarro)"[183]. No início do Livro I falta a última f. preliminar inumerada que deveria estar em branco, o mesmo acontecendo no vol. III. Apresenta algumas notas manuscritas à margem do texto, cortadas quando o livro foi aparado; a declaração final da f. 98 frente é subscrita pelas assinaturas autógrafas dos desembargadores Pero Jorge e Cristóvão Esteves. Manchas de humidade ofendendo o texto; pequenos restauros de picos de

---

[183] De referir que o Visconde da Trindade tinha o cuidado de adquirir sempre aquilo que pode chamar-se o "exemplar ideal", ou seja, em bom estado de conservação e, de preferência, com uma encadernação da época; deve ter sido esse critério que o levou a adquirir posteriormente um segundo exemplar da mesma obra, mas completo.

traça e outros maiores junto ao festo nas últimas folhas do Livro V, ofendendo o texto. Encadernação em pele castanha marmoreada com lombada de 5 nervos ornamentada com profusos dourados e rótulo vermelho, típica do século XVIII; apresenta restauros, com evidentes picos de traça.

O exemplar com a cota V. T. 18-10-9/10 apresenta no Livro I as primeiras 3 f. preliminares inumeradas que contêm a "tavoada" ou sumário deslocadas para o final do mesmo livro, faltando a última f. que deveria estar em branco, poir pertencia ao mesmo caderno[184]. Apresenta numerosíssimas notas manuscritas à margem de vários punhos e épocas, algumas das quais em latim, cortadas quando o livro foi aparado. Sinais evidentes de uso; pequenos restauros no pé da p. de título e outros mais extensos nas folhas finais; manchas de humidade. Encadernação recente imitando o estilo manuelino, com planos em madeira revestidos a couro castanho escuro trabalhado a ferros secos e aplicações de metal a condizer, representando as esferas armilares nos quatro cantos das pastas e a meio o escudo de armas reais portuguesas encimado por coroa; fechos igualmente de metal; lombada com 4 nervos falsos, sublinhados com traços gravados a ferros secos; numerosos picos de traça; corte castanho.

96 - PORTUGAL. Leis, decretos, etc.

Patente dos priuilegios perpetuos, / graças & mercés, de que El Rey / Dom Philippe primeiro deſte nome, / noſſo ſenhor, fez mercé a eſtes ſeus rey/nos, & senhorios de Portugal, quan-/do nelles foy leuantado por Rey em / as Cortes ſolemnes de todos os tres Eſ-/tados, q[ue] ſe fizeram em a villa de Tho-/mar, no conuento, que he cabeça/ da Ordem de Noſſo Senhor Ieſu Chri-/ſto, em Abril, de m.d.lxxxj./ [...]

---

[184] O mesmo acontece com o outro exemplar.

[S. l.: s.n., depois de julho de 1595]. [24]f.; 8º (15 cm).

V. T. 18-7-14

Raro: obra publicada sem o nome do impressor. Conhecem-se dois exemplares na Biblioteca Nacional e um outro na Biblioteca da Ajuda, segundo Anselmo[185], referindo ainda a existência do exemplar de Fernando Palha e o de Azevedo-Samodães; Inocêncio[186] anota a existência de dois exemplares, um deles na sua livraria. A primeira folha é totalmente ocupada por uma gravura em madeira representando o escudo de armas reais de Portugal encimado por grifo e rodeado por folhagem ornamental, tendo na base as letras "F e C"(Francisco Correia?); sem página de rosto especial; na f. [2], a carta de confirmação de Filipe I, na qual estão transcritas diversas passagens de outras cartas de D. Sebastião e D. Manuel I; no verso da f. [15], começa o "Memorial das graças e mercês" dividido em 25 capítulos e na última folha, a certidão do Chanceler-mor Dr. Simão Gonçalves Preto atesta a fidelidade das cópias, datada de 13 de janeiro de 1583; no final vem a rubrica traçada à pena "O Chr. Mor". O título propriamente dito, muito longo, não se destaca, estando impresso em caracteres redondos, como de resto todo o texto; iniciais capitais isentas de ornatos. Ausência de título corrente e de foliação. Sem licenças, facto que não é de estranhar, dado tratar-se de um documento oficial.

BIBLIOGRAFIA: Inoc., 6, 40; Palha, 276; Az.-Sam., 1441; Anselmo, 1214; D. Manuel II, 179[187]; BNRJ, p. 58; BNP, 751.

Exemplar em bom estado de conservação, ligeiramente traçado no canto inferior direito da guarda inicial e das duas primeiras

---

[185] Cfr.: ob. cit., 1214.
[186] Cfr.: ob. cit., 6, 40.
[187] Exemplar I, o exemplar II é uma variante.

folhas sem ofender o texto; aparado à cabeça; nota manuscrita a lápis na guarda inicial; algumas notas manuscritas a lápis e tinta.

Encadernação "gruel" vermelha, em pele, gravada a ouro nas pastas e seixas; guardas de seda "moirée" vermelha e corte dourado.

Proveniência: foi adquirido pelo Visconde da Trindade no leilão da Livraria do Dr. Motta Gomes em 25-9-1955, em conjunto com outras obras.

97 - PORTUGAL. Leis, decretos, etc.

Reformaçam / da Ivstiça.
[S. l.: s. n., 1583?]. 26, [2] p.; folio (28 cm).
V. T. 18-9-10 (3)

Na Livraria Visconde da Trindade existe uma outra edição desta mesma lei impressa em Lisboa por André Lobato no mesmo ano de 1583, descrita em seguida. Na sequência do título acima transcrito e após uma gravura em madeira representando o escudo de armas reais portuguesas encimado por coroa e rodeado por paquifes, pode ler-se o início do "pregão" da lei que se transcreve: "O doutor Pero do Soueral do Desembargo del Rey nosso senhor, seu Corregedor com alçada em esta cidade de Coimbra & em suas comarquas, &c. faço saber a vos iuyz & vereadores da villa de [espaço em branco] que Sua Majestade me enuiou hora hu[m]a sua ley sobre ha reformação da justiça da qual o treslado de verbo ad verbo he o seguinte". Existe um outro exemplar igual a este na Biblioteca Nacional, um segundo na BGUC e um terceiro na Torre do Tombo, os dois últimos com o espaço mencionado acima em branco, destinado a ser posteriormente preenchido à mão com o nome do lugar a que se destinava; com efeito, esta "reformação da justiça" era enviada de Lisboa aos Corregedores das cidades do reino para que estes as cumprissem e as enviassem às outras comarcas sob sua jurisdição, a fim de tomarem dela conhecimento e observarem as disposições aí insertas; Leite de Faria[188] refere ainda um quinto exemplar na Biblioteca Nacional do Rio de Janeiro. Verso da p. de rosto em branco; o texto começa na p. seguinte e remata no final com a taxa. Título impresso em maiúsculas e texto composto em caracteres redondos com inicial capital historiada; caldeirões no início dos parágrafos. Sem título corrente.

BIBLIOGRAFIA: BGUC, 2022; BNRJ, p. 60; BNP, 761.

No espaço em branco destinado a ser preenchido à mão com o nome do lugar a que se destinava está manuscrita a palavra "Barcellos". Exemplar um pouco manchado de humidade e espelhado em diversas folhas sem ofender o texto. Notas manuscritas da época nas margens.

Encadernação em percalina preta com o título e o super-libros do Visconde da Trindade a dourado na pasta superior; encontra-se inserida com outras leis em caixa em forma de livro revestida a pele gravada a ferros secos com o super-libros do V. T. e guarnecida com fechos de metal.

Proveniência: foi adquirido pelo Visconde da Trindade a Telles da Sylva em 15-6-1971.

98 - PORTUGAL. Leis, decretos, etc.

Reformaçam / da ivstiça. / [gravura em madeira representando o escudo de armas reais portuguesas encimado por viseira, coroa e grifo, rodeado por paquifes e tendo de um lado, ao alto, a cruz

---

[188] Cfr.: ob. cit., p. 60.

de Cristo e do outro a esfera armilar] Com privilegio real./ * Em Lisboa * / ¶ Taxada em ſeſenta reis em papel.

Lisboa: [André Lobato, 1583 ?]. 26, [2]p.; folio (27 cm).

V. T. 18-9-10(2)

Na Livraria Visconde da Trindade existe uma outra edição desta mesma lei impressa sem indicação de lugar e tipografia, provavelmente deste mesmo ano de 1583, data da lei, que ignoramos se é a da impressão[189].

Obra rara: Anselmo[190] não viu exemplar algum, tendo colhido a notícia de Viterbo; Inocêncio também não observou nenhum exemplar; o Rei D. Manuel II possuía um e refere a existência de outros na Biblioteca Nacional e em Évora, na Biblioteca do Porto e na BGUC, mas nenhum deles coincide na totalidade com os dados de que dispomos. Verso da p. de rosto em branco; o texto começa na p. seguinte e termina na p. 27 (inumerada), com o verso ocupado com o final do documento, ou seja, elementos contendo a data e a assinatura do escrivão, seguindo-se duas tarjas entre as quais se situa o nome do livreiro editor e o do impressor. Título composto em caracteres redondos com inicial capital de desenho de fantasia. Sem título corrente. Paginação numerada apenas a partir da p. 5.

BIBLIOGRAFIA: Inoc., 7, 79; Anselmo, 780; D. Manuel II, 177.

Exemplar bastante manchado de humidade, não ofendendo o texto; restaurado na p. de rosto e nos cantos das páginas seguintes; nota manuscrita: "27 Julho 1582"; outras notas manuscritas da época à margem do texto na p. 16.

---

[189] Cfr.: nº anterior.
[190] Cfr.: ob. cit., 780.

Encadernação em percalina preta com o título e o super-libros do Visconde da Trindade a dourado na pasta superior; encontra-se inserida com outras leis em caixa em forma de livro revestida a pele gravada a ferros secos com o super-libros do V. T. guarnecida com fechos de metal.

Proveniência: foi adquirido pelo Visconde da Trindade a Telles da Sylva em 15-6-1971.

99 - RELAÇÃO DAS EXÉQUIAS DO REI D. FILIPE...

Relação / das exeqvias / d'El Rey Dom Filippe / noʃʃo ʃenhor, primeiro deʃte / nome dos Reys de / Portugal. / Com algu[n]s ʃermões que neʃte Reyno / ʃe fizerão. / [pequena vinheta quadrada] Com licença da S. Inquiʃição. / Em Lisboa. Impreʃʃo por Pedro / Crasbeeck. M.D.C.

Lisboa: Pedro Craesbeeck, 1600. [2], 84, [11]f.; 4° (19 cm).

V. T. 18-8-32

Edição única e rara desta obra: Anselmo[191] refere exemplares na Biblioteca Nacional, Évora e Braga; sabe-se, porém, da existência de, pelo menos, mais cinco exemplares, além daquele que se descreve: o de El Rei D. Manuel II, o da Biblioteca Nacional do Rio de Janeiro, o do British Museum, o de Fernando Palha (Harvard, E. U. A.) e o que pertenceu à Biblioteca de Guita e José Mindlin, que hoje se encontra na Biblioteca da Universidade de São Paulo, Brasil.

Verso da p. de rosto em branco; na frente da p. seguinte (v. em branco) podem ver-se as licenças; o texto, dividido em várias partes, começa na p. 1 com a relação das exéquias, decorrendo até à f. 9 frente (erradamente numerada 12); do verso desta f. até à f. 24 v. decorre a pregação feita pelo dominicano P. M. Frei Manuel Coelho;

---

[191] Cfr.: ob. cit., 521.

na f. 25, o sermão das exéquias realizadas na igreja de Santa Cruz em Lisboa, sermão esse que foi pregado pelo capelão do rei, D. Francisco Fernandes Galvão; termina na f. 46 reto (verso em branco); na f. seguinte começa a oração recitada pelo P. Frei João Aranha nas exéquias mandadas celebrar pela vila de Santarém; na f. 69, é transcrito um outro sermão pregado desta feita por Gabriel da Costa, Lente de Sagrada Escritura, rematado pela palavra "Fim", (erradamente escrita Eim) e nas últimas 11 f. finais, inumeradas, pode ler-se uma oração fúnebre redigida em latim, recitada por Baltasar de Azeredo e não Azevedo como refere Inocêncio[192]; o verso da última f. está em branco. Título impresso em caracteres redondos e itálicos de vários corpos e texto composto em caracteres redondos; em caracteres itálicos estão apenas impressas as citações latinas e glosas marginais, também em latim e a oração final; todo o texto é adornado com iniciais capitais de desenho de fantasia de vários corpos. Erros de foliação numerosos, não afetando, contudo, o número final de folhas. O título corrente varia consoante as partes em que se divide a obra.

BIBLIOGRAFIA: B. Machado, 1, p. 434, 2, p. 133, 285, 542 e 3, p. 217[193]; Inoc., 7, 149; Palha, 2942; Az.-Sam., 2720; Anselmo, 521; D. Manuel II, 269; Palau, 256911; BPADE, 894; BM, p. 16; BNRJ, p. 65; BNP, 786; BPMP, 360.

Pertenceu ao "Convento de Cascais dos Carmelitas Descalços", segundo nota manuscrita na página de rosto, nota essa feita por dois punhos diferentes, em ocasiões diversas, dado que nem a letra nem a tinta são iguais e sendo nítido que a frase final "dos Carmelitas Descalços" foi acrescentada posteriormente.

---

[192] Cfr.: ob. cit., 7, 149; esta oração fúnebre foi claramente anexada a este exemplar, dada a afinidade do tema.
[193] Barbosa Machado cita os diferentes autores consoante a sua participação nas diversas partes da obra.

Exemplar em bom estado de conservação, ligeiramente manchado de humidade; muito aparado em algumas folhas à cabeça, chegando a cortar o título corrente e na margem exterior, atingindo, por vezes, as glosas marginais. Irregularidades no corte de algumas folhas. Papel encorpado, sendo visíveis, por vezes, alguns defeitos de fabrico.

Encadernação inteira em pele castanha manchada de escuro, pastas lisas, isentas de qualquer adorno e seixas ornamentadas a ferros secos; lombada de 5 nervos com o título e a data gravados a ouro sobre rótulo vermelho escuro; corte marmoreado rosado.

Proveniência: foi adquirido pelo V. T. no leilão da Livraria do Dr. Motta Gomes em 20-10-1956.

100 - RESENDE, André de, 1498-1573

Ad Philippvm / maximvm Hispania-/rvm regem. / L. Andreæ Resendii / Lvsitani / Ad maturandam aduerſus rebelleis / Mauros expeditionem, / cohortatio. / *

Évora: André de Burgos, 1570. [12]p.; 4º (16 cm).

V.T. 18-8-22

1ª edição desta obra muito rara: Anselmo[194] refere a existência de três exemplares na Biblioteca Nacional, um em Évora e outro na posse de J. F. das Neves; acrescente-se a este número o exemplar de D. Manuel II, um outro na Biblioteca Nacional do Rio de Janeiro e o que se descreve. Verso da página de rosto em branco; o texto, constituído por um poema, começa na p. seguinte e ocupa 6 páginas e meia; no verso da última, há uma poesia dedicada ao Rei D. Sebastião; na p. seguinte (v. em branco), pode ver-se o cólofon. Título composto em caracteres redondos de vários corpos

---

[194] Cfr.: ob. cit., 400.

e texto igualmente em caracteres redondos. Paginação inumerada. Ausência de licenças e de taxa.

BIBLIOGRAFIA: B. Machado, 1, p. 163; Anselmo, 400; D. Manuel II, 122; BPADE, 899; Faria e Pericão, 10; BNRJ, p. 65; BNP, 789.

Exemplar limpo, em ótimo estado de conservação; apresenta um risco manuscrito a tinta no canto inferior esquerdo da p. de rosto.

Encadernação recente em couro vermelho trabalhado a ferros secos, com motivos dos Descobrimentos; fitilho vermelho; assinada por Frederico de Almeida de Lisboa.

101 - RESENDE, André de, 1498-1573

Historia, da /antigvidade / da ciidade/ Evora/ */ Fecta per meeſtre / Andree de Ree/ſende: : : / * / M.D.LIII.

[Évora: André de Burgos], 1553. [55]f.; 8º (15 cm).

V. T. 18-7-10

1ª edição desta obra pouco vulgar; a respeito da raridade desta edição, Inocêncio[195] afirma não ter sido possível verificar a existência de algum exemplar, suspeitando que Monsenhor Ferreira Gordo tivera um na sua livraria; Anselmo[196] refere a existência de um exemplar na Biblioteca Nacional e de outro na Biblioteca Municipal do Porto; o Visconde da Trindade nos seus "Ensaios Bio--bibliográficos"[197] diz ser a primeira obra escrita pelo autor em português, fazendo uma análise do conteúdo da obra e fornecendo dados bibliográficos para o seu estudo; adiciona notas relativas ao

---

[195] Cfr.: ob. cit., 1, 318.
[196] Cfr.: ob. cit., 380.
[197] Cfr.: ob. cit., p. 69 e segs.

impressor, dando notícia de mais três exemplares conhecidos: o que pertenceu à Biblioteca de D. Manuel II, o da Biblioteca Pública de Évora (aliás truncado) e o que se descreve. No verso da p. de rosto começa uma dedicatória do autor dirigida ao Príncipe D. João, filho de D. João III, visto ele ter nascido em Évora, e uma outra dirigida aos vereadores, procurador e escrivão da Câmara da mesma cidade, dizendo as razões que o levaram a elaborar esta obra, começando logo de seguida o capítulo I, erradamente numerado IJ; o texto divide-se em 17 capítulos; na f. [47] ocorre a "Fala que meeſtre Andree de Reſende fez aa Princeſa domna Ioanna...", terminando com a expressão "Lavs Deo"; Resende, nesta "fala" deseja as boas-vindas à princesa em nome da cidade, formulando votos pela sua felicidade e esperando que reinasse muitos anos[198]; finalmente vem a "Tabvla" ordenada alfabeticamente rematando com o usual "Finis"; segue-se uma p. com o cólofon, estando o verso em branco. Composição tipográfica executada em caracteres redondos, ornamentada com algumas letras iniciais de um desenho de fantasia muito rudimentar. Título em capitais e caracteres redondos enquadrado por uma tarja formada por pequenas vinhetas; cada página alternadamente é encimada com a palavra "Historia" e "De Evora". Ausência de reclamos e de paginação. Sem licenças nem taxa.

BIBLIOGRAFIA: B. Machado, 1, p. 162; Inoc., 1, 318; Az.-Sam., 2758; Anselmo, 380; D. Manuel II, 76; BPADE, 904; Faria e Pericão, 6; BNP, 795; BPMP, 362.

Exemplar muito bem conservado, apenas com alguns cantos restaurados, sem ofender o texto; sublinhados a tinta em algumas passagens do texto.

---

[198] Esta princesa era D. Joana, filha de Carlos V que vinha para se casar com o príncipe D. João, herdeiro da coroa, e viria a ser a mãe de D. Sebastião.

Belíssima encadernação recente, imitação "Padeloup" em chagrin vermelho com filetes e profusos dourados na lombada e pastas, constituídos por pequenos golfinhos estilizados; seixas ornamentadas e guardas de seda natural vermelha; foi executada na Fundação Ricardo Espírito Santo.

Proveniência: foi adquirido pelo Visconde da Trindade nos Reservados da Livraria Coelho em 21-2-1958.

102 - RESENDE, André de, 1498-1573

L. Andr. / Resendii Luſitani, ad / epiſtolam D. Ambro-/sii Moralis viri / doctiſſimi, inclytæ aca/demiæ Compluten/ſis Rhetoris, ac / Regij hiſtoriographi / reſponſio. / *
 [Évora: André de Burgos, 1570]. [20] f.; 4º (20 cm).
 V. T. 18-8-21
 1ª edição desta obra muito rara: Anselmo[199] refere a existência de três exemplares na Biblioteca Nacional, um em Évora e outro pertencente a J. F. das Neves; há ainda que acrescentar a este número o de D. Manuel II (Vila Viçosa) e o que se descreve. Verso da p. de rosto em branco; o texto, redigido em latim, consta de 4 peças: uma carta de Ambrósio de Morales a André de Resende (6 p.), duas outras cartas deste para aquele (26 p.) e, finalmente, uma poesia alusiva ao Rei D. Sebastião (5 p.), estando o verso da última p. em branco; o cólofon remata a poesia. Composição tipográfica do título em caracteres redondos de vários corpos, enquadrado por tarjas de desenho tosco, constituídas por quatro peças de gravura em madeira; o texto é composto em caracteres redondos, ornamentado com iniciais capitais de desenho de fantasia. Paginação inumerada. Ausência de licenças e de taxa.

---

[199] Cfr.: ob. cit., 401.

BIBLIOGRAFIA: B. Machado, 1, p. 163; Anselmo, 401; Az.-Sam., 2752; D. Manuel II, 123; BPADE, 898; Faria e Pericão, 9; BNP, 788.

Exemplar bem conservado, apesar do restauro na p. [7] ofendendo o texto e um risco de tinta no canto inferior esquerdo da p. de rosto. Bela encadernação em marroquim vermelho com fitilho da mesma cor com as pastas gravadas a ferros secos com motivos dos Descobrimentos; é da autoria de Frederico de Almeida, de Lisboa.

103 - RESENDE, André de, 1498-1573

[Em portada encimada pelo escudo das quinas, com elmo de frente, tendo por timbre o dragão alado, colocado entre duas esferas armilares postas sobre peanhas, pode ler-se o título, colocado entre duas colunas, tendo por baixo uma base com a cruz de Cristo inscrita num escudo sustentado por duas figuras aladas; todo o conjunto está emoldurado por uma tarja composta por quatro elementos gravados em madeira, ornamentados com insetos, aves e flores:] L. Andreæ / Resendii / De uerboru[m] coniu-/gatione commen-/tarius. / Olisipone / apud Lodouicu[m]/ Rhotorigium ty-/pographum.

Lisboa: Luís Rodrigues, [1540]. [119]p.; 4°(22 cm).

V. T. 18-8-20

1ª edição. Obra rara: são conhecidos, além do exemplar que se descreve, o da Biblioteca da Ajuda, mencionado por Anselmo[200] e mais oito, além do da Biblioteca Nacional que Anselmo não conheceu; no Catálogo da Livraria de Azevedo-Samodães[201] diz-se, a propósito da raridade dos exemplares desta edição: "os exemplares,

---

[200] Cfr.: ob. cit., 1012.
[201] Cfr.: ob. cit., 2754.

verdadeiras preciosidades bibliográficas, são, repetimos, de extrema raridade". Verso da p. de rosto em branco; nas p. [3-4] pode ver-se a dedicatória do autor; da p. [5-118 r.] decorre o texto da gramática latino-portuguesa, que fecha com o usual "Finis"; no verso desta p., um epigrama dirigido ao leitor elogia André de Resende pelos seus conhecimentos sobre a flexão verbal e a sua capacidade como mestre, rematando com a data; na frente da última p. (v. em branco) vem a "Erratula" que consta de 4 linhas, seguindo-se a marca tipográfica de Luís Rodrigues: um grifo com a legenda inscrita num filactério: "Salvs vitæ" (gravura em madeira); a composição tipográfica está enriquecida com letras iniciais capitais de desenho de fantasia; foram usados caracteres redondos no texto português e a "Erratula" e caracteres itálicos para o texto em latim. Paginação inumerada. Ausência de licenças e de taxa.

BIBLIOGRAFIA: B. Machado, 1, p. 164; Anselmo, 1012; Az.-Sam., 2754; D. Manuel II, 43; BPADE, 901; Faria e Pericão, 3; BM, p. 18; BNP, 792.

Exemplar em perfeito estado de conservação, apenas com um pequeno restauro no canto superior direito da última página,
Bela encadernação recente executada em pele azul escura gravada a ferros secos com motivos alusivos aos Descobrimentos; é da autoria de Frederico de Almeida, de Lisboa.

104 - RESENDE, André de, 1498-1573

* L. Andr. Resendii. * / Lvsitani, Epistolæ / tres carmine. / [minúscula vinheta] / Duæ ad Lupum Scintillam iuris / conſultum peri=/ tiſsimum. / * / Vna ad Petreium Sanctium poëtam. / Item Epistola proſa oratione pro colonia / Pacenſi, ad Ioannem Vaſæum / virum

doctiſsimum. / * Permiſſu & authoritate reuerendi */ patris fratris Franciſci Forerij, / Oliſipone, in officina Ioan-/nis Blauij Colonienſis, / Typographi Regij. / M.D.LXI. /*
Lisboa: João Blávio, 1561. [44]p.; 4°(20 cm).

V. T. 18-8-19

1ª edição desta obra rara: Anselmo[202] refere a existência de exemplares na Biblioteca Nacional, em Évora (dois exemplares) e na Biblioteca Nacional de Turim; há, porém, que acrescentar a este número mais quatro exemplares, pelo menos, a saber: o da Livraria de Azevedo-Samodães, o do Rei D. Manuel II, o do British Museum e o que se descreve.

Verso da p. de rosto em branco; na p. [3] começa a primeira das quatro cartas dirigidas pelo autor a diversas personagens; as 3 primeiras são em verso heróico e a quarta em prosa; estas quatro peças ocupam 42 p.; na última (v. em branco), figura a "Erratula" (6 linhas) que remata com a expressão "Laus Deo" e no pé da mesma folha pode ver-se o cólofon. Título impresso em caracteres redondos e itálicos de vários corpos; o texto das 3 primeiras cartas está impresso em itálico e a última em caracteres redondos, com algumas frases em caracteres gregos e outras em maiúsculas; iniciais capitais historiadas no início das quatro cartas. Erro na numeração dos cadernos. Paginação inumerada. Ausência de licenças e de taxa,

BIBLIOGRAFIA: B. Machado, 1, p. 163; Anselmo, 339; Az.-Sam., 2756; D. Manuel II, 312; Palau, 262167; BPADE, 902; Faria e Pericão, 8; BM, p. 18; BNP, 793.

Exemplar muito bem conservado. Apresenta uma sigla manuscrita na p. de rosto; paginação manuscrita.

---

[202] Cfr.: ob. cit., 339.

Bela encadernação recente, em pele azul escura ornamentada a ferros secos representando motivos alusivos aos Descobrimentos (esferas armilares), da autoria de Frederico de Almeida, de Lisboa.

105 - RESENDE, André de, 1498-1573

[Inserido numa portada formada por numerosos elementos justapostos simetricamente, em que figuram carrancas, figuras exóticas, elementos fitomórficos e uma cartela a meio, ao fundo, onde se insere a data, pode ler-se o título:] L. Andreæ / Resendii in / obitum D. Ioan-/nis. III. Lvsita-/niæ regis, com-/qvestio / [minúscula vinheta] Permissv et av-/ctoritate reuerendiſsimo /rum patrum Inqui- -/ſitorum. / Olisipone, /apud Ioanne[m] Blauium /typographum / regium. / menſe Iulio. / 1557.

Lisboa: João Blávio, 1557. [8]p.; 4° (19 cm).

V. T. 18-7-17

1ª edição. Obra muito rara: Anselmo[203] apenas refere a existência de três exemplares, dois dos quais na Biblioteca Nacional e um terceiro na Biblioteca de Évora; acrescente-se a este número o exemplar que pertenceu a D. Manuel II, hoje em Vila Viçosa, o do British Museum, o que pertenceu à Livraria de Azevedo-Samodães, o que se encontra na Biblioteca Nacional do Rio de Janeiro e o que se descreve.

O texto começa no verso da p. de rosto e ocupa todo o folheto, exceto a última p. que está em branco. Titulo inserido na portada acima descrita, que de resto foi utilizada pelo mesmo impressor noutras obras; os tipos usados no título são capitais de vários corpos e itálicos; o texto é totalmente composto por caracteres itálicos, ornamentado por uma inicial capital letra P de desenho grosseiro. Paginação inumerada; ausência de título corrente, de licenças discriminadas e de taxa.

---

[203] Cfr.: ob. cit., 309.

BIBLIOGRAFIA: B. Machado, 1, p. 163; Az.-Sam., 2760; Anselmo, 309; D. Manuel II, 304; BPADE, 905; BM, p. 18; Faria e Pericão, 7; BNRJ, p. 65; BNP, 796.

Este exemplar pertenceu à "Livr[a] de Xabregas", segundo nota manuscrita na página de rosto, a meio do título. Obra bem conservada, apenas com leves manchas de humidade à cabeça; foliação e pequenas notas manuscritas.
Encadernação em carneira castanha mosqueada de preto, dourados e rótulo castanho na lombada.
Proveniência: foi adquirido pelo Visconde da Trindade em 26-9-1954.

106 - RESENDE, André de, 1498-1573

Libri quatuor / de antiqvitatibvs Lvsitaniæ / à Lucio Andrea Reſendio olim inchoati, & / à Iacobo Menœtio Vaſconcello / recogniti, atq´abſoluti. / [–] /Acceſsit Liber quintus de antiquitate municipij eborenſis, ab eodem / Vaſconcello conſcriptus, quo etiam autore, ſecundus / tomus quinque alios libros continens, cito, / Deo opt. max. fauente, / in lucem prodibit. / [–] /Permittente regia maieſtate, & ſupremo ſacro ſanctæ / Inquiſitionis ſenatu, cum priuilegio / ad decennium. / [–] / Excudebat Martinus Burgenſis academia typographus. / Eboræ anno / 1593.
Évora: Martim de Burgos, 1593. [35], 259 [i. é 260], [1], 45, [1], [18]p.; folio (26 cm).
V. T. 18-9-16
Esta obra foi escrita por André de Resende, natural de Évora, justamente considerado como o mais sábio arqueólogo português do século XVI; composta inicialmente por ele, foi depois acrescentada com o "Liber quintus de antiquitate municipij eborensis" da autoria de Diogo Mendes de Vasconcelos. 1[a] edição. Verso da

página de rosto em branco; as páginas preliminares inserem várias peças, das quais se destacam as licenças e o alvará régio, o índice nas 2 p. seguintes, a aprovação de Luís da Silva Brito e a licença do arcebispo de Évora permitindo a impressão da obra; no verso desta, composto em caracteres itálicos, um epigrama latino de Luís da Silva de Brito dirigido a Diogo Mendes de Vasconcelos; nas 2 p. seguintes pode ver-se a epístola-dedicatória a Filipe II; nas p. 11-20 ocorre a biografia de André de Resende, cartas-dedicatórias, poesias em latim, começando o texto na p. 1, dividido em 4 livros; na segunda série de páginas ocorre uma pequena autobiografia de Diogo Mendes de Vasconcelos e o referido "Liber quintus" de sua autoria; no final estão as erratas e nas [17] p. seguintes o índice disposto a 2 colunas. Toda a obra está escrita em latim exceto as licenças e o alvará. A página de rosto tem pequenas tarjas formadas por filetes decorativos, pouco elaborados e mal justapostos; a composição tipográfica do texto é cuidada, com letras iniciais de desenho de fantasia, tarjas e vinhetas ornamentais no início e final dos livros, todos gravados em madeira; o texto está impresso em caracteres redondos de dois corpos, sendo menores os do livro V e enriquecido com numerosas gravuras contendo inscrições epigráficas antigas. Ausência de reclamos. Título corrente. Sem taxa. A numeração das páginas apresenta incorreções, estando na maioria delas inscrito na frente o número par e no verso o número ímpar.

BIBLIOGRAFIA: B. Machado, 1, p. 165; Palha, 2744; Az.-Sam., 2761; Anselmo, 431; D. Manuel II, 232; Palau, 262168; BGUC, 2074; BM, p. 18; Faria e Pericão, 11; BNRJ, p. 65; BNP, 791; BPMP, 365.

Belo exemplar, bem conservado, apenas com vestígios de traça e pequenos restauros, sem ofender o texto, nas p. 92-138 e na p. inumerada final. Muito aparado à cabeça, chegando a atingir o título corrente. Papel de diferentes espessuras, estando a maior parte do exemplar impressa em papel muito fino. Pequenas notas manuscritas, algumas das quais emendando o texto impresso; falta a folha em branco que deveria preceder o índice final, daí que o caderno esteja incompleto, faltando igualmente a última folha final que deveria também estar em branco.

Bela encadernação recente, em pele branca com dourados na lombada de 5 nervos e rótulo vermelho; pastas e seixas douradas; ex-libris do V. T. na guarda da pasta superior; corte vermelho; esta encadernação é da autoria de Frederico de Almeida de Lisboa.

Proveniência: foi adquirido pelo Visconde da Trindade aos herdeiros do Dr. Motta Gomes em 8-12-1960.

107 - RESENDE, Garcia de, ca1470-1536

Choronica / qve tracta da vida e / grandissimas virtvdes, e / bondades, magnanimo esforço, excellentes coſtumes, / & manhas, & claros feytos do Chriſtianiſsimo / Dom Ioão ho segundo deſte nome: / & dos reys de Portugal ho decimo tercio / de glorioſa memoria. / Começado de ſeu naſcimento, & toda ſua vida ate hora / de ſua morte: / com outras obras que adiante ſe ſeguem. / Feyta per Garcia de Reſende. / Derigido ao excellente principe, & sereniſsimo senhor Dom Aluaro d'Alemcaſtro, Dvque. &c./ [brasão do Duque de Aveiro]. Em Lisboa / Impreſſa em caſa de Simão Lopez mercador de liuros: / com licença da Sancta Inquiſição. / Anno do Senhor 1596.
Lisboa: Simão Lopes, 1596. [6], cxxxiiij, [4]f.; 8º (28 cm).

V.T.18-10-18

Segundo Anselmo[204] são conhecidos dois exemplares na Biblioteca Nacional [205], na Torre do Tombo, na Biblioteca Municipal do Porto, na Biblioteca da Marinha, em Braga, em Guimarães (na

---

[204] Cfr.: ob. cit., 816.
[205] Na realidade há quatro.

Sociedade Martins Sarmento) e em Berlim; há que acrescentar a este número mais cinco exemplares: na Biblioteca de Fernando Palha (Harvard, E.U.A.), em Vila Viçosa (D. Manuel II), em Évora, na Biblioteca municipal de Santarém e o que se descreve. No verso da p. de rosto, a "Enformação do Padre reuedor" e a licença da Inquisição; das p. preliminares inumeradas constam: 1 p. com a dedicatória do autor ao Duque de Aveiro (v. em branco); as 6 p. seguintes contêm as "Virtudes, feições, costumes & manhas del Rey Dom João ho segundo", rematando com um soneto de André Falcão de Resende; o texto começa na f. j, e está dividido em 216 capítulos e segue até à f. 134 v. onde remata com o cólofon; seguem-se os três últimos assuntos versados que estão fora dos capítulos, a saber: "Tresladaçam do corpo del rey Dom João segundo,", a "Entrada del Rey Dom Manoel em Castella" e a "Hida da Infanta dona Breatiz [sic] pera Saboya"; a "tavoada" ou sumário ocupa as últimas 7 p. (inumeradas), estando o verso da última p. em branco. Título impresso em caracteres redondos e itálicos de vários corpos, com linhas impressas alternadamente a vermelho e negro e texto disposto a duas colunas, rodeado por uma linha, isento de glosas marginais, pontuado por numerosas iniciais capitais de vários corpos e famílias de caracteres. Numeração romana.

BIBLIOGRAFIA: B. Machado, 2, p. 328; Inoc., 3, p. 40; Palha, 2847; Anselmo, 816; D. Manuel II, 247; BM, p.18; BPADE, 910; BNP, 803; BPMP, 366.

Bom exemplar, ligeiramente manchado de humidade e manuseamento na p. de rosto e seguintes. Papel de diferentes espessuras. Leves picos de traça, pequeno restauro à cabeça na p. de rosto e na f. 34 sem ofender o texto; discreta rotura na f. 134 atingindo o texto.

Encadernação em pele castanha marmoreada; lombada de 5 nervos profusamente ornamentada a dourado com rótulo vermelho; corte igualmente vermelho.

Proveniência: foi adquirido pelo Visconde da Trindade no leilão da Livraria do Dr. Motta Gomes em 25-9-1955, em conjunto com outras obras.

108 - RESENDE, Garcia de, ca1470-1536

[Em portada onde avultam ao alto, do lado esquerdo a esfera armilar e à direita o escudo de armas reais portuguesas encimado por viseira e grifo, pode ler-se, disposto em "cul de lampe" o título, rodeado por tarjas decorativas:] Livro das / obras de Garcia de Reeſende, que tracta da vida & grandiſſi/mas virtudes & bõdades: maganimo eſforço, excelentes / coſtumes & manhas & muy craros feitos do chriſtiani-/ſſimo: muito alto & muito poderoſo principe El Rey / Dom Ioam ho ſegundo deſte nome: & dos Reys / de Portugal ho trezeno de glorioſa memoria: / começado de ſeu nacime[n]to & toda ſua vida / ate ha ora de ſua morte: cõ outras obras / q[ue] adiante ſe ſegue[m]. Vay mais acreſce[n]- /tado nouamente a eſte liuro hu[m]a / miſcellanea e[m] trouas do meſ-/mo auctor & hu[m]a varieda/de de hiſtorias, cuſtu- / mes, caſos, & couſas /que em ſeu te[m]po / accõteſcerã/1554

[Évora: André de Burgos, 1554]. [6], 134, 23, [4 f.]; folio (25 cm).

V.T. 18-9-15

Trata-se da 2ª edição desta miscelânea das obras de Garcia de Resende, sendo a 1ª de 1545. Este volume inclui as obras em prosa e a miscelânea em verso daquele autor; no verso da folha de rosto pode ver-se o privilégio real cujo teor é o mesmo do da edição precedente; segue-se o prólogo do autor dirigido ao Rei, após o que vem um preâmbulo ou introdução que consta de uma espécie de resumo das virtudes de D. João II, terminando com um soneto de André Falcão de Resende; na f. 1 começa a crónica que acaba na f. 116 e que insere a "Vida e feitos del Rey Dom Iohan segvndo"; no verso desta última há três relatos, a saber: a "Trasladaçam do corpo del Rey Dom Ioham segvndo,", a "Entrada del Rey Dõ Manoel em Castella" e a "Hida da Iffante dona Breatiz [sic] a Saboya"; nas 23 folhas imediatas, ou seja, as que formam o segundo conjunto de folhas numeradas, decorre o texto da "Miscellanea e variedade de historias", cuja página inicial contém um prólogo e é enquadrada por tarjas de inspiração renascentista; o final deste texto é rematado pela expressão "Deo gratias", seguindo-se o cólofon e o brasão de armas dos Andrades; a "tavoada" ocupa as últimas 7 páginas e remata por novo cólofon, um pouco mais extenso, seguindo-se novo brasão dos Andrades (ou Freires)[206]. Na composição tipográfica, embelezada com letras iniciais de desenho de fantasia, empregaram-se apenas caracteres redondos; com exceção do frontispício, do alvará régio, do prólogo de Garcia de Resende, do soneto de André Falcão de Resende e dos dois registos finais, toda a composição tipográfica foi disposta a duas colunas por página, enquadrada por uma linha; o rosto foi impresso a vermelho e negro, tendo ao alto, como referido, do lado esquerdo a esfera armilar com a legenda "Spera in Deo et fac bonitatem", (impressa às avessas) e do lado direito o escudo de armas reais portuguesas com grifo no timbre; outras molduras figuram à cabeça de cada uma das peças que constituem o volume. Sem reclamos. Variados erros de foliação sem afetar a contagem. Ausência de licenças e taxa. A numeração do caderno A está repetida; foliação independente na Miscelânea, mas numeração de cadernos contínua. Glosas marginais apenas na Miscelânea.

---

[206] Nada se sabe das razões que levaram a reproduzir duas vezes o mesmo brasão na mesma obra.

BIBLIOGRAFIA: B. Machado, 2, p. 301; Inoc., 3, 40; Brunet, 4, col. 1247; Palha, 2846; Az.-Sam., 2769; Anselmo, 383; D. Manuel II, 80; Ensaios bio-bibliográficos, 2, p. 31; Palau, 262163; BPPD, 146; BM, p. 17; BNRJ, p. 67; BNP, 805; BPMP, 367.

O exemplar que se descreve pertenceu à Livraria dos Condes de Azevedo e de Samodães, cujo ex-libris se encontra na última f. preliminar inumerada junto ao soneto de André Falcão de Resende. Falta uma f. a seguir à f. 23 final que deveria estar em branco. Espelhado na f. de rosto junto ao pé (pelo lado do verso) e na f. seguinte junto ao corte; ligeiras marcas de traça sem ofender o texto; várias manchas de tinta e de humidade atingem o texto; muito aparado na página de rosto junto ao corte e em algumas folhas à cabeça e pé, quase cortando as tarjas ornamentais. As iniciais capitais e tarjas estão aguareladas à mão, o que acontece em grande parte dos exemplares. Notas manuscritas à margem à guisa de comentários, de várias épocas e punhos, assim como sublinhados ao texto; alguns destes comentários foram atingidos quando o exemplar foi aparado.

Belíssima encadernação recente, imitando o estilo renascentista, em marroquim verde, Expressamente executada para o Visconde da Trindade na Fundação Ricardo Espírito Santo; as pastas são ricamente ornamentadas a ferros dourados com as iniciais A.N. e V.T. (Alberto Navarro – Visconde da Trindade) em pequeno corpo nas pastas superior e inferior, respetivamente; lombada de 8 nervos, seixas trabalhadas e guardas de seda natural amarela; este volume encontra-se por sua vez inserido numa caixa igualmente verde, de cartão, em forma de livro, com cantos e lombada em marroquim verde e com o título inscrito na lombada.

Proveniência: foi adquirido pelo Visconde da Trindade nos Reservados da Livraria Coelho em 21-2-1958.

109 - ROL DOS LIVROS QUE NESTE REINO SE PROIBEM...

*Rol dos livros qve * neste reyno se prohibem / per o ſereniſsimo Cardeal Iffante, Inquiſidor Ge/ral neſtes reynos & senhorios de Portugal. Com / as Regras do outro Rol geral que veo do ſancto / Concilio, trasladadas em linguage vulgar / por mandado do dito senhor, pe/ra proveito daqueles que / carecem da língua / latina /*/ [brasão de armas do Cardeal-Infante D. Henrique] Impreſſo em Lixboa per Franciſco Correa/ impreſſor do Cardeal Iffante / noſſo ſenhor. / Anno de 1564. No mes de Octubro. / Com priuilegio real.

Lisboa: Francisco Correia, 1564. [24]p.; 4° (19 cm).

V.T.18-7-24

Trata-se da versão portuguesa[207] do "Index Librorum prohibitorum", uma e outra mandadas fazer pelo Cardeal-Infante D. Henrique. Barbosa Machado [208] que atribui aquela versão latina a Francisco Foreiro, não menciona esta versão portuguesa. São conhecidos oito exemplares, além do que se descreve: na Biblioteca Nacional (dois), em Évora, (dois), na Biblioteca da Ajuda, na BGUC, em Harvard (Biblioteca de Fernando Palha) e o que pertenceu a D. Manuel II.

No verso da página de rosto figura o privilégio real, idêntico ao que está na versão latina; na frente da p. [3], a Provisão do Cardeal-Infante, traduzida da versão latina; no verso da mesma p. e nas 4 p. seguintes, a Bula do Papa Pio IV; da frente da p. [9] até à p. [11] e parte da p. [12], o proemio sobre o catálogo dos livros defesos feito pelo padre Francisco Foreiro; seguem-se as "Regras do livro" e depois a lista dos "Livros que se prohibem", rematando esta lista o fac-símile da assinatura de Fr. Manuel da Veiga. Este rol é bastante mais reduzido do que o da versão latina. Título em

---

[207] A versão latina deste mesmo texto nesta coleção, está descrita sob o n° 54.
[208] Cfr.: ob. cit., 82, p. 139.

caracteres redondos e itálicos de vários corpos rodeado por uma linha dupla e texto composto em caracteres redondos e itálicos, esmaltado por iniciais capitais historiadas, rodeado por uma linha dupla, exceto na última p. Paginação inumerada.

BIBLIOGRAFIA Inoc., 10, 246; Palha, 4453; Anselmo, 475; D. Manuel II, 323; BPADE, p. 924; BGUC, 1283; BNP, 825; BPMP, 380.

Exemplar em bom estado de conservação, apenas espelhado no canto inferior da última folha, não ofendendo o texto.

Encadernação inteira em pele, ornamentada com ferros secos nas pastas e lombada de 4 nervos, idêntica à do "Index librorum prohibitorum" com o qual se encontra encadernado na maioria dos exemplares.

110 - ROSÁRIO, Diogo do, O. P., -- 1580

[Inserido em portada de estilo arquitetónico, tendo ao alto a imagem da Virgem Maria com o Menino e, de um lado S. Frutuoso e S. Martinho e do outro S. Geraldo e S. Pedro, encontra-se o título:] Flos / Sancto-/rvm das vi-/das e obras in-/signes dos santos. / Com muitos sermões & praticas / eſpirituaes, que ſeruem pera / muitas feſtas do anno. / Viſtas & cotejadas com os ſeus originaes / authenticos, polo padre Frey Diogo / do Rosayro, da Ordem de Sam / Domingos. / Por mandado do illuſtriſs. & Reuerendiſs. ſeñor / dom Frey Bertolameu dos Martires, Arcebispo & ſeñor de Braga, Primas, &c. / ¶ Agora neſta vltima impreſſam emendado/ com muita diligencia, & acrecentado de nouo / algu[m]as vidas de Sanctos, como ſe vera na taboada. / Com licença do Conſelho geeral da Sancta Inquiſi-/ção, & do Ordinario. / A cuſta de Ioão Deſpanha, & Miguel Darenas li-/ureiros. Com priuilegio real. 1590.

[Lisboa: Baltasar Ribeiro]: a custa de João de Espanha & Miguel de Arenas livreiros, 1590. [6], 389 f.; 8° (32 cm).

V.T.18-9-9

Obra muito rara: Anselmo [209] não viu nenhum exemplar desta 3ª edição, tendo extraído a sua notícia de outra fonte, que refere um exemplar mutilado na Biblioteca Pública do Porto[210]; Inocêncio, por seu lado[211], diz ter visto um exemplar da Biblioteca Nacional; existem ainda exemplares em Évora e na Biblioteca Nacional do Rio de Janeiro. Quanto à autoria, as palavras do título "vistas & cotejadas com os seus originaes authenticos" levaram Inocêncio a duvidar se Frei Diogo do Rosário seria realmente o autor da obra ou se se tinha limitado a rever e cotejar as vidas dos santos; no entanto, a explicação encontra-se na f. [3] do "Prohemio" onde o autor dá conta da sua colaboração efetiva na obra. No verso da p. de rosto pode ver-se o alvará régio seguido das licenças; as 3 páginas seguintes conteem o "Prohemio", figurando no verso da última p. um penitente com uma cruz na mão esquerda e a legenda ao alto "Penitenciam agite"; a taboada ocupa as 5 p. seguintes, rematando-a uma vinheta; o verso da última p. está em branco; o texto começa na f. 1 e segue até à f. 389 frente rematando com a expressão "Laus Deo", seguindo-se as licenças e o cólofon; o verso desta p. está em branco. Título impresso em caracteres redondos e itálicos de vários corpos; texto disposto a 2 colunas em caracteres góticos, exceto os títulos que estão impressos em caracteres redondos. Segundo Inocêncio[212], esta terá sido a última obra impressa em caracteres góticos, já que na data em que a obra foi impressa, esta espécie de tipos "estava já de todo fora de uso"; outra singularidade desta obra provém do facto de ela ser originária dos prelos de Baltasar Ribeiro de que só se conhece uma produção do ano de 1591; está esmaltado com numerosas

---

[209] Cfr.: ob. cit., 990.
[210] Cfr.: ob. cit., 383.
[211] Cfr.: ob. cit., 2, p. 173.
[212] Cfr.: ob. cit., 2, p. 173.

gravuras, como era de uso neste tipo de obras, de desenho um pouco grosseiro, repetindo-se frequentemente as imagens, o que acontecia amiúde, desde que os atributos dos santos fossem os mesmos; outros ornamentos, tais como cabeções, figuram no início das diferentes vidas dos santos; estas estão ordenadas segundo o ano litúrgico, como é tradicional nas hagiografias. Erros de foliação sem afetar a contagem.

BIBLIOGRAFIA: Inoc., 2, 173; Anselmo, 990; BPADE, p. 926; BNRJ, p. 33; BPMP, 383.

Exemplar em relativo bom estado de conservação, apresentando manchas de manuseamento e discretos picos de traça. Papel ligeiramente acidificado em algumas folhas; na p. de rosto, à cabeça e pé, apresenta uma nota manuscrita a letra e tinta da época, provavelmente uma cota: "cax 110"; nas primeiras folhas encontra-se manuscrita por cima da foliação impressa a foliação por extenso. Espelhadas algumas folhas de modo um pouco grosseiro.

Encadernação inteira em pele castanha sobre pastas de madeira, profusamente trabalhada a ferros secos, ligeiramente picada de traça na pasta superior; a meio das pastas figura o super-libros do Visconde da Trindade gravado a ouro; lombada de 5 nervos ornamentada a ouro, com rótulo vermelho e o título igualmente gravado a ouro; corte vermelho.

Proveniência: foi adquirido pelo Visconde da Trindade nos Reservados da Livraria Coelho em 28-5-1959.

111 - SABÉLICO, 1436-1506

[Em portada de estilo arquitetónico, pode ver-se ao centro o escudo de armas reais portuguesas ladeado por dois anjos com a cruz de Cristo; de cada lado, insertos nas colunas laterais, de um lado a figura de Hércules sustentando o mundo e do outro a mesma figura em atitude de luta; na cartela inferior, um medalhão redondo com figura de perfil; a meio da portada, encimado pela marca tipográfica de Luís Rodrigues, o título:] Coronica / geral de Marco An-/tonio Cocio Sabelico / Des ho/começo do mundo / ate / noſſo tempo. / Treſladada de latim em longoage[m] portu-/gues por Dona Lianor filha do Marques de Vila Real Dom Fernando. / Dirigida aa muyto alta et muyto poderoſa / ſenhora Dona Catherina Raynha de Por/tugal. Molher do muyto alto et muyto po/deroſo ſenhor Dom Joam terceyro Rey de / Portugal deſte nome: et quinto decimo no /conto dos Reys delle./ M.D.L. ¶ Foy viſta & examinada a preſente obra / pollos ſenhores inquiſidores & deputa/dos da Sancta Inquiſiçã, & com / ſua autoridade impreſſa. [minúscula vinheta].

[Coimbra: João de Barreira e João Álvares], 1550-1553. 2 vol.: Vol. I: [8], CCCLXIII; Vol. II: [8], CCCCXXIII p.; 8° (30 cm).

V.T. 18-10-16/17

Há notícia de sete exemplares da 1ª parte: quatro na Biblioteca Nacional, um na Biblioteca da Ajuda, outro na Biblioteca Nacional do Rio de Janeiro e ainda o exemplar que pertenceu a Fernando Palha (Harvard, E.U.A.); apenas da 2ª parte existem exemplares na Biblioteca Nacional, na Biblioteca da Ajuda e na Academia das Ciências e dois na Biblioteca Nacional do Rio de Janeiro, além do que existe na Livraria Visconde da Trindade. A tradutora da obra foi Leonor de Noronha, filha do Marquês de Vila Real, conforme informa o título; algumas bibliografias apresentam o seu nome como sendo o do autor, tal como Inocêncio[213]. A obra está dividida em duas partes, cada uma das quais repartida em 9 livros, estando a 1ª parte subdividida em 123 capítulos e a 2ª em 151; no verso da p. de rosto está representado, inscrito em

---

[213] Cfr.: ob. cit., 5, p. 179.

gravura retangular, o escudo de armas reais portuguesas encimado por viseira, coroa e grifo e rodeado por paquifes; na f. [2] r. pode ver-se a dedicatória da tradutora à rainha D. Catarina; no verso e nas 2 p. seguintes, a 2 colunas, está a "Tauoada dos capítulos"; o prólogo vem em seguida, dirigido pelo autor ao leitor; o texto, dividido em 9 livros, como referido, inicia-se na p. 1 e segue até à p. 348 rematando com o cólofon disposto em "cul de lampe", seguindo-se o "Capítulo de Job" desconhecido de Inocêncio, mas citado por Sousa Farinha no seu "Summario da Bibliotheca Lusitana de Barbosa"; este capítulo remata com o cólofon em "cul de lampe" na p. 363 (ou seja, 362); na 2ª parte da obra, com portada igual à da 1ª, vem no verso da p. de rosto uma gravura igual à da 1ª parte, seguindo-se a licença assinada pelo dominicano Jerónimo de Azambuja; seguem-se 5 p. com a "Tauoada dos capítulos"; o prólogo do autor figura na última p. inumerada, tendo sido elaborado um texto expressamente para esta 2ª parte; o texto está, como na 1ª parte, dividido em 9 livros e remata com o cólofon em "cul de lampe" e uma curiosa advertência quanto aos erros de impressão; o verso desta última p. está em branco. Título impresso em caracteres redondos e góticos e texto disposto a 2 colunas impresso em caracteres góticos; a taboada é igualmente impressa a 2 colunas mas em tipo redondo e o prólogo, disposto a uma só medida, foi composto em itálico; foi empregado igualmente este tipo no início de alguns livros e à cabeça do "Capítulo de Job"; iniciais capitais de desenho de fantasia e de diverso corpo no início dos capítulos; uma linha enquadra o texto. Glosas marginais em caracteres góticos de menor corpo. Ausência de reclamos. Erros de paginação afetando a contagem.

BIBLIOGRAFIA Inoc., 5, p. 179; Palha, 2381; Az.-Sam., 2223; Anselmo, 1ª parte, 271, 2ª parte 294; BNRJ, p. 24; BM, p. 6; BNP, 833.

Pertenceu à Casa de Azevedo-Samodães, cujo carimbo figura na p. de rosto de ambas as partes; posteriormente pertenceu, segundo apontamentos do Visconde da Trindade, à biblioteca de Vítor de Ávila Peres, embora não figure no respetivo catálogo, o que aconteceu com muitas raridades pertencentes a esta mesma livraria. Exemplar em bom estado de conservação. Nota manuscrita no verso da p. de rosto, provavelmente um pertence, posteriormente apagado, o que esborratou a tinta; uma outra nota manuscrita no final do vol. I remete-nos para uma provável cota: "Cax 107"; outras pequenas notas manuscritas ao longo dos dois volumes. Pequenos restauros; no volume II surgem frequentemente ao longo do texto algumas prováveis notas de censura sob forma de pequenos fragmentos de papel colados sobre algumas frases, ocorrendo mesmo por vezes a pintura de pequenos elementos a vermelho e dourado para ocultar determinadas palavras.

Encadernação em "chagrin" vermelho escuro com filetes dourados paralelos nas pastas e os dizeres "Livraria do Visconde de Azevedo" na pasta superior; lombada de 5 nervos com o título inscrito a dourado.

Proveniência: foi adquirido pelo Visconde da Trindade nos Reservados da Livraria Coelho em 21-2-1958.

112 - SÃO DOMINGOS, António de, O. P., 1531-1596

[Em portada arquitetónica gravada em madeira, ornamentada com figuras humanas e de animais pode ler-se o título:] Começam as / vidas de algu[n]s / Sanctos da Or-/dem dos Pre-/gadores. / Tiradas da terceyra parte do hi-/ſtorial de S. Antonino. E de /algu[m]as outras hiſtorias auten/ticas, em lingoagem / portugues.

[Coimbra: João de Barreira e João Álvares, 1552]. [4]. 203, [4]p.; folio (27 cm).

V. T. 18-10-1

Obra muito rara: Anselmo não viu qualquer exemplar[214], extraindo a sua notícia de Nepomuceno. O nome do autor vem expresso apenas na declaração final no verso da p. 203; trata-se de Frei António de São Domingos, frade da Ordem de S. Domingos. Verso da p. de rosto em branco, seguindo-se o prólogo, começando o texto na p. 1 e rematando com a palavra "Finis"; nas 4 p. inumeradas finais pode ver-se, como referido, a declaração de autoria e o registo do lugar, nome do impressor e data, a que se segue uma advertência acerca dos erros tipográficos da impressão; nas p. [2 a 4], impresso a 2 colunas, está o índice das vidas de santos e religiosos incluídas no volume e dos capítulos em que as mesmas estão divididas; este índice está precedido por um sumário impresso a uma só medida; a fechar a segunda coluna da última página, a usual expressão "Laus Deo"; o verso desta última p. está em branco. Título impresso em caracteres redondos de dois corpos; o prólogo, impresso em itálico, está disposto a uma só medida, enquanto o texto se apresenta impresso em caracteres redondos a 2 colunas, ornamentado com iniciais capitais de vários corpos e de diferentes estilos; a declaração final está disposta a uma só medida e o índice a 2 colunas. O título corrente varia conforme o assunto que o texto versa. Ausência de reclamos.

BIBLIOGRAFIA: Inoc., 1, p. 127, 613; Az.-Sam., 3073; Anselmo, 285; BPADE, 1082; BNP, 842.

Pertenceu à Livraria da Casa de Azevedo-Samodães cujo carimbo remata o prólogo (p. [4] preliminar); há um outro pertence manuscrito "Campos" inscrito junto ao cólofon. O exemplar tem a folha de rosto totalmente espelhada no verso e alguns restauros em outras folhas, sobretudo no corte exterior; manchas de manuseamento.

---

[214] Cfr.: ob. cit., 285.

Belíssima encadernação italiana das oficinas do florentino Giulio Giannini feita expressamente para o V. da T.; é executada em pele castanha clara com belíssimos dourados nas pastas, guarnecida com ferros dourados nos cantos, fechos dourados e lombada de 4 nervos; no verso da pasta superior, o ex-libris do Visconde da Trindade; corte rosado; uma caixa de cartão proteje o exemplar.

Proveniência: foi adquirido pelo Visconde da Trindade nos Reservados da Livraria Coelho em 21-2-1958.

113 - SÃO MIGUEL, Diogo de, O.E.S.A., 15--

* Exposiçam da Regra */ do glorioſo Padre ſancto Auguſtinho, copila-/da de diuerſos authores, por frey Diogo / de ſam Miguel da Ordem dos Ere-/mitas do meſmo doctor / da Prouincia de / Portugal. [gravura retangular em madeira representando em primeiro plano Santo Agostinho, vendo-se ao fundo o mar onde navegam barcos, uma cidade e duas figuras humanas à esquerda, uma delas com báculo, tudo rodeado pela legenda * "Avgvstine lvx doc-/torvm firmamentvm ec-/clesiae mallevs here/ticorvm svmmvm vas sciencie"] ¶ Quicunq[ue] hanc regvlam ſequuti fuerint pax Dei / ſuper illos Miſericordia. / ¶ Vendenſe á porta da See, em caſa de Chriſtouam / Lopez liureyro, a dous toſtões em papel. / ¶ Foy impreſſo em Lixboa em caſa de Ioannes Blauio de Agrip=/pina Colonia. Anno de 1563.

Lisboa: João Blávio, 1563. [4], 208 f.; folio (28 cm).

V. T. 18-10-8

São conhecidos apenas nove exemplares: três na Biblioteca Nacional, na Biblioteca do Porto, Biblioteca de Évora, Biblioteca de Ponta Delgada, o de D. Manuel II (Vila Viçosa), o dos Reservados da Biblioteca Geral da Universidade de Coimbra e o que se descreve. No verso da p. de rosto, a aprovação de frei Manuel da Veiga e a licença do Vigário Geral da Ordem de Santo Agostinho em Portugal, frei Luís de Montoya; na f. [2], a dedicatória à rainha D. Catarina está seguida por dois epigramas latinos de frei Pedro da Graça; nas f. [3-4] a "tavoada" ou sumário que remata com as erratas; na f. 1 r. começa o texto que decorre até à f. 208 r., rematando com o cólofon e no verso a marca do impressor. Título em caracteres redondos e itálicos de vários corpos, dedicatória em itálico e texto composto em caracteres redondos; títulos dos capítulos em itálico; toda a composição tipográfica é adornada com letras iniciais de desenho de fantasia (algumas historiadas com cenas bíblicas); impressão em papel de linho. Erros de foliação sem alterar a contagem. Título corrente; glosas marginais.

BIBLIOGRAFIA B. Machado, 1, p. 662; Inoc., 2, 195; Az.-Sam., 3096; Anselmo, 355; D. Manuel II, 317; BPADE, 942; BPPD, 159; BGUC, 2217; BNP, 843; BPMP, 390.

Pertence manuscrito: "Este liuro he de dona Brites de menezes q[ue] Deus fasa santa assim como ela dezeja"; outras notas manuscritas inscritas na última folha, de um lado e de outro da marca tipográfica: "minha sñra aja bom = corasão vivam vm mtos anos p^a me fazer sempre merses" e ainda "Jesus Mª Joze"; na guarda inicial há uma nota manuscrita mais recente, datada de 1872 e relativa ao preço que a obra então custou. Exemplar em bom estado de conservação, embora apresente a p. de rosto espelhada junto ao corte dianteiro, assim como a folha final; ligeiramente manchado de humidade.

Encadernação em pele castanha marmoreada, com dourados na lombada de 5 nervos e o título inscrito em rótulo vermelho; ex-libris do Visconde da Trindade colado no verso da pasta superior.

114 - SENTENCIAS QUE HASTA NUESTROS TIEMPOS PARA EDIFICACION DE BUENOS COSTUMBRES...

[Enquadrado por uma portada igual à da 1ª edição de "Os Lusíadas":] * Primera parte / de las sentencias / que haſta nueſtros tiempos, para edifica/cion de buenos coſtumbres, eſtan por di/ uerſos autores eſcriptas, eneſte [sic] tratado / ſummariamente referidas, en ſu / propio eſtilo. Y traduzi-/das en el nueſtro / comun. / Conueniente licion, a toda / ſuerte y eſtado de / gentes. / M. D. LIIII.

[Lisboa: Germão Galhardo, 1554]. [166]f.; 4º (21 cm).

V.T. 18-8-6

São conhecidos dois exemplares na Biblioteca Nacional (censuradas as sentenças de Erasmo), Évora, Porto e BGUC, segundo Anselmo[215]; acrescente-se a este número mais quatro exemplares: o de Fernando Palha (Harvard, E. U. A.), o do British Museum, o de D. Manuel II e o que se descreve. O nome do compilador das "Sentencias", André Rodrigues de Évora foi atribuído por Luís de Matos. Verso da p. de rosto em branco; as folhas preliminares inserem o prólogo ao leitor (3 p.), os nomes dos autores que escreveram as sentenças (1p.), um aviso ao leitor a meio da p. seguinte, começando o texto no verso, escrito em latim e castelhano, disposto frente a frente, impresso nos versos e retos das folhas, respetivamente; as últimas 6 p. compreendem a "Respuesta a algunas objecciones..." e na última p. figura o cólofon. Título impresso em caracteres redondos de vários corpos; texto composto em caracteres redondos, realçado com vários caldeirões e com iniciais capitais de desenho de fantasia. Paginação inumerada. O título corrente muda conforme as citações que o autor faz no texto. Ausência de licenças.

---

[215] Cfr.: ob. cit., 654.

BIBLIOGRAFIA Inoc., 7, 168; Palha, 395; Az.-Sam., 2846; Anselmo, 654; D. Manuel II, 84; Palau, 308821; BGUC, 2239; BM, p. 19; BPADE, 947; BNP, 847; BPMP, 392.

Exemplar em muito bom estado de conservação, ligeiramente manchado de humidade junto ao festo. Muitas das sentenças estão realçadas a tinta com pequenos desenhos manuscritos representando uma pequena mão a apontar.
Encadernação recente em pergaminho com filete dourado nas pastas, lombada de 4 nervos com dourado e rótulo vermelho com o título inscrito. Fitilho branco; é da autoria de Frederico de Almeida de Lisboa.
Proveniência: foi adquirido pelo Visconde da Trindade no leilão da Livraria do Dr. Motta Gomes em 25-9-1955 em conjunto com outras obras.

115 - SERAFINO, da Fermo, ca. 1496-1540

Tratados de vi-/da ſpiritual, que enſeñan como el hõ-/bre ſubira del eſtado del pecca-/do a la cumbre de la perfection. / [pequena vinheta] Impreſſos por mandado, y con approbacion del / muy alto y illustriſsimo ſeñor don Enrri-/ que Cardenal dela ſanta igleſia ro-/ mana, Infante de Por-/tugal, etc. [minúscula vinheta] En Coymbra. M.D.LI. / Com priuilegio real.
Coimbra: [João de Barreira e João Álvares], 1551. [8], 208, 280 p.; 8º (15 cm).
V. T. 18-7-6
Obra rara: segundo Anselmo[216], há dois exemplares na Biblioteca Nacional e em Évora há três; acrescente-se a este número um outro na Biblioteca Pública de Ponta Delgada, um na BGUC, o que pertenceu a El Rei D. Manuel II e o que se descreve. Esta obra não

---

[216] Cfr.: ob. cit., 284.

tem o nome do autor mencionado na página de rosto, mas apenas no verso desta; quanto ao tradutor, ignora-se o nome, que nem sequer é mencionado por Sousa Viterbo quando, na sua "Litteratura espanhola em Portugal", refere esta obra[217]; o nome do impressor também não vem expresso, sendo, segundo as bibliografias consultadas, particularmente Anselmo, João de Barreira e João Álvares[218]. No verso da p. de rosto está o sumário que indica os tratados contidos nos 2 volumes da obra; da f. [2-6] decorre o prólogo e na p. 1 começa o texto com o"Libro de la conversion del pecador al amor de Dios", rematado na p. 208 com a frase "Final del libro de la diſcrecion"; a 2ª parte da obra começa com nova numeração com o "Espejo del alma" que vai até à p. 104, iniciando-se na p. seguinte o "Tratado de la oracion" que decorre até à p. 211, onde começa "Otro tratado del miſmo autor" até à p. 275; aqui pode ver-se uma espécie de epílogo "al lector" fechando na p. 280 com a subscrição final. Na composição tipográfica da página de rosto, os dizeres, impressos em caracteres redondos e itálicos, estão dispostos em duplo "cul de lampe", pretendendo dar um ar mais harmonioso à composição tipográfica, em que o texto que se segue é igualmente impresso nos mesmos caracteres, esmaltado com letras iniciais de desenho de fantasia de vários corpos. Erros de paginação sem afetar a contagem. Ausência de reclamos, de taxa e de licenças expressas.

BIBLIOGRAFIA : Az.-Sam., 3161; Anselmo, 284; D. Manuel II, 289; Palau, 328253; BPADE, p. 248; BPPD, 173; BGUC, 1014; BNP, 848; BPMP, 394.

Exemplar em bom estado de conservação, ligeiramente manchado de humidade ofendendo o texto. Há um corte da censura

---

[217] Cfr.: ob. cit., p. 398-399.
[218] Cfr.: ob. cit., 284.

nas p. 130-131 (numerada erradamente 13) da 2ª parte "Espejo del alma". Aparado.

Encadernação da época em pele castanha marmoreada, com lombada de 4 nervos; super-libros do Visconde da Trindade gravado a ouro em ambas as pastas.

116 - SILVA, Jorge da, --1578

[Inserido em portada arquitetónica gravada em madeira, constituída por um frontão, colunas laterais e cartela inferior, sob uma gravura representando Cristo crucificado ladeado pela Virgem Maria e S. João, encontra-se o título:] * A paixã de Jeſu xpo noſſo / Deos et ſñor aſſi como a eſcreve[m] os qua/tro euangeliſtas: et como a decrarã os /ſanctos: et doctores catholicos.

[S. l.: André de Burgos (?), 1551?]. [6], 9-62 f.; 4°(20 cm).

V.T. 18-8-3

Muito raro. Anselmo[219] faz a sua descrição a partir do catálogo de Castelo Melhor, a cuja livraria tudo leva a crer que pertenceu o exemplar que se descreve. Impresso sem nome de autor, é normalmente atribuído a D. Jorge da Silva e dela fez André de Burgos duas edições, segundo expressamente afirma Martim de Burgos no prefácio da edição de 1589; uma dessas edições, a 2ª, deve ser esta que apresenta a data de 1551 na aprovação de frei Jerónimo de Azambuja, deputado da Inquisição, que figura no verso da página de rosto; nas 2 p. seguintes pode ver-se a "tavoada" ou sumário e na seguinte os títulos das matérias que se contêm no livro, ou seja: "A paixam de Jesu Christo..." tal como vem no título, o "Tratado dos proveitos que vêm aos homens de serem membros de Jesu Christo" e "Hum breve aparelho pera tomar o Sãctissimo Sacramento"; o verso desta página está totalmente

---

[219] Cfr.: ob. cit., 379.

ocupado com uma gravura em madeira, de desenho um pouco rude, representando Cristo crucificado ladeado pela Virgem Maria e S. João, tendo dois anjos suspensos que recebem em cálices o sangue que mana dos cravos das mãos; nos cantos superiores, de um lado o sol e do outro a lua; esta mesma gravura figura na p. de rosto do "Missale secundum consuetudinem elborensis ecclesie" impresso em Lisboa por Germão Galhardo em 1509; seguem-se 6 páginas com o proemio e na f. 9 a "oração do orto" que é o capítulo 2, seguindo a "tavoada"; a obra divide-se em 40 capítulos, tendo o último a epígrafe "Lamentação ao corpo do Señor" que remata na f. 45 v. com o usual "Laus Deo"; na p. seguinte pode ver-se a "Elegia a Madanela" [sic] que decorre até à f. 48 v.; na f. seguinte vem o "Tratado dos proveitos"; na f. 58 v., o "Breve aparelho..." que remata a obra na f. 62 v. Título impresso em caracteres góticos de dois corpos; texto igualmente composto em caracteres góticos, realçado com caldeirões nos títulos dos capítulos. Numerosos erros de foliação, havendo folhas sem qualquer numeração. O título corrente varia consoante o texto. Ausência de reclamos.

BIBLIOGRAFIA: Inoc., 6, 1; Anselmo, 379; BNRJ, p. 68.

Exemplar em bom estado de conservação; apresenta uma nota manuscrita na p. de rosto à cabeça, que se transcreve: "O Pe Joze Caetano de Mesquita Prior de S. Lourenço/ deu este liuro ao Marqz de Castello Mor"; esta nota está manuscrita por dois punhos e com tintas diferentes, sendo que a segunda frase é posterior à primeira; deve tratar-se, portanto, do exemplar que Anselmo conheceu, pois a sua notícia bibliográfica foi copiada do catálogo de Castelo Melhor. Outras notas manuscritas à margem à maneira de comentários.

Encadernação em pele castanha com desenhos dourados na lombada e nervuras falsas; corte rosado.

Proveniência: foi adquirido pelo Visconde da Trindade nos Reservados da Livraria Coelho em 28-5-1959.

117 - TEIXEIRA, João, 15--

[Inserido em portada formada por quatro peças separadas e justapostas lê-se o título:] * Obra. * [Brasão de armas do Marquês de Vila Real ?]²²⁰ Que conte[m] hu[m]a oração do Dou/tor Luys Teixeira, feyta quãdo fi/zerão Cõde dõ Pedro de Meneſes, / Marques de Vila Real. E o treſla-/do della em portugues, por o meſtre Miguel Soares: dirigida / ao illuſtriſsimo Principe, & exce/le[n]te ſenhor dõ Miguel de Mene-/ſes. IIII. Marq[ue]s de Vila Real.
[Coimbra: João Álvares, 1562]. [40] p.; 4° (20 cm).

V.T. 18-8-10 (1)

Esta "oração" é da autoria de João Teixeira e foi recitada por ele no ano de 1489 na sua versão original em português quando D. João II elevou D. Pedro de Meneses de Conde a Marquês de Vila Real; a narração deste ato é feita por D. António Caetano de Sousa na "História Genealógica da Casa Real Portuguesa"²²¹, tendo colhido os elementos na Crónica de D. João II de Garcia de Resende, cap. LXXVII; a obra que agora se descreve contém primeiro a versão latina e depois a versão portuguesa do mesmo discurso; embora seja apontado como autor no primeiro opúsculo Luís Teixeira, ele apenas traduziu para latim a oração recitada por seu pai; o segundo opúsculo, a seguir descrito, contém a tradução portuguesa por Miguel Soares. Anselmo²²² apenas refere a existência de um exemplar na Biblioteca Nacional; existe ainda, além do que se descreve, e que pertenceu à Livraria da Casa de Azevedo-Samodães, um exemplar na Biblioteca Nacional do Rio de Janeiro. O texto começa no verso da página de rosto, está escrito em latim e remata na p. [40] com o cólofon, também ele redigido em

---

[220] Não há a certeza absoluta de que estas armas sejam as do Marquês de Vila Real. Cfr.: Anselmo, ob. cit., 90.

[221] Cfr.: vol. 5, p. 190.

[222] Cfr.: ob. cit., 90.

latim. Título em caracteres redondos e texto também impresso em caracteres redondos, exceto nas primeiras linhas que estão em itálico; uma elegante capital letra M inicia o texto. Paginação inumerada. Ausência de licenças e de título corrente.

BIBLIOGRAFIA: B. Machado, 3, p. 154; Inoc., 6, 1813 e 10, p. 409; Az.-Sam., 3333; Anselmo, 90; Palau, 328855; BNRJ, p. 71; BNP, 881.

O exemplar pertenceu à Casa de Azevedo-Samodães como referido acima, figurando o respetivo carimbo no verso da p. de rosto. Bom estado de conservação, apresentando algumas manchas acastanhadas à cabeça nas páginas iniciais.

Encadernado com a tradução portuguesa do mesmo opúsculo com a qual costuma correr, (embora apresentando numeração de cadernos independente), em belíssima encadernação em "chagrin" vermelho escuro, imitação "Padeloup", com as pastas totalmente gravadas a ouro, assim como a lombada e seixas; guardas de seda natural vermelha; inserido numa caixa protetora com os mesmos motivos dourados na lombada, imitando um livro.

Proveniência: foi adquirido pelo Visconde da Trindade nos Reservados da Livraria Coelho em 21-2-1958.

118 - TEIXEIRA, João, 15--

[Inserido em portada igual à do primeiro opúsculo, segue--se:] Oraçam que / teve Ioam Teyxeira / Chancarel mòr destes Reynos em / tempo del Rey dom Ioam o ſegun-/do de Portugal et do Algarue, et / ſenhor de Guinè, quando deu a di-/nidade de Marques de Vila Real / ao illustre et muyto manifico dom / Pedro de Meneſes Cõde da meſma / vila, et de Ourem. No mês de /março, anno do nacimento / de noſſo Senhor Iesu / Chriſto

1489. / Agota [sic] nouame[n]te trefladada em por-/ tugues da atras pofta. Por o meftre / Miguel Soares. / Em Coimbra. Per Ioam Aluarez impreffor / da Vniuerfidade. / Vifta pelos fenhores Inquifidores. / M.D.LXII.
Coimbra: João Álvares, 1562. [46] p.; 4° (20 cm).
V.T. 18-8-10 (2)

Trata-se da tradução portuguesa da "oração" recitada por João Teixeira, feita por Miguel Soares, referida no opúsculo anterior. No verso da página de rosto começa uma carta do mestre Miguel Soares na qual explica como encontrou a versão latina feita por Luís Teixeira na Livraria de D. Miguel de Meneses, 4° Marquês de Vila Real e como a fez imprimir, juntamente com a sua versão em português; claramente ele o afirma na carta: "determinei tornala â sua orijem portugues natural"[223]; a carta de Miguel Soares remata na f. [2]r. com a palavra "Amen" e no verso desta f. começa o texto propriamente dito seguindo-se nas 2 p. finais a transcrição de uma doação que foi encontrada no livro dos registos de D. João II. Título impresso em caracteres redondos e itálicos de vários corpos; texto em caracteres redondos, de corpo menor na carta de Miguel Soares, com iniciais capitais também de diferente corpo. Paginação inumerada. Ausência de licenças e de título corrente.

BIBLIOGRAFIA: B. Machado, 3, p. 154; Inoc., 6, 1813; Az.-Sam., 3333; Anselmo, 91; Palau, 328855; BNRJ, p. 71; BNP, 880.

O estado de conservação do exemplar é em tudo semelhante ao do opúsculo anterior, com o qual está encadernado, assim como as restantes características físicas, notas manuscritas, corte e encadernação.

---

[223] Cfr.: Navarro, Alberto "Um enigma bibliográfico de fácil solução". Sep. do "Arquivo de Bibliografia Portuguesa", 5 (19-20), 1959.

Proveniência: foi adquirido pelo Visconde da Trindade nos Reservados da Livraria Coelho em 21-2-1958.

119 - VELAZQUEZ, Isidro, 15--

La / entrada / qve en el reino / de Portvgal hizo la S. C. R. M. / de Don Philippe, invictissimo / Rey de las Eſpañas, ſegundo deſte nombre, prime-/ro de Portugal, aſsi con ſu Real preſen-/cia, como con el exercito de / ſu felice campo / hecho por Iſidro Velazquez salamantino, andante en corte. / [Escudo de armas reais de Filipe II, emolduradas numa vinheta em forma de portada, ornamentada com figuras e com a legenda: "MVSIS SACRVM" e as iniciais do impressor M. L.] ¶ Impreſſo com licencia, examen, y aprobacion, por Manuel / de Lyra. A coſta de Symon Lopez librero.

[Lisboa?]: Manuel de Lira: à custa de Simão Lopes livreiro, [1583]. [4], 160 f.; 4º (22 cm).

V.T.18-8-1

Anselmo [224] refere a existência de três exemplares, dois dos quais na Biblioteca Nacional[225] e outro na Academia das Ciências; sabemos, porém, da existência de mais dois, além do que se descreve: um no British Museum e outro em Vila Viçosa (D. Manuel II). Verso da p. de rosto em branco; na f. [2] podem ver-se as licenças da Inquisição e no verso desta p. e frente da seguinte, 4 sonetos, dois deles dedicados ao autor e outros dois do próprio Isidro Velazquez; no verso, a dedicatória do autor ao monarca e nas duas seguintes um "Aviso" ao leitor que remata a meio da página com um cabeção formado por vinhetas justapostas; na f. 1 inicia-se o texto, dividido

---

[224] Cfr.: ob. cit., 734
[225] Um dos quais é variante.

em 152 capítulos, rematando na p. 160 com a usual expressão "Lavs Deo"; no verso desta p. pode ver-se o nome do impressor, a marca tipográfica que ocupa quase toda a página e a data; esta marca tipográfica é idêntica à usada por João Blávio, mas com as iniciais M. L. (Manuel de Lira) à cabeça. Título em caracteres redondos e itálicos de vários corpos; texto em caracteres redondos e itálicos esmaltado com iniciais capitais de diversos corpos e decoração. Erros de foliação não afetando a contagem. Ausência de taxa.

BIBLIOGRAFIA: Az.-Sam., 3477; Anselmo, 734; D. Manuel II, 3, 174; BM, p. 20; BNP, 916.

Este exemplar pertenceu a "V. Engelshofen 2647", carimbo que se encontra de um lado e de outro da vinheta que ornamenta a página de rosto. Exemplar em bom estado de conservação, apenas com a f. 44 com o canto inferior espelhado, assim como as f. 155--157 e ligeiramente laceradas as f. 31, 35. 43, 87 e 102, na maior parte dos casos devido à fragilidade do papel que apresenta defeitos de fabrico, acidez e diferentes espessuras; vincos do papel afetando a impressão.

Encadernação em "chagrin" vermelho escuro decorada com filete duplo nas pastas e super-libros do Visconde da Trindade a dourado em ambas as pastas; lombada de 5 nervos com o título e o nome do autor gravados a ouro.

Proveniência: foi adquirido pelo Visconde da Trindade no leilão da Biblioteca Sousa da Câmara em 23-6-1966.

LIVROS QUINHENTISTAS IMPRESSOS NO ESTRANGEIRO

120 - ACOSTA, José de, ca. 1539-1600

Historia / natvral / y / moral de las / Indias, en qve se tratan las cosas/ notables del cielo, y elementos, metales, plantas, / males dellas: y los ritos, y ceremonias, leyes, / gouierno, y guerras de los indios. / Compueſta por el padre Joſeph de Acoſta religioſo / de la Compañia de Jeſus. / Dirigida a la serenissima / infanta doña Iſabella Clara Eugenia de Auſtria [emblema da Companhia de Jesus, gravura em madeira] Com privilegio. / Impreſſo en Seuilla en caſa de Juan de Leon./ [–] año de 1590.

Sevilha: en casa de Juan de Leon, 1590. [2], 535, [36] p.; 4° (21 cm).

V. T. 20-7-17

1ª edição desta obra muito rara. Às licenças que ocupam 6 p. segue-se a dedicatória à infanta Isabel Clara Eugenia de Áustria, tal como referido no título, seguindo-se o proémio ao leitor e o início do primeiro livro dos sete de que a obra se compõe; os dois primeiros livros, segundo informa o autor no prólogo, são a tradução da obra latina intitulada "De natura novis orbis"; os outros cinco livros são aqui impressos pela primeira vez; no final do livro II há uma advertência ao leitor; a rematar o texto há um aviso no qual o autor afirma que[226] tudo o que escreveu está isento de quaisquer erros

---

[226] cfr.: Vindel, ob. cit., 335.

que possam ir contra a fé católica; remata-o a marca tipográfica do impressor cujo lema é "peu a peu" seguida pelo cólofon; segue-se, nas últimas 36 páginas finais a "Tabla" e, após a expressão "Laus Deo" pode ver-se uma marca tipográfica de dimensões mais reduzidas[227], não acompanhada pelo referido "motto", a que se segue o pé de imprensa. Título impresso em caracteres redondos e itálicos de vários corpos ornamentado com iniciais capitais de desenho de fantasia; cabeções decorativos no início de cada um dos livros.

BIBLIOGRAFIA: Gallardo, 1, 29; Az.-Sam., 24; Salvà, 3261; Palau, 1980; Lavoura, 10.

O exemplar pertenceu à Livraria do Convento de Nossa Senhora de Jesus de Lisboa, conforme a nota manuscrita a tinta da época na folha de rosto; um pouco mais abaixo, ao lado do emblema da Companhia de Jesus há uma outra nota que refere que o exemplar "es de la librería comun de la Congr. de San Phelip Neri de Alcala"; por baixo pode ainda ver-se uma assinatura de Martins Fraga(?) junto ao pé e ainda uma quarta nota de pertence que afirma ser "de la librería del Abad". Notas marginais manuscritas e sublinhados em algumas passagens do texto. O exemplar apresenta a folha de rosto um pouco lacerada não ofendendo o texto e a mesma folha espelhada ofendendo o texto e impossibilitando a leitura de algumas palavras; manchas de tinta e algumas marcas de corrosão provocadas pela tinta ferrogálica dos pertences. Vestígios de traça.

Encadernação da época em pergaminho com os dados de identificação da obra manuscritos na lombada e com o super-libros do Visconde da Trindade nas pastas.

Proveniência: foi adquirido pelo Visconde da Trindade no leilão da Livraria Coelho em 28-5-1959, em conjunto com outras obras.

---

[227] cfr.: Vindel, ob. cit., 337.

121 - ÁLVARES, Francisco, 1470-1540

Historia de / las cosas de Etio-/pia, en la qval se cventa / muy copioſamente, el eſtado y pote[n]cia del / emperador della, (que es el que muchos / an penſado ſer el Preste Ivan) con o-/tras infinitas particularidades, aſsi dela re-/ligion de aquella gente, como de ſus ceri-/monias: segun que de todo ello fue / teſtigo de viſta Franciſco Alua-/rez, capellan del Rey Don / Manuel de Portugal. / Agora nueuamente traduzido de portugues en caste-/llano, por el Padre Fray Thomas de Padilla. / [marca tipográfica de Johannes Steelsius constituída por uma oval onde estão inscritas duas aves com uma legenda à volta: "Concordia res parvæ crescvnt"[228]] En Anvers, / En caſa de Iuan Steelſio. / M.D.LVII. / Con gracia y priuilegio.

Antuérpia: en casa de Johannes Steelsius, 1557. [20], 207f.; 8° (15 cm).

V. T. 20-8-13

1ª versão da edição castelhana traduzida por Thomás de Padilla do original português do Padre Francisco Álvares, companheiro de Duarte Galvão na embaixada que D. Manuel I enviou em 1515 ao Imperador da Etiópia, intitulado "Verdadeira informação das terras do Prestes João"; este original foi primorosamente impresso pela primeira vez em Lisboa, na oficina de Luís Rodrigues em 1540 e de que a Livraria do Visconde da Trindade também possui um exemplar[229]. Das páginas preliminares consta no verso da folha de rosto a cópia do privilégio e nas p. seguintes a dedicatória do tradutor a D. Antonio de Zuñiga, toda composta em itálico; na p. seguinte (ou seja, na f. 5 preliminar inumerada), começa o "Principio de la historia de Etiopia" que ocupa 11f.; vêm depois 5 p. impressas em itálico contendo uma carta dirigida ao rei de Portugal, a que se

---

[228] Cfr.: Silvestre, ob. cit., 697.
[229] Descrito no n° 4.

segue a descrição da atitude de júbilo de D. Manuel I ao receber esta missiva; a preceder o texto propriamente dito vem o prólogo do autor; o texto prolonga-se até ao verso da f. 207, rematando em "cul de lampe" com o pé de imprensa referindo um outro impressor: Juan Latio, ou seja, Jan de Laet. Título e texto impressos em caracteres redondos e itálicos de vários corpos pontuado com iniciais capitais de desenho de fantasia de inspiração zoomórfica. Título corrente e glosas marginais.

BIBLIOGRAFIA: Inocêncio, 2, 436; Brunet, 1, col, 205; Palau, 9249; BM, p. 5; Silvestre, 697.

Exemplar em bom estado de conservação, embora um pouco manchado de humidade na f. 2 prelim. inum. ofendendo o texto e nas duas últimas folhas. Aparado à cabeça. Papel de diferente espessura com defeitos de fabrico.

Encadernação em marroquim vermelho escuro com ferros dourados nas pastas.

Proveniência: foi adquirido pelo Visconde da Trindade no leilão da Livraria do Dr. Motta Gomes em 25-9-1955, em conjunto com outras obras.

122 - APIANO, 95?- 160

[Título em grego] = Appiani / Alexandrini / Rom. Historiarvm, / punica ſiue carthaginienſis, syriaca, / parthica, mithridatica, / iberica, annibalica, / celticæ & illiricæ fragmenta quædam. / item, / de bellis ciuilibus libri V. / Henr. Steph. Annotationes / in quasdam Appiani historias, et in conciones per totum opus sparſas. [marca do impressor Henri Estienne] excudebat Henricus Stephanus / anno M. D. XCII.

[S.l.]: Henri Estienne, 1592. [12], X, 767, 72, [34]p.; folio (36 cm).

V. T. 20-10-15

Esta edição saiu sem o lugar de impressão expresso, mas segundo Brunet[230] terá sido dado à luz em Genève. A obra está dividida em várias partes, das quais se destacam nas páginas iniciais duas dedicatórias, a segunda das quais dirigida ao leitor, a que se segue o texto que ocupa 767 p., estando o verso da última página em branco; seguem-se algumas palavras de Henri Estienne (simultaneamente impressor e comentador da obra) dirigidas ao leitor e 72 páginas contendo as suas anotações; a obra termina com um índice disposto a três colunas que preenche as últimas 34 páginas inumeradas.

Título bilingue, em grego e latim e texto em grego com a tradução paralela em latim, compostos em caracteres gregos e latinos de vários corpos ornamentados com iniciais capitais de desenho de fantasia; grande parte do texto está disposto a duas colunas, de um lado em caracteres gregos e do outro a tradução latina. Erros de paginação não alterando a contagem final. Glosas marginais em latim.

BIBLIOGRAFIA: Brunet, 1, col. 356; Silvestre, 508.

Exemplar em relativo bom estado de conservação, levemente lacerado não ofendendo o texto em algumas páginas. Manchado de humidade um pouco por todo o exemplar, com picos de traça não atingindo o texto. Defeitos de impressão provocados pela inferior qualidade do papel.

Encadernação recente em pele castanha, com duplo filete dourado, lombada igualmente ornamentada a ouro, restaurada, apresentando no verso da pasta superior o ex-libris do Visconde da Trindade e um outro não identificado.

Proveniência: foi adquirido pelo Visconde da Trindade em 8-4-1946.

---

[230] Cfr.: ob. cit., 1, col. 356.

123 - ARGOTE DE MOLINA, Gonzalo, 1549-1596

Nobleza del Andalvzia/ [Inserido numa lápide como se de uma inscrição epigráfica se tratasse, pode ler-se o seguinte:] Al catolico Don Philipe. N. S. Rey de las Es/pañas de las dos Sicilias de Hiervsalem de / las Indias orientales i occidentales Ar-/chidvqve de Avstria Dvque de Borgoña / de Bravante i de Milan Cõde de Habspvrg/ de Flandes i de Tirol hijo de Carlos. I nie/to de Philipe padre de la patria piadoso / felice augvsto i vencedor. / Gonçalo Argote de Molina dedico i / ofrecio esta historia. / [Fora da cartela:] Con previlegio / en Seuilla por Fernando Diaz. Año. 1588./

Sevilha: Fernando Diaz, 1588. [8], 348 f.: il.; folio (32 cm).

V T. 20-10-1

Ao alto, após o título, podem ver-se as armas do Rei de Espanha e a respetiva dedicatória, inscrita num soco; por baixo figuram os dados tipográficos; nas folhas seguintes ocorrem o privilégio, a "Orden que se a de guardar en la pintura de los escudos" e o "Indice de los libros manu escritos de que me e valido para esta historia", ou seja, a bibliografia consultada pelo autor; segue-se uma série de elementos cuja colocação não coincide com o exemplar descrito por Gallardo[231], independentemente de, porventura, haver lacunas no presente exemplar, pois a descrição do reino de Jaen e o respetivo mapa não se encontram no exemplar do Visconde da Trindade que deve estar truncado; contudo, o próprio Gallardo esclarece que o mapa de Jaen "que falta á casi todos los ejemplares, fué dibujado por Juan Domenico de Villaroel, cosmógrafo del Rey, grabado en Sevilla por Baptista Camila, y dedicado al obispo del mismo reino D. Francisco Sarmiento de Mendoza". Todo o texto está enriquecido com numerosos escudos nobiliárquicos gravados em madeira, intercalados no texto; no verso da última folha, a rematar

---

[231] Cfr.: ob. cit., 1, 257.

o texto, pode ver-se o cólofon seguido pela marca do impressor. O título está impresso em caracteres maiúsculos simulando uma lápide, como referido, exceto o pé de imprensa colocado ao fundo da página de rosto; verso da página de rosto em branco; texto distribuído a uma só medida, enriquecido com iniciais capitais de desenho de fantasia e outras iniciais de desenho tipográfico. Sem glosas marginais e com título corrente.

Erros de foliação sem afetar a contagem.

BIBLIOGRAFIA: Brunet, 1, co, 421; Salvà, 3540; Az.-Sam., 194; Palau, 16169; BM, p. 8; Lavoura, 151.

Como referido acima, o exemplar está truncado, faltando-lhe o mapa e a descrição do reino de Jaen, que correspondem a duas folhas a menos no início do volume. Apresenta algumas folhas espelhadas e outras um pouco laceradas, assim como alguns restauros sem, contudo, afetar o texto. Vestígios de traça; pequenas manchas de humidade. Notas manuscritas a letra a tinta da época, ilegíveis.

Encadernação moderna imitando o antigo, em pele castanha com profusos dourados na lombada e com o super-libros do Visconde da Trindade.

Proveniência: foi adquirido pelo Visconde da Trindade em 24-11-1947.

124 - ARIOSTO, Lodovico, 1474-1533

[Portada alegórica gravada em madeira, de traço fino, ornamentada com figuras mitológicas, estando na parte inferior representada a cidade de Veneza vista a partir do mar, com as colunas em primeiro plano; o título encontra-se inserido numa cartela ao alto:] Orlando fvrioso / di M. Lodovico Ariosto, / nuouamente ricorretto; / com nuoui argomenti di M. Lodovico Dolce: / con la vita dell'autore di M. Simon

Fórnari: / Il vocabulario delle voce piu oſcure: / Le imitationi cauate dal Dolce:/ Le nuoue allegorie, & annotationi di M. Tomaso/ Porcacchi: / et cõ due tauole, vna delle coſe notabili, et l'altra de' nomi proprij.

[Veneza: appresso Domenico et Giovanni Battista Guerra fratelli, 1582]. [325]f.: il.; 4º (19 cm).

V. T. 19-7-14

Obra muito rara, não citada em nenhuma bibliografia. Nas folhas iniciais pode ver-se uma dedicatória de Tommaso Porcacchi, a que se segue a biografia de Ariosto por Simon Fornari; os índices dos nomes próprios e dos assuntos versados na obra precedem o texto que está dividido em 46 cantos, na sua maioria precedidos por uma página em que se apresenta, a plena página, uma gravura em madeira (cujo enquadramento se repete), de traço muito fino ornamentada ao gosto da época com carrancas, volutas e figuras híbridas, tendo ao alto uma cartela onde se insere o "argomento" do canto respetivo e mais abaixo uma outra contendo as "allegorie"; entre estas duas cartelas com texto, insere-se uma outra sob forma de pequeno quadro onde se apresenta a cena descrita no canto que se segue; cada um destes cantos é rematado pelas anotações de Porcacchi; no final do texto vêm duas páginas contendo uma poesia de S. Luís Gonzaga (dito Rodomonte) dirigida ao autor; seguem-se cinco cantos de Ariosto que continuam a matéria do "Orlando"; esta página apresenta uma estrutura semelhante à da página de rosto; no final destes cinco cantos segue-se uma declaração do vocabulário menos claro que ocorre nos 46 cantos do texto, consoante a sua sequência e no final o pé de imprensa que remata o texto; o verso da última folha está em branco. Título impresso em caracteres redondos e itálicos e texto composto nos mesmos caracteres, estando o texto de Ariosto impresso em itálico reservando-se o redondo para as anotações; iniciais capitais de desenho de fantasia. Glosas marginais e estâncias numeradas em cada um dos cantos.

BIBLIOGRAFIA: Não citado por qualquer repertório bibliográfico.

Pertence manuscrito na guarda inicial, recente, mas ilegível. Exemplar em mau estado, roído na margem exterior, sobretudo nas primeiras folhas e traçado junto ao festo.

Encadernação da época em pergaminho, de ataca, solta na lombada e mutilada, tanto na pasta superior como na lombada manuscrita, que apresenta perda de material; faltam as atacas; corte rosado.

125 - ATAÍDE, António de, 1500-1563

Copia d'hvm / papel, em qve Dom / Antonio d'Attayde / primeiro Conde da Caſtanheira, / deu rezaõ de ſi a ſeus filhos, e deſcendentes. / [gravura a buril representando o brasão de armas do Conde encimado por coroa e rodeado por paquifes] Em Madrid, / na Emprenſa Real. / [-] M.D.XCVIII.

Madrid: Emprensa Real, 1598. [24] p.; 8º (20 cm).

V. T. 20-7-24

Raro: há um exemplar igual na Biblioteca Nacional de Portugal. Inocêncio[232], a propósito da raridade desta obra, diz que Figanière refere a existência deste raríssimo folheto na Livraria das Necessidades, mas que o próprio Inocêncio ainda não vira nenhum, nem dele teria tido notícia. Verso da folha de rosto em branco; o texto começa na p. 3, ostentando ao alto um cabeção decorativo. Título composto em caracteres redondos de vários corpos e texto rodeado por uma linha, impresso em caracteres redondos, com uma inicial capital letra P ornamentada de desenho de fantasia. Ausência de título corrente e paginação inumerada.

BIBLIOGRAFIA: B. Machado, 1, p. 206; Inocêncio, 1, 434; Palha, 4359; Palau, 19224; Lavoura, 172.

---

[232] Cfr.: ob. cit. 1, p. 91, 434.

Exemplar em bom estado de conservação, completo. As três primeiras folhas estão espelhadas à cabeça, não ofendendo o texto. Ligeiros sinais de humidade à cabeça nas primeiras duas folhas. Aparado à cabeça. Papel encorpado.

Encadernação em pele castanha ligeiramente traçada, com o super-libros do Visconde da Trindade; corte vermelho.

Proveniência: foi adquirido pelo Visconde da Trindade em 20-8-1954.

126 - BARAHONA DE SOTO, Luís, 1548-1595

* Primera parte / de la Angelica de Lvys / Barahona de Soto. / ¶ Al excelentissimo / señor duque de Oſſuna, / virrey de Napoles. / * Con aduertimientos a los fines de los cantos, / y breues summarios a los principios, por / el preſentado Fray Pedro Ver-/dugo de Sarria. / [pequena gravura] ¶ y con priuilegio de la Catholica / Mageſtad Real. / * Impreſſo en Granada en caſa de Hugo / de Mena, a coſta de Joan Diaz / mercader de libros. / año de. 1586. / (**) / eſta taſſado en [valor da taxa em branco].

Granada: Hugo de Mena: a costa de Joan Diaz mercader de libros,1586. [4], 251, [1] f.; 8º (25 cm).

V. T. 20-7-11

Obra mencionada no "D. Quijote", parte I, cap. VI onde Cervantes alude ao seu autor como um dos primeiros poetas do mundo. Há quem considere esta obra como um poema épico em doze cantos, provavelmente o primeiro em castelhano; a propósito da sua raridade, diz Gallardo[233]: "Ya se ha hecho tan raro, que apenas hay español que sepa ni áun su titulo à derechas; por eso hubo de reimprimirle años passados, en Madrid ... El publico no ha visto sino esta primera parte; de la segunda se ignora la existencia y

---

[233] Cfr.: ob. cit., 2, p. 15.

el paradero". Das páginas iniciais, além das licenças e dedicatória constam alguns sonetos de autores vários e algumas palavras de Gregório Lopez de Benavente dirigidas aos leitores. Título e texto impressos em caracteres redondos e itálicos de vários corpos ornamentados com diversos elementos decorativos como cabeções e iniciais capitais de desenho de fantasia. Sem reclamos. Erros na numeração das folhas não afetando a contagem. Erros na numeração dos cadernos.

BIBLIOGRAFIA: Brunet, 1, col. 643; Gallardo, 2, col. 15; Salvà, 1530; Palau, 23550; BM, 11310; Lavoura, 203.

Exemplar completo, mas apresentando alguns problemas de conservação: folhas restauradas ofendendo o texto, outras laceradas e manchas de humidade e de tinta por todo o texto. Aparado à cabeça. Papel de diferente espessura com defeitos de fabrico. Apresenta algumas deficiências de impressão (f. 170) e pequenas dobras no papel aquando da mesma. Notas manuscritas e sublinhados ao texto.

Encadernação recente "Le Gascon" em marroquim "ecrasé" rosa, imitação da época e executada expressamente para o Visconde da Trindade com profusos motivos dourados enquadrando o seu super-libros; está protegida por uma caixa do mesmo formato com os elementos relativos à obra registados na lombada; assinada por Giulio Giannini de Florença.

Proveniência: foi adquirido pelo Visconde da Trindade nos Reservados da Livraria Coelho em 1959.

127 - BATALLA EN LAS ISLAS AÇORES

Batalla en las Islas / Açores / [na p. seguinte: Lo sucedido a la / armada de sv magestad de qve es / capitan general, el Marques de Sancta Cruz, en la ba-/talla que dio, a laarmada [sic] que traya Don Antonio / en las yslas de los Açores].

[S.l.: s. n., depois de1582]. [6]f.; folio (30 cm).

V. T. 20-10-14

Relação muito importante que constitui a notícia oficial que D. Álvaro de Bazan, Marquês de Santa Cruz, enviou a Filipe II sobre a batalha naval travada ao largo das ilhas dos Açores e que resultou numa vitória sobre a armada francesa enviada por Catarina de Médicis que viera em socorro de D. António, prior do Crato, e que teria estado presente numa das naus, da qual conseguiu evadir-se. Esta obra, em conjunto com a "Relacion dela iornada, expugnacion, y conquista dela Isla Tercera, y las demas circunvezinas, que hizo don Albaro de Bazan (1583), e o "Il vero svcesso dell'armata del cattolico Re di Spagna della vittoria havuta contra l'armata di Don Antonio appresso l'Isola di Azores", dado à luz em 1582, também existentes no acervo do Visconde da Trindade[234], constitui um valioso conjunto de fontes que permitem o estudo da crise sucessória havida em Portugal no final de Quinhentos, após a morte de D. Sebastião[235]. A folha de rosto contém apenas os primeiros dizeres acima enunciados, encontrando-se no verso a cópia da carta que D. António escreveu "a los del Castillo de S. Miguel" e a respetiva resposta[236]; segue-se a relação dando conta da batalha naval com a armada francesa e a vitória final obtida pelos espanhóis comandados por D. Álvaro de Bazan, incluindo o rol das pessoas principais que participaram, mortos, feridos e prisioneiros. Sem qualquer

---

[234] Descritas respetivamente nos n° 188 e 199.

[235] À raridade deste e dos demais folhetos relativos a esta batalha refere-se Maria Antonieta Soares de Azevedo em "O Prior do Crato, Filipe II de Espanha, e o trono de Portugal. Algumas notas bibliográficas (século XVI)" quando refere este exemplar como sendo o único desta "Batalla en las islas açores".

[236] Será curioso confrontar, tanto a carta como a resposta com as que vêm transcritas na versão italiana datada de 1582 (cfr.: n° 199).

BATALLA EN LAS ISLAS
Açores

indicação de lugar, impressor ou data, deverá ser-lhe atribuída a data de 1582 ou do ano seguinte, embora a data referida na carta seja 1582 o que, como é sabido, não garante que o ano de impressão tenha sido o mesmo. Texto impresso em caracteres redondos de vários corpos ornamentado com iniciais capitais decorativas. Não apresenta título corrente, e a foliação surge apenas nas f. I e II.

BIBLIOGRAFIA: Palau, 297847.

Exemplar muito acidificado e bastante fragilizado.
Belíssima encadernação recente em pele castanha clara profusamente gravada nas pastas e lombada, com o super-libros da Trindade em ambas as pastas, da autoria de Frederico de Almeida, de Lisboa.
Proveniência: foi adquirido pelo Visconde da Trindade em 19--10-1960 na Livraria Coelho.

128 - BELLOY, Pierre de, 1540?-1613

Declaration / dv droit / de legitime svc-/cession, svr le royav-me de Portugal, appartenant à la / Royne mere du Roy / treſchreſtien. / Auec la reſponce aux conſultations ſur ce fai-/tes, tant par les docteurs des vniuerſitez de / Bologne la Graſſe, & Pauie, pour Catherine / Ducheſſe de Bragance, que de ceux de Peru-ſe, pour RainuceФерneſe, Prince de Par-/me: et Michel ab Aguirre docteur Bolo-/nois, pour Philippe d'Auſtriche, Roy de / Caſtille, Leon, & Grenate & c./ Enſemble la deffence contre les impoſtures, et calom-/nies de Anthoine Nebriſſe, pour l'uſurpation du / royaume de Nauarre, et diſcours veritable du / reſte des illegitimes detentions dudit caſtillan, / tant ſur la maiſon et couronne de France, que au-/ tres princes françois, nottament des royaumes / d'Arragon, Valence, et pays de Cathalogne, a-/uec le duché de Gueldres, ſur les princes de la / treſnoble famille de Lorraine. / Par M. P. BE. IV. TH, / A Anvers. / 1582.

Antuérpia: [s. n.], 1582. [6], 124 f.; 8º (17 cm).

V. T. 20-8-23

Obra da maior raridade, cujo assunto se relaciona, tal como a peça anteriormente descrita e as que lhe estão associadas, à crise sucessória posterior à morte de D. Sebastião. Publicada sem o nome do autor expresso, apenas com algumas iniciais que, segundo Barbier, correspondem a Pierre de Belloy, tem igualmente omisso o nome do impressor. Das p. preliminares consta uma dedicatória a Catarina de Médicis (2 p.) e uma outra dirigida a Henrique II nas 3 p. seguintes; segue-se uma p. em branco e depois nova dedicatória ao irmão do Rei Francisco, o Duque de Anjou (4 p.); vem depois o prefácio que começa na f. 1 e vai até à f. 10, começando o texto logo em seguida e decorrendo até final do volume. Título impresso em caracteres redondos e itálicos de vários corpos, esmaltado com iniciais capitais de desenho de fantasia e cabeções decorativos. Sem reclamos. Erros de foliação sem afetar a contagem.

BIBLIOGRAFIA: BM, p. 197.

Na folha de rosto apresenta um pertence manuscrito a letra e tinta da época: "P. de Lagu...?". Exemplar em muito bom estado de conservação. As f. 2 e 3 são mais estreitas na margem exterior que as restantes. Aparado à cabeça. Ligeiramente manchado de humidade.

Encadernação em marroquim vermelho ornamentado com ferros dourados e seixas douradas e com o super-libros do

DECLARATION
DV DROIT
DE LEGITIME SVC-
CESSION, SVR LE ROYAV-
me de Portugal, apartenant à la
Royne mere du Roy
Treschrestien.

Auec la responce aux consultations sur ce faites, tant par les Docteurs des vniuersitez de
Bologne la grasse, & Pauie, pour Catherine
Duchesse de Bragance, que de ceux de Pe-
ruse, pour Rainuce Fernese, Prince de Par-
me: Et Michel Ab Æguirre docteur Bolo-
nois, pour Philippe d'Austriche, Roy de
Castille, Leon, & Grenate &c.

Ensemble la deffence contre les impostures, & calom-
nies de Anthoine Nebrisse, pour l'vsurpation du
Royaume de Nauarre, & discours veritable du
reste des illegitimes detentions dudit Castillan,
tant sur la maison & couronne de France, que autres Princes François, nottamment des Royaumes
d'Arragon, Valence, & pays de Cathalogne, a-
uec le Duché de Gueldres, sur les Princes de la
tresnoble famille de Lorraine.

P. de Laqueux

Par M. P. BE. IV. TH.

A ANVERS.
1582.

Visconde da Trindade; guardas de seda natural vermelha; corte dourado.

Proveniência: foi adquirido pelo Visconde da Trindade no leilão da Livraria do Dr. Motta Gomes em 25-9-1955, em conjunto com outras obras.

129 - BOCCACCIO, Giovanni, 1313-1375

Della/ genealogia / de gli dei / di M. Giovanni Boccaccio / Libri qvindeci. / Ne' quali ſi tratta dell'origine, et diſcendenza di tutti gli dei de' gentili. / Con la ſpoſitione de' ſenſi allegorici delle fauole: & con la dichiaratione dell' hiſtorie appartenenti à detta materia. / Tradotta già per M. Gioseppe Betvssi. / et hora di nuouo con ogni diligenza reuiſta, et corretta. / Aggiuntaui la vita di M. Giouanni Boccaccio, con le tauole de' capitoli, / & di tutte le coſe degne di memoria. / Al serenissimo S. Gvglielmo / Gonzaga Duca di Mantoua et di Monferr. etc. [marca tipográfica] [—] In Venetia, appreſſo la Compagnia degli Vniti. 1585.

Veneza: appresso la Compagnia degli Uniti, 1585. [20], 268 f.; 4º (20 cm).

V. T. 19-7-12

Existe um exemplar na Biblioteca Nacional de Portugal. A propósito do valor desta obra, Brunet[237] diz o seguinte: " Les autres éditions de cet ouvrage faites à la fin du XVe siècle, ont fort peu de valeur". Nas páginas preliminares inumeradas, pode ver-se a dedicatória ao Duque de Mântua e Monferrato (p. 3-6), uma biografia do autor (p. 7-16), três "tavole", ou seja, índices dos nomes e das coisas notáveis e na p. 1, a preceder

---

[237] Cfr.: ob. cit., 1, col. 986.

o texto, encontra-se o prefácio. Título e texto impressos em caracteres redondos e itálicos de vários corpos e texto com iniciais capitais de desenho de fantasia, enriquecido com vinhetas decorativas e cabeções ao alto de alguns livros. Erros de foliação sem afetar a contagem.

BIBLIOGRAFIA: Esta edição não é citada pelas obras habitualmente consultadas.

O exemplar pertenceu a Vieira Pinto, cujo ex-libris sob forma de carimbo se encontra na f. [2]. Na folha de rosto está manuscrita a nota "Cax 70" e uma outra, "Cax 72", prováveis cotas; o nome do tradutor está sublinhado a tinta. Em bom estado de conservação, apresenta, contudo, algumas folhas ligeiramente laceradas e pequenas manchas, além de vestígios de traça. Papel de diferentes espessuras com defeitos de fabrico.

Encadernação antiga em pergaminho, de ataca, com o título manuscrito a letra e tinta da época na lombada; pequenas manchas na pasta superior; faltam as atacas.

130 - CAIADO, Henrique, ca. 1470-1509

Aeglogae et syl/vae et epigram/mata Hermi/ci.
[Bolonha: Benedictus Hectoreus Bononiensis, 1501]. [94] f.; 4º (21 cm).
V. T. 19-7-1

Obra da mais extrema raridade, uma das mais raras da Livraria do Visconde da Trindade. O exemplar da Biblioteca Nazionale Marciana em Veneza (nº 547), o único exemplar conhecido além do que se descreve, foi diretamente examinado pelo Visconde da Trindade em setembro de 1962. Trata-se da 1ª edição das obras completas de Henrique Caiado; anteriormente havia sido publicada uma outra edição das suas obras, igualmente em Bolonha e datada de 1496, mas inclui apenas as éclogas. O autor é o célebre humanista português discípulo de Cataldo Sículo em Bolonha. A folha de rosto é muito despojada, tendo no verso duas epígrafes em louvor do próprio livro, que parece não figurarem na edição de 1496; na f. [2] há uma epístola louvando os versos de Henrique Caiado; segue--se uma outra epístola dirigida ao Rei D. Manuel I, datada de 1496 e que vai até à p. [7]; esta epístola figura igualmente na edição de 1496, mas com epígrafe diferente[238]; segue, ainda na mesma página, uma outra epístola, esta dirigida a D. Diogo de Sousa, embaixador de D. João II, na qual o autor lhe dedica as éclogas; nela se vê que Caiado não deixou os estudos pela poesia (segundo era voz corrente), pois afirma tê-las composto durante os ócios dos seus estudos; esta carta ocupa ainda a p. seguinte e é datada de Florença, 1495; na edição que se descreve não existe o epigrama da edição de 1496[239]; segue-se o texto propriamente dito que vai até final do volume, dividido em éclogas e silvas; são oito éclogas, as duas primeiras datadas de Florença e as restantes de Bolonha; cada uma delas traz uma dedicatória a mestres ou amigos do poeta; são 29 as folhas que ocupa esta 1ª parte e que deve corresponder à totalidade da referida edição de 1496; seguem-se depois as silvas que são três, também elas dedicadas a vários indivíduos e datadas de 1497, em Florença, Ferrara (em 1501) e a última não apresenta nem lugar nem data; esta parte termina com uma página em branco; a seguir vêm os epigramas em número de 115, todos dedicados a pessoas ilustres e vários epitáfios; remata com o cólofon e, por fim, uma poesia de

---

[238] Cfr.: Catálogo da biblioteca de Fernando Palha, 740.
[239] Idem.

Philippo Beroaldo Junior dirigida a Bartolommeo Blanchino, louvando os epigramas de Caiado, afirmando que Febo e as musas devem estar orgulhosos com este verdadeiro poeta; o verso da última p. está em branco.[240] Título e texto impressos em caracteres redondos; as iniciais capitais são minúsculas, como se se tratasse de letras-guia, destinadas a serem posteriormente ornamentadas à mão. Paginação inumerada. Erros de numeração dos cadernos.

BIBLIOGRAFIA: B. Machado, 2, p. 409; Brunet, 1, col. 1467; Bibliografia Geral, 2, 77; Faria, D. Góis, 197.

Exemplar em perfeito estado de conservação, apenas com ligeiros sinais de traça nas duas primeiras folhas junto ao pé e um pouco manchado de humidade. Aparado à cabeça. Papel de diferente espessura com defeitos de fabrico. Em duas folhas apresenta pequenas etiquetas de papel coladas por cima do título corrente numa tentativa de emenda do que estava impresso. Notas manuscritas da época, consistindo sobretudo na numeração dos epigramas.

Encadernação em marroquim do Levante azul escura com seixas a dourado, guardas de seda japonesa e com o super-libros do Visconde da Trindade nas pastas. Foi executada na oficina de Zahensdorf, de Londres.

Proveniência: foi adquirida pelo Visconde da Trindade a George Robert Duff em 16-1-1962, em conjunto com outras obras.

---

[240] Segundo alguns autores, o epigrama 92, dirigido a Cataldo, pode esclarecer que foi seu discípulo ainda em Itália e não em Lisboa.

ANTONIVS THEBALDEVS IN LAVDEM OPERIS.

Qui leget hunc, tres ille leget, leget ille Catullũ:
   Sulmo tuum uatem, Mantua clara tuum.
Gloria ni traheret, titulũ Hermicus abdere libri
   Debuerat, dempto nomine, priscus erit.

PETRVS ANTONIVS AZIAROLus

AD LIBRVM IPSVM.

Capsas desere iam tenebricosas,
   Et locos age linque araneosos,
   Exi, ita imperat Hermicus Poeta:
   Lusitania quo supærbit uno,
   Nam cur sensiculis scatens disertis,
   Non uises alios liber libellos?
   Exite sosiæ uocant, manentq;,
   Nec non laurigeri cient poetæ,
   Illis uersiculos dabis nitentes,
   Illis innumeram stipem merebis.
Capsas desere iam tenebricosas.

131 - CAIADO, Henrique, ca. 1470-1509

Hermici oratio cvm epistola / ad Ludovicvm Leonem Pata/vinum ivris consvltvm.

[Veneza: Bernardino Vitali, 1507]. [12]f.; 4° (18)cm).

V. T. 19-7-2

Obra rara; segundo Leite de Faria[241] apenas existem mais 4 exemplares, além deste. O texto consiste numa oração fúnebre com uma epístola dirigida a Lodovico Leone. No verso do rosto o autor oferece-lhe a oração fúnebre pronunciada por falecimento do amigo comum e pede-lhe para a aceitar, não o que dá, mas o que quereria dar: "nõ quod damus: sed quod dare volumus"; é datada de "X. calendas Ianuarii M.D.V."; segue-se a oração fúnebre que é um modelo de oratória clássica num latim corretíssimo e que ocupa as 9 p. seguintes, a que se segue o cólofon; no verso da última f. tem um epitáfio a Francesco Facio em que lamenta a sua morte e enaltece as suas virtudes. A folha de rosto é muito despojada, limitando-se a uma página em branco, apenas com o título em capitais. Texto em caracteres redondos de dois corpos. Isento de título corrente. Paginação inumerada.

BIBLIOGRAFIA: Faria, D. Góis, 211. Não mencionado por Brunet[242] que apenas refere uma edição mas não esta; o British Museum no seu Short-title catalogue [243]cita a edição de 1504; a Bibliografia Geral, por sua vez[244], indica esta oração fúnebre, mas parece tratar-se de outra edição, já que o título é diferente e afirma desconhecer o lugar e a data de impressão.

---

[241] Cfr.: ob. cit, 211.
[242] Cfr.: ob. cit., 1, col. 1467.
[243] Cfr:. p. 136.
[244] Cfr. 78.

Exemplar em muito bom estado de conservação, apresentando minúsculos picos de traça na folha de rosto. Pequenas manchas de humidade, deteriorando um pouco o exemplar à cabeça. Nota manuscrita ilegível ao alto da folha de rosto, provavelmente um pertence.

Encadernação azul escura em marroquim do Levante, com seixas douradas e guardas de seda japonesa e com o super-libros do Visconde da Trindade nas pastas. Assinada por Zahensdorf, de Londres.

Foi adquirido pelo Visconde da Trindade a George Robert Duff em 16-1-1962, em conjunto com outras obras.

132 - CANCIONERO

Cancione-/ro general: qve / contiene mvchas / obras de diuerſos autores antiguos, com / algunas coſas nueuas de modernos, / de nueuo corregido y / impreſſo. / [marca do impressor constituída por uma oval onde estão inscritas duas cegonhas alimentando-se de um verme e rodeado por uma legenda: "Pietas homini tutissima virtus"] En Anvers. / En caſa de Philippo Nucio, à la en-/ſeña de las dos cigueñas. / Año M.D.LXXIII. / Com priuilegio del Rey.

Antuérpia: en casa de Philippe Nuyts, 1573. [4], CCCLXXXVIJ f. [i. é 377]f.; 8° (17 cm).

V. T. 20-8-14

Edição muito rara, embora seja a 12ª edição e tenha havido supressão de alguns romances que apareciam na edição de 1557 e que eram as "obras de burlas"; contudo, outros há que foram acrescentados nesta presente edição; as restantes edições datam de 1511, 1514, 1517, 1520, 1527, 1535, 1540, 1550, 1555, 1557 e uma outra não apresenta qualquer data. O verso da p. de rosto está em branco; as páginas preliminares contêm a tabla, começando o texto na p. J e rematando na última (v. em branco), sendo o texto constituído por 1157 composições em verso. Título em caracteres redondos de vários corpos e texto composto quase sempre a duas colunas em caracteres redondos, exceto o título corrente que foi impresso em itálico. Foliação romana. Numerosos erros de foliação, alguns dos quais afetam a contagem.

BIBLIOGRAFIA: Brunet, 1, col. 1534; Salvà, 180; Palau, 41974; BM p. 46.

Exemplar perfeito, completo e otimamente conservado, apenas com um orifício de traça na folha de rosto, não ofendendo o título. Um pouco manchado de humidade. Muito aparado à cabeça chegando a atingir o título corrente, embora ligeiramente. Papel de diferente espessura com defeitos de fabrico. No verso da folha de rosto apresenta uma nota manuscrita, recente, a lápis.

Encadernação em marroquim preto com o super-libros do Visconde da Trindade gravado a ouro nas pastas; corte vermelho.

Proveniência: foi adquirido na Livraria Coelho em 19-10-1960.

133 - CASTILHO, Diogo de, O. Cist., --1574

* Livro da */ origem dos Tvrcos, / he de ſeus Emperadores. Collegido / por ho Padre Frei Diogo de / Caſtilho mongedo [sic] Mo=/ eſteiro Dalcobaca [o resto da página está preenchido com uma gravura retangular em forma de pórtico cujo motivo central é a esfera armilar ladeada por semicolunas e sobrepujada pela data de 1538; na parte inferior, separado pelo suporte da esfera, pode ler-se a legenda "In Deo"].

[Louvain: Rutger Rescius, 1538]. [92]f.; 4º (19 cm).

V. T. 20-8-24

Obra rara; são conhecidos, segundo Leite de Faria[245] apenas mais três exemplares, além do que se descreve. O lugar e o nome do impressor foram retirados do reto da p. 92 (v. em branco) onde diz: " Impreso [sic] em Louem na oficina de Mestre Rogero Rescio...". Barbosa Machado refere erradamente que a obra foi escrita em espanhol. Verso da página de rosto em branco; na f. 2 há uma carta dedicatória do autor e no reto da f. 7 começa o texto constituído por 11 capítulos, terminando no final da f. 91v. Obra composta em caracteres redondos, a uma só medida, isenta de paginação e de título corrente.

BIBLIOGRAFIA: Inocêncio, 2, p. 151; Faria, D. Góis, 374

Exemplar incompleto, faltando a f. 92 (final). O exemplar pertenceu a "Dr. Seb^am Brandam", segundo nota manuscrita. Está paginado à mão a tinta vermelha e apresenta restauros um pouco grosseiros. Manchado de humidade e pequenos picos de traça. A página inicial encontra-se solta, assim como a guarda final.

Encadernação em pele castanha ornamentada com triplo filete dourado, seixas igualmente gravadas a ouro e lombada de 5 nervos profusamente ornamentada; guardas de papel de fantasia.

134 - CENTENO, Amaro, fl.15--

Historia / de cosas del Oriente / primera y ſegunda parte./ Contiene vna deſcripcion general de los reynos de Aſsia [sic]/ con las coſas mas notables dellos. La hiſtoria de los tarta-/ros y ſu origen y principio. Las coſas del reyno de Egipto. / La hiſtoria y ſuceſos del reyno de Hieruſalem. / Traduzido y recopilado de

---

[245] Cfr.: ob. cit., 374.

diuerſos y graues hiſtoriadores, por / Amaro Centeno natural de la Puebla de Senabria en la / Montaña de Leon. / Dirigido al licenciado Alonſo Nuñez de Bohorques oydor / del ſupremo Conſejo del Rey nueſtro señor, y de / la Sancta y general Inquiſicion. / [brasão de Alonso Nuñez de Bohorques?]. Con privilegio real. / [–] / Impreſſo en Cordoua en caſa de Diego Galuan / impreſſor de libros, año 1595, / a coſta de Miguel Rodriguez mercader de libros y / ſe venden en ſu caſa.

Córdova: Diego Galvan: a coſta de Miguel Rodriguez mercader de libros y se venden en su casa,1595. [8], 138, [4]f.; 4º (20 cm).

V. T. 20-7-23

Obra muitíssimo rara, da qual há um exemplar na Biblioteca Nacional de Portugal; a propósito da raridade deste livro diz Salvà[246]: "Volúmen tan raro que para obtener un ejemplar completo me costó más de veinte años, porque fué preciso irlo formando de los vários fragmentos que pude reunir en dicho periodo: no es pués estraño haberse vendido en la venta de White Knights por 9 libras, 6 sueldos, 6 dineros; es decir, por más de 900 rs". E acerca do texto original informa que: "Los ingleses suponen que Centeno en su primera parte tomó mucho del Itinerario de Hayton, aunque hizo á él considerables adiciones". Quanto a esta mesma fonte da qual terá sido retirada a ideia inicial, Brunet[247] afirma igualmente que: "Cet ouvrage, devenu rare, est en partie tiré de l'Historia Tartarum d'Haiton ou Hayton…". Obra composta em duas partes distintas, com páginas de rosto independentes: após a folha de rosto, pode ver-se a "Aprobacion", o privilégio e 4 sonetos laudatórios de diversos autores que precedem a dedicatória e as palavras dirigidas ao leitor; da f. 1 à f. 62 começa a primeira parte da História, iniciando-se na f. 63 a parte segunda com página de título semelhante à da primeira

---

[246] Cfr.: ob. cit., 3292.
[247] Cfr.: ob. cit., 1, col. 1736.

parte e que termina na f. 138 com as tablas dos capítulos das duas partes rematadas pelo "Laus Deo"; no verso da última folha figura o emblema da Companhia de Jesus a que se seguem os elementos relativos ao pé de imprensa. Composição tipográfica em caracteres redondos e itálicos de vários corpos; texto rodeado por um filete duplo, com glosas marginais impressas, ornamentado com iniciais de desenho decorativo e caldeirões no início dos capítulos. Erros de foliação sem afetar a contagem.

BIBLIOGRAFIA: Brunet, 1, col. 1736; Salvà, 3292; Palau, 51434; BM, p. 22; Lavoura, 366.

Exemplar completo e relativamente bem conservado, apenas com uma pequena mancha de tinta no canto superior direito da folha de rosto e outras pequenas manchas em algumas outras folhas. Manchado de humidade, sobretudo na 2ª parte. Deficiências na impressão, devidas à fraca qualidade do papel e às pequenas dobras que se formaram aquando da impressão. Aparado à cabeça.

Belíssima encadernação tipo "gruel", executada em marroquim castanho com profusos ornamentos dourados na lombada e pastas; seixas douradas e guardas em seda natural vermelha; corte dourado; encontra-se protegida por uma caixa de cartão.

Proveniência: foi adquirido pelo Visconde da Trindade no leilão da Livraria do Dr. Motta Gomes em 25-9-1955, em conjunto com outras obras.

135 - CÉSAR, Júlio, 100-44 a. C.

[Portada gravada em madeira, de traço muito fino, enquadrando o título ao centro; este enquadramento é constituído por uma grande gravura ao alto, desenrolando-se na horizontal, tal como acontece com a gravura junto ao pé; de cada um dos lados, pequenos "quadros" descrevem cenas mitológicas inspiradas nos treze trabalhos de Hércules; o título impresso em caracteres góticos, encontra-se a meio:[248] ¶ Commentarios / de Cayo Julio / Ceʃar: dedicados a la / S. C. / C. M. del Empera/dor y Rey nue/ʃtro señor: / nueuame[n]te impreʃ/ʃos y corregi=/dos. Año. / M.D.XXIX.

[Alcala: Miguel de Eguia], 1529. [8], 168 f.; folio (28 cm).

V. T. 20-10-3

2ª edição desta obra rara; a 1ª foi impressa em Toledo, saída dos prelos de Diego Lopes, datada de 1498. No verso da página de rosto há uma dedicatória do impressor Miguel de Eguia dirigida ao Imperador, como o título refere, na qual afirma que, em virtude das traduções anteriores serem incorretas, decidiu traduzir de novo para castelhano as obras de Júlio César, bem como as de Séneca, Túlio e Plutarco; toda esta dedicatória está inserida dentro de uma bela gravura em madeira; segue a Tabla com os capítulos (14 p.); a obra está dividida em 2 partes, a primeira das quais em 18 livros e a segunda em 6; os livros, por sua vez, subdividem-se em capítulos; o texto está rematado pelo cólofon, seguindo-se a "tabla de los lugares, provincias y rios". Título impresso em caracteres góticos e texto a duas colunas também composto nos mesmos caracteres de dois corpos, ornamentado com iniciais capitais de desenho de fantasia (gravura em madeira). Ausência de reclamos. Alguns erros de foliação sem afetar a contagem.

BIBLIOGRAFIA: Salvà, 2779; Palau, 54138; Lavoura, 373.

---

[248] É curioso notar que esta mesma portada utilizada nesta obra impressa em Alcalá em 1529, já fora utilizada 5 anos antes, em Colónia em 1524 por Eucharius Cervicornus numa obra de Flávio Josefo (ver nº 160).

Exemplar em relativo bom estado de conservação; falta a folha j, mas o Visconde da Trindade, tendo notado que nas referências a esta obra faltava esta folha, escreveu uma carta ao Diretor da Biblioteca Nacional de Madrid, à época Cesáreo Goicochea, o qual lhe respondeu que em nenhum dos três exemplares existentes nessa biblioteca existia tal folha, a qual, ao contrário do que supunha de início, deveria ter sido impressa, visto que há vestígios de letras na parte que está rasgada; no entanto, o texto começa apenas na página 2. Algumas folhas estão um pouco laceradas sem, contudo, atingir o texto. Picos de traça e manchas de humidade por todo o exemplar, ofendendo o texto. Aparado à cabeça. Folhas de diferente espessura com defeitos de fabrico.

Encadernação antiga em pergaminho, com atacas e com o super--libros do Visconde da Trindade nas pastas.

Proveniência: foi adquirido pelo Visconde da Trindade na Livraria Coelho em 28-5-1959, em conjunto com outras obras.

136 - CHASSENEUX, Barthélemy de, 1480-1541

Catalogvs / gloriæ / mvndi. / D. Bartholomæi / Chaſſanæi Burgundii, apud aquas sextias in / Senatu decuriæ præſidis, catalogus gloriæ mvndi, in duodecim libros diuiſus, humanæ / ſortis ſummam artificioſe complectens: sed / ita demum nitidius auctus & locupletatus; / vt omnes hactenus æditiones longe ſuperet. / [marca tipográfica de Antoine Vincent] Lvgdvni. / apud Antonium Vincentium, in Veronica. M.D.XLVI. / cvm privilegio.

Lyon: Antoine Vincent, 1546. [8], 330 f.: il.; folio (31cm).

V. T. 20-10-13

2ª edição aumentada desta obra que, segundo alguns autores, terá sido a primeira a abordar o tema dos títulos honoríficos de forma completa e sistemática; apresenta documentos singulares e curiosos relativos às antigas distinções políticas e sociais de França e de outros países. Sem rosto especial; das folhas preliminares inumeradas constam a dedicatória, o prefácio e o texto, cuja impressão foi feita a duas colunas em caracteres redondos e itálicos de vários corpos, enriquecido por muitas e variadas gravuras, algumas das quais a plena página, separando as diversas partes da obra e ilustrando a hierarquia, o poder espiritual e religioso representado pelo Papa, os reis, os nobres, os juízes, o exército, a medicina, as artes e as ciências; nas f. 10 v. e 11 estão gravadas duas árvores genealógicas, uma delas sustentando os escudos heráldicos das famílias reais da Europa e outra contendo as insígnias dos países do Mundo Antigo: Egipto, Roma, Trácia, Fenícia; na f. 230 pode ver-se uma gravura representando uma oficina tipográfica onde se divisa um tipógrafo no ato de compor um texto; esta gravura encima um capítulo que versa justamente sobre a dignidade de tal ofício; no verso da última folha uma gravura apresenta as imagens de S. Pedro e S. Paulo que suspendem um painel com a face de Cristo e na base podem ver-se as iniciais A V, do impressor[249]; enriquecem o texto várias iniciais capitais de desenho de fantasia e diversos outros elementos decorativos. Sem reclamos.

BIBLIOGRAFIA: Brunet, 1, col. 1818; BM, p. 106; Silvestre, 391.

Este exemplar pertenceu a "Lois de Proença" segundo nota manuscrita a tinta castanha à cabeça da folha de rosto; uma outra marca de posse, ilegível, está manuscrita ao lado da marca tipográfica; ainda um outro pertence manuscrito na mesma folha: "Antº Telles Leytão de Lima". Notas manuscritas à margem do texto e sublinhados ao

---

[249] Cfr.: Delalain, p. 123. De notar que no *motto* da marca tipográfica se refere esta iconografia: "in veronica".

texto; algumas das gravuras foram objeto de ornamentação a tinta. Exemplar traçado em algumas páginas, particularmente nas iniciais e finais. Manchas de humidade e de tinta ferrogálica ofenderam e corroeram o texto, impedindo a leitura de algumas passagens. Páginas laceradas e restauradas. Impressão defeituosa em algumas páginas devido à má qualidade do papel.

Encadernação antiga em pele castanha marmoreada com ornamentos dourados na lombada, apresentando sinais de traça, tanto nos cantos das pastas como na lombada.

Proveniência: foi adquirido pelo Visconde da Trindade em 15--11-1948.

137 - CHAVES, Jerónimo de, 1523-1574

Cronographia / o / reportorio de / tiempos, el mas copio-/ſo y preciſſo [sic], que haſta ahora ha ſalido a luz. / Compvesto por Hieronimo / de Chaues, aſtrologo y coſmographo. Corregido y en /mendado conforme al Computo de ſu / Sanctidad. / [gravura em madeira representando o autor, tendo por baixo a legenda" virtvs in infirmitate / perficitvr"] Con privilegio. / En Sevilla / En caſa de Fernando Diaz en la calle de la Sierpe, / Año 1584. / A coſta de Fauſtino de Magariño,

Sevilha: en casa de Fernando Diaz en la calle de la sierpe, 1584. 163 [i. é 263]f.: il.; 4° (20 cm).

V. T. 20-7-12

Exemplar raro, de tal modo que desta edição apenas se conhece um exemplar na Biblioteca Nacional de Portugal e um outro no British Museum. Foi escrito em castelhano, embora o autor fosse português. Das páginas preliminares constam: na folha a seguir ao rosto, ou seja, na f. 2, embora aparentemente inumerada e nas 3 f. seguintes as licenças e privilégios reais concedidos à obra e ao seu autor; nas f. 4 e 5 pode ver-se a dedicatória do autor ao leitor; na f. 6 e verso vem o sumário da obra e finalmente da f. 7 à f. 10 decorre a "Tabla"; no verso começa o texto propriamente dito dividido em 4 tratados; na última folha, 163 (i. é 263) a seguir ao cólofon, pode ver-se a marca tipográfica de Fernando Diaz. Título em caracteres redondos de vários corpos numa composição tipográfica executada a vermelho e negro; texto composto em caracteres redondos e itálicos de vários corpos, com iniciais capitais de desenho de fantasia de bom recorte (gravuras em madeira), esmaltado com numerosas gravuras em madeira alusivas à matéria de que a obra trata. Numerosos erros de foliação, alguns dos quais afetam a contagem final.

BIBLIOGRAFIA: BM, p. 23; Lavoura, 376.

Pertenceu a "Dr. Gomes Soares" segundo nota manuscrita na folha de rosto; há uma outra nota manuscrita, provavelmente um outro pertence, também na folha de rosto, que se encontra ilegível. Esta folha está inteiramente espelhada, assim como muitas outras e algumas ligeiramente laceradas sem ofender o texto; pequenos vestígios de traça. Todo o exemplar está manchado de humidade ofendendo o texto. Aparado à cabeça e no pé ofendendo e truncando ocasionalmente o texto. Comentários manuscritos nas margens, de várias épocas e punhos, cortados quando o livro foi aparado; sublinhados a tinta. Papel de diferente espessura com defeitos de fabrico. Irregularidades no corte de algumas folhas na margem exterior.

Belíssima encadernação em couro gravado a ferros secos rodeando o super-libros do Visconde da Trindade, com brochos e fechos de metal.

Proveniência: foi adquirido pelo Visconde da Trindade em 15--3-1971.

138 - COMMYNES, Philippe de, 1447-1511

La historia / famosa di Monsignor / di Argenton delle guerre et coſtumi di /Ludouico undecimo Re di Francia. / Con la battaglia et / morte del gran Duca di Borgogna, tradotta / à commune beneficio in lingua italiana. / Opra [sic] degna da essere / letta da ogni gran principe. / [gravura em madeira representando a marca tipográfica] In Venetia M.D.XLIIII. / Co'l priuilegio del ſummo Pontefice Paulo III. Et dello / illuſtriſs. Senato vinitiano per anni dieci.
Veneza: [Michele Tramezzino], 1544. [12], 267, [3]f.; 8° (15 cm).
V. T. 19-7-21

Trata-se das memórias de Philippe de Commynes, senhor de Argenton, cuja 1ª edição foi impressa em 1524, segundo Brunet[250]; houve inúmeras edições desta obra em francês e esta parece ser a 1ª edição em italiano, feita a partir da tradução de Nicolas Raince, a pedido de um "Monsignor Iovio", ao qual o tradutor se refere na dedicatória que lhe dirige. O verso da p. de rosto está em branco; das páginas preliminares inumeradas constam a licença do Papa Paulo III concedida ao impressor Michele Tramezzino para poder imprimir esta e outras obras; na p. seguinte vem o privilégio de impressão por dez anos, redigido em italiano e no verso a dedicatória do tradutor, acima referida; segue-se o índice das matérias que ocupa 14 p. e depois do prólogo do autor dirigido ao Arcebispo de Viena, começa o texto que segue até final (p. 267r.); no verso desta p. consta o registo e o cólofon; segue-se uma folha inumerada com o reto em branco e no verso pode ver-se de novo a marca tipográfica, desta vez com uma versão ligeiramente diferente da que ocupa a folha de rosto. Título em caracteres redondos e itálicos de vários corpos; texto composto em itálico com belas iniciais capitais de

---

[250] Cfr.: ob. cit., 2, col. 188.

desenho de fantasia e outras, um pouco diferentes, de desenho um pouco menos elaborado.

BIBLIOGRAFIA: Brunet, 2, col 192; BM, p. 192.

Pertenceu a Sebastião de Almeida Brito. Exemplar em muito bom estado de conservação, apenas com a f. 222 ligeiramente marcada por um corte e um rasgo sem, contudo, afetar o texto; a folha de rosto está um pouco manchada de humidade junto ao festo. Ligeiras manchas de humidade por todo o exemplar. Muito aparado à cabeça. Notas manuscritas a lápis na guarda inicial e em algumas outras folhas. Teve uma etiqueta colada no verso da pasta superior de que restam vestígios.

Encadernação em cartão castanho com lombada em pergaminho.

139 - COMPANHIA DE JESUS

Regulae/ aliqvot / Societatis / Iesv. / [gravura representando o emblema da Companhia de Jesus rodeado por um friso constituído por pequenas vinhetas formando quadrado] Bvrgis. / Apud Philippum Iuntam. / [–] / 1583. / Cum facultate superiorum.
Burgos: Filipe de Junta, 1583. 279 [9,5] p. ; 8º (17 cm).
V. T. 20-7-16
Obra rara. Considera-se esta obra dividida em duas partes que não se podem separar, embora com dois rostos iguais e paginação independente; na 1ª parte, conforme consta do verso da folha de rosto, vêm as "Regulae generales..." que ocupam 22 páginas; segue-se uma "Lettera del nostro padre Generale Claudio Acquaviva" com paginação independente e que ocupa 30 páginas e ainda 2 p. inumeradas (em branco). Título em caracteres redondos e itálicos de vários corpos; texto em caracteres itálicos, exceto os títulos dos

capítulos; iniciais capitais ornamentadas de desenho de fantasia ao longo do texto. Glosas marginais.

BIBLIOGRAFIA: Palau, 256364; BM, p. 46.

Na 2ª parte desta obra, tal como foi referido acima, ficou a impressão de que se trata de uma obra dividida em 2 partes com paginação e rosto independentes; contudo, pela análise feita, fica-se a saber que o texto da 2ª parte acaba subitamente na p. 22, faltando uma folha de caderno e dando assim a ideia de que algo se seguiria. Segue-se uma "Lettera" que não vem citada nas obras de referência como fazendo parte desta obra e que, pelas características da impressão, do papel e até por estar redigida em italiano, dá a ideia de que foi junta à obra por referir o mesmo assunto, ou seja, a Companhia de Jesus e não por fazer parte da obra original. A folha de rosto está espelhada no canto inferior. Sinais de humidade sobretudo na margem exterior. Aparado à cabeça; folhas de diferente espessura. Discretos picos de traça. Na última página inumerada (em branco) lê-se uma nota manuscrita a letra e tinta da época: "Para el Pe Pº de Fonseca. En cuya ora[es] pude ser muy encomendado. Diego Ximenez".

Encadernação em pele castanha da autoria de Santos & Alves, de Lisboa.

Proveniência: foi adquirido pelo Visconde da Trindade em 25-9--1955 no leilão da Livraria do Dr. Motta Gomes, em conjunto com outras obras.

140 - COSTA, Manuel da, S. J., 1531-1604

Rervm a Societate / Iesv in Oriente ge-/starvm ad annvm vsqve / à Deipara Virgine M.D.LXVIII, commen-/tarius Emanuelis Acoſtæ luſitani, / recognitus, & latinitate donatus. / Accessere de / iaponicis rebvs episto-/larum libri IIII, item recogniti, et in / latinum ex Hiſpanico ſermo-/ne conuerſi. / Dilingæ/ apud Sebaldum Mayer. / Anno M.D.LXXI. / Cum priuilegio cæſario & supe-/riorum facultate.

Dillingen: Sebald Mayer, 1571. [7], 228, [4]f.; 8º (15 cm).

V. T. 20-8-6

Obra rara: exemplar arrolado. Verso da página de título em branco; nas páginas preliminares inumeradas pode ver-se a dedicatória do tradutor, Giovanni Pietro Maffei (cujo nome só aqui é mencionado), e na p. 1 começa o texto, dividido em várias partes, a saber: "Rerum a Societate Iesu in Oriente gestarum commentarius" (até à f. 52 v.) e depois, precedido por um pequeno prefácio dirigido ao leitor, o "De Iaponicis rebus epistolarum" dividido em 4 livros que vai até ao fim da f. 228 v.; as 4 folhas finais estão preenchidas com o índice dos lugares onde a Companhia de Jesus tem difundido a Fé e a lista dos missionários jesuítas que a levaram a essas terras distantes; na frente da última folha, cujo verso está em branco, pode ver-se a errata. Título impresso em caracteres redondos e itálicos de vários corpos, a dedicatória em caracteres redondos de maior corpo que o do texto que está composto a uma só medida em caracteres redondos, complementado com as glosas marginais impressas em itálico; as iniciais capitais estão colocadas apenas no início da dedicatória e dos dois livros citados e as restantes são iniciais tipográficas, isentas de adornos.

BIBLIOGRAFIA: B. Machado, 3, p. 237; Brunet, 1, col. 41; Palau, 2017; BM, p. 2.

Exemplar um pouco manchado de humidade, aparado e ligeiramente acidificado.

Encadernação em "chagrin" vermelho escuro, ornamentada com filete duplo gravado a ouro nas pastas com o campo gravado a ferros secos dispostos em diagonal e o super-libros do Visconde da Trindade gravado a ouro em ambas as pastas; lombada de 5 nervos profusamente gravada a ouro; seixas decoradas no mesmo estilo.

141 - CRÓNICA

[Portada gravada onde pode ver-se, inserido numa moldura rodeada por grosso filete, a figura de Afonso XI a cavalo empunhando a espada; ladeiam-no dois escudos em branco; na base, e também rodeado por filete decorativo, lê-se o título da obra impresso a vermelho e negro, ornamentado com camarões:] ¶ Chronica del muy eſclareſcido Princi-/pe e Rey Don Alfonſo el onzeno deſte nõ-/bre de los reyes que reynaron en Caſtilla y / en Leon: padre q[ue] fue del Rey Don Pedro. / * Com preuilegio imperial * / ¶ Eſta taſſado eſte libro por los señores del Conſejo / real de ſu Mageſtad en cinco reales y medio. * MDLI *

[Valladolid: Sebastian Martinez; Pedro Espinosa; António de Zamora], 1551. CLXXXVI f.: il.; folio (30 cm).

V. T. 20-10-4

Obra muito rara. 1ª edição. No que toca ao problema da autoria da obra, Palau [251] refere que alguns autores creem que o autor é Juan Nuñez de Villasán, o que constaria na edição de 1595; contudo, segundo ele depreende de alguns passos da obra, este teria sido apenas o copista; aliás, no texto que precede o capítulo I, pode ler-se que "aqui comiença la muy verdadera chronica del noble señor Rey Dõ Alõso onzeno de Castilla... y mãdola sacar el muy noble rey dõ Enrriq[ue] el segu[n]do... a Juã Nuñez de Villasan justicia y alguazil mayor de su casa, e poner en pergamino. E Juã Nuñez lo

---

[251] Cfr.: ob. cit., 64896.

fizo assi segun q[ue] el se lo mãdo e fizo la trasladar y escrevir a Ruy Martinez de Medina de Ryo Seco..."; Palau refere ainda mais adiante que deve ter sido feita uma tiragem grande da obra. Das folhas preliminares consta o privilégio no verso da folha de rosto e nas f. seguintes uma "tabla" que termina na f. 5; no verso pode ver-se uma gravura com várias figuras humanas enquadrando o início do texto da Crónica que remata no reto da folha final com o cólofon onde constam os dados relativos ao lugar e impressor, já que a página de rosto apenas indica a data; o último elemento é relativo ao número de cadernos e sua composição, ou seja, ao registo. Texto impresso em caracteres góticos de vários corpos, quase totalmente disposto a duas colunas, rodeado por filetes; iniciais capitais ornamentadas e historiadas (gravura em madeira). Reclamos apenas na mudança de cadernos. Erros de foliação sem afetar a contagem.

BIBLIOGRAFIA: Salvà, 2887; Palau, 64896; Vindel, 222; BGUC 836; Lavoura, 468.

Exemplar completo e em relativo bom estado de conservação: apenas tem rasgadas, não ofendendo o texto, algumas folhas e apresenta alguns restauros. Manchas de humidade disseminadas um pouco por todo o texto. Sublinhados a tinta. Defeitos de impressão provocados por dobras no papel.
Encadernação da época em pergaminho, com lombada ornamentada com motivos dourados e com o super-libros do Visconde da Trindade um pouco deteriorado, aparentemente devido à tentativa de apagar um outro super-libros mais pequeno, aplicando por cima um de maiores dimensões.
Proveniência: foi adquirido pelo Visconde da Trindade nos Reservados da Livraria Coelho em 28-5-1959, em conjunto com outras obras.

142 - DAMIÃO, português, fl. 14--15--

Libro da im=/parare giochare / à scachi, et de belisſimi partiti, reuiſti / & recoretti, & con ſumma diligentia / da molti famoſisſimi giocatori / emendati. In lingua spagno=/la, & taliana [sic], nouamente / stampato. / [gravura em madeira representando dois jogadores de xadrez]
[Roma: s. n., depois de 1524]. 64 f.: il; 8º (15 cm).
V. T. 19-7-19

Obra rara, considerada um dos primeiros manuais impressos do jogo do xadrez, talvez a 5ª edição, segundo Brunet[252], sendo a primeira de 1518; não constando qualquer indicação da autoria, há, contudo, uma edição de Roma que refere um certo "Damiano portoghese", cujo apelido se ignora e que seria natural de Odemira, de profissão boticário[253] e célebre nas regras do jogo do xadrez, para ampliar a prática das quais escrevera a referida obra; o manuscrito original perdeu-se, naturalmente, mas o livro, muito popular no século XVI foi traduzido em diversas línguas, italiano, espanhol, francês e inglês. Inocêncio[254] menciona a edição apontada por Barbosa Machado e as de Roma de 1518 e 1524. Sem lugar nem data expressos, contudo algumas fontes indicam Roma como local de edição e uma data posterior a 1524. Na gravura da folha de rosto, os dois jogadores têm entre si uma pequena mesa, em cima da qual está colocado o tabuleiro de xadrez; a figura do lado esquerdo apresenta óculos e a da direita tem na cabeça um barrete e seria, segundo alguns autores, o próprio rei D. Manuel I; esta gravura apresenta diversas versões consoante as edições, mas basicamente a cena descrita é

---

[252] Cfr.: ob. cit., 2, col. 480.
[253] Cfr.: Barbosa Machado, ob. cit., 1, p. 597.
[254] Cfr.: ob. cit., 9, 407.

a mesma. Verso da folha de rosto em branco; na página seguinte pode ver-se o índice dos capítulos e no verso começa o texto propriamente dito que ocupa as restantes 61 folhas rematando no verso da f. 64 com o usual "Laus Deo". Texto bilingue, em italiano e espanhol, dividido em 10 capítulos e profusamentre ilustrado com gravuras, as primeiras representando as diferentes peças do xadrez e a explicação do significado de cada uma delas e as restantes comentando as diversas jogadas. Sem reclamos. Título em caracteres redondos de vários corpos e texto em caracteres redondos, isento de ornatos e de iniciais capitais decorativas. Sem título corrente e sem reclamos. Foliação numerada no pé, a meio.

BIBLIOGRAFIA[255]: Aníbal Fernandes Tomás, 1659; BM, 377; Faria, D. Góis, 309.

Exemplar completo, com a folha de rosto espelhada junto ao festo e no pé, cortada, possivelmente para eliminar um pertence; outras duas folhas também estão restauradas. Notas manuscritas a lápis, recentes, na guarda inicial. Um pouco manchado de humidade e de manuseamento. Papel de diferente espessura.

Bela encadernação em marroquim vermelho do século XIX, tendo gravada a ferros secos na pasta anterior a mesma cena que se encontra na folha de rosto; a pasta posterior está gravada com motivos repetidos, simétricos; corte com o título manuscrito. Uma caixa de cartão protege o exemplar.

Proveniência: foi adquirido pelo Visconde da Trindade em 13--11-1956.

---

[255] Diversos repertórios bibliográficos referem esta obra, mas não esta edição: estão neste caso Barbosa Machado, 1, p. 597; Inocêncio, 9, 407; Brunet, 2, col. 480; Palau, 68221, 68222 e Telles da Sylva, 2, 229.

LIBRO DA IM:
PARARE GIOCHARE
à Scachi, Et de belissimi Partiti, Reuisti
& recoretti, & con summa diligentia
da molti famosissimi Giocatori
emendati. In lingua Spagno=
la, & Taliana, nouamente
Stampato.

143 - DAVID II, Rei da Etiópia, ca1496-1540

Legatio Dauid Ae/thiopiæ Regis, ad Sanctiſſimum D. N. Clementem / Papam VII, vnà / cum obedientia, / eidem ſanctiſ. / D. N. præ--/ſtita. / Eiuſdem Dauid Aethiopiæ Regis le/gatio, ad Emanuelem Portu-/galliæ Regem. / De regno Aethiopiæ, ac populo, déq; / moribus eiuſdem populi, nonnu/la. / Antuerpiæ apud Guilelmum / Vorſtermannum. Anno. 1533.

Antuérpia: Willem Vorstermann, 1533. [20]f.; 8° (15 cm).

V. T. 20-8-18

Trata-se da 2ª edição rara deste texto, de que há apenas dois exemplares conhecidos em Portugal, sendo o outro o que pertenceu a D. Manuel II; a 1ª foi impressa em Bolonha e é a única referida por Brunet. Há opiniões diversas quanto à atribuição da autoria desta obra: enquanto uns, como Inocêncio [256] referem Damião de Góis como autor, Barbosa Machado, por exemplo, não a cita e o Visconde da Trindade[257] também tem as suas dúvidas, visto que nos escritos de Damião de Góis vem quase sempre expresso o seu nome e nesta obra tal não acontece; de qualquer modo, a obra refere a embaixada do rei David da Etiópia ao Papa Clemente VII e toda a documentação trocada entre os reis de Portugal que serviram de intermediários e as missivas enviadas por aquele rei etíope ao Sumo Pontífice. Verso da p. de rosto em branco; o texto é, portanto, constituído por uma série de cartas enviadas por D. João III ao Papa Clemente VII, pelo Rei David da Etiópia a D. Manuel I, outra enviada por D. João III a Clemente VII e ainda mais três do rei David da Etiópia, uma delas dirigida a D. João III e as duas restantes ao Papa Clemente VII; o texto remata com uma jaculatória. Título impresso em caracteres redondos

---

[256] Cfr.: ob. cit., A, p. 104.
[257] Cfr.: Ensaios bio-bibliográficos, 3, p. 197-108.

de vários corpos, exceto a palavra "Anno" impressa em itálico; o texto começa na p. [3], está impresso em itálico e apresenta várias iniciais capitais de desenho de fantasia. Sem reclamos nem título corrente.

BIBLIOGRAFIA: Inocêncio, A, p. 1034; Ensaios bio-bibliográficos, p. 108; Faria e Pericão, 1; Faria, D. Góis, 345.

Exemplar muito bem conservado. No verso da f. de anterrosto apresenta uma nota manuscrita em francês, a lápis, referindo o facto de não ser citada por Brunet, que descreve apenas a edição de Bolonha; ao fundo da mesma p. há uma outra nota manuscrita a vermelho.

Belíssima encadernação moderna, imitação da época, executada em "chagrin" vermelho escuro, com motivos dourados na lombada, pastas e seixas e com o super-libros do Visconde da Trindade gravado nas pastas; está assinada por Frederico de Almeida, de Lisboa.

Proveniência: foi adquirido pelo Visconde da Trindade em 25-9--1955 no leilão da Livraria do Dr. Motta Gomes, em conjunto com outras obras.

144 - DE MARCHI, Francesco, 1504-1576

Narratione / particolare / del Capitan Franceſco de' Marchi da / Bologna, / delle gran feste, e trionfi / fatti in Portogallo, / et in Fiandra / nello ſpoſalitio dell' illuſtrisſimo, & eccellentiſsimo Signore, / il Sig. Alessandro Farneſe, Prencipe di Parma, / e Piacenza, e la serenis. Donna Maria / di Portogallo. / [gravura em madeira representando uma coroa] Con licentia de' superiori. / In Bologna, / appreſſo Aleſſandro Benacci. / MDLXVI.

Bolonha: appresso Alessandro Benacci, 1566. [3], 34 f.; 4° (20 cm).
V. T. 19-7-13

Obra rara, não citada por Brunet quando menciona as obras deste autor. O exemplar que se descreve está arrolado. Este texto é muito interessante, porque fornece importantes dados para conhecer os usos e costumes, trajos e divertimentos portugueses no terceiro quartel do século XVI; o mesmo tema é abordado na obra descrita no nº 163, adiante referido. No verso da folha de rosto pode ver-se uma poesia alusiva às núpcias de Alessandro Farnese, da autoria de Carlo Passi, a que se segue a descrição das festas de casamento deste Príncipe de Parma e Piacenza com Maria de Portugal. Título impresso em caracteres redondos e itálicos de vários corpos e texto composto em itálico ornamentado com uma inicial capital decorativa. Sem título corrente.

BIBLIOGRAFIA: Obra não mencionada por qualquer dos repertórios habitualmente consultados.

Exemplar muito bem conservado, apenas com pequenas manchas de humidade não ofendendo, contudo, o texto. Notas marginais manuscritas a lápis, recentes, assim como algumas outras notas manuscritas na numeração. Pequenos defeitos de impressão devido a deficiente fabrico do papel.

Encadernação em pele ornamentada a ouro com o super-libros do Visconde da Trindade em ambas as pastas.

Proveniência: foi adquirido pelo Visconde da Trindade em 25-9--1955 no leilão da Livraria do Dr. Motta Gomes, em conjunto com outras obras.

145 - DOLCE, Lodovico, 1508-1568

El nascimiento y prime-/ras empreſsas del conde Orlando. / [brasão do Príncipe D. Filipe, ao qual a tradução da obra é dedicada] Tradvzidas por Pero Lopez Hen/riquez de Calatayud, regidor de Valladolid. / Dirigidas al principe Don Philipe nueſtro señor, terceiro deſte nombre. Com privilegio. / En Valladolid. / Por Diego F. de Cordoua y Ouiedo, impreſſor del rey nueſtro. S.

Valladolid: Diego F. de Cordova y Oviedo, impressor del Rei, [1594]. [327]f.: il.; 4º (21 cm).

V. T. 20-7-20

Muito raro: a propósito da raridade desta obra diz Salvà[258]: "sin embargo de que el catalogo de la venta de Heber se anunciò un ejemplar como si llevase espresada la fecha de 1549, creo no ha habido más edición que la que yo poseo, la cual es mui rara, y cuyo privilegio es de este año". De facto, a data que se indica vem expressa apenas no final do privilégio. O nome do autor também não está indicado de forma clara, apenas pode deduzir-se da leitura da "Epistola al lector". Trata-se de uma tradução em verso para língua castelhana do poema de Ludovico Dolce, dedicado ao príncipe D. Filipe por Pero Lopez Henriquez de Calatayud. Da parte inicial constam: o privilégio, a dedicatória ao príncipe D. Filipe, oito sonetos laudatórios, duas dedicatórias ao leitor, uma em verso e outra em prosa; principia o texto logo em seguida, sendo o início de cada canto inserido numa portada ornamental, precedido pelo respetivo argumento; o texto é profusamente ilustrado com gravuras alegóricas. Título e texto impressos em caracteres redondos e itálicos de vários corpos, esmaltado com iniciais capitais (gravuras em madeira). Numerosos erros de foliação sem afetar a contagem.

BIBLIOGRAFIA: Brunet, 2, col. 790; Salvà, 1591; Palau, 1591; Lavoura, 533.

---

[258] Cfr.: ob. cit., 1591.

Este exemplar pertenceu a Jorge Roiz da Costa segundo nota manuscrita a tinta da época na página final, nota esta acompanhada pelo respetivo preço. Apresenta algumas folhas laceradas, entre as quais a de rosto, ofendendo o texto e outras não atingindo a mancha tipográfica. Aparado à cabeça. Manchado de humidade; irregularidades no corte de algumas folhas; pequenos defeitos de impressão provocados por rugas no papel, de fabrico um pouco grosseiro.

Encadernação em pergaminho descolada na lombada e na guarda final.

Proveniência: foi adquirido pelo Visconde da Trindade em 27--2-1964.

146 - ESTAÇO, Aquiles, 1524-1581

Ad Pivm IIII. / Pont. Max. / Sebastiani. I. Portvgalliae / Algarbiorvm etc. regis / nomine, / obedientiam praestante / Lavrentio Pirez de Tavora / oratio habita ab Achille Statio / lvsitano XIII. Cal. Jvn. Anno salvtis / MDLX./ [Dois escudos, o primeiro com as armas papais (Pio IV, da família dos Medici) e o segundo com as armas reais de Portugal].

[Roma: s. n., 1560]. [4] f.; 4º (21 cm).

V. T. 20-8-8

Há apenas um exemplar conhecido na Biblioteca Nacional de Portugal. Verso da folha de rosto em branco; na p. seguinte inicia-se o texto que se divide em duas partes: a primeira é constituída pela oração de obediência (2 p.) que, como é de uso, refere as conquistas levadas a cabo pelos portugueses em África, Índia e Oriente, feitas com o propósito de difundir a fé cristã, rematando com o preito de obediência do rei português ao Papa; a segunda parte é constituída pela resposta dada por este, ou seja, o "Responsum datum oratori Portugalliæ" feito por intermédio do seu secretário, Antonius Lavellinus, assim chamado por ter sido bispo de Lavello, mas cujo verdadeiro nome é Antonio Fiordibello; está datada de 20 de maio de 1560, ano primeiro do Papado de Pio IV; o verso da última f. está em branco. A obra foi publicada sem lugar nem impressor expressos, mas sabe-se que foi dada à luz no mesmo ano em que foi recitada, ou seja, em 1560. Título composto em caracteres redondos de vários corpos e texto igualmente em caracteres redondos, ornamentado com iniciais capitais de desenho de fantasia. Paginação inumerada.

BIBLIOGRAFIA: B. Machado, 1, p. 8; Ensaios Bio-bibliográficos, 3, p. 179[259].

O exemplar pertenceu a "Romulus Melus" de Roma, cujo ex-libris está aposto na p. de rosto. Pequena nota manuscrita na mesma página. Exemplar em bom estado de conservação, um pouco manchado de humidade sem afetar o texto.

Exemplar brochado com uma capilha de papel verde com o título manuscrito a tinta preta; logo abaixo deste, pode ver-se o ex-libris do professor Romulus Melus de Roma, sob forma de carimbo a tinta azul, que se repete na pasta posterior; no pé desta capa está colado um pequeno recorte de catálogo com dados relativos ao exemplar; a envolver esta brochura está uma encadernação moderna com lombada em pele e com sinal.

Proveniência: foi adquirido pelo Visconde da Trindade no "Mundo do Livro" em 14-1-1963.

---

[259] Neste estudo o Visconde da Trindade refere a reedição desta "oratio" no "Corpo Diplomático Português", 8, p. 461-463.

147 - ESTAÇO, Aquiles, 1524-1581

[Em cartela ao alto da página:] Achillis / Statii. Lvsitani / Oratio. Oboedientialis / Sebastiani. I Regis / Lvsitaniæ. I. Regis / Lvsitaniæ. nomine / habita / [minúsculo adorno] Eivsdem / monomachia navis. Lvsitanæ. et insignia. Regvm. Lvsitaniæ / versib. descripta [pequena vinheta retangular] Cvm licentia svperiorvm. / Romæ, / Apud Iofephum de Angelis. / MDLXXIV.

Roma: Giuseppe De Angelis, 1574. [12]f.; 4º (20 cm).

V. T. 19-7-4

Oração de Aquiles Estaço dirigida em nome de D. Sebastião ao Papa Gregório XIII; após a declaração de obediência, o autor narra os feitos dos portugueses e pede licença para referir o mais recente: a derrota do Hidalcão e do seu exército, oferecendo esta vitória ao vigário de Cristo, pois foi em nome da difusão da fé cristã que tal feito foi levado a cabo; à oração de obediência segue-se a "Monomachia" que narra o combate naval travado na costa malabar que terminou com a vitória lusitana; a 3ª parte da obra é constituída por um poemeto em latim que conta a aparição de Cristo crucificado a Afonso Henriques e descreve as armas portuguesas. Há uma edição em tudo semelhante a esta, impressa apenas com a oração a Gregório XIII, sem as restantes partes, mas diferindo na folha de rosto, que existe na Biblioteca Nacional de Portugal. O facto de aparecer a impressão autónoma desta oração a Gregório XIII, leva a que algumas descrições desta obra considerem as três partes como distintas, mas o caso presente, em que no título são referidas as três peças, permite concluir que se trata de uma só obra, tanto mais que a "Monomachia" se inicia no caderno B e a terceira parte começa no caderno C2. No verso da p. de rosto pode ver-se apenas uma frase em latim que ocupa 2 linhas; o texto começa na frente da f. [2] encimado por um cabeção decorativo e a inicial capital letra Q de grande corpo com um pequeno texto que introduz o texto principal; o capítulo da "Monomachia" começa na frente da f. [5] e termina na frente da f. [8] com o escudo de armas reais portuguesas no verso e uma frase em latim; no pé da mesma p. há uma pequena errata; a 3ª parte da obra é constituída por uma poesia e ocupa as [3] p. finais, isenta de qualquer remate.

BIBLIOGRAFIA: não referido nas bibliografias habitualmente consultadas.

Corte no pé muito inclinado, chegando a atingir a numeração do caderno. Manchado de acidez.

Encadernação meio amador vermelho escuro com guardas de papel de fantasia e sinal da mesma cor; corte dourado.

148 - GARCIA, Pablo

Orden / qve comvnmente / se gvarda en el / Santo Oficio de la Inquiſicion acerca del pro/ceſſar en las cauſas que en el ſe tratan con-/forme à lo que eſta proueydo por las / inſtructiones antiguas / y nueuas. / Recopilado por Pablo Garcia secretario del Conſejo de la / ſanta general Inquiſicion. / Van en eſta ſegunda impreſsion añadidas algunas coſas/ y otras pueſtas en mejor orden. / [gravura em madeira com o emblema da Inquisição] Con lice[n]cia de los ſeñores del ſupremo Cõſejo/ de la ſanta general Inquiſicion. / En Madrid, / [–] En caſa de Pedro Madrigal, año de 1591.

Madrid: en casa de Pedro Madrigal, 1591. [1], 78 p.; 4º (24 cm).
V. T. 20-7-21

Muito raro. Trata-se de um formulário processual da Inquisição redigido em castelhano, recompilado por Pablo Garcia. O texto começa na p. 1 logo a seguir à folha de rosto. Título e texto impressos em caracteres redondos e itálicos de vários corpos; grande inicial capital letra E ornamentada de desenho de fantasia (gravura em madeira). Erro de numeração sem afetar a contagem.

BIBLIOGRAFIA: Palau, 98142.

Exemplar espelhado no canto inferior exterior em todas as primeiras 65 folhas. Ligeiras manchas de humidade. Papel muito encorpado, embora com folhas de diferente espessura.

Encadernação em pergaminho com lombada ornamentada a ouro.

Proveniência: foi adquirido pelo Visconde da Trindade em 19-1-1960.

149 - GARIBAY Y ZAMALLOA, Esteban de, 1525-1593

[Inscrito em portada arquitetónica constituída por um grande pórtico sustentado por duas colunas, rematado por um frontão no meio do qual pode ver-se o brasão de armas reais castelhanas rodeado por paquifes, lê-se o título:] Illvstraciones / genealogicas / de los catho-/licos Reyes / de las Españas, / y de los christianissi-/mos de Francia, y de los Emperadores de / Conſtantinopla, haſta el catholico Rey / nueſtro ſeñor Don Philipe el II. y / ſus ſereniſsimos hijos. / Las mesmas hasta svs / Altezas de muchos sanctos confeſſores de la /Igleſia catholica romana, ſus glorioſos / progenitores: como lo mostrarà la / pagina ſiguiente. / Para el muy alto y muy / poderoſo Principe de las Eſpañas, y del / Nueuo Mundo, Don Philipe nue-/ſtro catholico ſeñor. / Compvestas por Estevan / de Garibay, chroniſta del Catholico Rey ſu padre, y cõ ſu real priuilegio impreſſas. / En Madrid, / Por Luis Sanchez: Año 1596.

Madrid: Luis Sanchez, 1596. 297, [3]p.: il., alg. desd.; folio (40 cm).

V. T. 20-10-8

Obra muito importante para os que se dedicam ao estudo da genealogia espanhola; Salvà[260] diz não conhecer outra edição desta obra que, segundo Nicolau António, não está concluída. Das páginas preliminares constam: no verso da página de rosto, que é a p. 2, encontra-se o "protesto del autor", submetendo-se à censura da Igreja católica; na p. 3 vêm as aprovações e na p. 4 o privilégio, as erratas e a taxa ou preço; a p. 5 está em branco e a p. 6 é totalmente ocupada por um belo retrato (gravura em cobre) assinado por Petrus Perret (Pieter Perret) que representa, numa oval inscrita num retângulo, o futuro Filipe III vestindo armadura e de cabeça descoberta, tendo ao pescoço a insígnia da Ordem do Tosão de Ouro; nas p. 7 e 8 segue-se a dedicatória do autor a D. Filipe e nas p. seguintes, ou seja, da p. 9 à 11 pode ler-se uma advertência ao leitor seguida de outra que começa na p. 13 e vai até meio da p. 14, onde há uma espécie de índice dos autores da obra que segue até à p. 16 inclusive; na p. 17 vem a genealogia do rei a quem a obra é dedicada que prossegue até à p. 25; o texto começa na p. 26, compreendendo as genealogias de todos os reis de Espanha, continuando até à p. 296. O título está inscrito no pórtico acima descrito e o pé de imprensa foi impresso no embasamento; texto profusamente ilustrado com brasões de armas e árvores genealógicas; vinheta decorativa na p. 281; a última folha do volume (inumerada), foi totalmente ocupada com o retrato do autor gravado em madeira inserido numa oval inscrita em retângulo rodeado por uma legenda redigida em castelhano; segundo refere Salvà, este é o mesmo retrato que aparece nos XL livros do "Compendio historial" com diferente legenda à volta. Título impresso em caracteres redondos de vários corpos e texto em caracteres redondos e itálicos rodeado por uma

---

[260] Cfr.: ob. cit., 3557.

linha, ornamentado com iniciais capitais de desenho de fantasia. Erro de paginação sem afetar a contagem. Várias folhas desdobráveis: 51, 67, 159 e 297.

BIBLIOGRAFIA: Brunet, 2, col. 1485; Gallardo, 2318; Salvà, 3557; Palau, 100105; Short-title catalogue, p. 38; Lavoura, 740.

O exemplar pertenceu a "Mattos", segundo nota manuscrita na folha de rosto; consultando a "Bibliografia Geral" de Manuel dos Santos[261], verifica-se que apresenta o mesmo pertence por este descrito, pelo que pode concluir-se que se trata do mesmo exemplar. Sublinhados a tinta. Apresenta algumas folhas espelhadas e outras levemente laceradas sem ofender o texto; na p. 126 o brasão foi encoberto por um outro sobreposto e colado. Vestígios de traça. Manchas de humidade por todo o exemplar ofendendo, por vezes, o texto. Papel de diferentes espessuras com defeitos de fabrico.

Encadernação recente, em pele gravada a ferros secos nas pastas, seixas e lombada e com o super-libros do Visconde da Trindade; fitilho verde e corte vermelho.

Proveniência: foi adquirido pelo Visconde da Trindade em 20-5-1947.

150 - GARIBAY Y ZAMALLOA, Esteban de, 1525-1593

[Inserido em portada de estilo arquitetónico tendo ao alto vários escudos de armas, uns civis e outros com elementos eclesiásticos, pode ver-se o título:] Los XL. libros /del /Compendio / historial / de las chronicas y uniuerʃal / Hiʃtoria de todos los reynos / de Eʃpaña. / Compuestos por Eʃteuan de Garibay / y Çamalloa, de nacion cantabro, / vezino de la villla de Mõdragõ,

---

[261] Cfr.: ob. cit., 5860.

de la prouincia de Guipuzcoa. / Con licencia y pri-/uilegios de la Catholica Mageſtad pa-/ra diuerſos reynos y ſeñorios de Eſpaña, y fuera. / Y de la Ceſarea Mageſtad para el Imperio Romano. / Lo contenido en eſta obra, ſe verá en / la plana ſeguiente. / [na cartela inferior:] Impreſſo en Anueres por Chriſtophoro / Plantino, Prototypographo de la / Catholica Mageſtad. / A coſta del autor. / M.D.LXXI.

    Antuérpia: Christophe Plantin, 1571. 4 vol.Il.; folio (34 cm.)

    V. T. 8-6-2/5; V. T. 20-10-16

    A obra, tal como o título indica, está dividida em 40 livros, reunidos em grupos de dez, cada um dos quais corresponde a 1 volume, sendo a paginação do 1º volume para o 2º contínua, o mesmo acontecendo nos restantes volumes; cada uma destas partes tem folha de rosto própria, diferente da do volume I que apresenta uma portada de estilo arquitetónico; o volume II tem uma portada onde se apresentam os escudos heráldicos de Castela e Leão, o volume III como refere os reis de Navarra ostenta as suas armas e o volume IV exibe as armas de Aragão em grande plano, já que é este o reino mais importante nele descrito. Tal como o título refere, o autor pretende escrever a crónica de todos os reinos de Espanha, de modo que vai abarcar muitos reinos que atualmente não correspondem ao território deste país, como Portugal e França que também aí estão incluídos; no final de cada grupo de dez livros há um índice com o título de cada um dos capítulos. No verso da p. de título do vol. I vem a aprovação e o sumário das coisas mais notáveis contidas nos 4 livros da obra; segue-se o prólogo ao rei D. Filipe, uma dedicatória ao arcebispo de Sevilha onde se justifica a presente edição feita à custa do autor, confidenciando, a certa altura, citando Marcial, que "se uviesse muchos Mecenas no faltarian muchos Virgilios"; vem depois o privilégio real, a "licencia para imprimir fuera" e uma série de outros privilégios, uns traduzidos do francês para o espanhol e outros do latim para o espanhol; no verso da última folha preliminar deste volume, (f. [28]) pode ver-se, a plena página, o retrato do autor inserido numa oval, sob o qual está uma invocação à SS. Trindade pedindo inspiração para a redação da obra. Título e texto impressos em caracteres redondos e itálicos de vários corpos, estando o texto, disposto a uma só medida, ornamentado com iniciais capitais de desenho de fantasia de vários corpos. Glosas marginais e título corrente.

BIBLIOGRAFIA: BM, p. 81.

Na Livraria do Visconde da Trindade há um exemplar completo com os 4 volumes (V. T. 8-6-2/5) e um segundo exemplar do vol. I (V. T. 20-10-16); o primeiro exemplar apresenta o pertence manuscrito "D. Manuel de Zabala" e ainda um outro, igualmente manuscrito: "Da Livraria da Graça de Torres Vedras... anno 1727". Alguns sublinhados ao texto. Está um pouco manchado de acidez e humidade. O segundo exemplar (V. T. 20-10-16) apresenta comentários marginais manuscritos, cortados quando o livro foi aparado; alguns restauros, por vezes um pouco grosseiros, ofendem o texto.

O exemplar completo tem uma encadernação recente, em carneira castanha marmoreada com lombada isenta de nervos e rótulos; super-libros nas pastas e corte marmoreado em tons de azul e verde; o outro exemplar do vol. I tem encadernação semelhante, mas não apresenta super-libros e o corte é isento de cor.

151 - GIOVIO, Paolo, 1483-1552

Dialogo / de las empre-/sas militares, y amo-/rosas, com-/pvesto en / lengva italiana, / por el illvstre, y reverendissi-/

mo señor Paulo Iouio obiſpo de Nucera. / En el qval se tracta de las devi-/ſas, armas, motes, o blaſones de linages. / Con vn razonamiento a esse pro-/poſito, del magnifico señor Ludouico Domeniqui. Todo / nueuamente traduzido en romance caſtel-/lano, por Alonſo de Vlloa. / Añadimos a esto las empresas he-/roicas, y morales, del señor Gabriel Symeon. / [marca tipográfica] En Leon de Francia en casa / de Gvillielmo Roville. / [---] 1562. / Con privilegio real.

Lyon: en casa de Guillaume Rouillé, 1562. [16], 263, [1] p.: il.; 4° (21 cm).

V. T. 20-7-4

4ª edição desta obra rara, que é a tradução castelhana de Alonso de Ulloa feita a partir do original italiano. Das páginas preliminares inumeradas constam o privilégio no verso da página de rosto, a dedicatória a Franco de la Torre (4 p.), as palavras do impressor dirigidas "al benevolo lector"(4 p.) e 6 p. de "tabla"; na p. 1 começa o texto das "Empresas militares y amorosas" que se prolonga por 160 p., às quais se segue o "Razonamiento" de Ludovico Domenichi (p. 161-218); termina por algumas palavras do tradutor em memória da alma de seu pai, Francisco de Ulloa; segue-se, com página de rosto independente mas com paginação contínua, a segunda parte da obra já referida no título: "Devisas o emblemas heroicas y morales hechas por el notable varon Gabriel Symeon..."; no verso desta página encontra-se a "devisa del autor" inserida numa oval onde estão inscritas várias figuras mitológicas, subscritas pelas iniciais do autor, G. S. rodeadas pela legenda "Col corpo in terra et con la mente in cielo; egressio eius a summo coelo"; nas p. 223 e 224 decorre a dedicatória de Gabriele Simeoni, começando em seguida o texto que remata na p. 263 com a expressão "Fin de la obra"; o verso desta p. está em branco. As duas páginas de rosto apresentam a marca do impressor Guillaume Rouillé: na parte central destaca-se uma águia pousada sobre um globo assente numa coluna, entre duas serpentes enroladas que se erguem de cada um dos lados, tudo enquadrado por ornamentos variados dos quais sobressaem anjos, flores e frutos (gravura em madeira)[262]. Título e texto compostos em caracteres redondos e itálicos de vários corpos; texto ornamentado com cabeções decorativos e iniciais de fantasia; uma série de 102 emblemas ilustram a 1ª parte e 35 a 2ª, inseridos em oval e com moldura de forma retangular da autoria de Bernard Salomon (gravuras em madeira). Título corrente. Reclamos do verso para o reto.

BIBLIOGRAFIA: Brunet, 3, col. 583; BM, p. 202; Palau, 125416; BGUC, 1331.

Exemplar relativamente bem conservado: apresenta pequenas manchas de humidade na página de rosto e seguintes e pequenos salpicos de tinta verde, igual à do corte na guarda inicial e no verso da pasta superior; alguns sublinhados ao título.

Encadernação da época em pergaminho, bastante manchada de castanho na pasta superior e um pouco danificada na lombada.

152 - GÓIS, Damião de, 1502-1572

Avisi de / le cose fatte da / portvesi ne l'India di / qva del Gange, nel / M.D.XXXVIII. scrit=/ti in lingva / latina /dal signor / Damiano da Goes / cavalier por/tvese al / Cardinal / Bembo. / [pequena vinheta].
[Veneza: s. n., 1539]. [12]f.; 8º (16 cm).
V. T. 19-7-8

---

[262] Cfr.: Delalain, ob. cit., p. 116; Benezit, 7, p. 488; Silvestre, 588.

Obra raríssima, arrolada. Trata-se da tradução dos "Commentarii rerum gestarum in India citra Gangem a Lusitanis anno 1538" edição de Lovaina saída em setembro de 1539, o que demonstra o interesse que a 1ª edição despertara para, apenas 3 meses depois, vir a ser publicada em Veneza, em novembro, já vertida para a língua italiana. Único exemplar desta 2ª edição conhecido em Portugal, havendo notícia de mais sete, todos eles no estrangeiro, segundo Leite de Faria[263]. No verso da p. de rosto há uma dedicatória datada de Veneza de 16 de Novembro de 1539, na qual o tradutor, Giovanni Palus, diz enviar a Damião de Góis um exemplar desta tradução, ao mesmo tempo que lhe pede desculpa se acaso ela não tiver igualado o original latino; o texto propriamente dito começa na folha seguinte e vai até final, rematando com o lugar e a data. Página de rosto impressa em caracteres redondos maiúsculos de vários corpos; o texto, composto em itálico, apresenta várias letras iniciais de desenho de fantasia (gravura em madeira).

BIBLIOGRAFIA: Inocêncio, A, p. 104; Brunet, 2, col. 1643; BM, p. 308; Faria e Pericão, 2; Faria, D. Góis, 5.

Exemplar muito bem conservado.
Belíssima encadernação tipo "gruel", imitação da época em marroquim vermelho, com motivos gravados a ouro na lombada, pastas e seixas, guardas de seda natural vermelha e corte dourado.
Proveniência: foi adquirido pelo Visconde da Trindade em 25--9-1955 no leilão da Livraria do Dr. Motta Gomes, em conjunto com outras obras.

---

[263] Cfr.: ob. cit., 5.

AVISI DE
LE COSE FATTE DA
PORTVESI NE L'INDIA DI
QVA DEL GANGE, NEL
M.D.XXXVIII. SCRIT-
TI IN LINGVA
LATINA
DAL SIGNOR
DAMIANO DA GOES
CAVALIER POR
TVESE AL
CARDINAL
BEMBO.

153 - GÓIS, Damião de, 1502-1572

Damiani / a Goes eqvitis lv-/sitani aliqvot opvscvla. / * Fides, religio, moreſq[ue] Aethiopum / * Epiſtolæ aliquot Precioſi Ioannis, Pau/lo Iouio & ipſo Damiano interpretibus. / * Deploratio Lappianæ gentis. / * Lappiæ deſcriptio. / * Bellum Cambaicum. / * De rebus & imperio luſitanorum ad / Paulum Iouium diſceptatiuncula. / * Hiſpaniæ ubertas & potentia. / * Pro Hiſpania aduerſus Munſterum de-/fenſio. / Omnia ab ipſo autore recognita. * Item aliquot Epiſtolæ Sadoleti, Bembi, / & aliorum clariſſimorum uirorum, cum / Farragine carminu[m] ad ipſum Damianu[m]. / Lovanii/ ¶ Ex Officina Rutgeri Reſcij, Anno 1544. / Menſ. Decemb.

Louvain: Rutger Rescius, 1544. [154] f.; 4º (21 cm).

V. T. 20-8-19

Obra rara: exemplar arrolado. Na Biblioteca Geral da Universidade de Coimbra existe, além deste, um outro exemplar. Título e texto compostos em caracteres redondos e itálicos de vários corpos, com letras iniciais de desenho de fantasia (gravura em madeira). Caldeirões nos títulos das diferentes partes. A obra é constituída por uma série de opúsculos que vêm mencionados no título, cada um deles com uma folha de rosto independente e alguns também com cólofon autónomo.

BIBLIOGRAFIA: B. Machado, 1, p. 606-607; Brunet, 2, col. 1642; Inocêncio, A, p. 105; Palha, 4218; Palau, 103135; BGUC, 1140; Faria e Pericão, 7; Faria, D. Góis, 10.

O exemplar apresenta na folha de rosto uma nota manuscrita, provavelmente um pertence, apagado; muitas outras notas manuscritas ao longo do texto, à guisa de comentários. Pequenas manchas de humidade.

Bela encadernação tipo "gruel", em marroquim vermelho com dourados na lombada, pastas e seixas, guardas de seda natural e corte dourado.

Proveniência: foi adquirido pelo Visconde da Trindade no leilão da Livraria do Dr. Motta Gomes em 25-9-1955, em conjunto com outras obras.

154 - GÓIS, Damião de, 1502-1572

* Damiani Goes / eqvitis Lvsi-/tani, de Bello cam-/baico vltimo /comenta-/rii tres. / [Gravura em madeira representando a marca tipográfica] Lovanii, / apud Seruatium Saſsenum Diestenſem. Anno / M.D.XLIX. Menſe / Ianuario. / Cvm gratia et privilegio.
Louvain: Servatius Zassenus, 1549. [32] f.; 4º (15 cm).
V. T. 20-8-16
Obra rara: exemplar arrolado. Esta obra seria ainda reeditada no mesmo século em Colónia, em 1574. No verso da f. de rosto está a licença e o privilégio concedidos ao impressor, dados em Bruxelas em novembro de 1568, erro evidente, uma vez que a obra data de 1549; nas duas p. seguintes pode ver-se a dedicatória de Damião de Góis ao Infante D. Luís e na f. [3]r., após o título, começa o texto, dividido em três capítulos, como referido no título, terminando no reto da f. [32]; o verso apresenta uma gravura idêntica à da folha de rosto, ou seja, a marca tipográfica. Título em caracteres redondos e itálicos de vários corpos e texto composto em caracteres redondos com letras capitais de desenho de fantasia (gravura em madeira).

BIBLIOGRAFIA: Barbosa Machado, 1, p. 620; Inocêncio, A, p. 105; Brunet, 2, col. 1642; BM, p. 87; Faria e Pericão, 9; Faria, D. Góis, 15.

Exemplar muito bem conservado.
Belíssima encadernação tipo "gruel", recente, imitação do antigo, em "chagrin" vermelho com profusas ornamentações douradas

na lombada, pastas e seixas, fitilho e com guardas de seda natural vermelha; corte dourado.

Proveniência: foi adquirido pelo Visconde da Trindade em 25-9-1955 no leilão da Livraria do Dr. Motta Gomes, em conjunto com outras obras.

155 - GÓIS, Damião de, 1502-1572

* Fides, reli=/gio, moresqve Aethiopvm svb / Imperio Preciofi [sic] Ioannis (quem vulgo Prefby=/terum Ioannem vocant) degentium, vna cu[m] / enarratione confœderationis ac amicitie / inter ipfos Aethiopum Imperato=/res, & Reges Lufitaniæ initæ, / Damiano a Goes / Equite Lufitano / autore ac in=/terprete. / Aliquot item Epiftolæ ipfi operi infertæ, ac lectu / digniffimæ Helenæ auiæ Dauidis Preciofi [sic] Ioannis, / ac ipfius etiam Dauidis, ad Pontificem Romanum, / & Emanuelem, ac Ioannem Lufitanie Reges, eodem Damiano a Goes, ac Paulo Iouio interpretibus. / Deploratio Lappianæ gentis, ipfo etiam / Damiano a Goes autore. / Lovanii / Ex oficina Rutgeri Refcii, / M.D.XL. / Men./ Sep.

Louvain: Rutger Rescius, 1540. [52]f.; 4° (21 cm).

V. T. 20-8-17

1ª edição: apenas 6 exemplares conhecidos no país, entre eles o de D. Manuel II. Desta mesma edição houve uma 2ª tiragem com a palavra "Pretiosi" corretamente escrita no título, facto que se verifica no exemplar que pertenceu ao Rei D. Manuel II, hoje em Vila Viçosa. Título composto em caracteres redondos de vários corpos e também itálicos; o texto, disposto a uma só medida, de impressão muito nítida, começa após a dedicatória ao Papa Paulo III, e está dividido em várias partes. Caldeirões no início dos capítulos. Título corrente, reclamos e glosas marginais impressas em itálico.

BIBLIOGRAFIA: Inocêncio, A, p. 105; Ensaios Bio-bibliográficos, 3, p. 108; BM, p. 87; Faria e Pericão, 4; Faria, D. Góis, 7.

Segundo nota do Visconde da Trindade, este exemplar terá pertencido a Aníbal Fernandes Tomás; muito bem conservado, apresenta apenas algumas manchas de humidade. Várias notas manuscritas a letra e tinta da época, em latim, à guisa de comentários ao texto, estão disseminadas por todo o exemplar.

Belíssima encadernação tipo "gruel", em marroquim vermelho, com dourados na lombada, pastas e seixas; guardas de seda natural vermelha e corte dourado.

Proveniência: foi adquirido pelo Visconde da Trindade em 25-9--1955 no leilão da Livraria do Dr. Motta Gomes, em conjunto com outras obras.

156 - GÓIS, Damião de, 1502-1572

Fides, reli-/gio, moresqve Aethi-/opvm svb imperio pre-/cioſi [sic] Ioannis (quem vulgò Preſbyterum Ioan-/nem vocant) degentium, vnà cum enarratione /confœderationis ac amicitiæ inter ipſos / Aethiopum Imperatores, & Re-/ges Luſitaniæ initæ, Damia-/no à Goes equite lu-/ ſitano autore ac / interprete. / Aliquot item epiſtolæ ipſi operi inſertæ, ac / lectu digniſſimæ, Helenæ auiæ Dauidis Preci-/oſi [sic] Ioannis, ac ipſius etiam Dauidis, ad Ponti-/ficem Romanum, & Emanuelem, ac Ioannem / Luſitaniæ Reges, eodem Damiano à Goes, ac / Paulo Iouio interpretibus. / Deploratio Lappianæ gentis, ipſo / etiam Damiano à Goes autore. / Parisiis./ Apud Chriſtianum Wechelum ſub ſcuto Baſilienſi, in Vico Iacobæo: & ſub pegaſo, in Vico Bellouacenſi. M.D.XLI.

Paris: Chrétien Wechel sub scuto basiliensi, 1541. 102 [i. é 96] p.; 8° (17 cm).

V.T. 20-7-2

Segunda edição desta obra raríssima. Exemplar arrolado. Apenas três exemplares conhecidos em Portugal: um na Biblioteca Nacional, outro na Biblioteca de D. Manuel II (Vila Viçosa) e o que se descreve. Título impresso em caracteres redondos de vários corpos, a primeira parte do qual está disposto em "cul de lampe"; impressão muito nítida do texto, que vai da p. 3 até final, composto em caracteres redondos, ornamentado com iniciais capitais de desenho de fantasia; remata em "cul de lampe" com a palavra "Finis" na p. 96, numerada erradamente 102.

BIBLIOGRAFIA: B. Machado, 1, 606; Inoc., A, p. 105; BM, p. 204; Faria e Pericão, 5; Faria, D. Góis, 8.

Pertenceu à Biblioteca de Ambroise Firmin Didot, notável colecionador, de que apresenta o ex-libris. Pequena nota manuscrita a lápis, recente, na guarda inicial: "ouvrage des plus curieux sur l'Ethiopie et le Prêtre Jean"[264]. Exemplar bem conservado, apenas com as p. 9, 11 e 15 ligeiramente laceradas sem ofender o texto.

Bela encadernação moderna do século XIX, de Lortic, em "chagrin" verde escuro com pequenos motivos dourados na lombada e apenas um motivo no centro das pastas; seixas ornamentadas, corte dourado e fitilho verde.

Proveniência: foi adquirido pelo Visconde da Trindade em 25--9-1955 no leilão da Livraria do Dr. Motta Gomes, em conjunto com outras obras.

157 - GÓIS, Damião de, 1502-1572

Hispania / Damiani a Goes, / eqvitis lvsitani. / [pequena vinheta] / Lovanii / Excudebat Rutgerus Reſcius Anno / M.D.XLII.

---

[264] De referir que na coleção de livros portugueses do Visconde da Trindade existe a obra de Francisco Álvares " Verdadera informação das terras do Preste Joam" impressa por Luís Rodrigues em 1540, descrita no nº 4.

Louvain: Rutger Rescius, 1542. [30]f.; 4º (20 cm).

V. T. 20-8-15

Obra rara: exemplar arrolado. Rosto e texto compostos em caracteres redondos de vários corpos, disposto a uma só medida; no verso do rosto vem uma carta de Pedro Nanio agradecendo a Damião de Góis a obra que este lhe dedica; o texto começa apenas na f. [3], e está dividido em várias partes rematando no reto da f. [30] com o pé de imprensa e a errata, disposta nas últimas 6 linhas em caracteres de pequeno corpo. Título corrente e reclamos.

BIBLIOGRAFIA: B. Machado, 1, p. 606, 607; Inocêncio, A, p.105; Brunet, 2, col. 1642; Palau, 103134; Faria e Pericão, 6; Faria, D. Góis, 9.

Exemplar em perfeito estado de conservação.

Encadernação tipo "gruel", imitação da época, em marroquim vermelho com dourados nas pastas, seixas e lombada, guardas de seda natural e corte dourado.

Proveniência: foi adquirido pelo Visconde da Trindade em 25-9--1955 no leilão da Livraria do Dr. Motta Gomes, em conjunto com outras obras.

158 - GUARDIOLA, Juan Benito, O. S. B., fl. 15--

Tratado de / nobleza, y de los titv/los y ditados que oy dia tienen/ los varones claros y grandes / de Efpaña. / ¶ Compvesto por Fray Ivan Benito Guardiola monje profeſſo del monasterio / de Sant Benito el Real de Sahagun. / Dirigido al Princi-/pe Don Philippe hijo del catho-/lico Rey Don Philippe / nueſtro señor. / [escudo de armas reais castelhanas, tendo ao alto as armas de Portugal] Con privilegio. / En Madrid, por la viuda de Alõſo Gomez. / Año de M.D.XCI.

Madrid: viúva de Alonso Gomez, 1591. [17], 132 f.; 4° (21 cm).
V. T. 20-7-22

1ª edição. Das páginas preliminares consta o privilégio real (4 p.), as licenças (5 p.) e uma página de erratas, outras 4 p. de licenças e a dedicatória do autor ao príncipe D. Filipe, precedendo o prólogo ao leitor; segue-se um índice dos autores citados no tratado, ordenado alfabeticamente, havendo um soneto de Don Martin Orozco y Luna dedicado ao autor; segue-se uma "Tabla" dos capítulos que ocupa as 7 p. seguintes, estando no verso da última o escudo de armas de Espanha, tendo ao alto as de Portugal (gravura em madeira); segue-se uma f. totalmente em branco, começando o texto na p. seguinte, e ocupando 132 folhas. Título e texto impressos em caracteres redondos e itálicos de vários corpos, ornado com iniciais capitais decoradas com motivos fitomórficos e de fantasia. Erros de numeração dos cadernos nas folhas iniciais. Erro de foliação sem afetar a contagem.

BIBLIOGRAFIA: Salvà, 3561; Palau, 109437; BM, p. 40; Lavoura, 782.

Apresenta um pertence na folha de rosto: "Carmelitas descalços de Faro" e uma outra nota manuscrita, provavelmente um pertence na mesma folha, a meio: "Villalva". Sublinhados a tinta em algumas passagens do texto. Exemplar completo, em relativo bom estado de conservação. A folha de rosto está totalmente espelhada, assim como a última e algumas outras por motivo da ação de insetos. Manchas de humidade e tinta ofendendo o texto. Aparado à cabeça. Papel de diferente espessura com defeitos de fabrico.

Encadernação em pele com o super-libros do Visconde da Trindade; ao conferir os cadernos das páginas preliminares verificou-se que estavam mal encadernadas, não faltando, no entanto, nenhuma página; tal facto é denunciado pela presença das erratas inseridas no meio das licenças, quando o lugar correto deveria ser no final destas.

Proveniência: foi adquirido pelo Visconde da Trindade em 19-4-1951.

159 - JACOPO, da Cessole, 12--1322

Dechado / de la vida humana. Moralme[n]te ſacado del juego / del axedrez. Traduzido agora de nueuo, por el li=/cenciado Reyna. Vezino de la villa de Aranda de Duero. En eſte año de. M.D.XLJX. / * Con priuilegio imperial. * Eſta taſſado en vn real.
[Valladolid: Francisco Fernandez, 1549]. LVII [i. é 56]f.; 4° (19 cm).
V. T. 20-7-19

Espécie de tratado de xadrez quinhentista do maior valor e raridade; o autor descreve as diversas peças do jogo de xadrez e expressa a sua opinião sobre cada uma delas comparando-as às atitudes e funções que ele pensa que no mundo devem ter as personagens que representam; no 4° tratado estuda a maneira de deslocar as peças baseando-se no seu movimento e nas diferentes jogadas, ensinando e aconselhando sobre o modo de atuar na vida; por conseguinte, não se trata de um tratado sobre o xadrez, mas antes de uma metáfora, uma alegoria moral que tem com base aquele jogo. Na dedicatória do tradutor, este afirma que possuía um manuscrito desta obra em latim, de que apenas existia um exemplar; acrescenta que o autor teria sido um filósofo chamado Xerxes ou Filometon (que quer dizer "amador de ciências e justiça") e se supunha estar traduzido do grego no idioma latino; Salvà[265] atribui a obra a Martin de la Reyna, opinião partilhada por Nicolau António e considera o nome de Xerxes suposto e por

---

[265] Cfr.: ob. cit., 2538.

conseguinte uma ficção o facto de se afirmar que a obra fora escrita primitivamente em grego para depois ser vertida para latim. No entanto, parece que a verdade é que este livro não será mais do que a versão castelhana da obra de Jacopo da Cessole, cuja 1ª edição latina conhecida remonta a 1473, impressa em Utrecht, intitulada "Solatium ludi schacchorum" e depois "Libellus de moribus hominum et de officiis nobilium super ludo scaccorum"[266]. No verso da folha de rosto encontra-se o privilégio, a que se segue na p. seguinte a dedicatória do tradutor Martin de la Reyna que se prolonga no verso, e que é dirigida a Dom Hernando Niño, Patriarca das Índias; na f. 3 começa o texto dividido em quatro tratados que por sua vez estão subdivididos em capítulos; o frontispício tem ao alto um grande brasão de armas episcopais, com sete flores-de-lis ao centro dispostas em pala, outras três ao centro e duas de cada lado; ao alto pode ver-se o chapéu cardinalício e borlas pendentes; são as armas da família dos Niños, descendentes de um bastardo de Afonso X o Sábio, com vários ramos; este é o ramo de Valladolid que começa com Hernando Niño. O frontispício é impresso a duas cores, vermelho e negro. Composição tipográfica em belos caracteres góticos de transição, letras iniciais ornamentadas e gravadas em madeira, sendo a obra um primor da arte gráfica do século XVI. Ausência de reclamos. Apenas um erro de foliação na última folha: 57 por 56.

BIBLIOGRAFIA: Brunet, 4, col. 1260, Gallardo, 3587; Salvà, 2538; Palau, 54222; BM, p. 100.

Pertenceu à Livraria de S. Francisco de Xabregas da qual possui o carimbo na folha de rosto. Pequenas notas manuscritas à margem do texto: manuscrita a data de 1559, logo abaixo do cólofon, poste-

---

[266] Cfr.: Bibliothèque nationale de France.

riormente riscada e substituído o segundo 5 por 4; nota manuscrita a letra e tinta da época no verso da guarda inicial: "Martin de la Reyna autor desta obra"; ao alto desta mesma página encontra-se manuscrita uma cota que o livro deve ter tido noutra biblioteca. Exemplar completo em muito bom estado de conservação. Espelhado à cabeça e nas f. 12 a 21, não ofendendo o texto. Ligeiros sinais de traça à cabeça não atingindo o texto. Todo o exemplar se encontra levemente manchado de humidade. Aparado à cabeça. Folhas de diferente espessura com defeitos de fabrico. O texto da p. 1 está riscado a tinta, apresentando pequenas manchas de tinta em algumas páginas.

Encadernação belíssima com lombada e cantos em marroquim do Levante verde e as pastas de pergaminho, com fitilho amarelo, vermelho e verde.

Proveniência: foi adquirido pelo Visconde da Trindade no leilão da livraria Sousa da Câmara em maio de 1966.[267]

160 - JOSEFO, Flávio, ca. 37-ca100

[Portada gravada em madeira, de traço muito fino, enquadrando o título ao centro; este enquadramento é constituído por uma grande gravura ao alto, desenrolando-se na horizontal, tal como acontece com a gravura junto ao pé; de cada um dos lados, pequenos "quadros" descrevem cenas mitológicas inspiradas nos treze trabalhos de Hércules e outras cenas mitológicas; o título insere-se a meio:[268]] Flavii Iose-/phi hebraei, Historio-/graphi clariſs. opera, ad multorum codicum la/tinorum, eorundemque uetuſtiſſimorum fidem / recognita & caſtigata: quorum catalogus

---

[267] Nº 1617 do respetivo catálogo.

[268] É curioso notar que esta mesma portada utilizada nesta obra impressa em Colónia em 1524, seria de novo reutilizada em Alcalá 5 anos mais tarde, em 1529, pelo impressor Miguel de Eguía, numa obra de Júlio César (ver nº 135).

eſt / qui ſequitur. / Antiquitatum Iudaicarum li. XX./ De bello Iudaico li. VII. / Contra Appione[m] apologetici li. II. / Interprete Ruffino preſbytero. / De insigni Machabaeo-/rum martyrio liber unus, oppido q elegans, / cui titulum fecit, περί αυτόκρατός λόγίσμγ, / caſtigatus ab Erasmo Roterodamo, / nunquam antehac predictis additus. / Cum indice, & annotatiunculis, per quas cui quid re--/ſpondeat in Biblijs, quidue non, facile dinoſci poterit. / Apud ſanctam Vbiorum Coloniam Aggripinam, / in ædibus Eucharij Ceruicorni, (–) Anno M.D.XXIIII.

Colónia: Eucharius Cervicornus: impendio & aere M. Gottfried Hittorp, 1524. [30], 347, [1]f.; folio (31 cm).

V. T. 20-10-9

As folhas iniciais inumeradas contêm a dedicatória ao leitor, o índice e a errata, o registo dos cadernos e a cronologia dos factos narrados; o texto decorre da folha 1 até final, dividido, segundo o próprio título indica, em 3 livros: "Antiquitatum Iudaicarum", "De bello Iudaico" e "Contra Appione[m]", de que é comentador Ruffino presbítero; quanto ao " De insigni Machabaeorum martyrio", esse texto é que é da responsabilidade de Erasmo. Título e texto compostos em caracteres redondos e itálicos de vários corpos, de impressão muito cuidada, com variados elementos decorativos distribuídos por todo o texto, disposto a uma só medida, destacando-se as iniciais capitais ornamentadas com elementos zoomórficos e humanos, remetendo para temas mitológicos. Refira-se que em algumas partes como acontece na dedicatória ao leitor e noutras, há um enquadramento gravado em madeira com decoração ao gosto da época, de traço muito fino, apresentando por vezes as iniciais E C, que são as do impressor, Eucharius Cervicornus. Glosas marginais. Erros de foliação não afetando a contagem. Erros no título corrente.

BIBLIOGRAFIA: O exemplar pertenceu a Sousa Holstein, segundo nota manuscrita a tinta roxa na folha de rosto após a data; outras notas manuscritas sem significado especial na mesma folha, que se apresenta cortada junto ao pé, provavelmente para fazer desaparecer um pertence manuscrito do qual ainda restam vestígios. O resto do exemplar está em bom estado, apenas com ligeiras manchas de acidez e humidade ofendendo o texto nas páginas preliminares e nas finais. Algumas iniciais capitais estão coloridas manualmente.

Belíssima encadernação da época, em pergaminho com pastas rígidas, gravada a ferros secos com desenhos renascentistas, provida de fechos e com grandes nervos na lombada; no verso da pasta superior figura colado o ex-libris do Visconde da Trindade.

Proveniência: foi adquirido pelo Visconde da Trindade em 10--4-1946.

161 - LAS CASAS, Bartolomé de, O. P., 1474-1566

Tyrannnies / et crvavtez / des / espagnols, / perpetrees / és / Indes Occidentales, / qu'on dit le Nouueau Monde; / brieuement deſcrites en langue castillane par l'Eueſque / Don Frere Bartelemy de las Casas ou / Casavs, eſpagnol, de l'Ordre de S. Dominique; fide-/lement traduictes par Iaqves de Miggrode: pour ſeruir d'exemple & aduertiſſement / aux XVII prouinces du Païs Bas. / Heureux celuy qui deuient ſage/ en voyant d'autruy le dommage. / [pequena vinheta decorativa] A Anvers, / chez François de Ravelenghien ioignant le por-/tail Septentrional de l'Egliſe noſtre Dame. / M.D.LXXIX.

Antuérpia: chez François de Ravelinghien joignant le portail septentrional de l'église Notre Dame, 1579. [16], 184 p.; 8º (17 cm).

V. T. 20-8-12

Edição rara desta obra, de que posteriormente se fizeram numerosas edições. Tradução de Jacques de Miggrode. Das páginas preliminares inumeradas consta: no verso da folha de rosto o privilégio, seguindo-se 13 páginas contendo o prólogo dirigido pelo autor ao leitor e no verso da última p. há um soneto; na p. 1 e 2 está o argumento ao qual se segue o prólogo do autor dirigido ao Príncipe de Espanha, D. Filipe, que vai até à p. 6; da p. 7 à p. 170 decorre o texto propriamente dito; na p. seguinte há novamente um outro prólogo dirigido ao Príncipe; na p. 176 pode ver-se o "Sommaire de la dispute entre l'evesque don Frere Barthelemi de las Casas ou Casaus et le Docteur Sepulueda" que vai até final do volume; na p. 170 há uma pequena vinheta decorativa e outra na penúltima p. (inumerada). Título e texto compostos em caracteres redondos e itálicos de vários corpos; inicial capital ornamentada de desenho de fantasia (gravura em madeira).

BIBLIOGRAFIA: Brunet, 1, col. 1613; Palau, 46961; BM, p. 47.

Há duas notas manuscritas na folha de rosto de diferentes épocas e, mais recentemente, foi emendada a data impressa na folha de rosto; ainda na mesma folha havia uma outra nota manuscrita que foi cortada quando o livro foi aparado. Exemplar em bom estado de conservação, apenas com as folhas escurecidas pela acidez. Alguns restauros. Aparado à cabeça e no pé. Papel de diferente espessura com defeitos de fabrico. Irregularidades no corte do pé de algumas folhas.

Encadernação em marroquim verde gravado a ferros dourados com o super-libros do Visconde da Trindade em ambas as pastas; seixas douradas e sinal branco; corte vermelho.

Proveniência: foi adquirido pelo Visconde da Trindade na Livraria Coelho em 19-10-1960.

162 - LOPEZ DE MENDOZA, Iñigo, 1493-1566

Memorial de / coſas notables, compueſto por Don / Yñigo Lopez de Mendoça, Du/que quarto del Infantado. / [brasão de armas do autor, Duque do Infantado, rodeado pelo colar da Ordem do Tosão de Ouro] ¶ Impreſſo en Guadalajara por Pedro de Robles y Franciſco de / Cormellas. Año de M.D.LX.IIII. / Con privilegio real.

Guadalajara: Pedro de Robles y Francisco de Cormellas, 1564. [24], 454, [38] f.; folio (30 cm).

V. T. 20-10-2

Raro: segundo diz Palau [269], o autor quis que este "Memorial" fosse impresso em Guadalajara, dispondo que se levassem de Alcala as prensas e operários suficientes para esse trabalho. Das páginas preliminares consta na 3ª p. preliminar inumerada e verso, uma dedicatória do autor inteiramente impressa em itálico e no final dela uma licença; na p. seguinte vem a meio o privilégio (verso em branco); segue-se o prólogo (6 p.); na p. [13] há uma lista dos autores citados na obra ordenados alfabeticamente e que ocupa as 11 p. seguintes, encontrando-se o verso da última em branco; na p. seguinte que é a p. 1 começa o texto. Título composto em caracteres redondos e itálicos de vários corpos, inserido numa oval, enquadrado por paquifes; logo abaixo está o brasão do autor rodeado pelo colar da Ordem do Tosão de Ouro; em baixo, à direita e à esquerda do brasão figura o pé de imprensa; o texto está composto em caracteres redondos e itálicos de vários corpos, esmaltado com iniciais capitais de vários corpos de desenho de fantasia de carácter fitomórfico e zoomórfico (gravuras em madeira); vinhetas ornamentais em várias páginas. Ausência de título corrente. Erro de foliação sem afetar a contagem.

BIBLIOGRAFIA: Brunet, 3, col. 1164; Gallardo, 3, 2770; Salvà, 2769; Palau, 141458; Lavoura, 911.

Exemplar com algumas folhas espelhadas junto ao pé devido à traça; pequenos rasgos em algumas folhas sem atingir o texto. Todo

---

[269] Cfr.: ob. cit., 141458.

o exemplar se encontra muito traçado junto ao pé e manchado de humidade ofendendo o texto. Folhas de diferente espessura com defeitos de fabrico. Algumas notas manuscritas da época redigidas em castelhano, assim como sublinhados a algumas passagens do texto.

Encadernação armoriada espanhola do século XVII com dois brasões diferentes nas pastas: na pasta anterior pode ver-se um brasão com a coroa ducal, apresentando num dos quartos as armas reais de Espanha; o outro brasão apresenta uma coroa semelhante.

Proveniência: foi adquirido pelo Visconde da Trindade na Livraria Coelho em 19-10-1960.

163 - MAMERANO, Niccolò 1500-ca1567

Epithalamia / dvo illvstriss. Domini / Dn. Alexandri Farnesii Principis / Parmæ ac Placentiæ, etc. / et / illvstrissimæ Dominæ Mariæ a / Portvgallia, catholici regis / Hisp. Philippi consobrinæ: alterum authore Nicolao Mamerano P. L. / alterum Petro Mamerano adoleſcente, ex quo lector / rerum omnium in nuptijs geſtarum integram deprehen-/det hiſtoriam. / Additum præterea de nauigatione in Portugalliam: de ingreſſu / ſponſæ Bruxellam, et de genealogia Regum Portugalliæ. [Marca tipográfica do impressor Christophe Plantin[270]] Antverpiæ, / Ex Officina Chriſtophori Plantini, / CDDLXVI./ Cvm privilegio.

Antuérpia: Christophe Plantin, 1566. [24] f.; 4° (18 cm).

V. T. 20-8-22

Obra rara; no verso da folha de rosto tem uma licença datada de Bruxelas de 1565; segue-se o texto propriamente dito formado por quatro composições, as primeiras das quais são epitalâmios, sendo a quarta uma das raríssimas que descreve o casamento da Princesa

---

[270] Cfr.: Silvestre, 1014.

Maria de Portugal com Alessandro Farnese, tema principal da obra, igualmente abordado no n° 144 atrás referido. Título e texto em caracteres redondos e itálicos de vários corpos, ornamentado com iniciais capitais de desenho de fantasia. Paginação inumerada.

BIBLIOGRAFIA: Brunet, supl. 1, p. 930; BM, 127.

A folha de rosto, além de muito manchada de humidade e manuseamento, apresenta arabescos feitos a tinta e está ligeiramente lacerada junto ao pé no festo. Muito aparado à cabeça chegando a atingir o título corrente. Nota manuscrita na p. 3 a letra e tinta da época. Alguns sublinhados a tinta.

Encadernação em cartão castanho claro, a imitar madeira, com a lombada e cantos de cartão mais claro.

Proveniência: foi adquirido pelo Visconde da Trindade na Livraria Coelho em 28-5-1959, em conjunto com outras obras.

164 - MARMOL CARVAJAL, Luis del, 1520?-1600

* Segvnda par/te y libro septimo de la descripcion general de Africa, donde ſe contiene las prouincias de Numi-/dia, Libia, la tierra de los negros, la baxa y alta Etiopia, / y Egipto, cõ todas las coſas memorables / della. / Dirigida al Rey Don Phelipe / nueſtro ſeñor ſegundo deſte nombre. / [pequena vinheta decorativa; segue-se uma gravura em madeira representando o escudo de armas reais castelhanas com águia] Con priuilegio / Impressa en la civdad de Malaga / a coſta del autor en la emprenta de Iuan Rene, ano de/ mil y quinientos y nouenta y nueue.

Málaga: en la emprenta de Juan Rene: a costa del autor, 1599. [2], CXVII, [1] f.; folio (30 cm).

V. T. 20-10-5

Raro: é difícil reunir os três volumes desta obra, especialmente esta parte; na Biblioteca Geral da Universidade existem 3 exemplares da primeira parte impressa em Granada em 1573 e 2 exemplares desta Segunda parte. Sem indicação de autoria expressa: é seu autor Luis del Marmol Carvajal, cujo nome foi retirado da f. [2]. Das páginas preliminares inumeradas consta o privilégio real que ocupa as 2 p., começando o texto logo em seguida na f. 1. Cabeções decorativos à cabeça dos diversos livros em que a obra se divide e pequenas vinhetas ornamentais; no verso da última folha pode ver-se a marca tipográfica (gravura em madeira). Título em caracteres redondos de vários corpos; texto disposto a duas colunas impresso em caracteres redondos, esmaltado por iniciais capitais ornamentadas. Erros de foliação sem afetar a contagem.

BIBLIOGRAFIA: Brunet, 3, col. 1440 e supl. 1, col. 952; Salvà, 3356; Palha, 4198; Palau, 152433; BM, p. 57; Lavoura, 1155.

Pertenceu a "Antonio Mª Bernardes," segundo nota manuscrita no pé da folha de rosto, assim como no verso da folha final. Nome do autor manuscrito na folha de rosto. Exemplar em bom estado de conservação, apenas com pequenos vestígios de traça e um pouco manchado de humidade. Folhas de diferente espessura com defeitos de fabrico.
Encadernação da época em pergaminho, de ataca, com o título manuscrito na lombada; no verso da pasta anterior está o ex-libris do Visconde da Trindade; faltam as atacas.
Proveniência: foi adquirido pelo Visconde da Trindade em 25-9--1955 no leilão da Livraria do Dr. Motta Gomes, em conjunto com outras obras.

165 - MAZZOLINI, Silvestro, 1456-1523

[Portada gravada em madeira onde avulta ao alto um frontão figurando a meio as figuras do Pai, do Filho e do Espírito

Santo ladeadas por anjos e a legenda "Sancta Trinitas unvs Devs miserere nobis"; tarjas renascentistas e figuras antropomórficas ladeiam a portada segurando pequenos escudos onde se inscrevem as iniciais do impressor; na base figura uma peanha com a figura de Cristo ao centro ladeada por dois santos; o título, disposto em "cul de lampe", é o que se segue:] * Svmma silvestrina * [gravurinha retangular onde figura um santo vestindo hábito escrevendo no seu "scriptorium"; segue-se o restante título:] ¶ Svmma summarvm, quæ Silueſtrina nuncupatur, edita ab Reuerendo Pa=/tre Siluestro Prierate abſolutiſsimo Theolo=/ go, ex ſacra Praedicatorum familia, ſacri/ Palatij Magiſtro: cum indice, qui, vti / Summa bipartitus eſt: magna vi=/gilantia nuperrimè caſtigata, / accentuum quoque, nec=/non diphthongorum / acceſsionibus / illustrata / * / 1545/* *

Lyon: [Giunta], 1545. 2 partes num volume: CCCXVI, [2]; [3], CCCLV, [1]f.: il.; 4° (21 cm).

V. T. 20-7-7

Existe um outro exemplar na Biblioteca Nacional de Portugal. Obra sem dados específicos relativos ao impressor que foi identificado pela marca que se apresenta na folha de rosto das 1ª e 2ª partes da obra, assim como nas últimas[271]. A obra está dividida em duas partes distintas, com páginas de rosto independentes mas idênticas, rematando o texto respetivo os índices precedidos pelo registo de cadernos e a marca tipográfica. Título impresso em maiúsculas em caracteres redondos a vermelho e negro; texto composto em caracteres redondos, disposto a duas colunas, com iniciais capitais de desenho de fantasia e nas margens algumas anotações impressas relativas a citações referidas no texto. Erros na numeração das folhas afetando a contagem final. Título corrente. Reclamos do verso para o reto.

---

[271] Cfr.: Delalain, p. 102 e Silvestre, 448 e 590.

BIBLIOGRAFIA: Não citado por qualquer bibliografia consultada.

Várias notas manuscritas relativas a entidades e particulares a quem o exemplar pertenceu: "Mel. Pinto Ribeyro de Castro", "da Congregação do Porto"; "Summa Silvestrina do Franco Xavier da Congregação" e um outro pertence ilegível. Exemplar em mau estado de conservação, com as guardas iniciais laceradas e esfoliadas; sinais de traça e manchas de humidade. Sublinhados ao texto.

Encadernação da época em pergaminho com o título na lombada, que se encontra manchada de tinta; pasta inferior roída, assim como as guardas finais; os dois volumes estão encadernados juntos.

166 - MENA, Juan de, 1411-1456

Todas las obras/ del famosissimo poe-/ta Juan de Mena com la gloʃa del comenda/dor Fernan Nuñez ʃobre las trezien/tas: agora nueuamente cor=/regidas y enmen=/dadas [marca tipográfica] En Anvers. / En caʃa de Martin Nucio. / Com priuilegio imperial de cinco años. / Na. M.D.LII.

Antuérpia: en casa de Martin Nuyts, 1552. 343 f.; 8º (15 cm).

V. T. 20-8-20

Raro: trata-se de uma edição contendo todas as obras do célebre poeta espanhol Juan de Mena primorosamente impressa, como aliás tudo o que publicou o notável impressor Martin Nuyts de Antuérpia: os exemplares são raros. No verso da p. de título vem o privilégio imperial permitindo a impressão e nas f. seguintes pode ver-se o prólogo; da f. 4 à f. 238 estão as 300 coplas de Juan de Mena glosadas pelo comendador Fernan Nuñez como consta do título; no verso desta última folha há uma dedicatória do autor dirigida ao leitor; das f. 237 à f. 253 v. seguem 24 coplas e da f. 254 à 264 vêm outras coplas igualmente de Juan de Mena; segue o texto até à f. 315, com página de rosto própria e com marca de impressor um pouco diferente da que vem no frontispício geral da obra[272]; decorre ainda um outro grupo de versos da f. 315 à f. 317 e do verso desta até final, pode ler-se o "Tractado de vicios y virtudes" feito pelo mesmo autor. Título em caracteres redondos e itálicos de vários corpos. O texto é de boa impressão, em caracteres redondos e itálicos e a partir da p. 315 o tipo do texto é ligeiramente diferente; iniciais capitais de muito bom recorte de desenho de fantasia. Erros de foliação sem afetar a contagem.

BIBLIOGRAFIA: Brunet, 3, col. 1613; Gallardo, 3011; Az.-Sam., 2065; Palau, 162700.

Na folha de rosto, junto ao pé, há dois pertences manuscritos: "Es de Diego Giron en Seuilla desde 10 de Nouem. De 1574" e segue-se com outra tinta "E agora he de...", mas o resto da frase foi cortado quando o livro foi aparado junto ao pé; de notar, porém, que o primeiro pertence é de um espanhol e o segundo de um português; também pertenceu posteriormente à Livraria Vieira Pinto, da qual apresenta o ex-libris sob forma de carimbo na folha de rosto e outras folhas, carimbos esses em que foram aplicadas tintas diferentes, preta e verde; o exemplar viria, mais tarde, a pertencer à Livraria Sousa da Câmara cujo ex-libris está colado no verso da pasta superior; seria justamente no leilão desta Livraria que o Visconde da Trindade o viria a adquirir. Notas manuscritas

---

[272] As variantes desta marca de impressor que, no fundamental, contêm elementos semelhantes, com a mesma simbologia, mas apresentados de modo um pouco diferente, pode confirmar-se em Silvestre, ob. cit., 671.

de diversos punhos e épocas, algumas das quais cortadas quando do aparo do livro. Um pouco manchado de humidade ofendendo o texto; aparado à cabeça e no pé.

Encadernação da época em pergaminho com duplo filete vermelho.

Proveniência: como referido acima, foi adquirido pelo Visconde da Trindade no leilão da Livraria Sousa da Câmara em Maio de 1966.

167 - MENESES, Diogo

Oratio / Didaci Menesii / pveri clarissimi / lvsitani. / Ad Cardinales amplissimos / in convivio habita pro / gratiarvm actione. / XXII. Aprilis, M.D.LXVI. / [lado a lado as armas do Papa Pio V e o escudo de armas reais portuguesas] Romae, / Apud Iulium Bolanum de Accoltis. / In Banchis, in uia Paulina.

Roma: Giulio Bolano, [1566]. [4] f.; 4º (21 cm).

V. T. 19-7-7

Obra raríssima. Oração proferida aquando da reunião dos cardeais em 22 de Abril de 1566; o autor, Diogo de Meneses, tinha apenas doze anos quando a proferiu e fê-lo a pedido de seu pai que era ao tempo embaixador de D. Sebastião em Roma, tendo causado a admiração de todos os que o escutaram, tal como refere D. António Caetano de Sousa na sua "História Genealógica[273]; o autor morreu, como tantos outros jovens, aos 24 anos ao lado do seu Rei na jornada de África, segundo Barbosa Machado[274]; começa por alegar a sua pouca idade, mas tendo que obedecer às ordens de seu pai, as virtudes excelsas do seu Rei levaram-no a vir perante os cardeais, esperando que eles o desculpem pela ousadia; refere-se a Pio V fazendo depois um elogio à prosápia dos Meneses, cuja glória será eterna; remata fazendo o

---

[273] Cfr.: 3, l. 4, cap. 17, p. 602.
[274] Cfr.: ob. cit., 1, p. 661.

ORATIO
DIDACI MENESII
PVERI CLARISSIMI
LVSITANI.

AD CARDINALES AMPLISSIMOS IN CONVIVIO HABITA PRO GRATIARVM ACTIONE.

XXII. APRILIS, M. D. LXVI.

ROMAE,
Apud Iulium Bolanum de Accoltis.

In Banchis, in uia Paulina.

encómio dos cardeais, referindo-se a D. Sebastião e ao pai e desejando felicidades a Pio V. A data foi retirada de obra de referência. O verso do rosto está em branco; o texto começa na p. [3] e ocupa 5 páginas; no final do texto há uma pequena homenagem de quatro versos ao autor da oração, dado o sucesso que esta terá alcançado, sobretudo devido à sua pouca idade. Título em caracteres redondos de vários corpos e texto igualmente em caracteres redondos com letra inicial de grande corpo ornamentada com belíssimo desenho de fantasia. Sem título corrente. Paginação inumerada.

BIBLIOGRAFIA: B. Machado, 1, p. 661.

Exemplar bastante cansado mas muito bem restaurado em todas as folhas, embora permaneça fragilizado; esse restauro foi executado em Florença em 1963, a pedido do Visconde da Trindade, visto tratar-se de um exemplar raríssimo, possivelmente único no país. Manchado de humidade. Aparado à cabeça e no pé.

Bela encadernação em pele verde ornamentada com ferros dourados, fechos de metal também dourados, imitando as encadernações florentinas do século XV; esta encadernação e restauro foram efetuados na oficina de Giulio Giannini de Florença.

Proveniência: foi adquirido pelo Visconde da Trindade em 1-4-1963.

168 - NIETO, Luis, fl. 1578

Hiſtoria / de bello africano: / in quo / Sebastia-/nus, serenissi--mvs Portvgalliæ / Rex, periit ad diem 4. Aug./ anno 1578. / unà cum / ortv et fami-/lia regvm, qvi nostro / tempore in illis Africæ regioni-/bus imperium tenue-/runt. / ex luſitano ſermone primò in gallicum: inde in latinum / tranſlata / per Joannem Thomam / Freigivm D. / Noribergæ. / [-]CDDXXC.

Nuremberg: [Katharina Gerlach, & Haeredum Johann Montanus, 1580]. [36]f.; 8° (16 cm).

V. T. 20-8-2

Extremamente raro: único exemplar conhecido. O nome do autor não está expresso e foi retirado da versão espanhola, embora haja autores que atribuam a obra ao padre José Teixeira. Verso da página de título em branco; da p. seguinte à p. 6 v. decorre uma carta do autor dirigida a "Joanni Martino Ottingero" referindo o assunto da obra, terminando com a genealogia do rei de Marrocos; na p. seguinte começa o texto redigido em latim com citações em grego e dividido em 14 capítulos, seguindo-se a explicação dos termos geográficos tendo a rematar a palavra "Finis", estando o verso da última folha em branco. Título impresso em caracteres redondos de vários corpos e itálicos; texto composto em itálicos, estando os caracteres redondos reservados para os títulos dos capítulos; alguns elementos ornamentais ilustram o texto como um cabeção com figuras alegóricas na f. [2], iniciais capitais nas f. [2 e 7] e uma vinheta ornamental no final do texto. Sem título corrente nem reclamos, foliação inumerada. Isento de licenças e de taxa.

BIBLIOGRAFIA: Não citado por qualquer repertório bibliográfico.

Pertenceu a "Dr. José Joaquim Poças", segundo notas manuscrita na página de rosto. Em muito bom estado de conservação, completo, apresenta alguns sublinhados ao texto. Pequenas manchas de humidade sem afetar o texto.

Encadernação em marroquim do Levante vermelho com o super-libros do Visconde da Trindade gravado a ouro em ambas as pastas; seixas ornamentadas a dourado e guardas de seda "moirée" vermelha; corte dourado.

Proveniência: foi adquirido pelo Visconde da Trindade no leilão da Livraria Coelho em 28-5-1959, em conjunto com outras obras.

169 - ORÓSIO, Paulo, 383-420

[Título enquadrado por quatro tarjas, todas diferentes, gravadas em madeira e dispostas em forma de moldura:] * Pav * li Orosii / Presbyteri hiſpani, uiri do=/ctiſſimi, Aduerſus paganos, / (quos uocant) hiſtoriarum / libri ſeptem. / nunc denuo cum manu ſcriptis exem/plaribus aliquot collati, dilige[n]tiusque multo que antehac unquam excuſi, cum / indice rerum in ipſis contentarum co/pioſiſſimo. / Coloniæ ex officina Jaſparis Gen-/nepæi. Anno M.D.XLII.
Colónia: ex officina Jaspar van Gennep; impensa et aere M. Godefried Hittorp, 1542. [32], 516 p.; 8° (16 cm).

V. T. 20-8-5

Segundo Leite de Faria, parece que existem apenas dois exemplares em Portugal: o da Biblioteca Nacional e este. As páginas iniciais contêm uma epístola, um índex dos assuntos contidos na obra de Paulo Orósio (22 p.), uma breve nota sobre a sua vida e a sua obra e finalmente o texto que vai até final rematado pelo pé de imprensa. Título e texto impressos em caracteres redondos de vários corpos, com iniciais capitais ornamentadas de desenho de fantasia e outras tipográficas, complementado com notas marginais; o texto não apresenta reclamos. Erros de paginação sem afetar a contagem. Erros no título corrente.

BIBLIOGRAFIA: Palau, 204376; Faria, D. Góis, 401.

O exemplar pertenceu a "Belahaye", segundo nota manuscrita junto ao pé da folha de rosto. Exemplar bem conservado, com algumas notas manuscritas na guarda inicial. Manchas de manuseamento e pequenos laceramentos sem ofender o texto.

Encadernação em pele castanha gravada a ferros secos com triplo filete e com minúsculos elementos decorativos executados sob forma de flores-de-lis gravadas a ouro no centro das pastas e cantos; um pouco restaurada.

Proveniência: foi adquirido pelo Visconde da Trindade a George Robert Duff em 16-1-1962, em conjunto com outras obras.

170 - ORÓSIO, Paulo, 383-420

Pavli O-/rosij / Hispani, præs-/byteri / Historiarum / libri VII. / cum Francisci Fabricij / annotationibus / [pequeno ornamento sob forma de coroa] Coloniæ / apud Maternum Colinum / anno MDLXI.
Colónia: Maternus Cholinus, 1561. [8], 346, [22] f.; 8° (15 cm).
V. T. 20-8-4

Neste acervo existe igualmente a edição de 1582, saída dos prelos do mesmo impressor de Colónia, comentada igualmente por Francesco Fabrizio Marcodurani, em seguida descrita.

Das páginas iniciais inumeradas consta uma epístola, uma pequena biografia de Paulo Orósio e uma composição em verso dirigida ao leitor, a que se segue o texto propriamente dito, complementado pelas anotações de Francesco Fabrizio Marcodurani, após o que vêm 3 p. em branco e finalmente o índice que ocupa 28 p., uma adenda às anotações e a errata. Há pequenas diferenças entre esta edição e a que é descrita por Palau[275], embora coincidam o pé de imprensa e a colação. Título e texto impressos em caracteres redondos, itálicos e gregos de vários corpos, ornamentado por algumas iniciais capitais de desenho de fantasia.

BIBLIOGRAFIA: Palau, 204377.

Pertenceu a "Johann van Julginga" e a J, V. Jordan 1861" segundo notas manuscritas no verso da guarda inicial; no verso da folha de rosto apresenta um ex-libris sob forma de carimbo que atesta ter pertencido a J. M. Grodsenski Vilnensis. Algumas notas manuscritas

---

[275] Cfr.: ob. cit., 204377.

percorrem o exemplar, assim como sublinhados a tinta. Exemplar em relativo bom estado de conservação, embora com um pequeno rasgo na folha de rosto e algumas folhas laceradas no interior; irregularidades no corte de algumas folhas.

Encadernação original em pergaminho, com os dados relativos à obra manuscritos na lombada.

Proveniência: foi adquirido pelo Visconde da Trindade a George Robert Duff em 16-1-1962, em conjunto com outras obras.

171 - ORÓSIO, Paulo, 383-420

Pavli/ Orosii / Presbyteri hispa=/ni, Adversvs paganos / historiarvm li-/bri septem. / vetuſtorum librorum auxilio á mendis vindica-/ti et annotationibus ex utriuſque linguæ hiſto-/ricis illuſtrati, opera et ſtudio / Franc. Fabricii Marco/dvrani. / Quibus nunc acceſſit eiuſdem Oroſij apologeticus / contra Pelagium, de arbitrij libertate. / [marca tipográfica] Coloniæ, / apud Maternum Cholinum. / M.D.LXXXII. / cum gratia et priuilegio caſ. maieſt.

Colónia: Maternus Cholinus, 1582. [34], 790 [i. é 770], [3]p.; 8° (15 cm).

V. T. 20-8-3

Neste acervo existe igualmente a edição de 1561, saída dos prelos do mesmo impressor de Colónia, comentada igualmente por Francesco Fabrizio Marcodurani, anteriormente descrita.

Nas páginas preliminares inumeradas, à folha de rosto segue-se uma epístola-dedicatória, umas palavras dirigidas ao leitor sob forma poética, a que se seguem algumas notas sobre a vida e a obra de Paulo Orósio e um índice, ou seja, o sumário da obra que ocupa [19] p.; o texto começa na p. 1 e está dividido em 7 livros, decorrendo até à p. 790 (ou seja 770) rematando com algumas páginas com as anotações de Francesco Fabrizio Marcodurani, acrescentadas no final; remata a obra uma página contendo a errata. Título e texto impressos em caracteres redondos, itálicos e gregos de vários corpos; no texto, complementado com glosas marginais, ocorrem várias iniciais capitais ornamentadas de desenho de fantasia.

BIBLIOGRAFIA: Brunet, supl. 2, p. 103; Palau, 204380; Bibliografia Geral, 2, p. 118.

O exemplar pertenceu a W. N. du Rieu, segundo nota manuscrita no canto superior direito da guarda inicial. Nota manuscrita no pé da folha de rosto relativa à edição e muitas outras notas manuscritas ao longo do texto. Em relativo bom estado de conservação, apresenta, contudo, algumas folhas ligeiramente danificadas nas margens e manchas de tinta. Papel um pouco acidificado. Entre as p. [6 e 7] está uma folha inserida, de menor tamanho, manuscrita em latim, com referências à obra.

Encadernação original em pergaminho, de ataca, com os dados relativos à obra manuscritos na lombada; apresenta alguns danos causados por roedores na pasta anterior e manchas castanhas na pasta posterior; corte rosado; faltam as atacas.

Proveniência: foi adquirido pelo Visconde da Trindade a George Robert Duff em 16-1-1962, em conjunto com outras obras.

172 - ORÓSIO, Paulo, 383-420

Pavli Orosii hiſtoriographi / clariſſimi Opus preſtantiſſimum. / [gravura em madeira com a marca do impressor parisiense Jean Petit] Venundantur in Vico Diui Jacobi / sub interſignio leonis argentei.
[Paris: Jean Petit, venundantur in vico Diui Jacobi sub intersignio leonis argentei, 1510]. [18], 123 f.; 4º (19 cm).
V. T. 20-7-1

Acerca da raridade desta obra pode dizer-se que ela não é citada por Brunet; Palau[276] refere uma edição saída dos mesmos prelos e do mesmo ano mas datada do mês de Novembro, enquanto esta saiu no mês de Setembro. Os dados relativos ao registo tipográfico não se encontram na folha de rosto, mas foram retirados do cólofon. Das folhas preliminares constam: no verso da folha de rosto uma carta que ocupa 2 p. e meia, a que se segue o índice disposto a duas colunas; em seguida inicia-se o texto na p. 1 decorrendo até à p. 123, no pé da qual pode ver-se o cólofon. Título impresso em caracteres redondos de dois corpos dividido ao meio pela marca tipográfica constituída por motivos fitomórficos: uma árvore com frutos e flores e na parte superior duas crianças, uma que parece soltar pombos e outra com um bastão na mão expulsando uma ave de rapina; em baixo, de cada lado do tronco, dois leões sustentam um escudo que está a meio da árvore com as iniciais J. P. ligadas por um laço; no pé da gravura lê-se "Jehan Petit"; texto composto em caracteres redondos ornamentado com iniciais de vários corpos de desenho de fantasia. Ausência de reclamos.

BIBLIOGRAFIA: BM, p. 331; Faria, D. Góis, 233.

Exemplar bastante deteriorado, apresentando restauros junto ao festo, margem exterior e pé em algumas folhas; há três folhas que se encontram soltas da encadernação: 21, 115 e 118. Muito traçado sobretudo nas últimas folhas ofendendo o texto; manchas de humidade; aparado à cabeça e no corte exterior. Papel de diferentes espessuras. Sublinhados manuscritos ao texto em algumas passagens. Notas manuscritas recentes a lápis na guarda inicial.

Encadernação meio-amador, um pouco deteriorada na lombada.

---

[276] Cfr ob cit., 204370.

PAVLI OROSII Historiographi
clarissimi Opus Prestantissimum.

Venundantur in Vico diui Iacobi
Sub intersignio Leonis argentei.

173 - ORÓSIO, Paulo, 383-420

Pauli Oroſsii hiſtoriogra/phi clariſſimi opus preſtantiſſimum / [gravura em madeira representando a marca tipográfica de Pasquier Lambert] Venundantur a Paſcaſio Lambert ſub interſignio ſancti / Claudii prope clauſtrum Brunellum.

[Paris]: Pasquier Lambert, sub intersignio Sancti Claudii prope claustrum Brunellum, [1517]. [15], 105 [i. é 110] f.; 4º (20 cm).

V. T. 20-7-5

Obra muito rara, não havendo conhecimento de outro exemplar; trata-se de uma edição impressa em Paris em 1517 não mencionada por qualquer bibliografia; Palau[277] refere uma edição também de Paris, mas impressa no ano anterior; na "Bibliografia Geral" vem citada uma edição precisamente igual, também datada de Paris, mas saída dos prelos de Bernard Aubry; desta edição existe um exemplar nos Reservados da Biblioteca Geral da Universidade[278] que pertenceu ao Convento do Bussaco; neste exemplar, a marca desse impressor vem no frontispício dessa edição, ao passo que no presente exemplar a marca impressória é a de Pasquier Lambert, sendo idênticas nos restantes elementos; o cólofon também é o mesmo em ambas. No verso da página de rosto começa a dedicatória que ocupa 2 p. e no verso da 2ª f. preliminar inumerada começa o índice a 2 colunas, ocupando um total de 27 páginas; segue-se na f. 1 a dedicatória do autor e na f. 2 começa o texto propriamente dito dividido em 7 livros e ocupando 105 folhas, rematando com a expressão "Laus Deo" a que se segue o cólofon. Título em caracteres góticos e redondos de vários corpos seguido pela marca do impressor Pasquier Lambert (gravura em madeira); texto impresso em caracteres redondos com numerosas iniciais capitais de vários corpos ornamentadas com de-

---

[277] Cfr.: ob. cit, 204372.
[278] Cfr.: ob. cit., 1777.

senhos de fantasia. Isento de reclamos. Erros de foliação sem afetar a contagem e um outro no final alterando a contagem: CV por CX.

BIBLIOGRAFIA: Faria, D. Góis, 282.

Segundo uma nota manuscrita na folha de rosto, este exemplar teria pertencido ao "Coll (?) Soc. Jesu"; há uma outra nota manuscrita mais antiga, com letra e tinta diferentes, na mesma página, mas junto ao pé, praticamente ilegível e que parece ser igualmente um pertence. Notas manuscritas a letra e tinta da época em latim nas margens a modo de comentários ao texto nas p. 6, 7, 8v., 9v., 10, 10v., 11, 12, 20v., 23, 45 e 62; no final do texto e logo a seguir ao cólofon, encontra-se manuscrito a tinta da época um brasão de armas com águias e espadas nos quartos. As duas primeiras folhas encontram-se espelhadas junto ao festo; duas folhas estão rasgadas sem ofender o texto. Sinais frequentes de traça ofendendo o texto. Aparado à cabeça. Papel de diferente espessura com defeitos de fabrico. Irregularidades no pé em algumas folhas.

Meia encadernação em pele com sinal de seda roxo.

174 - ORÓSIO, Paulo, 383-420

* Pavli Orosii / Preſbyteri Quæſtiones quædam de Trinita=/te, & alijs ſacræ ſcripturæ locis abſtru=/ſioribus ad D, Auguſtinum præ=/ceptorem ſuum, & eiuſde[m] ad / eos locos reſponſio. / * / Parisiis / apud Michælem Vaſcoſanum, uia ad/ Diuum Iacobum, ſub ſigno fontis. / 1533

Paris: Michel de Vascosan, via ad Divum Iacobum, sub signo fontis,1533. 24 f.; 4º (22 cm).

V. T. 20-7-9

Acerca da raridade desta obra pode consultar-se o que diz a "Bibliografia Geral"[279]. Brunet não cita esta obra por não lhe ter sido possível completar a descrição, pois apenas sabia da existência de

---

[279] Cfr.: ob. cit, 2, p. 161.

um exemplar no Museu Britânico que não conseguiu consultar; Palau refere-o citando apenas aquele exemplar; há, contudo vários outros assinalados por Leite de Faria[280], entre os quais o que se descreve; o da Biblioteca Geral da Universidade de Coimbra pertenceu ao Mosteiro de Santa Cruz da mesma cidade. O verso da folha de rosto está em branco; o texto começa logo a seguir na 3ª página inumerada ocupando um total de 45 páginas, rematando com o cólofon; o verso desta p. está em branco; de referir que o texto está elaborado, tal como o título refere, sob forma de uma série de perguntas formuladas pelo autor a Santo Agostinho, seu mestre, versando sobre o Antigo e o Novo Testamentos e as respostas dadas por aquele. Título composto em caracteres redondos de vários corpos e texto de impressão muito nítida igualmente impresso em caracteres redondos, ornamentado com uma inicial capital letra L de desenho de fantasia (gravura em madeira). Ausência de título corrente e de reclamos. Paginação inumerada.

BIBLIOGRAFIA: B. Machado, 3, p. 520; BM, p. 331; Palau, 204405; BGUC, 1778; Faria, D. Góis, 346.

Exemplar em perfeito estado de conservação, apenas com minúsculos sinais de humidade na folha de rosto. Papel encorpado de espessura ligeiramente diferente em algumas páginas. Pequenas irregularidades no corte do pé de algumas folhas. Numa das guardas iniciais, junto ao festo, há uma nota manuscrita a lápis e outra a tinta, ambas do Visconde da Trindade, acerca dos exemplares conhecidos desta obra e da sua raridade.

Belíssima encadernação inteira em marroquim verde extra do Levante com seixas douradas e guardas de seda "moirée" verde, tendo nas pastas o super-libros do Visconde da Trindade; é da autoria de Zaehnsdorf (Londres).

Proveniência: foi adquirida pelo Visconde da Trindade a George Robert Duff em 16-1-1962, em conjunto com outras obras.

---

[280] Cfr.: ob. cit, 346.

175 - ORÓSIO, Paulo, 383-420

Pavlo Orosio tradotto / di latino in volgare / per Giovanni Gveri/ni da Lanciza no/vamente stam/pato.
[Toscolano: Alessandro Paganino, 15-?]. [172]f.; 8° (16 cm).
V. T. 19-7-20

A obra, sem indicação de data, terá sido impressa entre 1506 e 1525 segundo Leite de Faria[281], datas em que Alessandro Paganino, o impressor, trabalhou em Toscolano, no norte da Itália. É uma bela impressão da tradução de Giovanni Guerini dos sete Livros de Paulo Orósio. No verso da folha de rosto apresenta-se uma pequena explicação do argumento do Livro I; o texto que prossegue até final rematado pelo registo e o nome abreviado do impressor divide-se, como referido, em sete livros e está impresso em caracteres itálicos, com uma inicial capital letra P ornamentada de desenho de fantasia; as outras iniciais que precedem os capítulos estão meramente apontadas por letras-guia para posterior decoração que não chegou a ter lugar. Paginação inumerada.

BIBLIOGRAFIA: Palau, 204394; BM, p. 478; Faria, D. Góis, 283.

Pertenceu a M. Gasler, segundo nota manuscrita a letra e tinta da época na página de rosto; na mesma página tem uma nota manuscrita no canto superior esquerdo e ainda algumas outras notas manuscritas junto às iniciais que não chegaram a ser decoradas. Exemplar em relativo bom estado, ligeiramente deteriorado junto ao festo e um pouco manchado de humidade. Aparado à cabeça. Papel de diferente espessura.

Encadernação da época em pele castanha com sinal verde; corte vermelho.

---

[281] Cfr.: "Estudos bibliográficos sobre Damião de Góis e a sua época", 283.

M. Gaster

PAVLO OROSIO TRADOTTO
DI LATINO IN VOLGARE
PER GIOVANNI GVERI
NI DA LANCIZA NO
VAMENTE STAM
PATO.

176 - ORÓSIO, Paulo, 383-420

* Le premier [-second] volu=/me de Oroze certain / compilateur de tous les aages du monde / contenãt / toutes choſes dignes de memoire aduenues tant / es parties francoyses / ytalicques / grecques / rom/maines / turcquoyſes que aultres nations du mon/de. Traictant de toutes les aduerſitez et miſeres / q[ui] ſont aduenues depuis le premier aage iuſques / au temps preſent. Nouuelleme[n]t tranſlate de latin / en francoys. / ¶ Et ce vende[n]t par Philippe le Noir / lung [sic] des deux relieurs de liures iurez / en luniuerſite de Paris / demourãt en / la grãt rue ſaint Jacques a lenſeigne / de la Roze blanche couronnee.

Paris: Philippe le Noir, en la grande rue Saint Jacques a l'enseigne de la Rose blanche couronnée, 1526. 2 partes num volume: [12], CLXXXII; [4], CIII f.: il.; folio (27 cm).

V. T. 20-7-10

Segundo Brunet[282] esta é uma reprodução fiel da edição de 1515. Rara. Apenas 6 exemplares conhecidos, além deste, que segundo Leite de Faria será o único existente em Portugal[283]. Verso da folha de rosto em branco; das páginas preliminares do vol. 1 consta um prólogo que ocupa 2 páginas, a que se segue o índice a duas colunas (19 p.); no verso da última página pode ver-se uma gravura em madeira a plena página, representando o rei no trono rodeado pelos seus súbditos; segue-se o texto propriamente dito que começa na folha 1; a 1ª parte da obra contém 182 folhas numeradas na frente e a 2ª parte, 103; a paginação destas duas partes é, pois, independente e as folhas de rosto também são autónomas, embora a da 2ª parte

---

[282] Cfr.: ob. cit., 4, col. 238.
[283] Cfr.: ob. cit, 314.

não seja tão completa como a da primeira, contendo apenas o título inserido num quadrado envolto numa coroa de louros; no verso da folha de rosto desta 2ª parte há uma gravura em madeira com uma cena de "accipies", isto é, a oferta da obra: um personagem ajoelhado, possivelmente o autor, segura o livro na mão e oferece-o ao rei sentado no trono, rodeado por outras personagens; segue-se o índice desta 2ª parte, igualmente disposto a 2 colunas (6 p.), ao qual se segue o texto; o verso da última folha de texto apresenta a marca tipográfica igual à que aparece no final da 1ª parte. Título composto em caracteres góticos a vermelho e negro rodeado por uma cercadura figurativa e encimada pelas iniciais do impressor: PLN; texto impresso em caracteres góticos a duas colunas ilustrado com numerosas gravuras xilográficas, algumas das quais a meia página, destacando-se a que representa Alexandre no folio 153 v.; iniciais capitais de desenho de fantasia ornamentam o texto. Ausência de reclamos.

BIBLIOGRAFIA: Brunet, 4, col. 238; Bibliografia Geral, 2, p. 151; Palau, 204393; Faria, D. Góis, 314.

Pertenceu à "Bibliothèque du Docteur Lucien-Graux", segundo uma etiqueta vermelha e dourada que se encontra colada no verso da pasta superior; teve colado um ex-libris um pouco abaixo na mesma página, que se encontra rasgado. Na folha de rosto junto ao título há uma palavra manuscrita a letra e tinta da época, provavelmente um pertence, ilegível. Ao fundo da mesma folha de rosto está manuscrita a data da publicação da obra: 1526. Algumas folhas apresentam-se laceradas, sem ofender o texto, uma das quais a folha de rosto. Manchas de humidade ofendendo o texto um pouco por toda a obra. Folhas de diferente espessura com defeitos de fabrico.

Encadernação em pergaminho um pouco mais tardia, com o super-libros do Visconde da Trindade; o título encontra-se manuscrito no corte vermelho: "Pol'Orozes"; os dois volumes então encadernados juntos.

Proveniência: foi adquirida pelo Visconde da Trindade a George Robert Duff em 16-1-1962, em conjunto com outras obras.

177 - PACHECO, Diogo, fl. 15--

Emmanuelis Luſitan. Algarbi=/or Africae Aethiopiae Ara/biae Perſiae Indiae / Reg. Inuictiſſi. obe/dientia.
[Roma: s. n., 1514?]. [8] f.; 4º (21 cm).
V. T. 19-7-5
Obra da mais extrema raridade: segundo Leite de Faria[284] trata-se do único exemplar conhecido desta variante; os outros exemplares que o próprio Visconde da Trindade examinou diferem, pois pertencem a uma outra impressão onde o título em caracteres latinos e letras maiúsculas está enquadrado por uma cercadura formada por 4 tarjas tendo em baixo uma grande gravura retangular com as armas do reino. Sem lugar de impressão nem data, deve ter sido impressa em Roma em 1514, pois a embaixada partiu de Portugal em janeiro desse ano e foi recebida pelo Papa com grande solenidade em 20 de março seguinte. Trata-se da oração de obediência proferida por Diogo Pacheco em nome do rei de Portugal enquadrada na célebre embaixada de Tristão da Cunha; nesta oração Diogo Pacheco historia os gloriosos feitos dos portugueses no mundo e apresenta as nossas descobertas, navegações e conquistas como meios

---

[284] Cfr.: ob. cit., 263.

dispostos pela Providência divina para levar o Cristianismo a tão remotas paragens; o nome do autor é mencionado apenas na frente da f. [2]. Verso do rosto em branco; a "oratio" vai até à f. [6]v., seguindo-se várias poesias laudatórias latinas nas 2 folhas finais, rematando com a palavra "Finis". Título impresso em caracteres góticos e texto em caracteres redondos, de impressão muito nítida, com uma pequena inicial capital letra E ornamentada de desenho de fantasia. Isento de glosas marginais e de título corrente. Paginação inumerada.

BIBLIOGRAFIA: B. Machado, 1, p. 667; Palha, 2880[285]; Faria, D. Góis, 263; Ensaios bio-bibliográficos, 3, p. 169 e seg.

Exemplar em bom estado de conservação, restaurado com bastante perfeição, pois estava muito deteriorado pela humidade, tanto na folha de rosto como nas restantes. Papel de diferentes espessuras com defeitos de fabrico.

Belíssima encadernação em marroquim extra do Levante vermelho, ornamentado com filete duplo dourado nas pastas, seixas ornamentadas a ouro e guardas de seda "moirée" vermelha, com o super-libros do Visconde da Trindade gravado em ambas as pastas; foi executada por Zahensdorf, de Londres.

Proveniência: foi adquirido pelo Visconde da Trindade a George Robert Duff em 16-1-1962, em conjunto com outras obras.

---

[285] O exemplar apresenta algumas diferenças.

Emanuelis Lusitan. Algarbi/
or Africae Aethiopiae Ara
biae Persiae Indiae
Reg. inuictiss. obe
dientia.

178 - PACHECO, Diogo, fl. 15--

¶Obedientia Potentiſſimi Emanuelis Luſitaniæ/ Regis etc + per clariſſimum iuris +V+ cõſultum Die//ghum Pacettum Oratorem ad Iulium +II+ Ponti + / Max+Anno Dñi + M+D+V+Pridie No+Iunii+ [Roma?: Eucharius Silbert, 1505?]. [4] f.; 4° (22 cm).
V. T. 19-7-6

Em Portugal apenas se conhecem, segundo Leite de Faria[286], dois exemplares, este e o da Biblioteca Nacional; existia um na Biblioteca de Fernando Palha mas está hoje em Harvard (E.U.A), como de resto todo esse acervo. Nos seus "Ensaios Bio-bibliográficos"[287], o Visconde da Trindade refere a existência de duas edições, supõe-se que ambas saídas no mesmo ano mas com algumas diferenças, não só no título mas também no último folio que numa delas apresenta 11 linhas e noutra 7; está no primeiro caso o exemplar que se descreve. O texto é constituído pela oração de obediência dirigida ao Papa Júlio II por Diogo Pacheco, aquando da embaixada de D. Diogo de Sousa, bispo do Porto, enviado pelo rei D. Manuel em 1505; segundo Brunet [288], as três cartas do Rei Venturoso sobre as suas conquistas na Ásia e na África são documentos históricos preciosos e, embora tenham sido várias vezes reimpressas em várias e antigas coleções de viagens, assim como na "Hispania illustrata", as edições originais são sempre muito apreciadas. Dados do pé de imprensa retirados da bibliografia. Sem rosto especial, o texto vem logo a seguir ao título e ocupa oito páginas, todo impresso em caracteres redondos muito nítidos; inicial capital letra P ornamentada de desenho de fantasia. No final do texto pode ver-se a palavra "Dixi" a rematar o discurso. Sem título corrente. Paginação inumerada.

---

[286] Cfr.: ob. cit. 204.
[287] Cfr.: 3, p. 164 e seg.
[288] Cfr.: ob. cit., 2, col. 969.

BIBLIOGRAFIA: B. Machado, 1, p. 667; Brunet, 2, col. 968; Palha, 2879; Ensaios Bio-bibliográficos, 3, p. 164; Faria, D. Góis, 204.

Exemplar em óptimo estado de conservação, ligeiramente salpicado de manchas de fungos ofendendo o texto.

Magnífica encadernação em marroquim extra do Levante, vermelho, ornamentada com ferros dourados, seixas ornamentadas e guardas de seda "moirée" vermelha com o super-libros do Visconde da Trindade nas pastas; corte azul. Assinada por Zaehnsdorf, de Londres.

Proveniência: foi adquirido pelo Visconde da Trindade a George Robert Duff em 16-1-1962, em conjunto com outras obras.

179 - PARADIN, Claude, --1573

[Inserido em portada arquitetónica descrita em seguida ppode ler-se o título:] Alliances / genealogiqves / des rois et / princes de / Gavle./ [*] Par Claude Paradin. / [marca tipográfica do impressor Jean de Tournes] A Lion / par Ian de Tovrnes. / [–] M.D.LXI./ Auec priuilege du Roy pour trois ans.

Lyon: Jean de Tournes, 1561. [8], 1201 [i. é 1021], [1]p.: il; 4º (35 cm).

V. T. 20-10-10/11

1ª edição. Na Biblioteca Nacional de Portugal existe um exemplar. Das [8] p. preliminares inumeradas consta a folha de rosto com o verso em branco e na página seguinte a dedicatória do autor à Rainha-mãe que ocupa 4 p.; vem em seguida uma advertência ao leitor e no verso um índice das famílias que são estudadas na obra; começa depois o texto propriamente dito na p. 1 que se prolonga até à p. 1021, erradamente numerada 1201; no verso desta vem a errata e na página seguinte, também inumerada, vem o privilégio do rei, estando o cólofon impresso no verso. A folha de rosto apresenta uma portada arquitetónica usada em 1548 na obra de Guillaume Paradin "Memoriæ nostræ libri quatuor", formada por um grande pórtico sustentado por duas colunas onde estão inscritos, do lado esquerdo um anjo acorrentado de pés e mãos e do lado direito uma figura híbrida, meio anjo, meio cabra igualmente acorrentada, encimada cada uma destas figuras por duas aves: do lado esquerdo uma águia e do direito um abutre; no frontão que encima estas colunas podem ver-se três figuras sentadas lendo livros que depuseram no regaço, ladeadas por outras duas figuras femininas com duas grandes aves ao lado; na base do pórtico e ao meio as figuras masculinas representam Midas; o título insere-se neste pórtico e está composto em caracteres redondos de vários corpos tendo a meio a marca tipográfica de Jean de Tournes; à cabeça da dedicatória à Rainha--mãe, Catarina de Médicis, há um cabeção decorativo; texto impresso em caracteres redondos e itálicos, ilustrado com muitos escudos de armas (gravuras em madeira); iniciais capitais de vários corpos ornamentadas de desenho de fantasia. Ausência de reclamos. Erros de paginação sem ofender a contagem, exceto o da última página.

BIBLIOGRAFIA: Brunet, 4, col. 358; BM, p. 336; Silvestre, 411[289].

Na Livraria do Visconde da Trindade há dois exemplares desta obra: um deles encontra-se incompleto, pois falta-lhe a folha de rosto, embora esteja em bom estado, com algumas folhas espelhadas e uma folha rasgada sem, contudo, ofender o texto. Todo o exemplar está ligeiramente traçado não atingindo o texto e manchado de humidade um pouco por todas as páginas. Aparado à cabeça. Papel de diferentes espessuras com defeitos de fabrico. Notas manuscritas em francês em algumas páginas. Encadernação meio--amador bastante deteriorada e com lombada ornamentada a ouro.

---

[289] A descrição da marca tipográfica difere um pouco.

O segundo exemplar encontra-se completo e em razoável estado de conservação; na folha de rosto, no lugar destinado ao título apresenta um pertence manuscrito "Thomas [Daudas?]". Numerosas notas manuscritas, umas em latim e outras em francês de diferentes épocas. A folha de rosto está totalmente espelhada, assim como outras; ligeiramente laceradas algumas folhas. Algumas manchas de humidade um pouco por todo o volume ofendendo o texto; muito aparado à cabeça, mais numas páginas do que noutras. Manchado de tinta. De notar que em ambos os exemplares, a partir da página 123 até à p. 35 e ainda p. 143 está colada uma etiqueta "De Navarre" a cobrir a frase anterior que dizia "De France", o que leva a pensar ter sido uma correção feita posteriormente em todos os exemplares devido a lapso tipográfico.

Encadernação em belo estado de conservação, em pergaminho, com o super-libros do Visconde da Trindade.

Proveniência: foi adquirido (um deles, pelo menos[290]) em 27-
-8-1947.

180 - PASQUALIGO, Pietro, 1472-1515

Petri Paschalici veneti oratoris / ad Hemanvelem Lvsitaniæ Regem / oratio.
[Veneza: Bernardino venetum de Vitalibus, 1501]. [8] f.; 4º (23 cm).
V. T. 19-7-15
Da maior raridade: apenas consta a existência de um outro exemplar em Portugal na Fundação da Casa de Bragança em Vila Viçosa, que pertenceu a El Rei D. Manuel II; existem ainda dois outros exemplares, um no British Museum e um outro na James

---

[290] Como aconteceu el alguns casos, o Visconde da Trindade quando adquiria um exemplar que não estava em perfeito estado de conservação, se viesse a ter oportunidade, adquiria um segundo mais completo, o que deve ter acontecido no caso presente, embora não haja informação de qual se trata.

Ford Bell Collection em Minneapolis (Minnesota, E.U.A.), segundo notícia dada pelo Visconde da Trindade no breve estudo que faz desta obra nos seus "Ensaios Bio-bibliográficos"[291]. Trata-se de uma oração proferida por Pasqualigo, embaixador da República de Veneza em Portugal aquando da sua chegada a Lisboa em setembro de 1501, na receção que o Rei D. Manuel lhe dispensou; esta oração foi mandada imprimir em dezembro seguinte em Veneza, como pode verificar-se pela leitura do cólofon; é um discurso solene, em estilo pomposo, no qual Pasqualigo faz o elogio de Portugal e do seu soberano, agradecendo o auxílio prestado por Portugal a Veneza na guerra contra os turcos. Brunet[292] afirma ser o primeiro livro que refere as descobertas e conquistas dos portugueses na Índia. Sem folha de rosto própria, o texto segue imediatamente o pequeno título acima transcrito e está composto em caracteres redondos de impressão muito nítida, ornamentado por uma inicial capital letra V de desenho de fantasia. Sem título corrente e sem foliação.

BIBLIOGRAFIA: Brunet, supl. 2, col. 171; BM, p. 491; Ensaios Bio-bibliográficos, 3, p. 152.

Exemplar em bom estado de conservação, embora apresente pequenos picos de traça na f. [1] e minúsculo rasgo na última folha, ofendendo o texto. Manchas de humidade e papel com defeitos de fabrico. Conserva os vincos de ter estado dobrado. Pequenas irregularidades no corte de algumas folhas. Apresenta uma extensa nota manuscrita a lápis na guarda inicial; no verso desta há uma nota manuscrita a tinta da época, em francês, sobre os descobrimentos; numerosas notas manuscritas a lápis à margem do texto, em latim, aparentes desdobramentos das abreviaturas do texto.

---

[291] Cfr.: 3, p. 152 e seg.
[292] Cfr.: ob. cit., supl. 2, col, 171.

Encadernação em pele vermelha escura, com duplo filete dourado e o super-libros do Visconde da Trindade em ambas as pastas.

Proveniência: foi adquirido pelo Visconde da Trindade nos Reservados da Livraria Coelho em 28-5-1959, em conjunto com outras obras.

181 - PEDRO de Alcalá, O. F. M., ca. 15--

[Inserido numa portada xilográfica onde figura a meio, gravado em madeira, o escudo de armas do arcebispo de Granada, Hernando de Talavera com uma legenda à volta, estando ao alto o chapéu cardinalício e a meio o leão rampante lampassado, pode ver-se o título:] ¶ Vocabuliſta araui/go en letra caſtellana.
[Granada: Juan Varela de Salamanca, 1505]. [270]f.: il.; 4º (20 cm).
V. T. 20-7-15

Os dados do pé de imprensa foram retirados do cólofon, assim como a menção do nome do autor.

No verso da p. de título figura, a plena página, uma cena de "accipies" em que pode ver-se o arcebispo de Talavera, D. Fernando, sentado, a receber das mãos do autor a sua obra; de cada lado um acólito segura os atributos episcopais; por baixo lê-se a legenda "Nõ michi, dñe, sed noi tuo sit gloria"; o prólogo ocupa 3 páginas, seguindo-se algumas observações quanto ao modo como a obra está organizada e à maneira de a consultar; o texto propriamente dito começa por abordar a conjugação dos verbos regulares segundo a sua terminação e o resto do texto vai tratar por ordem alfabética todos os vocábulos em castelhano com a correspondente palavra em árabe; o texto termina na p. [268] com a expressão "Deo gratias"; as últimas folhas do volume contêm uma advertência ao leitor, em que se pede desculpa pelos eventuais erros que a obra possa conter, rematando com o cólofon e novamente a expressão "Deo gratias"; no verso desta f. [269] vem a numeração nas duas línguas rematando com uma gravura retangular contendo a marca tipográfica, apresentando, além de uma divisa, as iniciais "I. S", correspondendo a Juan de Salamanca; no verso desta última f. apresenta o escudo xilográfico das armas reais castelhanas subscrito pela conhecida divisa "Tanto mõta". Toda a obra está impressa em caracteres góticos com iniciais capitais de desenho de fantasia de vários corpos. Foliação inumerada. Sem título corrente.

BIBLIOGRAFIA: Brunet, 4, col. 463; Palau, 5697; Norton, 348, 349; Lavoura, 1449.

Exemplar em impecável estado de conservação; pequenos riscos a tinta da época em algumas páginas, sem significado.

Encadernação recente, castanha escura, em "chagrin" gravada a ferros secos com motivos renascentistas dispostos em tarjas; seixas gravadas a ouro; corte vermelho.

182 - PEDRO Hispano, ca. 1220-1277

Summularum artis / dyalectice interpretatio Magiſtri Georgii / brucellenſis ſuper textu[m] Petri Hiſpani: una cu[m] / Thome Bricot artiu[m] peritiſſimi et sacre Theo/logie profeſſoris queſtionibus in cuiuſvis fi / ne tractatus adiunctis, atque quotationibus / in ſingulis marginibus annotatis poſt era/ctam recentemque emendationem ſolertiſſi=/me delimata. Rothomagi Impreſſa pro Jacobo le Foreſtier. / [segue-se a marca tipográfica de Jacques le Forestier impressa a vermelho rodeada por tarjas historiadas impressas a negro].
Rouen: Jacques le Forestier, 1508. [388]p.; 4º (20 cm).
V. T. 20-7-3
Obra rara, não referenciada nas bibliografias; a edição mais conhecida deste texto data do ano seguinte, 1509. Trata-se de uma versão

da obra de Pedro Hispano traduzida por Georges de Bruxelas e comentada por Thomas Bricot. Os dados relativos ao pé de imprensa foram retirados da última linha do título, exceto a data que foi colhida do cólofon. Verso da p. de título em branco; seguem-se 2 p. com o "Prohemium", começando o texto na p. seguinte até final, rematando com o cólofon. Título impresso a vermelho e preto ao qual se segue uma gravura de grande formato com a marca do impressor onde pode ver-se, dentro de uma gravura rodeada por tarjas historiadas, dois anjos sustentando um escudo no qual se destacam três flores-de-lis encimadas por coroa real; na parte inferior, dois leões ladeiam um escudo em cujo campo pode ver-se um Agnus Dei com três flores-de-lis em sautor; por detrás, três árvores e na base o nome do impressor "J. Le Forestier"; à volta, uma legenda impressa a vermelho; o texto está composto a duas colunas, encimado pelo título corrente que muda consoante o texto, impresso em caracteres góticos de vários corpos, com glosas marginais e caldeirões; nas f. [27 e 77] há gravuras em madeira ilustrativas do texto. Ausência de reclamos e de paginação.

BIBLIOGRAFIA: Não referenciada por qualquer das bibliografias consultadas. Silvestre, 158.

Pertence ilegível por se encontrar lacerada a guarda inicial onde se encontra manuscrito. Numerosas notas manuscritas da época nas margens do texto, de vários punhos, à guisa de comentários, redigidas em latim, algumas das quais foram cortadas quando o livro foi aparado. O exemplar está em relativo bom estado de conservação, com papel um pouco acidificado; na página de rosto apresenta um furo, provavelmente provocado por um borrão de tinta ferrogálica.
Encadernação da época, de ataca, em pergaminho, deteriorada na lombada onde podem ler-se vestígios do título.
Proveniência: foi adquirido pelo Visconde da Trindade a George Robert Duff em 16-1-1962, em conjunto com outras obras.

Summularum artis

dyalectice interpretatio Magistri Georgij bruxellensis sup textu Petri hispani vnacu Thome bricot artiu peritissimi & sacre theologie professoris questionibus in cuiusliz ne tractatus adiunctis, atq quotationibus in singulis marginibus annotatis post exactam recentemq emendationem solertissime delimata. Rothomagi impressa pro Jacobo le forestier.

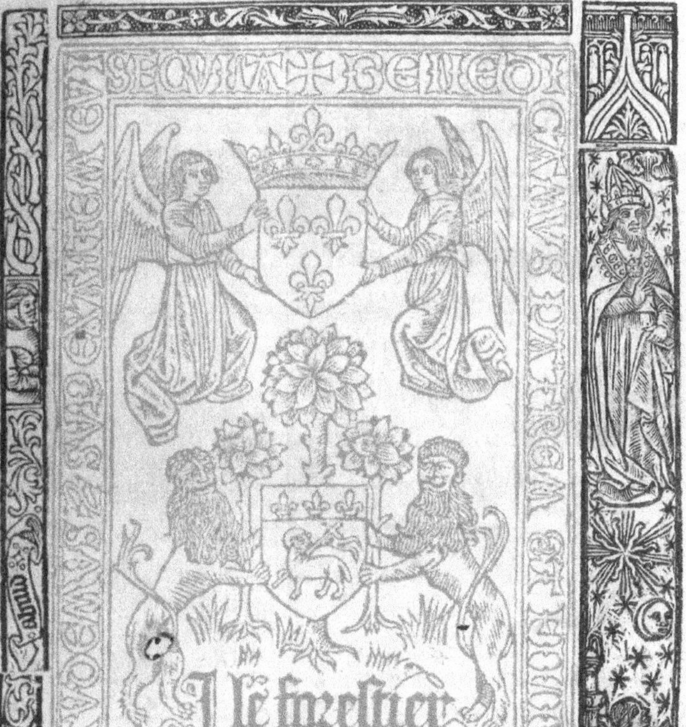

183 - PLUTARCO ca. 50-ca 127

Plvtarchi / Chæronei, philoſophi & hiſto-/rici grauissimi, Ethica, sev mo-/ralia opuſcula, quæ quidem in hunc uſque diem è græco in / latinum conuerſa extant, uniuerſa: quorum catalogum proxima poſt indicem pagina monſtrabit. / Parisiis/ imprimebat Michaël Vaſcoſanus ſibi, & Iohanni Roigny./ M.D.XLIIII. / Cum priuilegio.

Paris: Michel de Vascosan & Jean de Roigny, 1544. [36], 359 [i. é 352]f.; folio (36 cm).

V. T. 20-10-12

Obra rara: apenas citada por Brunet e no "Short-title catalogue" do Bristish Museum, o qual descreve o exemplar aí existente. No verso da folha de rosto pode ver-se o privilégio; na 2ª folha preliminar inumerada e verso há uma dedicatória do impressor Michel de Vascosan ao bispo de Paris e ainda alguns esclarecimentos biográficos acerca do autor; na folha seguinte começa o índice alfabético de matérias da obra que ocupa 68 páginas; segue-se a folha 1 onde começa o texto propriamente dito. Título em caracteres redondos de vários corpos e texto em caracteres redondos e itálicos; iniciais capitais de desenho de fantasia enriquecem o texto. Apenas dois erros de foliação, o primeiro dos quais não afetando a contagem.

BIBLIOGRAFIA: Brunet, 4, col. 742-743; BM, p. 357.

Segundo uma nota manuscrita a letra e tinta da época, este exemplar teria pertencido ao "Senhor Dom Duarte". Nota manuscrita a letra e tinta da época em latim à margem da f. 86. As folhas 1-7 inclusive encontram-se espelhadas em janela junto ao pé sem ofender o texto. Exemplar muito traçado sobretudo junto ao festo. A folha 24 está ligeiramente queimada sem atingir o texto. Sublinhados ao texto. Papel de diferente espessura com defeitos de fabrico.

Encadernação em pele trabalhada a ferros secos, estando a lombada restaurada com pele ligeiramente mais clara; fechos de metal deteriorados.

184 - PORTUGAL. Rei, 1495-1521 (Manuel I)

Epiſtola Sereniſſimi Regis Portugalie ad Julium Pa/pam secundum de uictoria contra infideles habita. / [segue-se uma grande gravura em madeira, quadrada, que representa em primeiro plano do lado direito um personagem, provavelmente o Rei de Calecut, com o seu séquito de enviados prestando homenagem ao Rei de Portugal, D. Manuel, ou ao vice-rei D. Francisco de Almeida, sentado num trono a recebê-lo; o cenário é composto por um conjunto de muralhas, vendo-se em pano de fundo alguns grandes edifícios e o mar com caravelas e outros barcos].
[Milão: Giovanni Angelo Scinzenzeler, 15--?]. [4] f.; 4º (18 cm).
V. T. 19-7-3
Raríssimo; o Dr. Francisco Leite de Faria considera-o exemplar único; segundo ele, na Bayerische Staatsbibliothek de Munique talvez tivesse havido um exemplar desta edição ou de outra diversa (visto que no catálogo manuscrito dos impressos dessa biblioteca se faz uma referência genérica, não se podendo, portanto, assegurar com certeza de que edição se tratava), mas fosse qual fosse, o exemplar foi destruído durante a última guerra. Quanto às edições conhecidas, num estudo feito por ele[293], indica desta Epístola, além de uma edição em italiano (sem lugar de impressão nem data), outras cinco edições em latim, entre as quais uma de Milão saída dos mesmos prelos de

---

[293] Cfr.: "Uma Relação de Rui de Pina sobre o Congo escrita em 1492.

Epistola Serenissimi Regis Portugalie ad Julium Papam Secundum de Victoria contra Infideles habita.

Giovanni Angelo Scinzenzeler que se supõe ser esta; a atribuição do lugar de edição pode ser feita a Milão e àquele impressor, sem data, mas sempre depois de 25 de setembro de 1507 (que é a data que vem no final da carta), pois que uma gravura idêntica foi usada por aqueles impressores (pai e filho) entre 1497 e 1519, primeiramente nas "Viagens de John Mandeville" e nas edições de 1508, 1512 e 1519 dos "Paesi novamente retrovati". A data de impressão, é, pois, provável que seja posterior àquela data, pelas razões apontadas. O verso da folha que serve de rosto está em branco; segue-se o texto que ocupa as restantes seis páginas. Título composto em caracteres góticos e texto em caracteres redondos com pequena inicial capital letra S sobriamente ornamentada. Sem título corrente e sem reclamos. Paginação inumerada.

BIBLIOGRAFIA: Brunet, 2, col. 968; Faria, D. Góis, 219.

Exemplar em belíssimo estado de conservação, apresentando alguns vincos por ter estado dobrado. Aparado junto ao pé. Tem o nº 13 manuscrito no canto superior direito da folha de rosto.

Magnífica encadernação em marroquim castanho com duplo filete dourado e o super-libros do Visconde da Trindade nas pastas; corte dourado; encontra-se protegido por uma caixa revestida a pele castanha, com ferros dourados e o super-libros do Visconde da Trindade.

Proveniência: foi adquirido pelo Visconde da Trindade na Livraria H. P. Kraus de Nova York em 22-6-1967.

185 - PORTUGAL. Rei, 1495-1521 (Manuel I)

Epiſtola ſereniſſimi Re/gis Portugalie ad Julium Papam secu[m]=/ dum de victoria cõtra infideles habita. / [marca do impressor] Venundantur Parrhyſijsi Palatio Regio a Guil=/lermo Euſtace ſub tertio pilari.

Paris: Guillaume Eustace sub tertio pilari, [1507-1508?]. [4] f.; 4° (14 cm).

V. T. 20-7-6

Obra muito rara: conhecem-se apenas dois exemplares: este e o da Biblioteca Municipal de Besançon; parece ter existido um outro que pertenceu ao Barão de Seillière e foi vendido em Londres no leilão Sotheby em fevereiro de 1887; em 1893 estava em poder de Ricardo Heredia que o classificava de muito raro, acrescentando que Salvá o não possuía; foi feito um fac-símile desta edição por Eugénio do Canto em Lisboa, em 1905. Publicado sem indicação de data; a data referida é retirada das linhas finais do texto da epístola: "ex oppido Abrantes XXV Septembris MDVII". A folha de rosto contém a marca do impressor: inserida num retângulo rodeado por tarja vê-se uma árvore carregada de flores e frutos ladeada por um centauro e um cavaleiro que suspendem um emblema onde podem ver-se as letras GE, iniciais do impressor, a meio, fundidas; na parte inferior da gravura lê-se em caracteres góticos o nome do impressor por extenso; título composto em caracteres góticos e texto em caracteres redondos ornamentado por uma pequena inicial decorativa xilográfica S com desenho invertido. Ausência de título corrente e de reclamos. Paginação inumerada.

BIBLIOGRAFIA: Faria, D. Góis, 220 (que cita este exemplar, único em Portugal). Não citado por qualquer outra bibliografia, a não ser alguns dados relativos à marca tipográfica referidos em Delalain, p. 37 e Silvestre, 1, 63.

Pertenceu a Aníbal Fernandes Tomás, cujo ex-libris pode ver-se no verso da pasta superior. Exemplar magnificamente conservado; tem a possível data de publicação manuscrita a tinta castanha na página de rosto, abaixo dos dados relativos ao impressor.

Encadernação do século XIX com o título na lombada onde também se encontra colada uma etiqueta redonda; está protegida por uma caixa azul escura ornamentada a ouro nas pastas e lombada com o super-libros do Visconde da Trindade.

Proveniência: foi adquirida pelo Visconde da Trindade a H. P. Kraus, livreiro em Nova York, em 22-6-1967.

186 - PORTUGAL. Rei, 1495-1521 (Manuel I)

Epistola / potentiſſimi / ac inuictiſſimi Ema//nuelis Regis Portugaliæ & Algarbiorum. / & c. De Victoriis habitis in India / & Malacha. Ad. S. in Chriſto Patrem & / Dñm noſtrum Dñm Leonem. X./ Pont. Maximum. [gravura retangular em madeira representando o escudo de armas reais portuguesas encimado por coroa].

[Roma: Jacopo Mazzocchi, 1513]. [6]f.; 4º (20 cm).

V. T. 19-7-9

Muito raro; classificado por Brunet[294] como "pièce rare et intéréssante"é uma obra muito importante para a história das descobertas e das conquistas feitas pelos portugueses nos dois hemisférios, sob o comando de Afonso de Albuquerque; a carta, datada de Lisboa de 8 de junho de 1513 foi impressa em Roma em 9 de agosto seguinte. 1ª edição. O verso da folha de rosto encontra-se em branco e o texto ocupa as 9 páginas seguintes, rematando com o cólofon; o verso da última folha está em branco. Tanto o título como o texto estão impressos em caracteres redondos, estando a

---

[294] Cfr.: ob. cit., supl. 1, p. 441.

reserva inicial preenchida com um s de pequeno corpo a fim de ser posteriormente ornamentado à mão. Pé de imprensa recolhido do cólofon que remata o texto. Ausência de paginação, de título corrente e de reclamos.

BIBLIOGRAFIA: Brunet, supl. 1, p. 441; BM, p. 232; Faria, D. Góis, 243.

O exemplar apresenta o pertence "ex Musaæo Huthii", segundo o ex-libris que lhe está aposto. Aparado.

Encadernação em pele castanha clara com triplo filete gravado nas pastas, seixas gravadas a ouro e guardas de papel de fantasia; a pasta superior e a guarda inicial encontram-se soltas.

Proveniência: foi adquirido pelo Visconde da Trindade na livraria Maggs em 1970.

187 - PORTUGAL. Rei, 1495-1521 (Manuel I)

Epiſtola potentiſſi/mi ac inuictiſſimi Emanuelis Re=/gis Portugalie et Algarbio=/ru[m]. et de victorijs habitis / in India et Malacha. ad / S. in Chriſto patre[m] et / dñm noſtru[m]. Dñm/ Leone[m] decimu[m]. / Pont. Maximu[m] / M.D.XIIJ. [escudo de armas reais portuguesas encimado por coroa, inserido em moldura retangular].

[Nuremberg?: Hieronymus Hölzel?, 1513]. [4]f.; 4° (20 cm).

V. T. 20-8-1

Obra muito rara: apenas são conhecidos mais dois exemplares, um no British Museum e outro na Biblioteca de Viena de Áustria[295]. Impresso sem nome de lugar nem editor e a data é

---

[295] A aquisição deste raríssimo opúsculo por parte do Visconde da Trindade mereceu uma notícia publicada no "Diário de Notícias" n° 36447 de 23-08-1967

provavelmente a mesma que subscreve a carta. Verso da página de rosto em branco; o texto, que começa na página seguinte, ocupa as restantes páginas, estando a última em branco. Título disposto em "cul de lampe" impresso em caracteres góticos de vários corpos e texto a uma só medida igualmente em caracteres góticos. Sem título corrente nem reclamos. Paginação inexistente.

BIBLIOGRAFIA: Faria, D. Góis, 250.

O exemplar pertenceu a "A. C. Burnell Ph. D.", segundo um ex-libris colado no verso da pasta superior e outras notas manuscritas do mesmo, datadas de 1878. Nota manuscrita na folha de rosto abaixo do escudo de armas reais e várias outras notas manuscritas. As duas últimas folhas estão espelhadas. Vestígios de traça. Irregularidades no corte do pé.

Encadernação recente em marroquim vermelho ornamentada com filete dourado e com o super-libros do Visconde da Trindade; insere-se numa caixa forrada a pele da mesma cor em forma de livro com dourados na lombada e nas pastas, com o mesmo super-libros; assinada Bedford.

Proveniência: foi adquirida pelo Visconde da Trindade a H. P. Kraus, livreiro em Nova York, em 22-6-1967.

---

onde, sob o título: "Adquiridos três opúsculos de cartas impressas do Rei D. Manuel ao Papa sobre as empresas dos portugueses no Oriente", pode ler-se: "O Sr. Dr. Alberto Navarro, Visconde da Trindade, adquiriu em Nova Iorque três raríssimos opúsculos dos princípios do século XVI, contendo cada um uma carta impressa do rei D. Manuel ao Papa sobre as empresas dos Portugueses no Oriente (...) As recentemente adquiridas são (...) e a Carta de 6 de Junho de 1513 sobre as vitórias de Afonso de Albuquerque na Índia e em Malaca, escrita de Lisboa ao Papa Leão X e impressa na Alemanha nesse mesmo ano, da qual só se conhece outro exemplar que está no Museu Britânico de Londres. A biblioteca particular do Visconde da Trindade, talvez a melhor que existe em Portugal, ficou enriquecida com estas aquisições..."

188 - RELACION DE LA JORNADA, EXPUGNACIÓN Y CONQUISTA DE LA ISLA TERCERA...

Relacion / dela iornada, ex/pvgnacion, y conquista dela Isla Tercera, y las demas cir-/cunuezinas, que hizo dõ Albaro de Baçan, Marques de Santacruz, Co-/mendador maoyr [sic] de Leon, y Capitan general de ſu Mageſtad: y delos /enemigos que auia en la dicha Iſla, y de los fuertes, artilleria, y municio-/nes, y armada franceſa y portugueſa: y del ſitio y diſpuſicion de / la ciudad de Angra, y villas y lugares de ſu contorno, / y delos moradores dellas, y caſtigos que / ſe hizieron en ellos. / Con licencia de ſu excellencia.

[S. l.: s. n., 1583?]. [16]f.; 4° (19 cm.)

V. T. 20-8-11

Esta obra, juntamente com outras duas, igualmente presentes na coleção do Visconde da Trindade, a "Batalla en las islas Açores", possivelmente publicada em 1582[296] e o "Il vero svcesso dell'armata del cattolico Re di Spagna della vittoria hauuta contra l'armata di Don Antonio appresso l'Isola di Azores", dado à luz no mesmo ano[297], constituem um conjunto muito raro, fundamental para o estudo da crise da sucessão havida em Portugal no final de Quinhentos, após a morte de D. Sebastião. Na verdade, a posse das Ilhas dos Açores era particularmente importante para os castelhanos, uma vez que o domínio daquele arquipélago por parte de D. António, Prior do Crato ou pelos franceses, (que o apoiavam), permitia a interceção do comércio das Índias, pelo que esta vitória foi de extrema importância para consolidar a subida ao trono de Filipe II, I de Portugal; daí que tenham sido sucessivas as edições destes relatos de vitória por parte da coroa espanhola,

---

[296] Cfr.: n° 127.
[297] Cfr.: n° 199.

impressos em Barcelona, Valência ou Saragoça[298], entre outras. O texto começa por descrever a partida do Marquês de Santa Cruz de Lisboa a 23 de junho de 1583 e a sua chegada à Ilha Terceira, seguindo-se o relato de todas as escaramuças havidas, rematado pela lista das baixas e condenados, na sua maior parte, à morte; remata com a data de 1583, mas que não pode considerar-se a data da impressão[299], tanto mais que quando se transcrevia um texto, a data que lá figurava era igualmente transcrita, não significando, por isso, que fosse a data da impressão, mas a do assalto e conquista daquele território. Sem rosto especial, o texto segue-se aos dados acima transcritos, impresso em caracteres redondos de vários corpos iniciado por uma capital ornamentada. Sem título corrente. Paginação inumerada.

BIBLIOGRAFIA: Palau, 257221.

O presente exemplar pertenceu a Aníbal Fernandes Tomás cujo ex-libris figura no verso da pasta superior. Numerosas notas manuscritas sem especial significado. Bem conservado, apresenta, contudo, algumas manchas vermelhas provenientes, supõe-se, da pintura do corte. Marcas de vincos por ter estado dobrado a meio.

Encadernação recente em pele castanha gravada com triplo filete dourado nas pastas e o super-libros do Visconde da Trindade. Carimbo da Encadernação Académica de Aveiro.

Proveniência: foi adquirido pelo Visconde da Trindade no leilão da Livraria Coelho em 28-5-1959, em conjunto com outras obras.

---

[298] Nesta edição mantem-se a mesma inversão de letras que se verifica na que se descreve: "maoyr" por "mayor".

[299] Consulte-se, a este propósito, o estudo de Maria Antonieta Soares de Azevedo "O Prior do Crato, Filipe II de Espanha, e o trono de Portugal. Algumas notas bibliográficas (Século XVI)". Coimbra: Biblioteca Geral da Universidade, 1974.

189 - RELACIÓN DE UNA GRAVISSIMA PERSECUCIÓN...

Relacion / de vna gravissima / perſecuciõ, que vn tyrano de los Rey/nos de Iapon, llamado Cãbucodono, / há leuãtado contra los Chriſtianos, en / los años de 88. y 89. y de las mara-/uillas que Nro Señor ha obrado / por medio della. / Eſcrita por los padres de la Compañia de / Iesvs que reſiden en el Iapon. / 15 [emblema da Companhia de Jesus] 91 Con privilegio. / [–] En Madrid, por Pedro Madrigal.

Madrid: Pedro Madrigal, [1591?]. [8], 200, [8]f.; 8° (14 cm).

V. T. 20-7-13

As páginas preliminares apresentam a taxa, as erratas, o privilégio real, um prefácio do impressor "al christiano letor", começando em seguida o texto, constituído por cartas enviadas pelos jesuítas em missão nos reinos do Japão, divididas em várias partes; neste caso a primeira carta é do Padre Luís Frois, onde relata a perseguição movida aos cristãos do Japão nos anos de 88 e 89; o texto decorre até à p. 200, estando o verso desta folha em branco; nas últimas 16 f. inumeradas encontra-se a tabla e no final repete-se a f. 200 impressa no verso da última página da tabla; de notar que a f. 200 tinha o reclamo "tabla" impresso e o verso em branco; estamos em crer que se trata de uma nota de exemplar e que não ocorrerá em qualquer outro. Título impresso em caracteres redondos e itálicos de vários corpos; texto impresso a uma só medida em caracteres redondos e itálicos, decorado com cabeções e iniciais capitais de diferentes corpos e ornamentação. Título corrente. Ausência de glosas marginais.

BIBLIOGRAFIA: Palau, 257241

A obra apresenta manuscrita no pé da página de rosto a data de "1591 annos", porventura tentando colmatar a falta deste número que se verifica na mesma página, dado ter sido cortada a vinheta com o emblema da Companhia de Jesus para eliminar uma marca de posse de que restam vestígios. Pequenos sinais de traça e de acidez. Guarda inicial quase solta. Pequenos sinais de tinta. Encadernação da época em carneira marmoreada e lombada de 4 nervos; corte rosado.

190 - RESENDE, André de, 1498-1573

[Em portada enquadrada por moldura formada por tarjas ornamentais pode ver-se, a meio, o título:] L. And. Resendii/ Lvsitani. / Epistola de vi// ta avli/ca. / +
[Bolonha: Giovanni Battista di Faelli, 1533]. [8] f.; 4º (21 cm).
V.T. 19-7-10
1ª edição. Há cinco exemplares conhecidos em Portugal, segundo Leite de Faria[300]. No verso da página de rosto há uma dedicatória em verso e o texto, constituído pela Epístola composta em verso, vai da f. 2 r. até à f. 8 r., rematado pela data da carta, no verso da qual figuram duas poesias latinas da autoria de Resende, seguidas pelo cólofon. Impressão do título em capitais de um só corpo, muito nítida e texto impresso em caracteres redondos com iniciais capitais ornamentadas, estando as duas poesias finais compostas em corpo menor. Paginação inumerada.

BIBLIOGRAFIA: B. Machado, 1, p. 163; Az.-Sam., 2755; Faria e Pericão, 1; Faria, D. Góis, 339.

Exemplar em bastante bom estado de conservação, apenas com restauros nas f. [7] e [8], este último ofendendo o texto.

---

[300] Cfr.: ob. cit., 339.

Encadernação recente em pele vermelha escura gravada a ferros secos com motivos alusivos aos Descobrimentos, tais como esferas armilares, etc., executada por Frederico de Almeida, de Lisboa.

Proveniência: foi adquirido pelo Visconde da Trindade a J. A. Telles da Sylva em 1-3-1971.[301]

191 - RESENDE, André de, 1498-1573

[Em portada de grande corpo, gravada em madeira, pode ver--se, de cada um dos lados, uma figura feminina que sustenta um cesto de onde saem pés de videira carregados com cachos de uvas; no embasamento representa-se uma cena de cavalaria; a meio, numa cartela retangular, pode ler-se o título:] L. And. Resen//dii/ Genethliacon Principis / Luſitani, ut in Gallia Belgi/ca celebratum eſt, a uiro / clariss. D. Petro Maſca//regna, regio legato, / Menſe Decembri / M.D.XXXII./ Eiuſdem Reſendii epicedion / et Ode, in raptum Dacoru[m]/ Principem, puerum / miſerrimum.

[Bolonha: Giovanni Battista di Faelli, 1533]. [22]f.; 4º (21 cm).

V. T. 19-7-11

1ª edição. No verso da folha de rosto há uma poesia latina dirigida pelo autor ao bispo D. Miguel da Silva; nas folhas seguintes, após o título, começa o texto sob forma poética, consistindo num poema panegírico em honra do Príncipe, filho de D. João III, dividido em várias partes; remata com as erratas e os dados relativos à impressão: "Impressit anno Incarnationis Dominicae M.D.XXXIII mense Ianuario". Composição tipográfica em caracteres redondos de vários corpos; texto composto em caracteres latinos e gregos, ornamentado com letras iniciais de desenho de fantasia, de impressão muito nítida. Glosas marginais. Foliação inexistente.

---

[301] Cfr. "Manuscritos & Livros valiosos", 1, 14.

BIBLIOGRAFIA: B. Machado, 1, p. 164; Az.-Sam., 2757; Faria e Pericão, 2; Faria, D. Góis, 340.

Nota manuscrita a letra e tinta da época, provavelmente um pertence: "10 Malrare Hispalm?". Exemplar bastante bem conservado, apenas com um pequeno restauro na folha de rosto.
Encadernação recente em pele vermelha gravada a ferros secos com motivos alusivos aos Descobrimentos, da autoria de Frederico de Almeida, de Lisboa.
Proveniência: foi adquirido pelo Visconde da Trindade a J. A. Telles da Silva em 21-4-1971[302].

192 - RHO, Alessandro da (dito Raudensis), ca. 1542-1627

Alexandri / Ravdensis / ex Dominis Bvrgheti / ivriscons. / de Collegio Ivrisperitorvm / Mediolan. / Comitum & Equitum, / Responsvm secvndvm / De legitima svccessione / in Portugaliæ Regnum. / [escudo de armas reais castelhanas encimado por coroa, rodeado por paquifes e tendo em baixo, ao centro, a Ordem do Tosão de Ouro] Mediolani, / apud Paulum Gotthardum Pontium. / M.D.LXXX.
Milão: Paolo Gotardo da Ponte, 1580. [8], 70, [12] p.; 4º (21 cm).
V. T. 19-7-16

Obra rara: o exemplar que se descreve está arrolado, havendo um outro exemplar na Biblioteca Nacional de Portugal e, provavelmente, o que está descrito nos catálogos da Livraria Coelho, anunciado em 1935 e mais tarde, em 1961, cujo paradeiro se desconhece. O autor defende os direitos de Filipe II à coroa de

---

[302] Cfr.: Cfr. "Manuscritos & Livros valiosos", 1.

Portugal e trata também detalhadamente da pretensão de outros candidatos, referindo ainda alguns factos notáveis da época. Das páginas preliminares constam: no verso do rosto um epigrama de Paolo Bonfandini dedicado ao autor[303], a que se segue uma dedicatória do autor a D. Antonio Perenoto, impressa em itálico; em seguida vem a "Facti species" e o "Argumentum", começando o texto na f. 1, decorrendo até à p. 70, contendo as folhas finais o índice. Título em caracteres redondos e itálicos de vários corpos e texto de impressão muito nítida em caracteres semelhantes, com iniciais capitais de desenho de fantasia.

BIBLIOGRAFIA: não referido nas bibliografias habitualmente consultadas, exceto nos citados catálogos da Livraria Coelho e no do leilão da Livraria do dr. Motta Gomes a que pertenceu.

Exemplar em bom estado de conservação, faltando, contudo, a última folha do índice. Nota manuscrita a lápis azul no pé da folha de rosto e outras notas manuscritas a tinta, da época, em algumas outras páginas. Os cantos superiores da p. 23 até final encontram-se espelhados. Ligeiros picos de traça. Um pouco manchado de humidade. Papel de diferente espessura com defeitos de fabrico.

Encadernação em pele castanha com filete dourado e o super-libros do Visconde da Trindade gravado a ouro em ambas as pastas; corte e sinal vermelhos; foi executada na oficina de Frederico de Almeida, de Lisboa.

Proveniência: foi adquirido pelo Visconde da Trindade no leilão da Livraria do Dr. Motta Gomes em 25-9-1955, em conjunto com outras obras.

---

[303] É curioso notar que os exemplares descritos pelos catálogos da Livraria Coelho referem o verso da folha de rosto como estando em branco (Cfr.: catálogos 16 de 1935, 679 e catálogo 18 de 1961, 992).

193 - ROMAN, Jerónimo, 1535-1597

Historia / de los dos / religiosos / infantes de / Portvgal. / Por fray Hieronymo Roman frayle y chroniʃta de la Orden / de S. Auguʃtin natural dela ciudad de Logroño. / Dirigida a doña Ynes Freyre de Andrade. / [gravura em madeira representando o escudo de armas desta última] Com privilegio. / [-] En Medina, por Sanctiago del Canto. 1595.
Medina del Campo: Santiago del Canto, 1595. [12], 205, [3] f.; 4° (20 cm).

V. T. 20-7-18

Obra rara e de grande merecimento histórico. Parece ser a única edição publicada até hoje, no parecer do catálogo de Azevedo--Samodães[304]. Das páginas preliminares inumeradas constam: no verso do rosto, as erratas e a declaração de visto; não apresenta a "tassa" que deveria estar igualmente nesta página, e que é referida por Azevedo-Samodães; no entanto, cotejando o presente exemplar com o dos Reservados da BGUC, verifica-se que este último apresenta a referida "tassa": pode estar-se, por conseguinte, em presença de uma variante ou apenas de uma impressão diferente; na 2ª f. preliminar inumerada consta a licença do Provincial e no verso mais duas aprovações; nas 2 p. seguintes há o privilégio real; segue-se a dedicatória do autor a Dona Inês Freire de Andrade que ocupa as 13 p. seguintes e está impressa em caracteres itálicos; na 20ª p. preliminar vem o prólogo ao leitor respeitante à 1ª parte da obra, ou seja, à vida do infante D. Fernando, filho de D. João I que ocupa as 4 p. seguintes; esta 1ª parte está dividida em 21 capítulos; o verso desta última p. está em branco e na p. seguinte começa o texto propriamente dito respeitante à 1ª parte e que vai até à f. 115; no verso desta f. surge a folha de rosto da 2ª parte

---

[304] Cfr.: ob. cit, 2892.

dedicada à Princesa Santa Joana, filha de D. Afonso V, folha esta que é exatamente igual à 1ª e com novo prólogo que ocupa as f. 117 (aliás 116) a 120 (i, é 119); o texto dessa 2ª parte começa na f. 120 (erradamente numerada 20) e vai até à f. 205 v. e está dividido em 13 capítulos; segue-se uma "tabla" dos capítulos que ocupa as 5 p. seguintes inumeradas, estando o verso da última em branco. Cabeções decorativos em algumas páginas e diversas vinhetas ornamentais. Há dois rostos, como referido, ambos impressos em caracteres redondos e itálicos de vários corpos rodeados por uma linha e com os escudos de armas dos infantes (gravura em madeira); o texto é rodeado por um filete simples ou duplo, e está composto em caracteres redondos e itálicos de vários corpos; iniciais capitais ornamentadas de desenho de fantasia. Numerosos erros de foliação, sem, contudo, afetarem a contagem.

BIBLIOGRAFIA: Gallardo, 4, 3705; Palha, 2874; Az.-Sam., 2892; Salvà, 3506; Palau, 265685-86; BM, p. 76; BGUC, 2132; Lavoura, 1619.

O exemplar apresenta um pertence na folha de rosto junto ao pé escrito a letra e tinta da época: "João de Sousa"; também pertenceu posteriormente a Aníbal Fernandes Tomás, pois o seu ex-libris está colado no verso da pasta superior (embora não conste do catálogo dessa biblioteca). Notas manuscritas, algumas das quais cortadas quando o livro foi aparado. Exemplar completo e em bom estado de conservação. Espelhado no pé devido à traça nas f. 177-183 e ainda sinais de traça noutros locais. Ligeiramente manchado de humidade à cabeça e na margem exterior sem ofender o texto. Aparado. Papel de diferentes espessuras com defeitos de fabrico. Pequenos rasgos não ofendendo o texto nas f. 79 e 80 r. na 2ª f. inumerada do final.

Encadernação em pele castanha com filete dourado.

Proveniência: foi adquirido pelo Visconde da Trindade na Livraria Coelho em 28-5-1959, em conjunto com outras obras.

194 - SÃO TIAGO, Jorge de, O. P.

Oratio habita ad Patres Concilii / Tridentini dominica prima quadrageſimæ anni. 1547. Per / Fratrem Georgium de ſancto Iacobo Ordinis Prædicato-/rum Conuentus ſancti Dominici Olysbonenſis.
[S. l.: s. n., 1547?]. [6]f.; 4º (22 cm).

V. T. 20-8-10

Opúsculo muito raro: é seu autor o padre dominicano Jorge de São Tiago, que foi Bispo de Angra; em seu nome se publicaram as Constituições sinodais do Bispado de Angra do Heroísmo. Barbosa Machado[305] refere incorretamente as datas, impiedosamente emendadas por Inocêncio[306]; ainda segundo Barbosa Machado, esta obra terá sido impressa em Lovaina em 1567, em conjunto com outras; no entanto, o exemplar que se descreve tem todo o aspeto de ter sido impresso separadamente, além de que Palau[307] também cita este folheto autonomamente, como tendo apenas 5 folhas (que aliás são 6), visto que ele não contou com a última que está em branco e que ainda faz parte do caderno. Sem rosto especial, o texto começa logo a seguir ao título e termina com a palavra "Dixi", como era de uso nos discursos, como é o caso presente. Tanto o título como o texto estão compostos em caracteres redondos minúsculos, de boa impressão; inicial capital letra T de belo desenho de fantasia. Glosas marginais impressas. Ausência de título corrente e de reclamos, exceto nas p. A2v. e A4 v.

BIBLIOGRAFIA: B. Machado, 2, p. 816; Inocêncio, 4, p. 176; Palau, 299867.

---

[305] Cfr.: ob. cit., 2, p. 149.
[306] Cfr.: ob. cit., 4, p. 176.
[307] Cfr.: ob. cit., 299867.

Exemplar em belíssimo estado de conservação, ligeiramente manchado de humidade, com irregularidades no pé de algumas folhas. Papel de diferente espessura com defeitos de fabrico.

Encadernação em marroquim vermelho escuro com duplo filete dourado e o super-libros do Visconde da Trindade em ambas as pastas.

Proveniência: foi adquirido no leilão da Livraria Coelho em 28--5-1959.

195 - SÉNECA, ca. 4 a.C- 65

Prouerbioſ / de Seneca.
[Sevilla: Jacobo Cromberguer, 1512]. [6], LXIIJ [i. é 62]f.; folio (29 cm).
V. T. 20-10-6

3ª edição. O verso da folha de rosto encontra-se em branco; segue-se na 2ª f. preliminar inumerada o prólogo, no verso do qual começa a "Tabla" que ocupa as 7 p. seguintes; no verso da última p. há uma gravura em madeira; da f. J à f. final, erradamente numerada 63, decorre o texto propriamente dito, o qual abre com um prólogo e remata no final da segunda coluna com o cólofon, tal como acontecia frequentemente em livros do início do século XVI; no verso da f. [6] pode ver-se uma gravura em madeira inscrita num quadrado figurando a cabeça de S. João Batista rodeada por uma legenda em latim e logo abaixo desta gravura há duas linhas escritas em latim aludindo à sua morte. Título em grandes caracteres góticos e texto disposto a duas colunas impresso igualmente em caracteres góticos de dois corpos, com iniciais capitais ornamentadas de dois corpos de desenho de fantasia. Isento de título corrente e de reclamos. Erros de numeração apenas nas duas últimas folhas afetando, deste modo, a contagem: 62 folhas e não 63.

BIBLIOGRAFIA: Salvà, 2170; Az.-Sam., 3151; Palau, 307848.

Pertenceu à Livraria da Casa de Azevedo-Samodães cujo ex-libris pode ver-se ao alto da folha de rosto; apresenta ainda outros pertences: "Trinidad de Valladolid", "de Campo", "Licen^{do} Beltram". Exemplar completo, em relativo bom estado de conservação. Algumas folhas estão espelhadas ao longo do festo e outras levemente laceradas ofendendo o texto. Muito aparado à cabeça, chegando a atingir a foliação. Papel de diferente espessura com defeitos de fabrico.

Encadernação em marroquim vermelho escuro com dourados, seixas douradas e guardas de seda natural vermelha e o super-libros do Visconde da Trindade gravado; está protegida por uma caixa de cartão; foi executada nas oficinas da Fundação Ricardo Espírito Santo.

Proveniência: foi adquirido pelo Visconde da Trindade na Livraria Coelho em 21-2-1958.

196 - SEPÚLVEDA, Lorenzo de, fl. 1551

Cancionero / de roman-/ces sacados de / las coronicas antiguas / de Eſpaña com otros / hechos por Se-/pulueda. / * / Y algunos ſacados / de los quarenta cantos que compuſo Alonſo / de Fuentes. / * / * Impreſſo en la / noble villa de Medina del / Campo, por Franciſco / del Canto. Año / 1570. / *

Medina del Campo: Francisco del Canto, 1570. CCIJ [1]f.; 8º (13 cm).
V. T. 20-7-14

Raríssimo: Palau[308] somente conheceu a existência de um exemplar na Biblioteca Imperial de Viena de Áustria. No verso da folha de rosto e na p. seguinte estão as licenças; no verso da f. 2 que

---

[308] Cfr.: ob. cit., 309367.

parece ser inumerada mas não é, está a Tabla que continua nas 4 páginas seguintes; o texto começa na f. 5 e vai até final, rematado pelo cólofon. A folha de rosto está impressa em caracteres redondos e o texto foi todo composto em caracteres góticos; inicial capital letra Y ornamentada de desenho de fantasia na segunda licença. As quatro primeiras folhas não apresentam numeração expressa.

BIBLIOGRAFIA: Brunet, 5, col. 299-300; Salvà, 387; Palau, 309367.

Neste exemplar falta a folha 61 e por isso mesmo o Visconde da Trindade escreveu uma carta ao embaixador em Viena de Áustria para que lhe enviasse a respetiva fotocópia e microfilme[309]. Algumas folhas estão laceradas, por vezes ofendendo o texto. Manchas de humidade atingindo o texto. Muito aparado na margem exterior. Alguns sublinhados a tinta da época.

Encadernação antiga em pergaminho um pouco rasgada e traçada.

Proveniência: foi adquirido pelo Visconde da Trindade na Livraria Coelho em 19-10-1960.

197 - TARTARET, Pierre, 14--1494

Expoſitio magiſtri / Petri Tatere/ti in ſum/mu/las/ Petri Hy/ſpani ſumma ac/curatione atq[ue] lucu/bratio[n]e penitus innouata / atq[ue] repoſita una cu[m] toto textu: ſummaq[ue] a[n]i[m]aduerſio[n]e impreſſa.

[S. l.: s. n., 1501?]. [178]f.: il.; 4º (24 cm).

V. T. 20-8-7

Obra rara; consiste no Comentário às "Summulæ" de Pedro Hispano feitas por Pierre Tartaret, muitas vezes referenciado como

---

[309] Estes elementos encontram-se junto ao exemplar.

Tateret, Tataretus, etc.; durante três séculos a obra de Pedro Hispano serviu como texto de ensino em toda a Europa e por tal razão muitas foram as edições de comentários à sua obra feitas por autores de renome. O autor principal do presente texto é justamente Pierre Tartaret que aqui comenta a obra de Pedro Hispano. Foi publicada sem lugar nem nome de impressor, tendo a data sido retirada do verso da folha de rosto, mas a data aí referida deve ser a data da carta transcrita, da autoria de Pierre Tartaret e não a da edição; a seguir a esta carta vem o "Prohemium" e o texto do Tratado que está dividido em sete livros, no final dos quais vem uma exortação à dialética. Título disposto em duplo "cul de lampe", impresso em caracteres góticos, encimado por uma gravura onde constam as iniciais H e M (virado ao contrário), provável marca tipográfica da oficina onde foi impresso, cujo nome se desconhece; o texto está composto em caracteres góticos, disposto a duas colunas, estando impresso o texto de Pedro Hispano em caracteres maiores do que o comentário de Tartaret, como era de uso; está ornamentado com iniciais capitais de desenho de fantasia de vários corpos e famílias, umas de inspiração fitomórfica, outras historiadas; ocorrem no texto numerosas gravuras e diagramas nas f. [22, 37, 49 158, 163, 166 e 168], destinadas a esclarecê-lo; no verso da última folha pode ver-se a "exortatio" de Hieronymus Baugest. Numerosas glosas marginais. Sem reclamos. Paginação inumerada.

BIBLIOGRAFIA: Edição não referenciada por qualquer das obras habitualmente consultadas.

Exemplar completo em relativo bom estado de conservação, apresentando algumas manchas de humidade e de manuseamento disseminadas ao longo do texto. Notas manuscritas a tinta castanha e numerosos sublinhados ao texto, que por vezes se encontra riscado. Pequeno restauro na folha de rosto no canto inferior direito sem afetar o título e em algumas outras folhas junto ao festo. Ligeira deficiência de impressão na f. 144.

Encadernação recente, em pergaminho cartonado, com o super-libros do Visconde da Trindade gravado a ouro em ambas as pastas.

Proveniência: foi adquirido pelo Visconde da Trindade a George Robert Duff em 16-1-1962, em conjunto com outras obras.

198 - VARTHEMA, Lodovico, ca. 1465-ca 1517

¶ Itinerario del venerable varon / micer Luis Patricio romano: en el / qual cue[n]ta mucha parte de la Ethio/pia Egipto: y entrãbas Arabias:/ Siria y la India. Buelto de latin / en romance por Chriſtoual de Ar=/cos clerigo. Nunca haſta aqui im=/preſſo en lengua caſtellana.

[Sevilla: Jacobo Cromberger alemão, 1520]. LV, [1] f.; folio (30 cm).

V. T. 20-10-7

1ª edição castelhana desta obra italiana publicada pela primeira vez em Roma em 1510, com versão latina saída em Milão no ano seguinte; foi a partir desta edição que se fez a versão castelhana, segundo refere o próprio título. Obra muito importante e interessante sob diversos aspetos: o autor percorreu durante alguns anos os locais que descreve e foi testemunha dos factos que relata; tem capítulos notáveis acerca dos Descobrimentos, administração e feitos militares dos portugueses no Oriente, sobretudo na Índia. O verso da folha de rosto está em branco; a f. 2 apresenta o prólogo que continua no verso, ao qual se segue o "Argumento" da obra; na f. 3 começa o texto que é formado por 7 livros divididos em vários capítulos e que decorre até à f. 55; segue-se uma f. inumerada onde se encontra o cólofon. Título em caracteres góticos rodeado por vários frisos decorativos ornamentados com motivos fitomórficos e zoomórficos; na composição tipográfica do texto, disposto a 2 colunas em caracteres góticos de dois corpos, foram empregadas numerosas letras iniciais de vários corpos de desenho de fantasia (gravura em madeira). Sem título corrente e sem reclamos. Apenas um erro de foliação.

BIBLIOGRAFIA: Brunet, 5, col. 1095; Salvà, 3757; Az.-Sam.,3433; Palau, 352971; BM, p. 11; Norton, 933; Lavoura, 1884.

O exemplar pertenceu à Casa de Azevedo-Samodães, cujo ex--libris pode ver-se na folha de rosto. Pequeno sinal manuscrito a lápis lilás à cabeça da f. 3. Em muito bom estado de conservação e completo. Espelhado na folha de rosto junto ao festo e no canto inferior direito em duas folhas. Aparado à cabeça. Folhas de diferente espessura com defeitos de fabrico.

Belíssima encadernação em pele castanha profusamente decorada a ferros dourados e seixas igualmente ornamentadas; corte vermelho; está protegida por uma caixa forrada com tecido castanho com lombada forrada interiormente com tecido bege; foi executada nas oficinas de Giulio Giannini de Florença.

Proveniência: foi adquirido pelo Visconde da Trindade na Livraria Coelho em 19-10-1960.

199 - IL VERO SUCESSO...

Il vero svcesso / dell'armata / del cattolico / Re di Spagna / Della vittoria hauuta contra l'armata / di Don Antonio appreſſo l'Iſola / di Azores. / Con il numero de' morti, feriti, prigioni, / & nauilij preſi, & affondati. / [pequena gravura em madeira representando o mar com uma caravela à esquerda e à direita duas colunas gémeas envoltas com um filactério com a divisa "Plvs vltra"] In Fiorenza, ad instanza di Franceſco Dini da Colle/ 1582.

Florença: Francesco Dini da Colle, 1582. [12]f.; 8° (17 cm).

V. T. 19-7-18

Obra muito rara; o texto é constituído pela cópia da "Batalla en las Islas Açores", cuja edição publicada sem indicação de lugar, editor ou data (provavelmente do mesmo ano), também existe nesta coleção do Visconde da Trindade; trata-se da notícia oficial que D. Álvaro de Bazan, Marquês de Santa Cruz, envia ao Rei Filipe II, relatando a vitória naval obtida sobre a armada francesa ao largo dos Açores, que viera em auxílio de D. António, Prior do Crato, enviada por Catarina de Médicis; pereceram muitas pessoas, cuja lista consta do final do texto, mas D. António, que estava presente numa das naus, conseguiu evadir-se; esta vitória terá sido decisiva para a causa de D. Filipe II, pois assegurou-lhe o trono de Portugal, pelo que foi feita uma larga divulgação do texto, a fim de dar a conhecer às cortes europeias, sobretudo à França e Inglaterra, onde contava poderosos inimigos, a vitória nesta batalha. Juntamente com outras duas obras publicadas na mesma época, a "Batalla en las Islas Açores de que esta é a versão italiana e a "Relacion dela iornada, expugnacion, y conquista dela Isla Tercera, y las demas circunvezinas, que hizo don Albaro de Baçan" de 1583, também existentes no acervo do Visconde da Trindade, constituem uma preciosa fonte para o estudo desta época tão conturbada para a História de Portugal, criada pela crisse sucessória na sequência do desastre de Alcácer Quibir[310]. Verso da página de rosto em branco; na p. seguinte [p. 2] pode ver-se a cópia da carta que D. António, Prior do Crato escreveu e no verso a resposta a essa carta; na p. seguinte inicia-se o texto que remata no v. da f. [9]; da f. [10] até à f. [12] decorre a lista das pessoas que iam na armada e que pereceram, fugiram ou foram presas; no final, as licenças da Inquisição encimadas por uma gravura em madeira representando uma cidade, possivelmente Florença, seguida de uma

---

[310] Cfr.: n° 127 e 188, respetivamente.

outra gravura onde figura uma embarcação, seguida da indicação do local e da data de impressão. Texto redigido em italiano, composto em caracteres redondos e itálicos, com iniciais capitais ornamentadas. Paginação inumerada.

BIBLIOGRAFIA: Não citado por qualquer repertório bibliográfico.

Exemplar em bom estado de conservação, aparado à cabeça e margem exterior. Papel de diferente espessura com defeitos de fabrico. Irregularidades no pé de algumas folhas.
Brochura em cartão grosseiro.
Proveniência: foi adquirido pelo Visconde da Trindade no leilão Sousa da Câmara em abril-junho de 1966.

200 - VESPUCCI, Amerigo, 1454-1512

[Em gravura retangular no centro da qual pode ver-se o globo terrestre encimado por uma cruz, rodeado por dois filactérios que dão várias voltas ao globo, lê-se o título:] + Paeʃi / no/ua/mente / retro/uati. / et / Nouo / Mondo / da / Alberico / Veʃpucio / Fiorentino / intitulato.
[Vicenza: Henrico Vicentino, 1507]. [125] f.; 4º (21 cm).
V. T. 19-7-17
Segundo Leite de Faria[311] "deste livro precioso publicaram-se no espaço de poucos anos, pelo menos 15 edições, a saber, as italianas de Milão 1508, 1512 e 1519 e de Veneza 1517 e 1521 (=1522), a latina de Milão 1508, as duas alemãs também de 1508, ambas em Nuremberga, e 7 francesas em Paris (...) de todas elas a menos rara, exceptuando a latina de 1508, mas a mais valiosa é esta de Vicenza

---

[311] Cfr.ob. cit., 213.

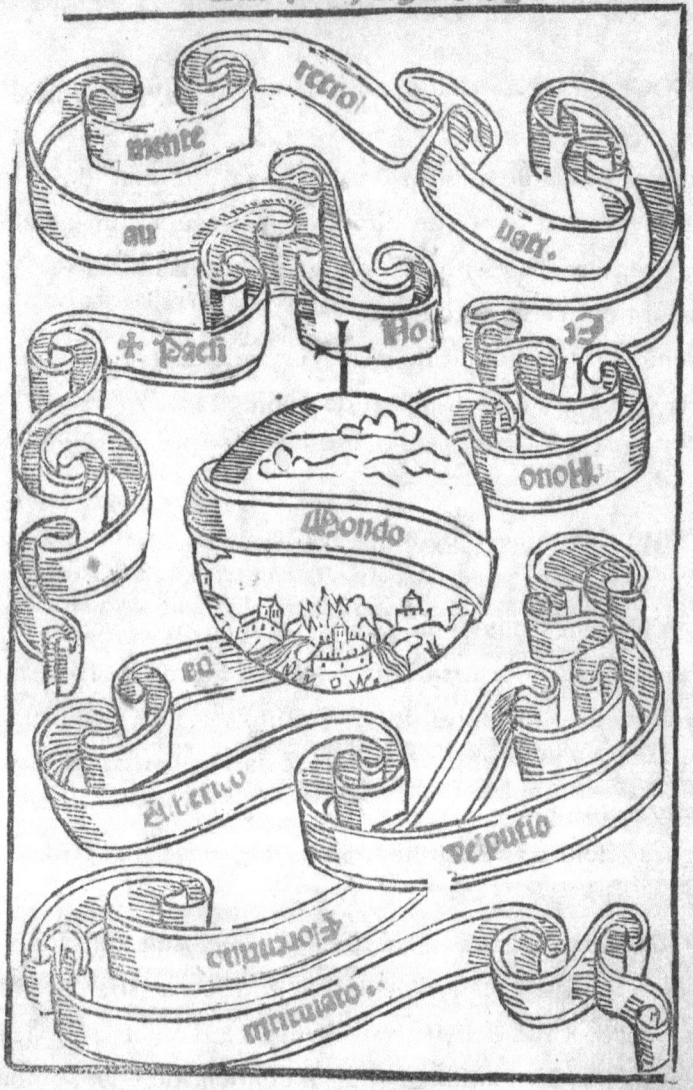

1507". Rubens Borba de Moraes[312] também se lhe refere, dizendo: "this book is not a jewel, it is a constellation of jewels". A obra contém, na verdade, uma das mais antigas referências circunstanciadas ao descobrimento do Brasil, baseada, como tudo indica, no relato feito por um "piloto português anónimo" que acompanhou essa viagem e que relata, não só o descobrimento do Brasil mas também a viagem de Vasco da Gama à Índia. Trata-se de uma obra com projeção internacional, o que justifica, de certo modo, o impacto que teve na época e que levou a sucessivas reedições. O estudo desta obra levanta dois problemas de grande interesse para os quais ainda não se encontrou uma resposta concreta: saber se realmente existiu uma outra edição, também impressa em 1507, contendo mais um capítulo, o 143, no qual se transcrevia a carta que D. Manuel I enviara de Abrantes em 25 de setembro desse mesmo ano de 1507 ao Papa Júlio II e saber quem foi o seu autor. As referências à autoria desta obra são, com efeito, muito controversas, pois em algumas bibliotecas é apontado como autor Amerigo Vespucci, outros indicam Fracanzano da Montalbodo, outros ainda Cadamosto[313]. A verdade é que tudo indica que Fracanzano teria sido o editor literário e Alessandro Zorzi o compilador, dado que a obra compõe-se de vários relatos coordenados; quanto a Amerigo Vespucci, é o autor da relação contida nos capítulos 114 a 124 que constituem o último livro que nada mais é que a tradução do "Mundus Novus".

---

[312] Cfr.: ob. cti., 2, p. 689. Refere-se à obra sob a rubrica Montalbodo, Fracanzano; esta referência deve-se, provavelmente, ao facto de este ter dedicado no v. da f. 6 uma epístola a um amigo, Joãnimaria Anzolello vicentino.

[313] Opinião exposta por Brunet, ob. cit., 5, col, 1156, onde pode ler-se: "Édition originale du plus ancien recueil de voyages qui ait été publié (...) la plupart des bibliographes qui en ont parlé l'ont fait, ou sans l'avoir vue, ou sans avoir pu en déchiffrer le titre, ou bien enfin d'après des exemplaires incomplets. Voilà pourquoi ce livre est annoncé tantôt sous le nom de Cadamosto, tantôt sous le titre de "Il Mondo Novo"... tantôt sous celui de "Viaggi di diversi, ne' quali si contengono la navigazione di Luigi Cadamosto alla bassa Etiopia ed altre cose...", ce qui est effectivement un livre factice"; e mais adiante: "Nous plaçons ici cet article, parce que le nom d'Albéric Vesputio est le seul que se lit sur le titre du recueil".

A obra divide-se em 142 capítulos, cujo enunciado vem nas primeiras 6 f., no verso da última das quais se transcreve a carta de Montalbodo a Joãnimaria Anzolello; a indicação de lugar, editor e data consta do cólofon situado na f. [125]v., rematado pelo registo das assinaturas dos cadernos e a marca tipográfica. O Livro I é precedido por um sumário e é neste livro que aparece pela primeira vez a relação da navegação de Alvise da Cadamosto, iniciada em 1454. Título impresso a vermelho e preto, em caracteres góticos inscritos nos filactérios que envolvem a esfera representando o Mundo, acima descrita; o texto é impresso em caracteres redondos, ornamentado por diversas iniciais capitais de desenho de fantasia, algumas das quais apenas apontadas para posterior decoração manual que nunca chegou a efetuar-se. Sem título corrente e sem foliação. Erros na numeração de cadernos.

BIBLIOGRAFIA: Brunet, 5, col. 1156 e supl. 2, col. 874; Borba de Moraes, 2, p. 68; Palau, 361134; BM, p. 275; Faria, D. Góis, 213.

Este exemplar pertenceu a Tomás Norton, bibliófilo de Viana do Castelo. Uma nota manuscrita a letra e tinta da época no verso da pasta superior indica que se trata de um exemplar completo; restauro na folha de rosto junto ao pé e nas f. 11 e 12 no mesmo lugar, sem afetar o texto. Notas manuscritas à margem em algumas folhas, sobretudo no "Libro Primo". Um pouco lacerado, não ofendendo o texto, nas f. 59-60. Irregularidades no corte de algumas folhas.

Encadernação antiga, em pergaminho, com a indicação manuscrita na lombada: "Cadamosto Navigat. MDVII"; está protegida por uma caixa em forma de livro forrada a couro vermelho com o título gravado na lombada e o super-libros do Visconde da Trindade também gravado a ouro na pasta superior; foi executada nas oficinas de Frederico de Almeida, de Lisboa.

Proveniência: foi adquirido pelo Visconde da Trindade a Tarcísio Trindade, de Alcobaça, em 28-11-1967.

201 - VITRÚVIO, século I a.C.

[Em portada de estilo arquitetónico gravada em madeira a traço muito fino, constituída por duas colunas que suportam um frontão, encontra-se a meio o título:] M. Vitrvvii / Pollionis De / architectvra / libri decem, / * / ad Caes. Avgvstvm, / * / omnibus omnium editionibus longè emendatiores, / collatis veteribus exemplis. / acceſſerunt, Gulielmi Philandri Caſtilionij, ci-/uis romani, annotationes caſtigatiores, & / plus tertia parte locupletiores. / Adiecta eſt epitome in omnes Georgij Agricola de / menſuris et ponderibus libros eodem auctore. / Cum græco pariter & latino indice locupletiſsimo. / M.D.LXXXVI. Apvd Joan. Tornæsivm, / typogr. reg. Lvgd. / Cum priuilegio ad decennium.

Lyon: Jean de Tournes, 1586. [16], 460, [36]p.: il, [1] grav. desd.; 4º (25 cm).

V. T. 20-7-8

Boa edição deste célebre e estimado Tratado de Arquitetura de Vitrúvio, nitidamente impressa e adornada com muitas gravuras em madeira habilmente executadas. Das páginas preliminares inumeradas constam várias peças, entre as quais no verso da p. de rosto uma dedicatória ao rei, um índice dos autores citados, algumas notas sobre a vida e a obra de Vitrúvio coligida por Guillaume Filandrier, os títulos dos capítulos e o privilégio no verso do qual se vê um texto ornamentado por uma gravura e uma legenda em grego e latim; segue-se um prefácio e o texto; na parte final deste pode ver-se o "Epitome in omnes Georgii Agricolæ de mensuris et ponderibus libros" de Guillaume Filandrier, que começa na p. 445 e vai até à p. 460, rematando por uma advertência ao leitor, seguindo-se o índice redigido em grego (4 p.) e o índice da obra de Vitrúvio rematado por duas linhas de errata. Título e texto impressos em caracteres redondos e itálicos de vários corpos em impressão muito nítida com largas margens; o texto está ornamentado com iniciais capitais decorativas, enriquecido com cabeções e numerosas gravuras versando temas da arquitetura, algumas das quais dispostas a página inteira; destaca-se igualmente uma gravura desdobrável colocada entre as páginas 178-179; estas gravuras, na sua maior parte de carácter técnico, contêm elementos arquiteturais mas também elementos de construção. No final do texto pode ver-se a marca tipográfica de Jean de Tournes[314]. Sem glosas marginais e com título corrente.

BIBLIOGRAFIA: Não citado por qualquer das obras consultadas.

Exemplar bem conservado, apenas um pouco acidificado e manchado de humidade; vestígios de traça sem ofender o texto. Irregularidades no corte das folhas, algumas das quais apresentam papel de diferente espessura; um pouco lacerado sem afetar o texto em duas páginas.

Encadernação antiga em pergaminho, de ataca; na lombada há vestígios de uma provável cota manuscrita numa etiqueta que está colada sobre outras duas um pouco maiores; das atacas apenas restam vestígios.

Proveniência: foi adquirido pelo Visconde da Trindade aos herdeiros do Dr. Motta Gomes em 25-9-1955, em conjunto com outras obras.

---

[314] Cfr.: Delalain, ob. cit., p. 96 e Silvestre, ob. cit., 1, 411.

ÍNDICES

Índice de Autores Principais e Secundários

ACOSTA, José de, 1539-1600 – 120

AFONSO, Diogo, 15- (trad.) – 1, 47

AGRICOLA, Georg – 201

ALBUQUERQUE, Afonso de, 1500-1580 – 2

ÁLVARES, Francisco, 1470-1540 – 4, 121

ÁLVARES, Manuel, 1526-1583 – 5

ANTÓNIO, de Portalegre, ?-1593 – 6

APIANO, 0095?-0160 – 122

ARCOS, Cristóbal de (trad.) – 198

ARGOTE DE MOLINA, Gonzalo, 1549-1596? – 123

ARIOSTO, Lodovico, 1474-1533 – 124

ARISTÓTELES, 384-322 a. C. – 34

ATAÍDE, António de, 1500-1563 – 125

AZPILCUETA, Martin de, 1492-1586 – 7, 8, 9, 10, 11

BARAHONA DE SOTO, Luís, 1548?-1595 – 126

BARREIROS, Gaspar, ?-1574 – 12, 13, 14

BARROS, Brás de, 1500-1559 (trad.) – 46

BARROS, João de, 1496-1570, Historiador – 16

BARROS, João de, 15--?, Doutor em leis – 15

BELLOY, Pierre de, 1540?-1613 – 128

BERMUDES, João, ?-1570 – 17

BETUSSI, Giuseppe (trad.) – 129

BOCCACCIO, Giovanni, 1313-1375 – 129

BRAGA. Arquidiocese. Concílio Provincial, 4, 1566 – 18

BRANDÃO, Luís Pereira, 1540?-?, O.C. – 19

BRANDÃO, Pereira – *Ver*: BRANDÃO, Luís Pereira

BRICOT, Thomas (coment.) – 182

BRITO, Bernardo de – 20, 21

CADAMOSTO, Alvise da – 200

CAIADO, Henrique, 1470?-1509 – 130, 131

CAMÕES, Luís de, 1524?-1580 – 22

CAMPOS, Manuel de, 15-- – 23

CASTANHEDA, Fernão Lopes de, ?-1559 – 24

CASTELO BRANCO, Vasco Mousinho de Quevedo e, ca. 1570-ca. 1619 – 25

CASTILHO, António de, 1525-1593 – 26

CASTILHO, Diogo de, ?-1574, O. Cister – 133

CATARINA, Infanta, 1436-1463 (trad.) – 66

CENTENO, Amaro, fl. 15- – 134

CÉSAR, Júlio, 100-44 a. C. – 135

CHASSENEUX, Barthélemy de, 1480-1541 – 136

CHAVES, Jerónimo de, 1523-1574 – 137

CÍCERO, 106-43 a. C. – 27

COELHO, Simão, 1514-1606, O. C. (compil.) – 78

COMMYNES, Philippe de, 1447-1511 – 138

COMPANHIA DE JESUS – 29, 30, 31, 139

CÓNEGOS REGRANTES DE SANTO AGOSTINHO – 32, 33

CONIMBRICENSES – 34

CORTE REAL, Jerónimo, 1530-1590 – 35, 36, 37

COSTA, Manuel da, 1531-1604, S. J. – 140

CRISTO, Francisco de, ?-1587, O.E.S.A. – 38

CRISTÓVÃO, de Abrantes, 1500-1574 (trad.) – 41

CRUZ, Gaspar da, ?-1570, O. P. – 40

D., F. – 83

DAMIÃO, português, fl. 14-15- – 142

DAVID, Rei da Etiópia, ca. 1500-ca. 1540 – 143

DE MARCHI, Francesco, 1504-1576 – 144

DIAZ DE TOLEDO, Pedro (trad.) – 195

DOLCE, Lodovico, 1508-1568 – 124, 145

DOMENICHI, Lodovico – 124, 151

ERASMO, de Roterdão (trad.) – 160

ESCH, Nicolaus van, 1507-1578 – 41

ESTAÇO, Aquiles, 1524-1581 – 146, 147

ESTIENNE, Henri (coment.) - 122
FEIO, João Batista, 15--, O.F.M. - 48
FERNANDES, Valentim, 14--1519? (trad.) - 60, 61
FERREIRA, António, 1528-1569 - 42
FILANDRIER, Guillaume (compil.) - 201
FIORDIBELLO, Antonio - 146
FORNARI, Simon - 124
FREIGE, Johann Thomas (trad.) - 168
FUENTES, Alonso de - 196
GARCIA, Pablo - 148
GARIBAY Y ZAMALLOA, Esteban de, 1525-1593 - 149, 150
GEORGES Bruxellensis - Ver: GEORGES, de Bruxelles
GEORGES, de Bruxelles - 182
GIOVIO, Paolo, 1483-1552 - 151, 153, 155, 156
GÓIS, Damião de, 1502-1572 - 43, 44, 45, 152, 153, 154, 155, 156, 157
GUARDIOLA, Juan Benito, fl. 15-, O. S. B. - 158
GUERINI, Giovanni (trad.) - 175
HENDRIK, de Herp, 1410-1478, O.F.M. - 46
HENRIQUE, Cardeal-Rei, 1512-1580 (ed. lit.) - 49, 54, 109, 115
IGREJA CATÓLICA. Liturgia e ritual. Calendário - 48
IGREJA CATÓLICA. Liturgia e ritual. Ritual - 49
IGREJA CATÓLICA. Papa, 1592-1605 (Clemente VIII) - 50, 51, 52
INÁCIO DE LOYOLA, Santo, 1491-1556 - 53
JACOPO, da Cessole, 14-?-15-? - 159
JOÃO XXI, Papa - Ver: PEDRO HISPANO
JOSEFO, Flávio ca. 37-ca. 100 - 160
LAS CASAS, Bartolomé de, 1474-1566, O. P. - 161
LAVELLINUS, Antonio - Ver: FIORDIBELLO, Antonio (Bispo de Lavello)
LEÃO, Duarte Nunes de, ca. 1530-1608 - 56, 57, 58
LEMOS, Jorge de, ?-1593 - 59
LI, Andrés de, 15-- - 60, 61
LIRA, Manuel de (compil. e ed. lit.) - 72
LISBOA. Arquidiocese - 63
LOPEZ DE MENDOZA, Iñigo, 1398-1458 - 162
LOPEZ DE TOLEDO, Diego (trad.) - 135
LOPEZ HENRIQUEZ DE CALATAYUD, Pero (trad.) - 145
LOURENÇO JUSTINIANO, Santo, 1381-1455 - 66

LUCENA, Afonso de, 15--16-- – 3
LUÍS GONZAGA, Santo – 124
LUÍS, Jerónimo (grav.) – 37
MAFFEI, Giovanni Pietro (trad.) – 140
MAMERANO, Niccolò – 163
MAMERANO, Pietro – 163
MARCODURANI, Francesco Fabrizio (coment.) – 170, 171
MARGALHO, Pedro, 1472-1556 – 67
MARIA, Infanta de Portugal, 1521-1577 – 68
MARIZ, Pedro de, ca. 1550-1615 – 69
MARMOL CARVAJAL, Luis del, 1520?-1600 – 164
MAZZOLINI, Silvestro, 1456-1523 – 165
MENA, Juan de, 1411-1456 –166
MENDES, Rui, 15-- – 70
MENESES, Diogo – 167
MENESES, Garcia de, ?-1484, Bispo de Évora – 71
MIGGRODE, Jacques (trad.) – 161
MIRANDA, Francisco de Sá de, 1481?-1558 – 72
NABO, António, ?-1592 – 49
NIETO, Luis, fl. 1578 – 168
NORONHA, António de Matos de, 1500-1610 (ed. lit.) – 55
NORONHA, Leonor de, 1488-1563 (trad.) – 111
NUÑEZ, Hernan – 166
OLIVEIRA, Cristóvão Rodrigues de, 15-- – 73
ORDEM DE CRISTO – 74
ORDEM DE SANTIAGO – 75
ORDEM DE SÃO BENTO – 76, 77
ORDEM DOS CARMELITAS CALÇADOS – 78
ORÓSIO, Paulo, ca. 385 d.C. – 169, 170, 171, 172, 173, 174, 175, 176
OSÓRIO, Jerónimo, 1506-1580, Bispo de Silves – 79, 80
PACHECO, Diogo, fl. 15- – 177, 178
PADILLA, Tomás de (trad.) – 121
PALUS, Giovanni (trad.) – 152
PARADIN, Claude, -?-1573 – 179
PASQUALIGO, Piero, 1472-1515 – 180
PEDRO, de Alcalá, O. F. M. 14-15- – 181
PEDRO HISPANO, ca. 1220-1277 – 182, 197

PERRET, Pieter (grav.) – 149

PINHEIRO, António, ?-1582, Bispo – 81

PINTO, João, fl.15--, O.S.B. (trad.) – 76

PLUTARCO – 183

PORCACCHI, Tommaso – 124

PORTUGAL. Leis, decretos, etc. – 82, 83, 84, 85, 86, 87, 88, 89, 90, 91, 92, 93, 94, 95, 96, 97, 98

PORTUGAL. Rei, 1495-1521 (Manuel I) – 184, 185, 186, 187

PRIERIO – *Ver*: MAZZOLINI, Silvestro

RAINCE, Nicolas (trad.) – 138

RAUDENSIS, Alexander – *Ver*: RHO, Alessandro da

REBELO, Amador – 29

RESENDE, André de, 1500?-1573 – 100, 101, 102, 103, 104, 105, 106, 190, 191

RESENDE, Duarte (trad.) – 27

RESENDE, Garcia de, ca. 1470-1536 – 107, 108

REYNA, Martin de la (trad.) – 159

RHO, Alessandro da (dito Raudensis), 1543-1627 – 192

RODRIGUES Eborense, André, 15-- (compil.) – 65, 114

ROMAN, Jerónimo, 1536?-1597 – 193

ROSÁRIO, Diogo do, ?- 1580, O. P. – 110

RUFINUS, de Aquileia (trad.) – 160

SABÉLICO, 1436-1506 – 111

SALOMON, Bernard (grav.) – 151

SÃO DOMINGOS, António de, ?-1598, O. P. – 112

SÃO MIGUEL, Diogo de 15--, O.E.S.A. – 113

SÃO TIAGO, Jorge de, O. P. – 194

SÉNECA, ca. 4 a.C.- 65 d. C. – 195

SEPÚLVEDA, Lorenzo de, fl. 1551 – 196

SERAFINO, da Fermo, ca. 1496-1540 (Frade) – 115

SILVA, Gonçalo da, 15-? O. Cister (trad.) – 64

SILVA, Jorge da, ?-1578 – 116

SIMEONI, Gabriele – 151

SOARES, Miguel, 15-- (trad.) – 117, 118

TARTARET, Pierre, 14-?-1522 – 197

TATERETUS, Petrus – *Ver*: TARTARET, Pierre

TEIXEIRA, José, 1543-1604, O.P. – 56

TEIXEIRA, Luís (trad.) – 117

ULLOA, Alonso de (trad.) – 151

VARTHEMA, Lodovico, 14--15-- – 198

VASCONCELOS, Diogo Mendes de, 1523-1599 – 106

VESPUCCI, Amerigo, 1454-1512 – 200

VITRÚVIO, século I a.C. – 201

ZORZI, Alessandro (compil.) – 210

Índice de obras anónimas

Alegações de Direito – 3

Batalla en las Islas Açores – 127

Cancionero General – 132

Cartas dos Jesuítas – 29, 30, 31

Chronica del muy esclarecido Principe y Rey Don Alfonso el onzeno – 141

Colectório de diversas letras apostólicas – 28

Crónica do Condestabre de Portugal – 39

História da vida e martírio do glorioso São Tomás... – 47

Il vero sucesso dell'armata del Cattolico Re di Spagna – 199

Index librorum prohibitorum – 54, 55

Liber de scholastica disciplina – 62

Livro da vida e milagres do glorioso... São Bernardo – 64

Loci communes sententiarum... – 65

Relação das exéquias do Rei D. Filipe... – 99

Relacion de la jornada, expugnacion y conquista dela Isla Tercera – 188

Relacion de una gravíssima persecucion – 189

Rol dos livros que neste reino se proibem ... – 109

Sentencias que hasta nuestros tiempos para edificacion de buenos costumbres... – 114

Índice de títulos

Achillis Statii. Lusitani Oratio Oboedientialis Sebastiani I Regis Lusitaniae – 147

Ad maturandam aduersus rebelleis mauros expeditionem – 100

Ad Pium IIII. Pont. Max. Sebastiani. I. Portugalliae Algarbiorum etc. Regis nomine obedientiam praestante – 146

Adversus paganos (quos vocant) historiarum libri septem – 169

Adversus paganos historiarum libri septem – 171

Aeglogae et sylvae et epigrammata Hermici – 130

Alegações de Direito – 3

Aliquot opuscula – 153

Alliances genealogiques des Rois et Princes de Gaule – 179

Appiani Alexandrini Rom. Historiarum – 122

Artigos das sisas – 82

Avisi de le cose fatte da portuesi ne l'India di qua del Gange – 152

Batalla en las Islas Açores – 127

Breve relação da embaixada que o Patriarca dom João Bermudes trouxe do Imperador da Etiópia – 17

Bula da Cea – 50, 51, 52

Calendário romano perpetuo – 48

Cancionero de romances sacados de las coronicas antiguas de España – 196

Cancionero general – 132

Capitulo veinte y ocho de las adiciones del Manual de Confesores – 7

Capítulos de cortes e leis que se sobre alguns deles fizeram – 83

Cartas dos Jesuítas – 29, 30, 31

Catalogus gloriae mundi – 136

Censuræ in libellum de Regum Portugaliæ – 56

Censuras de Gaspar Barreiros sobre quatro livros – 12

Cerimonial e Ordinário da Missa – 49

Chronica del muy esclarescido Principe e Rey Don Alfonso el onzeno – 141

Colectório de diversas letras apostólicas, provisões reais e outros papéis – 28

Comentário do cerco de Goa e Chaul, no ano de MDLXX – 26

Comentário resolutorio de onzenas – 8

Comentarios do grande Afonso de Albuquerque – 2

Comento en romance a manera de repetición latina y escolástica – 9

Commentarii ... De Anima Aristotelis – 34

Commentarios de Cayo Julio Cesar – 135

Commentarius de Ophyra regione – 14

Compêndio das Crónicas da Ordem de Nossa Senhora do Carmo – 78

Compendio historial de las chronicas y universal Historia de todos los reynos de España – 150

Concilium Provinciale Bracarense IIII – 18

Constituições do Arcebispado de Lisboa – 63

Copia d'hum papel, em que Dom Antonio d'Attayde primeiro Conde da Castanheira, deu rezaõ de si a seus filhos e descendentes – 125

Corografia de alguns lugares – 13

Crónica da fundação do Mosteiro de São Vicente dos Cónegos Regrantes – 32

Crónica de Dom Ioão II – 107

Crónica do Condestável de Portugal Nuno Álvares Pereira – 39

Crónica do felicissimo Rei Dom Manuel – 43

Crónica do Príncipe Dom João – 44

Crónica geral de Marco António Cócio Sabélico – 111

Cronographia o reportorio de tempos – 137

De Amicitia paradoxas e Sonho de Cipião – 27

De architectura libri decem – 201

De bello cambaico ultimo comentarii tres – 154

De institutione grammatica libri tres – 5

De legitima successione in Portugaliae Regnum – 192

De rebus Emmanvelis Regis Lusitaniæ invictissimi virtute et auspicio gestis libri duodecim – 79

De verborum conjugatione commentarius – 103

Dechado de la vida humana. Moralmente sacado del juego del axedrez – 159

Declaration du droit de legitime succession de Portugal – 128

Della genealogia degli dei – 129

Dialogo de las empresas militares, y amorosas – 151

Diálogos de vária história – 69

Discurso sobre a vida e morte de Santa Isabel Rainha de Portugal – 25

El nascimiento y primeras empressas del conde Orlando – 145

Elegiada – 19

Emmanuelis Lusitan. Algarbior Africae Aethiopiae Arabiae Persiae Indiae Reg. invictissi. obedientia – 177

Entrada que en el reino de Portvgal hizo... Don Philippe – 119

Epistola de vita aulica – 190

Epistola Hieronymi Osorii ad serenissimam Elisabetam Angliæ Reginam – 80

Epistola serenissimi Regis Portugalie ad Julium Papam secundum de victoria contra infideles habita – 184, 185

Epistola... Emanuelis Regis Portugaliae & Algarbiorum & c. De Victoriis habitis in India & Malacha ad... noſtrum Dñm Leonem X – 186, 187

Epistolæ tres carmine – 104

Epistolam D. Ambrosii Moralis... responsio – 102

Epithalamia duo illustriss. Domini Dn. Alexandri Farnesii Principis Parmae ac Placentiae, etc. et illustrissimae Dominae Mariae a Portugallia – 163

Espelho de casados – 15

Espelho de perfeição – 46

Exercícios Espirituais e divinos – 41

Exercitia spiritualia – 53

Expositio magistri Petri Tatereti in Summulas Petri Hyspani – 197

Felicissima victoria concedida del cielo al señor don Juan de Austria – 35

Fides, religio, moresque Aethiopum sub Imperio Preciosi Ioannis – 155, 156

Flavii Iosephi hebraei... Opera – 160

Flos Sanctorum das vidas e obras insignes dos santos – 110

Genealogia verdadeira de los Reyes de Portugal – 57

Genethliacon Principis Lusitani – 191

Geographia antiga de Lvsytania – 20

Hispania – 157

Historia da antiguidade da cidade Évora – 101

História da vida e martírio do glorioso Santo Tomás Arcebispo... de Cantuária – 47

Historia de bello africano – 168

Historia de cosas del Oriente – 134

Historia de las cosas de Etiopia – 121

Historia de los dos religiosos infantes de Portugal – 193

História do descobrimento e conquista da Índia pelos Portugueses – 24

Historia dos cercos que... os Achens, e Iaus puseram à fortaleza de Malaca – 59

Historia natural y moral de las Indias – 120

Historiarum libri VII – 170

Illustraciones genealogicas de los catholicos Reyes de las Españas – 149

In obitum D. Ioannis III – 105

Incitamentum amoris erga Deum – 38

Index Librorum prohibitorum – 54, 55

Itinerario del venerable varon micer Luis Patricio romano en el qual cuenta mucha parte de la Ethiopia Egipto y entrãbas Arabias Siria y la India – 198

La historia famosa di Monsignor di Argenton – 138

Le premier volume de Oroze – 176

Legatio Dauid Aethiopiae Regis ad Sanctissimum D. N. Clementem Papam VII – 143

Lei das armas e cavalos – 84

Lei das cortesias – 85

Lei que declara o comprimento que hão-de ter as espadas – 86

Lei sobre o pão que se vende fiado e sobre o que se empresta a pagar em pão – 88

Lei sobre os anos de estudo que devem ter os ministros e letrados – 87

Lei sobre os vestidos de seda e feitios deles e das pessoas que os podem trazer – 89

Liber de scholastica disciplina – 62

Libri quatuor de antiquitatibus Lusitaniæ – 106

Libro da imparare giochare à scachi – 142

Libro da vida e milagres do glorioso e bem aventurado São Bernardo – 64

Livro da origem dos Turcos he de seus Emperadores – 133

Livro das Constituições e costumes que se guardam em os Mosteiros da Congregação de Santa Cruz de Coimbra – 33

Livro das obras de Garcia de Resende – 108

Livro... da regra e perfeição da conversação dos monges – 66

Loci communes sententiarum et exemplorum memorabilium – 65

Manual de confessores e penitentes – 10

Meditação da inocentissima Morte e Paixão de Nosso Senhor – 6

Memorial de cosas notables – 162

Mistérios da Missa – 67

Monarchia Lusytana – 21

Narratione particolare del Capitan Francesco de' Marchi da Bologna – 144

Naufrágio e lastimoso sucesso da perdição de Manuel de Sousa de Sepúlveda – 36

Nobleza del Andaluzia – 123

Obedientia Potentissimi Emanuelis Lusitania Regis – 178

Obras do celebrado lusitano o doutor Francisco de Sá de Miranda – 72

Oração... feita quando fizeram Conde Dom Pedro de Meneses – 117

Oração... quando deu a dignidade de Marquês de Vila Real... dom Pedro de Meneses – 118

Oratio cum epistola ad Ludovicum Leonem – 131

Oratio Didaci Menesii... ad Cardinales – 167

Oratio habita ad Patres Concilii Tridentini... 1547 – 194

Oratio... – 71

Orden que comunmente se guarda en el Santo Oficio de la Inquisicion – 148

Ordenaçam sobre os lobos – 93

Ordenação da nova ordem do juízo sobre o abreviar das demandas e execuções delas – 90, 94

Ordenação para os estudantes da Universidade de Coimbra sobre os criados, bestas e trajos e outras coisas – 91

Ordenação sobre os cavalos e armas – 92

Ordenações Manuelinas – 95

Orlando furioso – 124

Ortografia da língua portuguesa – 58

Os Lusíadas – 22

Paesi novamente retrovati et Novo Mondo da Alberico Vespucio... – 200

Paixão de Jesus Cristo nosso Deus e Senhor – 116

Patente dos privilégios perpétuos, graças e mercês – 96

Paulo Orosio tradotto di latino in volgare – 175

Pauli Orosii... Opus prestantissimum – 172, 173

Petri Paschalici... ad Hemanuelem Lusitaniae Regem oratio – 180

Plutarchi Chaeronei... Ethica, seu moralia opuscula – 183

Poemas Lusitanos – 42

Prática de Aritmética – 70

Preste João das Índias – 4

Primera parte de la Angelica – 126

Proverbios de Seneca – 195

Quaestiones quaedam de Trinitate & alijs Sacrae Scripturae locis – 174

Reformação da Justiça – 97, 98

Regra do glorioso Padre Santo Agostinho – 113

Regra do glorioso patriarca São Bento – 76, 77

Regra e definições da Ordem do mestrado de Nosso Senhor Jesus Cristo – 74

Regra e Estatutos da Ordem de Santiago – 75

Regulae aliquot Societatis Iesu – 139

Relação das exéquias de El Rei Dom Filipe – 99

Relação do solene recebimento que se fez em Lisboa às santas relíquias... – 23

Relacion de una gravissima persecucion, que un tyrano de los Reynos de Japon, llamado Cambucodono, ha levantado contra los christianos – 189

Relacion dela jornada, expugnacion, y conquista dela Isla Tercera, y las demas circunvezinas – 188

Reportório dos tempos – 60, 61

Reportório geral e mui copioso do Manual de Confessores – 11

Rerum a Societate Iesu in Oriente gestarum – 140

Rol dos livros que neste reino se proíbem – 109

Ropica pnefma – 16

Segunda parte y libro septimo de la descripcion general de Africa – 164

Sentencias que hasta nuestros tiempos, para edificacion de buenos costumbres, estan por diversos autores escritas – 114

Sucesso do segundo cerco de Dio – 37

Sumário da pregação fúnebre... no dia da trasladação dos ossos dos príncipes el Rei Dom Manuel... e a Rainha dona Maria – 81

Sumário em que brevemente se contem algumas cousas... que há na cidade de Lisboa – 73

Summa silvestrina – 165

Summularum artis dyalectice interpretatio... super textum Petri Hispani – 182

Todas las obras del famosissimo poeta Juan de Mena – 166

Tratado de nobleza, y de los titulos y ditados que oy dia tienen los varones claros y grandes de España – 158

Tratado em que se contam muito por extenso as coisas da China – 40

Tratados de vida espiritual – 115

Treslado do testamento da Infanta Dona Maria – 68

Tyrannnies et cruautez des espagnols perpetrees és Indes Occidentales – 161

Urbis Lovaniensis obsidio – 45

Vero (Il) sucesso dell'armata del cattolico Re di Spagna della vittoria havuta contra l'armata di Don Antonio appresso l'Isola di Azores – 199

Vida & milagres da gloriosa Rainha Santa Isabel – 1

Vidas de alguns Santos da Ordem dos Pregadores – 112

Vocabulista aravigo en letra castellana – 181

Índice de lugares de impressão

SEM LUGAR – 84, 96, 97, 116, 122, 127, 188, 194, 197

ALCALA – 135

ALCOBAÇA – 20, 21

ALMEIRIM – 3

ANTUÉRPIA – 121, 128, 132, 143, 150, 161, 163, 166

ANVERS – *Ver* Antuérpia

BOLONHA – 130, 144, 190, 191

BRAGA – 18

BURGOS – 139

COIMBRA – 1, 6, 8,9,10,11,12, 13, 14, 24, 27, 32, 33, 34, 38, 46, 47, 50, 53, 65, 66, 69, 71,111, 112, 115, 117, 118

COLÓNIA – 160, 169, 170, 171

CÓRDOVA – 134

DILINGEN – 140

ÉVORA – 7, 31, 40, 41, 61, 67, 95, 100, 101, 102, 106, 108

FLORENÇA – 199

GRANADA – 126, 181

GUADALAJARA – 162

LISBOA – 2, 4, 5, 16, 17, 19, 22, 23, 25, 26, 28, 29, 30, 35, 36, 37, 39, 42, 43, 44, 45, 48, 49, 51, 52, 54, 55, 56, 57, 58, 59, 60, 62, 63, 64, 68, 70, 72, 73, 74, 75, 76, 77, 78, 79, 80, 81, 82, 83, 85, 86, 87, 88, 89, 90, 91, 92, 93, 94, 98, 99, 103, 104, 105, 107, 109, 110, 113, 114, 118

LOVAINA – 133, 153, 154, 155, 157

LYON – 136, 151, 165, 179, 201

MADRID – 125, 148, 149, 158, 189

MÁLAGA – 164

MEDINA DEL CAMPO – 193, 196

MILÃO – 184, 192

NUREMBERG – 168, 187 (?)

PARIS – 156, 172, 173, 174, 176, 183, 185

PORTO – 15

ROMA – 142, 146, 147, 167, 177, 178 (?), 186

RUÃO – 182

SEVILHA – 120, 123, 137, 195, 198

TOSCOLANO – 175

VALLADOLID – 141, 145, 159

VENEZA – 124, 129, 131, 138, 152, 180

VICENZA – 200

Índice de impressores, editores e livreiros

SEM NOME – 84, 85, 89, 91, 96, 97, 127, 128, 142, 146, 152, 177, 188, 194, 197

ALBUQUERQUE, Brás de (ed. lit.) – 2

ÁLVARES, António – 20, 57

ÁLVARES, João – 12, 13, 14, 47, 71, 117, 118

ANTÓNIO, de Zamora – 141

ARENAS, Miguel de – 110

BARREIRA, João de – 1, 2, 5, 8, 9, 10, 11, 24, 53, 58, 65

BENACCI, Alessandro – 144

BERG, Johann van – 168

BLÁVIO, João – 68, 80, 104, 105, 113

BOLANO, Giulio – 167

BURGOS, André de – 7, 40, 41, 61, 100, 101, 102, 108, 116 (?)
BURGOS, Martim de – 67, 106
CANTO, Santiago del – 193
CASAS DA INQUISIÇÃO (Lisboa) – 28
CERVICORNUS, Eucharius – 160
CHOLINUS, Maternus – 170, 171
COMPAGNIA DEGLI UNITI (Veneza) – 129
CONGREGAÇÃO DE SÃO BENTO – 76
CÓRDOVA Y OVIEDO, Diego Fernandez de – 145
CORMELLAS, Francisco de – 162
CORREIA, Francisco – 3, 17, 38, 43, 44, 49, 54, 90, 109
CORREIA, João e ÁLVARES, João – 6, 24, 111, 112, 115
CRAESBEECK, Pedro – 42, 55, 99
CRONBERGER, Jacob – 95, 195, 198
DA PONTE, Paolo Gotardo – 192
DE ANGELIS, Giuseppe – 147
DIAZ, Fernando – 123, 137
DIAZ, Juan – 126
DINI, Francesco – 199
EGUIA, Miguel de –135
ENRICO, vicentino – 200
ESPINOSA, Pedro – 141
ESTIENNE, Henri – 122
EUSTACE, Guillaume – 185
FAELLI, Giovanni Battista di – 190, 191
FERNANDES, Valentim – 74
FERNANDEZ, Francisco – 159
FERREIRA, Miguel Leite – 42
GALHARDO, Germão – 16, 27, 39, 62, 63, 66, 70, 73, 75, 77, 81, 83, 86, 87, 88, 114
GALHARDO, Germão, viúva – 60
GALVAN, Diego – 134
GERLACH, Katharina – 168
GIUNTI (de Lyon) – Ver: GIUNTI, Jacques-François
GIUNTI, Jacques-François – 165
GOMEZ, Alonso, viúva – 158
GONÇALVES, António – 26, 37, 78, 79
GUERRA, Domenico – 124

GUERRA, Giovanni Battista – 124

HECTOREUS, Benedictus – 130

HITTORP, Gottfried – 160, 169

HOELTZER, Hieronymus – 187

HOLZEL, Hieronymus – *Ver*: Hoeltzer, Hieronymus

IMPRENTA REAL (Madrid) – 125

JOÃO, Manuel – 82, 94

JOÃO, de Espanha – 110

JUNTA, Felipe de – 139

LAET, Jan de – 121

LAMBERT, Pasquier – 173

LE FORESTIER, Jacques – 182

LE NOIR, Philippe – 176

LÉON, Juan de – 120

LIRA, Manuel de – 19, 22, 25, 31, 59, 72, 119

LOBATO, André – 98

LOPES, Estevão – 22, 25, 42

LOPES, Simão – 30, 36, 51, 52, 107, 119

LOURENÇO, Afonso – 83

MADRIGAL, Pedro – 148, 189

MARIZ, António de – 18, 34, 50, 69

MARMOL CARVAJAL, Luís del – 164

MARTINEZ, Sebastian – 141

MAYER, Sebald – 140

MAZZOCCHI, Jacopo – 186

MELO, João de (Arcebispo de Évora) – 67

MENA, Hugo de – 126

MONTANUS, Johann – *Ver:* BERG, Johann van

MOSTEIRO DE SANTA CRUZ – 32, 33, 46, 66

NUTIUS, Martinus – *Ver:* NUYTS, Martin

NUYTS, Martin – 166

NUYTS, Philippe – 132

ORTEGA, Cristóvão – 55, 175

PETIT, Jean – 172

PLANTIN, Christophe – 150, 163

RAVELINGHIEN, François de – 161

RENÉ, Juan – 164
RESCIUS, Rutger – 133, 153, 155, 157
RIBEIRO, António – 3, 23, 29, 35, 56, 76
RIBEIRO, Baltasar – 110
ROBLES, Pedro de – 162
RODRIGUES, Luís – 4, 45, 64, 92, 93, 103
RODRIGUEZ, Miguel – 134
ROIGNY, Jean de – 183
ROUILLÉ, Guillaume – 151
SANCHEZ, Luís – 149
SANTA CLARA, Francisco de – 21
SCINZENZELER, Giovanni Angelo – 184
SILBERT, Eucharius – 178
SIQUEIRA, Alexandre de – 21
SOUSA, António de – 36
STEELS, Joannes – 121
TANCO DE FREJENAL, Vasco Diaz – 15
TOURNES, Jean de – 179, 201
TRAMEZZINO, Michele – 138
VAN GENNEP, Jaspar – 169
VARELA, Juan – 181
VASCOSAN, Michel de – 174, 183
VERDUGO DE SARRIA, Pedro (ed. lit.) – 126
VILALOBOS, Plácido – 76
VINCENT, Antoine – 136
VITALI, Bernardino dei – 131, 180
VORSTERMANN, Willem – 143
WECHEL, Chrétien – 156
ZASSENUS, Servatius – 154

Índice cronológico

Sem data – 84, 175, 184
1501 – 130, 180
1501? – 197

1504 – 74
1505 – 181
1505? – 178
1507 – 131, 200
1507? – 185
1508 – 182
1508? – 185
1510 – 172
1512 – 195
1513 – 186, 187
1514? – 177
1517 – 173
1520 – 198
1521 – 95
1524 – 142, 160
1526 – 39, 176
1529 – 135
1531 – 27, 66
1532 – 16, 62
1533 – 46, 143, 174, 190, 191
1537 – 63
1538 – 32, 133
1539 – 83, 86, 87, 88, 91, 152
1540 – 4, 15, 70, 103, 155
1541 – 156
1542 – 157, 169
1544 – 33, 64, 138, 153, 183
1545 – 9, 165
1546 – 45, 136
1547 – 6
1547? – 194
1548 – 75
1549 – 92, 93, 154, 159
1550 – 38, 77
1550-1553 – 111
1551 – 81, 115, 141

1551? – 116

1552 – 24, 112,166

1553 – 24, 53, 101

1554 – 24, 47, 108, 114

1554? – 73

1555 – 41

1557 – 105, 121

1560 – 1, 8, 10, 11, 146

1561 – 12, 13, 14, 71, 104, 170, 179

1562 – 80, 117, 118, 151

1563 – 60, 113

1564 – 54, 109, 162

1565 – 17

1566 – 43, 82, 144, 163, 167

1567 – 18, 43, 44

1568 – 49

1569 – 40, 65

1570 – 89, 100, 102, 196

1571 – 7, 79, 140, 150

1572 – 78

1573 – 5, 26, 61, 132

1574 – 37, 147

1576 – 2, 58

1577 – 68

1578 – 35, 90, 94

1579 – 161

1580 – 3, 168, 192

1582 – 124, 128, 171, 199

1582? – 127

1583 – 119, 139

1583? – 97, 98, 188

1584 – 137

1585 – 56, 59, 67, 129

1586 – 76, 126, 201

1588 – 19, 23, 29, 48, 123

1590 – 57, 110, 120

1591 – 148, 158
1591? – 189
1592 – 122
1593 – 30, 106
1594 – 36, 145
1595 – 72, 134, 193
1595? – 96
1596 – 25, 28, 51, 107, 149
1597 – 20, 21, 22, 50, 52, 55, 85
1598 – 31, 34, 42, 69, 125
1599 – 164
1600 – 99

Índice de marcas de posse e autógrafos

ABREU, Cristóvão Soares de – 72
ALVARES – 83
AMEAL, Conde de – 40
ANTÓNIO (Frade) – 64
ARAÚJO – 57
ARCEDIAGO de Ver (?) – 18
ASSUNÇÃO, Domingos da (Frade) – 64
AZEVEDO-SAMODÃES, Condes de – 15, 59, 64, 74, 95, 108, 111, 112, 117, 118, 195, 198
BELAHAYE – 169
BELTRÃO (Licenciado) – 195
BERNARDES, António Maria – 164
BORGES, D. M. – 29
BORGES, José Ferreira – 42
BRANDÃO, Sebastião (?) (Dr.) – 133
BRITO, Sebastião de Almeida – 138
BURNELL, A. C. – 187
CABRAL, António Moreira – 67
CAMPO – 195
CAMPOS – 112

CAMPOS, A. – 25
CARMELITAS DESCALÇOS DE FARO – 158
CASTELO MELHOR, Marquês de – 116
CASTRO, M^{el} (Manuel, Miguel) Pinto Ribeiro – 165
COLÉGIO DO PORTO – 18
COLLEGIO SOCIETATIS IESU – 173
COMPANHIA DE JESUS. Livraria Pública (Coimbra) – 26
CONGREGAÇÃO DE S. FILIPE NERY (Alcala) – 120
CONGREGAÇÃO DO PORTO – 165
COSTA, Joaquim Pereira da – 67
COSTA, Jorge Roiz da – 145
CRUZ, António Jorge da – 82
DAUDAS (?), Thomas – 179
DIDOT, Ambroise Firmin – 156
DU RIEU, W. N. – 171
ENGELSHOFEN, V. – 119
ESTEVES, Cristóvão (Desembargador) – 95
FERREIRA, Miguel Leite – 42
FONSECA, Pedro (?) (Padre) – 139
FRAGA (?), Martins – 120
FRANCA, Miguel Barbosa da – 75
GASLER, M. – 175
GASPAR da Pampilhosa (Frade) – 10
GIRON, Diego – 166
GLÓRIA, Jerónimo da (Frade) – 57
GÓIS, Damião de – 43, 44
GRAUX, Lucien (Dr.) – 176
GRODSENSKI vilnensis, J. M. – 170
HISPALM (?), Malrare – 191
HOLSTEIN, Sousa – 160
JORDAN, J. V. – 170
JORGE, Pero (Desembargador) – 95
JULGINGA, Johann van – 170
LAGU (?), P. de – 128
LEÃO, Duarte Nunes de – 82
LIBRERIA DEL ABAD – 120

LIMA, António Telles Leitão de – 136
LIMA, Silvestre da Costa – 81
LIVRARIA DA GRAÇA DE TORRES VEDRAS – 150
LIVRARIA DAS SALZEDAS – 64
LIVRARIA DO CONVENTO (?) – 7
LIVRARIA DO CONVENTO DE N. S. DE JESUS (Lisboa) – 120
LIVRARIA SOUSA DA CÂMARA – 3
MARTINS, João – 46
MATTOS – 149
MEIRELES, A. da C. Vieira de – 56
MELO, M^{el} (Miguel, Manuel) de Lima Francisco de – 46
MELUS, Romulus (Roma) – 146
MENESES, Brites de – 113
MORAIS, Francisco – 64
MUSEU HUTHII (?) – 186
NEPOMUCENO, José Maria – 49
NORTON, Tomás (Viana do Castelo) – 199
ORDEM DAS CARMELITAS DESCALÇAS. Convento de Santo Alberto (Lisboa) – 78
ORDEM DOS CARMELITAS DESCALÇOS. Convento de N. S. da Piedade (Cascais) – 99
ORDEM DOS FRADES MENORES. Convento de S. Francisco de Xabregas (Lisboa) – 105, 159
PAIS, João (Chanceler-mor) – 86, 91
PARADA, J (?). C. – 2
PEREIRA, Francisco (Qualificador e Revisor Geral da Inquisição) – 55
PERES, Vítor de Ávila – 15, 26, 60, 61, 81, 111
PIMENTA, Sebastião Freire – 57
PINTO, Vieira – 16, 67, 129
PLAGIS (?), Francisco de (Frade) – 34
POÇAS, José Joaquim (Dr.) – 168
PRETO, Simão Gonçalves (Chanceler-mor) – 96
PROENÇA, Luis (?) de – 136
RODRIGUES, Jerónimo José – 42
SANDE, António de – 6
SANTA ANA, Isidoro de (Frade) – 34
SEABRA, Manuel Francisco de – 81
SEIXAS, Diogo Jorge de – 70

SENHOR D. DUARTE – 183

SILVA, Rebelo da – 92

SIMÕES, José Rodrigues – 95

SOARES, Gomes (Dr.) – 137

SOARES, Miguel Gomes – 48

SOLIS, Francisco de – 31

SOUSA, João de – 193

TOMÁS, Aníbal Fernandes – 47, 60, 61, 155, 185, 188, 193

TRINIDAD DE VALLADOLID – 195

VEIGA, Manuel da (Frade e Inquisidor) – 65

VILLALVA – 158

XIMENEZ, Diego – 139

ZABALA, Manuel de – 150

Índice de encadernadores

ALMEIDA, Frederico de (Lisboa) – 9, 50, 51, 52, 55, 69, 82, 100, 102, 103, 104, 106, 114, 127, 143, 190, 191, 192, 199

BEDFORD, F. – 4, 187

ENCADERNAÇÃO ACADÉMICA (Aveiro) – 188

FUNDAÇÃO RICARDO ESPÍRITO SANTO – 80, 101, 108, 195

GIANNINI, Giulio (Florença) – 64, 72, 112, 126, 167, 198

GRAÇA, Império (Lisboa) – 67

LORTIC (Fils) – 17, 23, 156

SANTOS & ALVES (Lisboa) – 139

ZAHENSDORF (Londres) – 130, 131, 174, 177, 178

www.ingramcontent.com/pod-product-compliance
Lightning Source LLC
Chambersburg PA
CBHW051803230426
43672CB00012B/2610